ELEONORA DUSE
VIDA E ARTE

Coleção: Perspectivas
Direção: J. Guinsburg
Assessoria Editorial: Plinio Martins Filho
Tradução: Eduardo Brandão
Revisão: Gilson César Cardoso de Souza e
Sérgio Sálvia Coelho
Produção: Ricardo W. Neves
Projeto Gráfico e Capa: Adriana Garcia

ELEONORA DUSE
VIDA E ARTE

GIOVANNI PONTIERO

Título do original em inglês
Eleonora Duse: In Life and Art
Copyright © Giovanni Pontiero

Direitos reservados em língua portuguesa à
EDITORA PERSPECTIVA S.A.
Av. Brigadeiro Luís Antônio, 3025
01401-000 – São Paulo – SP – Brasil
Telefones: (011) 885-8388
Fax: (011) 885-6878
1995

*Para Juan Carlos,
Gita e John*

SUMÁRIO

Agradecimentos 11
Objetividade Apaixonada – *Eudinyr Fraga* 13
Prefácio 15
Nota do Autor 19

   1. Anos de Formação e de Aprendizado 23
   2. "Penetrar abaixo da Superfície" 51
   3. O "Fio Dourado" de uma Nova Vida 77
   4. Primeiros Triunfos no Norte 101
   5. Em Busca da Realização 125
   6. Promessas Solenes, Realidades Cruéis 145
   7. Sacrifícios pelo "Templo da Arte" 185
   8. "Esplêndidos Feitos de Força" 219
   9. "Querendo o Querer" 241
 10. Tempo para Reflexão 275
 11. Vida entre Sombras e Ruínas 301
 12. Entrando de Novo no "Círculo de Fogo" 337
 13. Saldando Velhas Dívidas, Fazendo Novos Planos . 359

Peças Citadas 393
Fontes 397
Bibliografia 399

AGRADECIMENTOS

Do Autor: Gostaria de agradecer o generoso apoio financeiro a esse projeto proporcionado pelas seguintes instituições: British Academy (Small Grants Research Fund in the Humanities); Instituto Italiano de Londres, pela bolsa de pesquisa que me permitiu três meses de estudos na Itália; e Universidade de Manchester por vários e substanciais subsídios.

Também gostaria de exprimir minha gratidão às seguintes instituições por sua constante assistência e cooperação:

Na Itália: Fondazione Giogio Cini e Museo Fortuny, Veneza; Biblioteca Nazionale, Biblioteca Teatrale del Burcardo, Fondazione Primoli e Istituto Centrale per il Catalogo Unico delle Biblioteche Italiane e per le Informazioni Bibliografiche, Roma; Fondazione "Il Vittoriale degli Italiani", Gardone Riviera; Museo Civico, Asolo; *L'Informatore*, Vigevano; Ente di Turismo Italiano, Lago di Albano; Biblioteca Livia Simoni (Museo Teatrale alla Scala) e os arquivos do *Corriere della Sera*, Milão; Museo Biblioteca dell'Attore del Teatro Stabile, Gênova.

Outros países europeus (inclusive Reino Unido): British Library, National Portrait Gallery, Courtauld Institute e Theatre Museum (Victoria and Albert Museum), Londres; Royal Archives, Windsor; Bibliothèque Nationale e Bibliothèque de l'Arsenal, Paris; Staatsbibliothek, Berlim; Schiller-National Museum, Marbach am Neckar; Rilke-Archiv, Gernsbach; Lenbachhaus, Munique; Burgtheater, Theater an der Wien e Oesterreichische National Bibliothek, Viena; Biblioteca Nacional da Noruega, Oslo; Biblioteca Nacional, Lisboa; Hemeroteca Municipal, Madri; Biblioteca de Catalunha, Barcelona; Embaixada Britânica e Museu Stanislávski, Moscou.

América do Norte e do Sul: New York Public Library, Performing Arts Research Center (Lincoln Center), Museum of the City of New York, Film Archives do New York Museum of Modern Art, Hampden Memorial Library e New York Historical Society Library, Nova York; Library of Congress, Washington; Biblioteca Nacional, Rio de Janeiro; arquivos do *Estado de S. Paulo*, São Paulo; arquivos do jornal *La Nación*, Buenos Aires.

E aos colegas e amigos desses arquivos e museus, permitam-me acrescentar uma palavra especial de agradecimento pelos incansáveis esforços que por mim fizeram Grazia Antonelli, Vittore Branca, Cesare Branchini, Filippo Caserio, Anna Conte, Maria Luisa Corsa, Roger Evans, Corrado Fabris, Gabriele Farronato, Flora e Franca Franceschini, Maria Rosaria Gallerano, Carolyn Harden, Anna Maria Mandillo, Emilio Mariano, Alberto de Oliveira, Mario Praz, Giampiero Tintori, Eleonore Thun-Hohenstein e Walter Wieser.

Entre os inúmeros amigos que me incentivaram e me aconselharam desde que esta biografia foi concebida, devo registrar minha enorme dívida para com muitos. Em primeiro lugar, para com Martin S. Stanford e Paul Berman, que incentivaram calorosamente o projeto desde seus primeiros dias e ajudaram-me com perícia a editar os sucessivos rascunhos datilografados. Mary McDonald datilografou e redatilografou páginas do que deve ter-lhe parecido um fluxo sem fim de cópias, sempre com admirável eficiência e paciência. A reverenda irmã Mary Mark, Arnold P. Hinchliffe, Paul Berman e Neil Ferguson leram a cópia datilografada inicial e deram valiosas sugestões para melhorar seu conteúdo e seu estilo. Não menos valiosos foram os generosos esforços de um vasto círculo de universitários, colegas e amigos que, em vários momentos, ajudaram-me a localizar material de pesquisa, continuar a pesquisa no exterior, conseguir cessões de direitos autorais e selecionar ilustrações adequadas: Peter Marshall, Stefanie Goodfellow, Nancy Stalhammar, James Lacey, Paola Seganti, Gwyn Griffith, Alan Hoyle, Jean Pearson, Max Begg, Luis Bustamante, Peter Doyle, H.E. Robert Craig, Liselott Bahmer, Angelica Res, Danièle Mobasser, Teo Tomás Moralejo, Renato Partenope, Walter Talevi, Guido Lorenzetti, Giampiero Dalmagioni, William Weaver, Gerardo Guerrieri, Raul Radice, Vera Cacciatore, Sergio Rossi, Alvano Cesari, Giuseppe Pardieri, Stefan Kanehl e Wolfgang Dreyer. Finalmente, gostaria de agradecer a sir John Gielgud, que me permitiu citar uma carta privada com suas impressões das últimas apresentações de Eleonora Duse em Londres.

Da Editora: Ao Prof. Eudinyr Fraga pela sua colaboração na edição em português deste livro.

OBJETIVIDADE APAIXONADA

Giovanni Pontiero, cidadão britânico nascido na Escócia, estudou na Universidade de Glasgow na qual doutorou-se com tese sobre Manuel Bandeira: *The Poetry of Manuel Bandeira*, em 1962. É de longa data seu relacionamento e profundo interesse pela literatura latino-americana e pela brasileira, em particular. Melhor dizendo pela de língua portuguesa já que também traduzirá e estudará autores lusos. Publicou uma antologia da poesia modernista brasileira, a já mencionada tese sobre Manuel Bandeira – *Manuel Bandeira (Visão Geral de sua Obra)*, Ed José Olympio, 1986 – dois títulos sobre a poética do gaúcho Carlos Nejar, além da presente biografia da grande atriz italiana. Mas o seu enorme currículo abrange edições críticas, traduções, monografias e artigos sobre Florencio Sánchez (dramaturgo uruguaio), Garcia Márquez, Clarice Lispector (sobre quem escreve atualmente uma biografia, tendo traduzido nada menos do que seis dos seus livros), Dalton Trevisan, Carlos Drummond de Andrade, Nélida Piñon, Saramago, Carlos Nejar, Ana Miranda, Lygia Bojunga Nunes, Lya Luft, Guimarães Rosa, Patrícia Bins, Renata Pallottini, Lygia Fagundes Telles, Mário Quintana, António Osório, José Cardoso Pires, Agustina Bessa Luis. Recebeu prêmio e distinções inúmeras decorrentes dessa intensa atividade tais como o Prêmio Camões (1968), Prêmio Rio Branco (1970), Outstanding Translation Award, dado pela ALTA (American Lite rary Translators Associaton – 1993), Texeira-Gomez Prize (1995) etc.

A biografia da Duse é um retrato não só da controvertida personalidade humana dessa extraordinária mulher mas, sobretudo, um vasto e bem documentado panorama da época e daqueles que tiveram o privilégio (e os problemas...) da sua convivência. Acompanha-se fascinado o desenvolvimento artístico e os processos criativos da Duse e dos seus esforços para dignificar e interiorizar o trabalho do intérprete teatral.

É preciso, entretanto, ressaltar que o vasto aparato documental não exclui a admiração apaixonada do biógrafo por sua musa. Pelo que, dentro da necessária objetividade, imprescindível a um trabalho de tal natureza, cria-se uma emoção contida que cresce incessantemente até culminar na sua morte, na madrugada de uma segunda-feira de Páscoa, numa inóspita e gélida Pittsburgh, no ano de 1924.

A publicação de mais um título, relacionado aos problemas teatrais, aumenta a dívida dos interessados para com a Editora Perspectiva o que não exclui a comunicação a um público mais amplo e até mesmo heterogêneo que terá a possibilidade de se envolver com a aventura artística e humana daquela que, como tantos outros, lançou as bases do que se convencionou denominar "teatro moderno".

Eudinyr Fraga

PREFÁCIO

No meado do século XIX, o teatro italiano era representado no exterior por vários atores notáveis: Tommaso Salvini, Adelaide Ristori e Ernesto Rossi, nobres expoentes de papéis trágicos concebidos por Alfieri, Schiller, Hugo e Shakespeare. Esses artistas viajavam bastante pela Europa e pelas Américas; seus nomes tornaram-se sinônimos de impostação heróica e imperiosa presença cênica.

Em fins do século XIX, o interesse por peças sobre temas históricos e mitos antigos decaíra. Os dramaturgos retornaram do passado e criaram uma nova voga de tragédias românticas contemporâneas e comédias de costumes burguesas. Uma nova geração de atores italianos, encabeçada por Ermete Novelli, Eleonora Duse e Ermete Zacconi, coincidiu com uma nova tendência teatral influenciada pelas teorias do naturalismo e do realismo. O estilo grandiloqüente de representar foi sendo gradativamente temperado por uma preocupação crescente com técnicas introspectivas. Novelli e Zacconi nunca abandonaram de todo a oratória emotiva e os gestos imponentes de seus predecessores. Duse, ao contrário, por temperamento, desde o início preferiu formas mais sutis de interpretação.

Numa carreira que se estenderia por cerca de cinqüenta anos, ela ficou identificada com um estilo de atuação que cultivava o "olhar expressivo" e a "voz tranqüila e pequena".

Nascida em 1858 no rude ambiente que caracterizava a vida dos atores ambulantes, Duse finalmente saiu do anonimato para firmar-se como uma das mais admiradas e influentes atrizes dos tempos modernos.

Seu progresso, do repertório italiano tradicional de fins do século XVIII à escola romântica francesa, antes de voltar-se para as obras vanguardistas de D'Annunzio, Ibsen e Maeterlinck, espelhava certas mudanças na própria Duse, tanto como atriz quanto como pessoa. Intelectual e emocionalmente, ela cresceu com cada nova fase da sua carreira. George Bernard Shaw, que assinou a resenha de suas apresentações em Londres nos anos 1890, ressaltou essa inclinação mais profunda. Comparando-a com Sarah Bernhardt, cujos desempenhos repudiou asperamente como "pura declamação... uma mera exibição de trejeitos... vulgar e comercial", elogiou Duse como um exemplo radiante do melhor estilo moderno de representar, "uma atriz de rara perfeição", "uma artista de auto-realização metafísica".

As palavras de Shaw consolaram uma atriz cujos ideais provocavam com freqüência hostilidade e incompreensão em sua Itália natal. Indômita, Duse perseguiu seu sonho de promover um "teatro poético" com peças de indubitável prestígio. Era infinito seu respeito pelo dramaturgo e suas intenções. Ela lembrava constantemente aos atores da sua companhia que o gênio, por si só, nunca é suficiente. E quando lhe pediam para definir o ofício de ator, preferia falar mais em *trabalho* do que em *arte*.

Como toda grande artista que um dia subverteu a tradição, introduzindo formas não-familiares, ela experimentou os maiores triunfos e alguns desalentadores fracassos. Mas, quando posta à prova, sacrificou corajosamente a popularidade e o resultado financeiro em favor da integridade artística.

Ao preparar esta nova biografia, procurei concentrar-me em fontes de primeira mão. A vasta correspondência que Duse deixou constitui um guia confiável para a sua carreira tão cheia de altos e baixos, amiúde turbulenta. Sua vida de atriz e de mulher freqüentemente coincidiram; por vezes, colidiram. Uma saúde precária, constantes problemas financeiros, um casamento desfeito, ligações emocionais desastrosas e a responsabilidade de mãe – tudo isso teve seu peso. As cartas de Eleonora revelam plenamente suas tensões íntimas e seu humor oscilante: angustiada, ressentida e vulnerável num instante; espirituosa, determinada e até agressiva no instante seguinte. As contradições inerentes ao lado de fora do palco pareciam ser uma condição indispensável do fogo interior e do carisma que ela gerava ao representar.

Ironicamente, Eleonora fracassou, afinal, no intento de estabelecer o "teatro poético" por que ansiava. Lamentavelmente, seus maiores sucessos foram alcançados fora da Itália. Como observou com amargor sua amiga de toda a vida, Matilde Serao, "Eleonora Duse amava a Itália de todo o seu coração... mas a Itália não mostrou nem amor, nem lealdade para com Eleonora Duse". Não obstante, sua influência permanente era inquestionável. Ao morrer, em 1924, havia na Itália várias jovens atrizes

PREFÁCIO

talentosas que alcançaram a notoriedade, mas ficaram eclipsadas pela fama da Duse. Numa só voz, exprimiram sua dívida para com essa artista única, cuja busca tenaz de padrões absolutos de verdade e beleza enobreceu a profissão de ator.

NOTA DO AUTOR

Para evitar confusões, todos os títulos de peças e obras de literatura são dados no original, ou, pelo menos, numa forma familiar ao leitor inglês e americano (como no caso de obras escandinavas ou russas). Os títulos italianos de peças estrangeiras do repertório de Eleonora Duse podem ser facilmente verificados na *Enciclopedia dello Spettacolo – Indice Repertorio*, publicada sob os auspícios da Fundação Giorgio Cini (Roma, 1968).

Com poucas exceções, a correspondência existente de Eleonora Duse data de fins da década de 1880 à sua morte, em 1924. Ela consiste, em sua maior parte, em cartas breves e telegramas compostos numa imprevisível mistura de italiano e francês. Suas comunicações a administradores e empresários eram invariavelmente vivas e explícitas; as que escrevia a seus íntimos, introspectivas e penetrantes. Em todas as suas cartas, os pontos principais eram firmemente sublinhados e as sentenças livremente salpicadas de travessões e pontos de exclamação. Do princípio ao fim, sua pontuação é arbitrária; sua gramática e sua ortografia, freqüentemente repreensíveis; seu francês, idiossincrático, não obstante um certo instinto para encontrar o *bon mot* e um fraseado colorido. A liberdade de expressão de Eleonora e sua caligrafia larga e vigorosa traem uma personalidade forte. Sente-se em toda parte sua energia nervosa e o ritmo implacável da sua existência. Infelizmente, muitos desses traços distintivos da prosa de Eleonora tornam-se pálidos ou bombásticos na tradução, mas, ainda assim, transparece uma nítida percepção da sua personalidade complexa.

Caso não esteja especificado de outro modo, todas as traduções das suas cartas, bem como de todas as outras fontes não-inglesas, são minhas.

Ela não é grande por ser única, mas porque sua individualidade tem um traço essencialmente dramático, a saber, o do sofrimento.

La Fanfulla, 29 de setembro de 1883.

Sua história não é simplesmente a história de uma arte, mas também de uma alma.

Renato Simoni

1. ANOS DE FORMAÇÃO E DE APRENDIZADO

Minha vida inteira foi uma estréia constante.
E.D.

1858-1869 – Uma Infância Itinerante

A menina que iria se tornar a atriz mais famosa da Itália nasceu na madrugada de 3 de outubro de 1858, na modesta Hospedaria do Canhão Dourado em Vigevano, uma cidade da baixa Lombardia. Às quatro horas da tarde, dois dias depois, era batizada na igreja de Santo Ambrósio, com o nome de Eleonora Giulia Amalia Duse.

Seus pais eram atores de uma companhia itinerante de teatro, ganhando duramente a vida em apresentações nas províncias. Condenadas a uma vida nômade, as pequenas companhias de atores, como a dos pais de Eleonora, raramente ficavam mais de cinco ou seis semanas no mesmo lugar. Quando esgotavam seu repertório, achavam necessário ir à procura de novos públicos. Ao contrário das companhias maiores, que eram encabeçadas por artistas célebres, sustentadas por patrocínios e privilégios e tinham a certeza de uma boa acolhida nas principais cidades italianas, essas trupes menores eram compostas de aprendizes ou de veteranos que tinham de se contentar com ambientes nada inspiradores e recursos improvisados. As qualidades que se exigiam desses dedicados atores, que passavam do melodrama à farsa, ou de Shakespeare a adaptações de romances europeus, eram boa saúde e talento para o improviso.

Era o teatro em sua forma mais primitiva, alimentando um público popular. As trupes mais humildes compunham-se freqüentemente de membros de uma mesma família, cujas ambições iam muito além de seus escassos recursos. Muitos careciam de qualquer preparo ou educação formal. Orgulhosos e tenazes, almejavam mais um bom papel do que um prato de comida e não raro experimentavam a pobreza e privações em nome da arte. O teatro desses atores errantes servia, a uma só vez, de templo e de escola, um lugar em que os reveses não tardavam a ser esquecidos e os sonhos mais extravagantes tomavam forma e adquiriam sentido.

Eleonora Duse nasceu no meio de tal tradição. Seu avô, Luigi Duse, é recordado nos anais do teatro como um dos derradeiros expoentes da *commedia dell'arte*, com suas personagens estereotipadas, suas características regionais e seus elementos de improvisação individual. Nascido em 1792, em Chioggia, perto de Veneza, Luigi Duse podia reivindicar a descendência de uma família nobre, cuja história pode ser remontada até o século XV. Seus antepassados distinguiam-se nos domínios da navegação, do comércio e da ciência, muito embora Luigi tenha principiado sua carreira como modesto escriturário da casa de penhor municipal de Chioggia, antes de ser promovido a caixa em Pádua. Tendo adquirido alguma experiência em teatros amadores, decidiu tornar-se ator profissional. Já casado e pai de dois filhos, foi contratado para uma temporada por uma companhia que tinha à sua frente um conhecido ator da época, Angelo Rosa; no ano seguinte, Luigi Duse tinha adquirido bastante experiência para montar sua própria companhia.

Em Veneza, tornou-se imediatamente popular junto às platéias. Seu temperamento vivaz e seu modo de representar elegante fizeram dele um intérprete admirável dos heróis cômicos de Goldoni e Molière. Desenhava seus próprios figurinos e distinguia-se nas peças em dialeto, especialmente no papel do patife veneziano Giacometto, personagem que inventou e aperfeiçoou com inimitável instinto e espontaneidade. Como último aristocrata da farsa veneziana, Luigi Duse introduziu gradativamente novas tendências no teatro de seu tempo, suprimindo o uso de máscaras e exigindo de seus atores uma leitura fiel do texto. Também deu o passo inédito de solicitar, durante os intervalos, críticas da platéia sobre a peça, o elenco e o nível geral da produção. Em suas memórias, George Sand lembra que ela e Alfred de Musset, numa visita a Veneza, viram Luigi Duse repesentar Giacometto. George Sand ficou impressionada com suas admiráveis *justesse* e *sobriété*. Achou-o superior a Jean-Gaspard Debureau, cujo sucesso estrondoso na pantomina, no Théâtre des Funambules em Paris, rivalizava com o do grande Grimaldi.

Quando a popularidade de Luigi Duse junto às platéias venezianas finalmente começou a declinar, após cerca de catorze anos de constantes apresentações, ele mudou-se para Pádua, onde o público era em grande parte composto de agitados estudantes. O entusiasmo deles pelo teatro só era igualado por sua pobreza, e até um buquê de flores era capaz de lhes garantir um ingresso de parte do generoso Luigi. Ele podia dar-se o luxo de ser generoso porque sua companhia modelo, com seu variado repertório de comédias clássicas e farsas em dialeto, tinha casa cheia em todas as apresentações. Por volta de 1834, havia ganho dinheiro bastante para construir seu próprio teatro na Piazzetta della Gazzeria, exatamente do lado oposto de outro popular ponto de encontro, o Caffè Pedrocchi. No frontão acima do palco lia-se em negrito:

Consagrado ao povo de Pádua
Para assinalar a gratidão de Luigi Duse.

Mas, se Pádua foi a cena de alguns de seus mais felizes momentos, as facções políticas da cidade sob o domínio austríaco também iriam levá-lo à ruína.

Os círculos teatrais viram-se inevitavelmente envolvidos no debate político. A dominação austríaca na Lombardia-Vêneto combinava eficiência com políticas alienígenas e opressivas. Em parte alguma da Itália, antes de 1848, havia meios legais de lutar por mudanças. Não havia parlamentos, imprensa livre, direito de manifestação. A única válvula de escape para o descontentamento era a conspiração. No teatro, não era incomum os atores introduzirem cacos satíricos sobre acontecimentos políticos e sociais do momento. Durante a revolução de 1848-49, que culminou na proclamação da República Veneziana, Luigi Duse foi injustamente acusado de simpatias contrárias ao *Risorgimento*. Seus inimigos alegavam que, durante uma apresentação, ele ridicularizara a heróica resistência de Veneza bloqueada pelos austríacos. O ator protestou que suas palavras tinham sido perversamente mal-interpretadas, mas de nada adiantou. As sementes da dúvida haviam sido efetivamente plantadas e o público começou a desertar seu teatro. Incapaz de provar sua inocência, o velho homem não pôde resistir à tempestade de hostilidades e desmandos e morreu, amargurado, empobrecido e esquecido, em 1854. Indignidade final, o teatro que fundara e promovera com tanto cuidado e carinho foi rebatizado Teatro Garibaldi, e a placa com suas palavras de dedicatória aos cidadãos de Pádua desapareceu para sempre.

Os quatro filhos de Luigi – Eugenio, Giorgio, Vincenzo Alessandro e Enrico –, que ele incentivara a seguir sua carreira, nunca alcançariam a popularidade ou o sucesso do pai. Giorgio, o segundo filho, manteve a companhia unida por algum tempo, mas, com sua morte prematura em 1861, aos 42 anos de idade, os irmãos restantes seguiram caminhos separados. Vincenzo Alessandro, mais interessado pela pintura do que pelo palco, teve a permissão de aprender artes plásticas por algum tempo. Para sua grande decepção, o mais velho dos Duse decidiu que ele deveria abandonar os estudos e juntar-se aos irmãos na profissão da família. Iniciou sua carreira de ator protagonizando papéis juvenis e casou-se com uma moça de Vicenza, Angelica Cappelletto. Alessandro nunca esteve plenamente empenhado numa carreira teatral, e sua jovem esposa, oriunda de uma família de agricultores, também representou por puro dever, sem nenhum entusiasmo ou prazer real.

O nascimento da filha, Eleonora, trouxe uma grande alegria ao jovem casal. Como era costume na Lombardia e no Vêneto, a criança foi levada à pia batismal numa espécie de cofre dourado com painéis de vidro para proteger sua alma inocente contra os maus espíritos. A anedota apócrifa conta que, a caminho da igreja, a procissão encontrou um pelotão de soldados austríacos que, acreditando conter o cofre uma relíquia sagrada, fez alto e perfilou-se numa saudação militar. Esse incidente causou profunda impressão em Alessandro e seus amigos. Depois da cerimônia na igreja, ele voltou, turbado de emoção, à cabeceira de Angelica e narrou-lhe esse presságio de boa sorte. Exaltado, garantiu-lhe: "Um dia, nossa filhinha vai ser famosa. Os soldados anteviram isso quando lhe fizeram a saudação".

A trupe não ficou muito tempo em Vigevano, antes de retomar suas viagens, e a recém-nascida começou sua existência itinerante. Viajando de carroça de cidade em cidade, no verão como no inverno, a companhia alojava-se em esquálidas hospedarias, sem muito conforto nem senso de acolhida. Alessandro e Angelica carregavam a filha para o teatro numa cesta de adereços. Mas, muitas vezes, para economizar azeite, os pais colocavam seu berço improvisado em algum sótão escuro. Mais tarde, nas vagas recordações que tinha Duse de sua infância, as sombras e a solidão assomavam gigantescas.

Em fins de abril de 1859, o Piemonte, com uma recente leva de voluntários de todos os cantos da Itália e com a ajuda de tropas francesas, iniciou uma segunda guerra contra a Áustria, mas em julho a campanha foi abruptamente suspensa. A trupe de Alessandro Duse estava se apresentando então em Chioggia, ao sul de Veneza, território que deveria permanecer sob domínio austríaco por mais sete anos. A turbulência política desse período apenas agravou a luta pela sobrevivência das companhias de teatro.

Aos sete anos de idade, Eleonora Duse já viajara muito com seus pais, à medida que a companhia varava sem parar as regiões da Lombardia, do Piemonte, do Vêneto, da Istria e da Dalmácia. Mais cedo, aos quatro anos, levada ao palco para enfrentar sua primeira platéia, a pequenina Duse fora rudemente apresentada ao mundo do teatro. Levava uma palmada na perna para que chorasse, enquanto sua mãe, ansiosa,

1. Eleonora Duse no início de sua carreira internacional. Era a atriz que D'Annunzio tinha em mente quando escreveu: "Sua força, quando ela falava ou ficava calada, era mais que humana... ela parecia carregar todas as dores deste mundo... com seus olhos abertos e fixando aquele crepúsculo infinito".

(Cortesia da Bibioteca Teatrale del Burcardo, Roma)

sussurrava em seu ouvido: "Não tenha medo. Só estão fingindo. É uma brincadeira para divertir o público". A criança aterrorizada não conseguia entender como aquelas caras anônimas, perdidas na sala escura ali embaixo, podiam se divertir olhando uma menina chorar, e só anos depois percebeu que fizera sua estréia como a patética Cosette, numa versão dramatizada de *Os Miseráveis* de Victor Hugo.

O nome de Eleonora Duse apareceu pela primeira vez num cartaz de teatro quando ela repetiu o papel de Cosette, em 12 de março de 1863, no Nobile Teatro di Zara, com a companhia Duse-Lagunaz, sob a direção de Luigi Aliprandi. As crianças atrizes eram um destaque comum naquelas trupes familiares, e a pequena Duse não dava nenhuma mostra de talento excepcional. Simplesmente estudava com cuidado seu papel e fazia o que esperavam dela, a fim de ser recompensada com doces e elogios. Naquele mesmo dia primaveril, o poeta Gabriele D'Annunzio, que iria se tornar uma força tão importante na vida de Duse, nascia em Pescara, na distante costa Adriática.

No outono de 1863, em Trento, Duse fez outra aparição no palco, como uma criança no *Coriolanus* de Shakespeare. Dois anos depois, a família voltou à sua Vigevano natal, para aí cumprir um compromisso no Teatro Galimberti. Aos sete anos, Duse já estava representando o papel-título numa farsa de um ato intitulada *La Piccola Lauretta*. Um retrato com a mãe, datado desse período, revela uma criança de aspecto frágil, grandes olhos escuros e tez pálida. A expressão da mãe é de coragem e serenidade; a da criança trai a introspecção e a tenacidade de espírito que iriam marcar a personalidade de Eleonora. Mesmo em criança, ela revelava ter uma mente rápida e uma paixão de aprender, mas as turnês contínuas excluíam qualquer possibilidade de uma escolaridade normal.

As crianças atrizes não eram meramente privadas de uma educação decente, mas costumavam ser maltratadas pelas outras crianças, que as encaravam como párias extravagantes. Sempre que Angelica conseguia arranjar para a filha uma vaga temporária em alguma escola local, Duse muitas vezes via-se segregada pelas outras crianças da turma. Rememorando mais tarde aqueles dias infelizes, Duse refletiu: "Em criança, aprendi a ser auto-suficiente. Conversava com as cadeiras e com qualquer outro objeto à vista. Aquelas coisas silenciosas e inanimadas pareciam estar me ouvindo pacientemente, sabendo que eu não esperava nenhuma réplica". Solitária e vulnerável, sem irmãos nem irmãs que compartilhassem seus momentos de brincar, Duse voltou-se para os pais em busca de afeto. A atriz nunca iria esquecer a solidão que sofreu. Para o resto da vida, lamentou aqueles anos perdidos, em que foi privada da escola e da proteção da vida familiar. Seus pais devem ter sentido a confusão daquela criança perturbada, que questionava por que sua vida tinha de ser diferente da das outras crianças, mas nada podiam fazer para mudar a situação.

Paradoxalmente, o relato mais sensível que possuímos da infância da atriz foi escrito pelo homem que provavelmente lhe causou o maior sofrimento de sua vida: Gabriele D'Annunzio. Em seu romance *Il Fuoco*, de 1900, a infância da personagem principal, Foscarina, é livremente construída a partir das reminiscências de Eleonora. As confidências de Foscarina a Stelio Effrena (D'Annunzio) têm a clara aura da autenticidade. O retrato que ele pintou é o de uma criança solitária e sensível, que buscava refugiar-se das duras realidades da existência na vida da imaginação. Abrigando-se sob umas árvores à margem do Brenta, ou perambulando pelo campo, ela forjava seus sonhos:

"Ia pelos campos e parques de manhãzinha, levando um pedaço de pão que minha mãe guardara para mim... Caminhava a esmo... As estátuas eram minha meta. Eu andava de uma a outra, parando diante delas como se tivesse vindo para uma visita formal. Algumas me impressionavam por serem muito bonitas e eu tentava imitar seus gestos. Mas, quase instintivamente, ficava muito mais tempo com as que eram mutiladas, em minha ansiedade por consolá-las. À noitinha, quando atuava no palco, eu me lembraria subitamente de uma daquelas estátuas e, tão profunda era a sensação da sua distância e da sua solidão na campina tranqüila sob as estrelas, que eu quase perdia a capacidade de falar... Às vezes adotava inconscientemente a pose de uma daquelas estátuas e ficava petrificada, como se eu também fosse de pedra. Estava começando a esculpir minha personalidade..." Ela sorriu. A beleza da sua melancolia ofuscava a do sol poente.

O relato ficcional da adolescência de Eleonora a vê como uma pessoa fascinada com premonições de seu próprio destino.

Infelizmente, a realidade da situação da Duse, como uma obscura novata nos palcos de província, costumava ser muito menos consoladora. Seus contemporâneos lembravam-se vagamente de uma criança ensimesmada que, em certos momentos, parecia esquecer todos os outros atores em cena. Anos depois, o ator Luigi Rasi recorda-se de uma moça de notável intensidade, "que representava como se estivesse aturdida e sofrendo uma exaustão infinita. Sua expressão era de incômodo, como se nauseada com a vida". Tendo herdado muita daquela desconfiança que seus pais exprimiam por sua profissão, talvez fosse inevitável que a jovem Duse exasperasse e indispusesse outros membros da trupe. Desastrada e taciturna, fez poucos esforços para agradar ou adaptar-se. Sentia-se presa desse sentimento de viver numa comunidade. As únicas pessoas com quem tinha algum contato pertenciam ao teatro; o único mundo que seus tios, tias e primos conheciam ou com que se preocupavam era o mundo do teatro e seus problemas cotidianos. Nessa medida, eles estavam malpreparados para entender ou ajudar aquela criança desajeitada e pouco comunicativa que aspirava vagamente a algo diferente, sem saber direito como alcançá-lo. Por enquanto, as esperanças de Alessandro quanto ao futuro da filha no teatro pareciam pouco mais que pios pensamentos de um pai superprotetor.

1870-1877 – ADOLESCÊNCIA E PERDA

Resultado das épicas façanhas de Garibaldi, a unificação da Itália foi por fim proclamada em 1861. Cinco anos mais tarde, a Áustria e a Prússia estavam guerreando, em sua rivalidade pela dominação da Alemanha. A Itália viu uma oportunidade de atacar a Áustria enquanto a força principal desta estava concentrada em outra parte. Em abril de 1866, o primeiro-ministro, general La Marmora, assinava com Bismarck um tratado que previa uma guerra conjunta movida pela Itália e pela Prússia contra a Áustria dentro de três meses. A Áustria reagiu, oferecendo ceder imediatamente Veneza em troca da neutralidade italiana. A oferta chegou tarde demais. As hostilidades se iniciaram em 20 de junho. As forças italianas sofreram severos reveses em terra e mar, porém a vitória decisiva da Prússia sobre a Áustria deu à Itália Veneza, pelo tratado de paz ratificado em outubro. Esse ganho foi ofuscado pelo fracasso italiano em persuadir Bismarck e Napoleão III de que tinha reivindicações legítimas sobre o Tirol e o Trentino. Essas fronteiras estratégicas permaneceram sob controle da Áustria, e a Itália teve de se satisfazer com o Vêneto.

Durante as tensões que tomaram conta de toda a Itália, as trupes teatrais mantiveram suas incessantes turnês em província, não raro ignorando as modificações políticas que ocorriam, pois enfrentavam o problema mais imediato da sobrevivência econômica. O caixa da companhia Duse-Lagunaz havia minguado consideravelmente. Suas apresentações em feiras rurais nos vilarejos eram seguidas de dias, e até semanas, de inatividade, devendo seus espetáculos ser muitas vezes cancelados por causa do público reduzido. Em acréscimo a essa crise geral, a companhia Duse-Lagunaz sofreu um rude golpe, quando ficou manifesto que a atriz principal, a mãe de Eleonora, estava gravemente enferma. Como seu estado começou a piorar, foi preciso removê-la para um hospital. Uma companhia daquela envergadura não tinha condições de pagar substitutos, e Eleonora Duse, então com doze anos, viu-se persuadida a assumir os papéis da mãe. É difícil imaginar uma criança da sua idade representando os papéis passionais de *Francesca da Rimini* de Silvio Pellico e de *Pia dei Tolomei* de Carlo Marenco; não resta dúvida de que essas sombrias tragédias concebidas numa escala grandiosa estavam além, tanto da sua experiência, como da sua compreensão. Mais uma vez, ficamos em débito com D'Annunzio pela penetrante visão que nos dá em *Il Fuoco*, onde Foscarina (isto é, Eleonora Duse) fala de suas primeiras experiências como atriz:

Você se lembra daquela taberna em Dolo?... Era exatamente o mesmo lugar de há vinte anos... Eu costumava freqüentar aquela taberna com minha mãe depois do espetáculo e sentávamos juntas num banco, a uma mesa. Eu chorara, gritara, declamara no palco, encontrara a morte pelo veneno ou pela espada. Ainda podia ouvir aqueles versos ressoando em minha cabeça, como se falados pela voz de outra pessoa, e na minha alma havia um estranho anseio, que eu não podia suprimir. Uma presença estranha lutava com a minha inércia, como se tentasse repetir aqueles passos e aqueles gestos... Algo assemelhado à vida agia nos músculos da minha face, músculos que eu simplesmente não podia controlar certas noites. A máscara, os traços de uma máscara viva já estavam surgindo... Eu arregalava os olhos... Um calafrio penetrava as raízes dos meus cabelos... Eu lutava para recobrar minha compostura e a consciência do que estava acontecendo a meu redor... Uma grande sensação de solidão brotava dentro de mim, enquanto eu ficava ali, alienada do que me cercava. Ficava ali sozinha com meu destino... Minha mãe, sentada a meu lado, parecia recolher-se em alguma lonjura infinita... Eu tomava uma água gelada, tentando em vão matar a sede. Às vezes, em minha exaustão, começava a tremer, sorrindo para mim mesma o tempo todo. E até minha abençoada mãe, que me amava tão ardentemente, não conseguia entender o que me fazia sorrir... Eram horas estranhas, em que a prisão do meu corpo parecia ter sido destruída, de modo que meu espírito podia errar até os extremos confins da existência...

Há algo persuasivo nessa imaginosa descrição da sensibilidade nascente de Eleonora feita pelo poeta dos Abruzos. As vacilações entre a realidade e a fantasia; as emoções confusas de uma adolescente tentando estabelecer sua própria identidade num mundo de fingimento são habilmente transmitidas pela exuberante prosa de D'Annunzio. Introspectiva desde seus primeiros anos, Duse adquiria novas percepções do caminho à sua frente com cada novo papel que lhe era dado, por mais banais ou impróprias que fossem as peças do repertório. Os cartazes dessa época sugerem uma mistura improvisada de dramas ingleses e franceses em más traduções e com cortes arbitrários, obras populares do repertório italiano padrão e peças em dialeto destinadas a conquistar a simpatia das platéias locais em qualquer região onde a companhia aparecesse.

Em Saluzzo, perto de Cuneo, aos catorze anos, foi anunciada pela primeira vez como atriz principal da companhia; no mesmo ano, fez o papel-título em *La Trovatella di Santa Maria* de Paolo Giacometti. Entrementes, sua mãe fora transferida de um hospital para outro. A doença de Angelica Cappelletto, diagnosticada como tuberculose pulmonar, parecia não reagir ao tratamento. Profundamente afetada pela fragilidade e o sofrimento da mãe, Duse mergulhou no trabalho. Seu repertório se ampliava, à medida que lhe eram feitos novos pedidos, e as impressões registradas desse período ressaltam o estresse emocional provocado pela exaustão física e pelas constantes privações. Como ela mesma confiou mais tarde: "Os primeiros esboços de minha carreira de atriz formaram-se num estado de angústia, exaustão, febre e repulsa". Mesmo como atriz principal da companhia, Duse seguia uma rigorosa rotina, que incluía varrer o teatrinho todas as manhãs. Pequenas intrigas e rivalidades entre os membros da trupe eram inevitáveis e, privada da companhia da mãe, Eleonora sentia-se particularmente vulnerável.

Mas nem tudo era sombrio: momentos de felicidade associavam-se em sua mente a certos lugares ou episódios que lhe davam esperança. Um desses lugares era a cidade costeira de Albisola, no golfo de Gênova, onde a companhia representava para platéias entusiastas formadas em grande parte por pescadores locais e suas famílias, que prestigiavam os atores. Alessandro, que acreditava firmemente no futuro da filha, continuava a reconfortá-la nos momentos de desânimo. Alegremente, recordava-lhe a fama do avô e garantia-lhe que dias melhores estavam por vir.

Embora soubesse que outros membros da trupe achavam-na petulante e afetando ares acima da sua posição, Duse estava determinada a permanecer distante da sordidez e da vulgaridade associadas à sua profissão. Sua primeira oportunidade real de brilhar surgiu com um compromisso em Verona, onde, de maneira bastante apropriada, a trupe estava programada para apresentar *Romeo and Juliet* de Shakespeare. Era maio e, aos catorze anos, Duse parecia a opção ideal para Julieta. O Romeu, nessa ocasião, era um rapaz de dezenove anos, Carlo Rosaspina, que contracenaria com Duse mais tarde, quando ela se encontrava no auge da fama. O impacto emocional dessa estréia é descrito em tons comoventes pela Foscarina de D'Annunzio:

Chegamos a Verona... Tamanha era minha ansiedade que eu mal podia respirar. Premia contra o coração o caderninho em que transcrevera a parte de Julieta, enquanto recitava repetidas vezes a fala inicial da personagem: "Que é isso, quem está chamando?..." "Senhora, aqui estou, qual o seu desejo?"

Pequenina figura no palco improvisado pela trupe na vasta arena de Verona, Duse reinterpretava o trágico amor da mais atraente heroína de Shakespeare. À medida que a peça evoluía, ia se identificando completamente com ela:

Eu era Julieta... Quando caí sobre o cadáver de Romeu, a multidão rugiu com tamanha força na escuridão que fiquei aterrorizada. Alguém me pôs de pé, levando-me para mais perto daquele clamor. Uma tocha foi erguida à altura do meu rosto banhado em lágrimas; ela crepitava furiosamente e recendia à resina, toda vermelha e negra, toda fumaça e chamas... E senti a palidez da morte na minha face... Nunca iria experimentar tamanha excitação com nenhuma outra platéia, nem tal ovação e triunfo. Nunca mais iria ter tamanha sensação de júbilo e satisfação como naquela noite.

Algo se acendia no coração da jovem atriz naquela noite de domingo de maio, aquele "estado de graça" sentido por todo artista colhido na ávida busca da verdade e da beleza. Era essa magia que Eleonora sentia comunicar à multidão naquela arena apinhada. Pela primeira vez, começou a formar uma nítida imagem de seu destino como atriz.

Vários meses depois, a trupe estava de volta a Verona para novas apresentações. Na noite de 15 de setembro de 1875, quando o pano caiu depois do segundo ato, Duse recebeu um telegrama anunciando a morte da mãe. Em estado de choque, chegou até o fim da peça sem trair sua dor. Terminou o espetáculo sem derramar uma só lágrima, mas, uma vez caído o pano, fugiu para a solidão do camarim, onde pôde dar vazão a seu sofrimento.

Agora, Duse sentia uma solidão muito maior do que jamais antes. Seu pai, com o coração partido, tornou-se taciturno e inconsolável. Doía-lhe profundamente pensar que o corpo de sua mulher fora recolhido a um túmulo municipal e que ela morrera sozinha no hospital, na distante Ancona. A morte de Angelica esvaziou o pai e a filha de quaisquer sentimentos ou palavras. Duse tornou-se cada vez mais recolhida, sua expressão constante era de tristeza e seus modos distantes afastaram dela os outros atores, que a acusavam de ser orgulhosa e arredia. Duse optou por ignorar as maledicências e as críticas a que estava exposta. "Onde não encontrar compreensão, viaje", tornou-se seu credo íntimo desde aqueles anos prematuros. Seu futuro com a companhia começou a parecer sem esperanças. Ela estava esgotada pelas viagens constantes e pelas condições miseráveis em que a companhia atuava, e sua situação se agravava ainda mais pelas críticas que provocava inadvertidamente. Em geral, era tida como fisicamente insignificante e malvestida, e seus projetos teatrais eram seriamente questionados pela direção.

Seu progresso na profissão de atriz durante esse período mostrar-se-ia árduo e nada compensador. A libertação ocorreu quando graves dificuldades financeiras forçaram a companhia a desfazer-se. Nos últimos dez anos mais ou menos, seu repertório restringira-se em grande parte a papéis de ingênua. Agora, estava pronta para assumir papéis juvenis, e um cartaz remanescente de um espetáculo em Gradisca d'Isonzo, perto de Gorizia, anunciava uma noite beneficente para a *prima amorosa*, Eleonora Duse.

Os cinco anos que se seguiram às apresentações em Verona seriam os mais penosos de todos para a adolescente Duse. Contratada por companhias de segunda classe com uma remuneração modesta, descobriu ser necessário obedecer a conceitos elementares da técnica do ator. Os métodos de representação da época conformavam-se às linhas-mestras estabelecidas em manuais como *Lezioni di Declamazione e d'Arte Teatrale* [*Lições de Declamação e de Arte Teatral*] de Antonio Morrochesi, publicado em 1832, e o *Prontuario delle Pose Sceniche* [*Prontuário das Poses Cênicas*] de Almano Morelli, publicado em 1854. As produções eram notoriamente improvisadas e um repertório nada imaginativo oferecia pouca margem a qualquer fineza em matéria de interpretação. O senso inato que Duse possuía da necessidade de algo mais que a crua declamação e os gestos convencionais conquistou-lhe uns poucos amigos entre os colegas que tinham alguma vaga idéia de mudança. É inverossímil que a própria Duse tivesse uma noção clara do que estava procurando nesses primeiros tempos. Os escassos testemunhos de seus desempenhos nesse período sugerem que sua abordagem da atuação era inequivocamente diferente dos padrões aceitos. Os críticos acharam sua elocução e suas modulações notáveis, porque de todo inesperadas. Também observaram seu hábito de dar ênfase a frases de ligação no texto, um hábito que desarmava e enfurecia os outros atores, que tendiam a se concentrar em falas-chave e em momentos de clímax. Os gestos da jovem Duse também eram moderados, porém eficazes. O mais notável de tudo é que ela não representava para a platéia, mas parecia estar trabalhando os detalhes do papel para sua própria satisfação – estranha e desestimulante experiência, às vezes, tanto para os outros atores como para o público. Nessa etapa inicial da sua carreira, Duse já revelava lampejos de gênio em certos papéis, opostos a toda e qualquer teoria de interpretação claramente concebida. Uma companhia itinerante de segunda classe proporcionava pouco campo para um feito desses.

A formação da Duse como atriz juvenil começou seriamente quando foi contratada, junto com o pai, para se apresentar com a renomada companhia de Icilio Brunetti e Luigi Pezzana na temporada de 1875-1876. Também aí, sua abordagem idiossincrática do modo de atuar provocou ferozes reações, e o exasperado Luigi Pezzana, que era um firme partidário da retórica tradicional, repreendeu-a no palco durante um ensaio. Ele não estava apreciando a individualidade da sua dicção e de seus gestos e acusou-a de arruinar o espetáculo. "O que a faz imaginar que pode representar?", ralhou. "Não vê que não tem talento nenhum? Por que não vai procurar outra ocupação?" Duse não replicou nessa ocasião, mas em seu coração opunha-se firmemente ao estilo fanfarrão dos outros membros do elenco. No que lhe dizia respeito, sua elocução controlada não carecia em absoluto de sentimento íntimo. Foi essa uma das fases mais infelizes do seu aprendizado. Uma vez liberada de seu contrato, determinou-se a procurar em outro lugar condições mais propícias.

2. O pai da atriz, Alessandro Duse, era um ator indiferente, muito mais interessado em pintar do que na sua profissão. Quando Duse alcançou o sucesso, pôde dar-lhe conforto e apoio material. Retirou-se para Veneza e continuou a seguir a carreira da filha com orgulho e interesse, até sua morte em 1892, que coincidiu com uma extensa turnê de Eleonora na Rússia.
(Cortesia da Bibioteca Teatrale del Burcardo, Roma)

Em 1877, entrou para a companhia dirigida por Ettore Dondini e Adolfo Drago, em que foi promovida a papéis principais. A companhia tinha um programa ambicioso, que incluía apresentações de *Kean* de Dumas Pai e do *Hamlet* de Shakespeare. Dessa vez, não havia lugar para o pai, e foi difícil para Duse conformar-se com essa penosa separação da única pessoa a quem podia confiar suas ansiedades e seus temores. Não fez amizade profunda ou duradoura com outros atores da nova companhia. Os diretores continuavam a achá-la voluntariosa e pouco cooperativa. De novo, seus colegas indignaram-se com sua abordagem introspectiva de textos que eles mesmos não sentiam pedir-lhes grande esforço intelectual. Para aumentar sua frustração, Duse descobriu que as platéias só desejavam entretenimento; qualquer nuança de interpretação de sua parte lhes escapava inteiramente. Seus esforços para lograr uma leitura mais sutil de papéis conhecidos chocaram-se com a desaprovação ou a indiferença, e suas relações com a direção tornaram-se tão tensas que, quando a companhia Dondini-Drago chegou a Trieste naquela temporada, o nome de Eleonora Duse fora retirado do elenco.

Contudo, apesar dessas frustrações, críticos influentes da época estavam começando a destacar o nome de Eleonora Duse em suas resenhas. O marquês de Arcais observou em *L'Opinione*:

> Entre as jovens atrizes italianas que se apresentam nesta temporada, nenhuma iguala Duse quando se trata de mostrar as três qualidades essenciais de qualquer atriz principal: presença, boa dicção e inteligência... seu estilo de representação é correto e natural... ela tem o estofo de uma grande artista.

1878-1879 – Um Talento que Desponta

Aos vinte anos, Duse inicia uma nova fase em sua carreira. Depois de muito amargor e incerteza quanto ao futuro, conseguiu seu primeiro compromisso importante ao ingressar na companhia de Francesco Ciotti e Enrico Belli-Blanes como protagonista juvenil, ou *amorosa*, conforme especificado em seu contrato. Francesco Ciotti era um ator de reputação modesta que dera valiosa contribuição ao teatro de seu tempo ao introduzir um estilo mais natural de atuação. Como diretor, trabalhava no sentido da eliminação gradual do estilo declamatório e dos gestos enfáticos, tão estimado dos atores italianos. Por isso, ainda é lembrado como um dos primeiros diretores de companhia a antever o declínio do chamado "drama heróico", que dominou o repertório italiano ao longo da primeira metade do século XIX.

Duse e seu pai chegaram a Nápoles com a companhia Ciotti, Belli-Blanes no fim do outono de 1878. Nápoles, então, era uma cidade grande, densamente povoada e conhecida por sua alegria e animação. A companhia fora contratada para se apresentar no Teatro dei Fiorentini, popularíssimo entre os napolitanos aficionados pelo teatro. O *Corriere del Mattino* comentou o sucesso de Eleonora junto ao público numa comédia de Paolo Ferrari. O crítico descreveu-a como uma atriz dotada de muita inteligência e de uma encantadora presença cênica.

Uma das novidades do repertório de Ciotti, Belli-Blanes era uma versão italiana de *Les Fourchambault*, de Émile Augier, que fora bem-recebida em abril ao estrear na Comédie Française. Quando a atriz principal da companhia, Giulia Gitti, adoeceu, pediram a Duse que assumisse o papel de Maia. Sentado na platéia naquela noite estava o respeitado ator e diretor Giovanni Emanuel que ficou embasbacado com a singular aparição de Eleonora e com a absoluta individualidade de seu desempenho. Visitando os bastidores depois do espetáculo para cumprimentar o elenco, predisse um grande futuro para aquela substituta desconhecida. Tamanha era a influência de Emanuel, que ele conseguiu persuadir a princesa Santobuono, proprietária do teatro, a formar uma companhia residente com a veterana Giacinta Pezzana e aquela insinuante novata como suas principais atrações. O próprio Emanuel aceitou dirigir a nova companhia. Alguns anos depois, assim comentava suas primeiras impressões da Duse: "Era uma atriz que agarrava o coração da gente e amarrotava-o como se fosse um lenço".

Um número de *L'Arte Drammatica* publicado em 5 de abril de 1879 fala de uma produção do *Hamlet* de Shakespeare pela recém-formada companhia, com Emanuel no papel-título e Duse como Ofélia. O resenhista descreveu sua interpretação nos seguintes termos: "Eleonora Duse era visualmente ideal: amável como uma princesa, doce como uma virgem, indescritivelmente linda. Fez uma Ofélia perfeita!" Na mesma temporada, representando Electra no *Oreste* de Alfieri, com Majeroni como o herói grego, obteve críticas favoráveis por sua angustiosa humanidade: "A frágil Duse, com seus olhos grandes e expressivos, nunca deixou de ser convincente, graciosa nos movimentos e irresistivelmente enternecedora".

Nápoles, nos anos 70 do século passado, era uma colméia de atividade teatral; durante a temporada de 1878-79, de doze a dezenove teatros davam espetáculos todas as noites. No Teatro dei Fiorentini, as apresentações de Eleonora Duse logo atraíram uma pequena mas influente roda de admiradores, entre os quais a romancista Matilde Serao e os críticos Boutet e Verdinois. Eles acompanhavam sua evolução com vivo interesse e raramente perdiam uma oportunidade de aplaudir a protegida, a quem chamavam afetuosamente de "Nennella", predizendo-lhe um futuro brilhante em seus artigos e resenhas. Até mesmo a formidável Giacinta Pezzana, a atriz mais experiente da companhia, logo reconheceu o enorme potencial de Eleonora e incentivou-a a seguir seu próprio instinto com determinação, quando pegasse novos papéis. Com esse incentivo de uma atriz cuja dicção admirável e cuja convincente técnica cênica haviam-na transformado numa das mais bem-sucedidas atrizes de sua geração, Duse ficou mais confiante. A proteção da atriz mais velha garantiu-lhe um convívio muito mais tranqüilo com os demais membros da companhia. Menos tranqüilas, porém, eram as relações entre a direção e a princesa Santobuono, que logo se viu acusada na imprensa de rematada venalidade.

Os cartazes e programas revelam que, durante os meses de abril e maio de 1879, a companhia apresentou no Teatro dei Fiorentini não menos de dezoito peças. Os padrões de produção variavam consideravelmente. Nunca havia tempo bastante para ensaios adequados e o extenso repertório exigia demais dos atores. Duse achou o ritmo exaustivo, pois enfrentava um amplo espectro de novos papéis em todos os gêneros possíveis.

Edoardo Boutet, que era tido, em geral, como um crítico severo, só tinha elogios para Duse em papéis como Ivonne, na *Séraphine* de Sardou, e como a fogosa Susanna em *Le Mariage de Figaro* de Beaumarchais, em que cativou a crítica e o público com seu desempenho elegante, sua técnica segura e seu senso de sincero envolvimento. Provavelmente, seu maior sucesso, nesse período fecundo em Nápoles, foi numa versão teatral da densa narrativa de Émile Zola, *Thérèse Raquin*, traduzida e adaptada por Vittorio Bersezio. Esse sombrio drama é centrado em Thérèse, uma pobre órfã, criada por compaixão por uma parenta distante, Madame Raquin. Em sua adolescência, Thérèse foi encarregada de cuidar do filho inválido de Madame Raquin, Camille. A velha senhora decidira que os dois se casariam quando crescessem. A atmosfera incestuosa da casa pesa grandemente sobre Thérèse, que se torna completamente fechada em sua infelicidade, até que um estranho entra em sua vida. O jovem chama-se Laurent, um artista que fizera amizade com Camille. Laurent e Thérèse se apaixonam à primeira vista e sua paixão secreta os conduz ao crime. Descobrindo que Camille não podia nadar, viram o barco quando passeavam no rio próximo, e Camille se afoga. O único obstáculo para a felicidade dos dois fora removido, e a viúva Raquin concorda com que Thérèse agora se case com o amigo de Camille. O remorso não tarda a afligir o jovem casal e o ódio que têm um pelo outro exacerba seu torturante sentimento de culpa. Madame Raquin descobre a tempo, acidentalmente, as verdadeiras circunstâncias da morte do filho e o choque a deixa paralisada. Laurent e Thérèse passam a carregar o fardo dessa nova ameaça à sua paz de espírito. O olhar acusador da velha senhora segue-os por toda parte. O jogo silencioso do ódio atinge seu clímax, e o casal culpado, incapaz de suportar por mais tempo aquela tensão, se suicida.

Zola preparou o roteiro de *Thérèse Raquin* entre 1872 e 1873. A peça estreou com um elenco francês no Théâtre de la Renaissance, em 11 de julho de 1873, mas as esperanças de sucesso de Zola logo se frustraram. A crítica achou as personagens triviais, as situações bizarras, a linguagem macabra e a estrutura da peça inadequada. O próprio Zola reconheceu algumas dessas lacunas técnicas na peça, mas sentiu que a crítica fechara os olhos à "abrangente veracidade" que instilara na obra.

Giacinta Pezzana e Eleonora Duse como protagonistas principais desse poderoso drama pregaram a platéia em suas poltronas com a força da sua atuação. Seus estilos de representação se harmonizavam à perfeição nessa oportunidade. A peça teve sua primeira apresentação na Itália em 2 de agosto de 1879, e as resenhas do dia seguinte falaram entusiasticamente daquela parceria única. O *Corriere del Mattino* destacou a magistral interpretação de Pezzana como Madame Raquin: "Doce, afetuosa e terrível alternadamente, embora sempre convincente e impecável em seu desempenho no último ato". A mesma resenha comentou a penetrante construção, pela jovem Duse, da personagem Thérèse, sua sutil revelação das paixões e conflitos íntimos da moça, a riqueza de detalhes que pôs em cada palavra e cada gesto e a naturalidade de seu desempenho ao longo de toda a peça. Para uma atriz tão jovem, sua interpretação era notável pelo controle e a cuidadosa atenção ao detalhe. Era uma atriz que merecia ser vista.

Uma longa resenha de Boutet resumiu a emoção partilhada pela platéia daquela primeira noite. Ele escreveu:

Foi um triunfo memorável. Duse, em seu simples vestido negro, estava apoiada à pequena janela do cenário com um olhar distraído, esquecida do que a rodeava, torturada pelo engano, a culpa, o terror, a repulsa e o ódio. Houve um *pathos* insuportável quando Thérèse, com seu branco véu nupcial, subitamente expressou seus temores e se agarrou a Laurent, cujo amor não podia calar por mais tempo seu remorso, ou quando arrostou o retrato do falecido Camille e cobriu os olhos, aterrorizada. A platéia ficou transida de horror quando ela se voltou em tom acusador para Laurent, agarrando-se nervosamente à cadeira, enquanto o grito de Madame Raquin perpassava o ar; quando a culpa finalmente se transformou em ódio e Madame Raquin sorriu com feroz satisfação ante o sofrimento do casal culpado. A platéia ficou enfeitiçada em suas poltronas e um calafrio percorreu todo o teatro, de modo que ninguém se atreveu a aplaudir. Todos no teatro, dos carpinteiros ao velho porteiro, sabiam que algo extraordinário fora testemunhado naquela noite.

Giacinta Pezzana, esgotada pela ovação do público ao cair o pano, reafirmou sua certeza de que aquela jovem atriz, cuja intensidade inspirara seu próprio desempenho naquela noite, não tardaria a ser reconhecida como a maior atriz italiana.

Também estava presente a essa histórica produção de *Thérèse Raquin* o conde Giuseppe Primoli, primo de Napoleão III e personalidade de destaque nos círculos culturais de Paris e de Roma na virada do século. Num tributo publicado em 1897, ele também recorda suas impressões da interpretação de Duse como Thérèse:

> Na grande cena entre as duas mulheres, Eleonora, arrebatada pelo calor da paixão, atreveu-se a erguer os olhos e manteve ereta a cabeça; naquele momento, ela sentiu que Pezzana a estava trespassando com aqueles olhos de leoa. Pezzana parecia estar experimentando mais satisfação do que inveja ao defrontar sua pupila. Por sua vez, a jovem atriz estava consciente da revolução que se realizara em si mesma... Zola teria ficado orgulhoso dela. As duas mulheres fitavam-se, com a boca espumante. Eram soberbas e ninguém seria capaz de dizer qual das duas levaria a melhor sobre a outra.

As notícias do sucesso da peça chegaram até Zola, que, sabendo que a produção logo seria montada em Turim, mandou sua mulher Alexandrine assistir ao espetáculo. A senhora Zola ficou favoravelmente impressionada, e o autor escreveu a Primoli pedindo-lhe que sondasse Duse para saber se ela estaria disposta a realizar um espetáculo beneficente para o Instituto das Crianças Abandonadas de Paris. Esse convite premente não interessou a Eleonora, que ainda não se sentia preparada para tais apresentações na capital francesa. Um telegrama de Zola a Giacinta Pezzana, em 23 de agosto, sugere que seu desapontamento tornava ainda mais penosa a má acolhida da peça em Paris: "O fiasco de *Thérèse Raquin* causou-me muito sofrimento, mas permaneço confiante em que, um dia, a peça terá aqui o mesmo sucesso alcançado em Nápoles".

Luigi Rasi, que viria a ser um dos mais decididos defensores de Duse na Itália, notou seu impacto inclusive em papéis menores, em peças pouco conhecidas como *Les Bourgeois de Pont-Arcy* e *La Duchessa di Bracciano* de Cannetti, durante aquela temporada de 1879 em Nápoles. Ator, professor de arte dramática, teórico e pioneiro de novos métodos de representação, Rasi era um homem de teatro no pleno sentido do termo. Não demorou a reconhecer o potencial de Eleonora e começou a observar seu desenvolvimento com interesse profissional. Nessa etapa inicial da carreira, ele a achou temperamentalmente mais adequada em papéis que requeressem fortes tons emocionais. Algo em sua natureza rebelde correspondia a personagens em que ela pudesse exprimir com aptidão desdém, inveja, ódio e fúria. A observação de Rasi é corroborada pelos numerosos retratos de Duse nessa época; também ajuda a explicar por que logo alcançaria a fama interpretando as heroínas de Sardou e Dumas Filho. Era nesses papéis que mostrava sua têmpera, não obstante seu subseqüente desprezo por esses dramas burgueses decadentes.

Quando essa movimentada temporada se encerrou, Giovanni Emanuel renunciou à direção do Teatro dei Fiorentini. Estava desanimado com as rixas internas, a imprensa hostil e os obstáculos com que deparou ao tentar criar uma companhia exemplar com um novo conceito de representação. Emanuel propugnava pela busca de uma "verdade interior", contudo a maior parte de suas teorias estava além da capacidade dos atores que tinha à disposição. Duse e Pezzana eram quase as únicas a partilhar seus ideais, tendo chegado intuitivamente às mesmas conclusões, e Emanuel jamais esqueceria o apoio moral de Eleonora, muito embora ela fosse apenas uma novata. É tentador especular como a carreira de Eleonora Duse teria se desenvolvido se esses dois espíritos pioneiros tivessem continuado a trabalhar juntos. Como as coisas se apresentaram, suas carreiras seguiram, depois disso, caminhos diferentes. Emanuel continuou formando um grande número de parcerias com algumas das mais talentosas personalidades da época. A mais notável de todas foi sua colaboração com Virginia Reiter, uma mulher de impressionante beleza e temperamento exuberante, que Emanuel transformou numa atriz consumada.

Se aquela memorável temporada em Nápoles trouxe os primeiros vislumbres do futuro sucesso, por outro lado também coincidiu com um trágico episódio na vida de Eleonora, que iria deixar suas marcas. A jovem atriz experimentou seu primeiro caso amoroso sério com um jovem e brilhante jornalista, Martino Cafiero. Duse tinha vinte e um anos e Cafiero já passara dos trinta. Aos trinta e cinco, ele era uma figura eminente na sociedade napolitana, fundador e diretor do *Corriere del Mattino*. Possuía todos os atributos de um bem-sucedido homem de sociedade: bonito, eloqüente e cortês. E nos círculos literários e de negócios era muito respeitado por sua inteligência e espírito. Freqüentando os mesmos círculos de Matilde Serao e amigos, partilhava o idêntico amor pelo teatro. No momento oportuno, foi arranjada uma apresentação, de modo que Cafiero pudesse conhecer a instigante nova estrela do Teatro dei Fiorentini. Conhecido por suas conquistas amorosas, não teve dificuldade em impressionar a inexperiente Duse. Ela ficou profundamente lisonjeada com sua atenção. Por seu lado, Cafiero sentiu-se irresistivelmente atraído por aquela estranha e reticente criatura, com seus olhos negros e luminosos.

Nos meses seguintes, Duse desabrochou a olhos vistos. Tornou-se pouco a pouco menos desastrada e retraída. A paixão de Cafiero garantiu-lhe críticas excelentes. Não tardou a ser vista em toda parte em sua companhia: visitas aos pontos turísticos, igrejas e museus da cidade, jantares nos restaurantes chiques e nos clubes na moda. Contudo, ninguém podia deixar de sentir que aquele novo papel de companheira constante do sociável Cafiero deve ter-lhe rendido angústias secretas. Representar a mariposa social sempre foi algo estranho à natureza de Duse. Ela estava convencida da sua falta de beleza e de dotes sociais. Os compromissos públicos faziam-na sentir-se desesperadamente deslocada e embaraçada. Sua aversão à ostentação e às conversas frívolas cresceram à medida que os anos passavam e, por isso, é difícil imaginar que o caso com Cafiero pudesse durar. É até duvidoso que ele tenha vislumbrado o lado mais profundo da natureza de Eleonora. Jovem e vulnerável, ela rendeu-se a esse delicado admirador numa tempestade de paixão.

A ligação com Cafiero coincidiu com uma nova etapa em sua carreira, quando pediu demissão da companhia do Teatro dei Fiorentini. A temporada fora um grande desapontamento do ponto de vista financeiro e, quando Emanuel saiu da companhia em 24 de maio de 1879, em meio à onda de publicidade adversa, Pezzana e os Duse também pediram demissão por lealdade. Pezzana já anunciara que integraria a companhia de Cesare Rossi na temporada seguinte; Duse e o pai foram convidados posteriormente.

A maior parte dos biógrafos de Eleonora Duse conta que o trágico desenlace de seu caso com Cafiero foi o nascimento de um filho homem ilegítimo, que morreu com poucas semanas. Na falta de toda e qualquer documentação, os detalhes dessa triste história permanecem obscuros. O que é certo é que, quando os Duse partiram de Nápoles no fim da temporada, para cumprir compromissos com a companhia de Rossi, o ardor de Cafiero esfriara um pouco. Logo ficou claro para Duse que ele não tinha intenção de se casar com ela. Continuaram a se corresponder por algumas semanas, depois da ida de Duse para o norte da Itália e uma carta alcançou-a em Turim sugerindo um encontro em Roma. Duse obteve permissão para viajar e os amantes reuniram-se brevemente, mas foi uma Duse desconsolada a que voltou à companhia. Cafiero não a amava mais. Humilhada e desiludida, Eleonora sofreu muito e ficou doente. Os outros atores deram o melhor de si para confortá-la, e Matilde Serao era a confidente de suas penas. Foi esta a primeira de uma série de dolorosas separações na vida de Eleonora. Passados alguns meses, ela arrebanhou sua coragem e voltou ao trabalho. O caso com Cafiero tornara-a mais madura, porém deixara um resíduo de amargor.

1880-1882 – A Atriz Principal

Os objetivos do chamado *Risorgimento* foram alcançados em março de 1861, com o estabelecimento formal de um reino unido. Cerca de dez anos depois, em outubro de 1870, um plebiscito entre os habitantes de Roma pôs um selo ainda mais definitivo no processo de unificação nacional. Porém, uma vez a unificação efetivamente consumada na Itália, o país encarou a tarefa não menos séria de reconquistar a estabilidade. A convulsão política geral ampliara o fosso entre governo e governados. A Itália viu-se empobrecida e dividida. Havia conflitos agudos em cada região, os interesses partidários reinavam, a corrupção grassava por toda parte e as diferenças criadas pelos dialetos e pelas tradições estavam profundamente arraigadas. Vários projetos eram lançados para reconstruir as instituições governamentais do país e fortalecer o conceito de unidade. Em sua posição de primeiro *premier* da nova nação, o conde Cavour empregou o lema persuasivo: "Unificar para melhorar, melhorar para consolidar". No entanto, apesar do entusiasmo e da energia prodigalizada nessa grande empreitada, as melhorias demoravam a chegar. A falta de popularidade das autoridades públicas podia ser atribuída ao atraso das estruturas econômicas e sociais italianas: a anarquia e o banditismo eram generalizados. Conforme notou um comentarista italiano: "Agora que a Itália fora criada, era necessário criar italianos". Por volta de 1870, a grave situação econômica da Itália afetava todos os setores da vida pública, inclusive, é claro, as artes.

Durante as lutas pela unificação, as companhias teatrais da Itália deram uma valiosa contribuição ao introduzir no repertório peças que sustentavam os ideais de liberdade e patriotismo. Agora, essas mesmas companhias viam-se tão estropiadas pelos impostos cobrados pela nova nação, que eram forçadas, uma a uma, a fechar. Seguiu-se um debate inflamado, e a imprensa veiculava acusações de corrupção e especulação, mas os pleitos dos empresários teatrais não eram ouvidos. Um dos mais proeminentes homens de teatro a se arruinar na crise foi Luigi Bellotti-Bon, um ator-empresário lembrado por seus corajosos esforços no sentido de estabelecer um teatro nacional na Itália. Ele era primo da trágica Adelaide Ristori, mundialmente famosa, e, em jovem, estudara a arte de representar com o grande Gustavo Modena. Como muitos outros jovens atores da sua geração, Bellotti-Bon também colaborava ativamente com os patriotas. Foi promovido a capitão e lutou em Montebello. Depois dessa passagem pelo exército, voltou ao teatro. Contratado pela prestigiosa Reale Compagnia Sarda, trabalhou com grandes atores da época, antes de formar sua própria companhia, em 1855. Homem de visão e ilimitada energia, Bellotti-Bon, respondendo a todo desafio, trabalhou incansavelmente para um grande renascimento do teatro italiano nos anos 60 e 70. Introduziu critérios modernos, insistindo na boa atuação de conjunto, na produção cuidada e na promoção de dramaturgos nacionais.

Bellotti-Bon embarcou nessa corajosa empresa com um empréstimo substancial da Banca Rivoltella, sediada em Trieste. No entanto, de 1859 em diante, teve de confiar em seus recursos financeiros próprios, que estavam em constante risco. O teatro italiano, como o conhecemos hoje em dia, deve muitíssimo aos esforços pioneiros de Bellotti-Bon. Entre 1860 e 1865, ele adquiriu e encomendou cerca de setenta e oito peças, a maior parte de dramaturgos italianos; elas incluíam novas obras de Achille Torelli e Gherardi del Testa, que logo tornar-se-iam renomados. A excelente trupe de Bellotti-Bon, que era conhecida por seus espetáculos homogêneos, que incluíam atores do calibre de Cesare Rossi e Giacinta Pezzana (ambos iriam associar-se mais tarde a Eleonora Duse) e artistas experientes, como Amalia Fumagalli e Francesco Ciotti.

Animado com os primeiros êxitos da companhia, Bellotti-Bon decidiu expandir suas atividades, lançando três companhias separadas. Em 1873, desfez a trupe original e formou três novos grupos, cada um deles encabeçado por atores conhecidos, com grande número de nomes menos renomados em papéis secundários. A rivalidade irrompeu quase de imediato entre as três companhias, o que redundou numa queda de padrões. Críticos e público logo perceberam o declínio, e Bellotti-Bon tentou conquistar de novo o apoio do público montando peças de apelo popular, mas mesmo essas eram tão pobremente representadas que os teatros ficavam quase vazios. Os novos impostos aumentaram esses infortúnios e seguiu-se uma longa batalha judicial com as autoridades fiscais, que estavam pedindo a assustadora soma de 250.000 liras.

A situação de Bellotti-Bon e de muitos outros atores-empresários perseguidos por causa de impostos atrasados recebeu ampla cobertura da imprensa. Os jornais teatrais, notadamente *L'Arte Drammatica*, debateram as sérias conseqüências da nova legislação quando a temporada de 1877-78 estava para se inaugurar. O futuro de atores, dramaturgos e empresários parecia totalmente precário. Agostino Magliani, que era então ministro do Tesouro, foi instado a reconsiderar os escorchantes aumentos de impostos a serem calculados sobre a bilheteria, mas os protestos e apelos de nada serviram.

No dia 24 de maio de 1879, num artigo em *Platea*, o crítico Pietro Coccoluto Ferrigni (pseudônimo: Yorik) predisse um futuro sombrio para o teatro italiano em geral por causa dessas novas medidas fiscais. Em seu artigo, afirmou que a séria crise financeira a ser provocada por essas novas medidas iria não só forçar muitos teatros a fechar as portas, como também encorajar empresários menos escrupulosos a dedicar suas energias às *pièces à femmes* e a revistas lúbricas capazes de garantir um vasto público e uma sobrevivência econômica a expensas da moralidade pública. Fazendo-se de chauvinista ultrajado, Ferrigni prosseguiu, observando: "Testemunharemos em nossos teatros os mesmos males que nos da França, e sem nenhum dos privilégios de que os teatros franceses desfrutam, na forma de subsídios e isenções fiscais". A discussão inflamou-se, mas nenhuma trégua foi dada às companhias que enfrentavam a bancarrota. Bellotti-Bon logo se viu às voltas com um déficit colossal de cerca de 140.000 liras, sendo que precisava arranjar imediatamente 16.000 liras para evitar a bancarrota. A *Camorra* (ou "Máfia", como ele se referia depre-

3. Duse menina com a mãe, Angelica Cappelletto Duse. De origem camponesa, Angelica dedicou-se ao teatro ao se casar com Alessandro Duse e viu-se representando papéis principais com sucesso moderado. Morreu de tísica no dia 15 de setembro de 1875, quando Duse ainda era adolescente. O resto da vida, Eleonora guardou lembranças afetuosas da mãe, que mostrara tanto amor e solicitude para com ela.

(Cortesia da Bibioteca Teatrale del Burcardo, Roma)

ciativamente às autoridades fiscais) tivera êxito em sabotar toda uma vida de trabalho e sacrifícios pela profissão que ele tanto amava.

Em 31 de janeiro de 1883, Bellotti-Bon estava bebendo com uns amigos num café de Milão quando recebeu um telegrama. Lendo o conteúdo sem trair nenhuma emoção, levantou-se e saiu, sem se despedir de ninguém. O telegrama, expedido pela Banca Generale di Roma, recusava-lhe novos empréstimos. Trancado em seu camarim, Bellotti-Bon escreveu várias cartas antes de apontar uma pistola para a têmpora direita. Morreu duas horas depois no Teatro Manzoni, que ele inaugurara com sua companhia na noite de 3 de dezembro de 1872.

Bellotti-Bon fora um espírito-guia ao longo de uma das mais fecundas fases da história do teatro italiano moderno. Sua morte assinalou o início de um declínio acentuado, tanto econômico quanto artístico, ao mesmo tempo em que peças estrangeiras de nível inferior começavam a inundar o repertório-padrão. Embora tenha cometido muitos erros de cálculo sérios, seu ambicioso programa para o renascimento de um teatro verdadeiramente nacional abriu caminho para outras figuras pioneiras. Uma delas era Cesare Rossi, que partilhou os ideais de Bellotti-Bon e já estava à frente de sua própria companhia em 1880, quando contratou Duse e seu pai por um salário anual conjunto de 7.250 liras. Rossi contratou um elenco experiente para a sua Compagnia della Città di Torino: Claudio e Teresa Leigheb, por um salário conjunto de 12.000 liras, o bonito e jovem ator siciliano Flavio Andò por 6.000 liras e Tebaldo Checchi, que logo viria a ser marido de Eleonora, por 4.600 liras. Os preços dos ingressos variavam de 30 a 60 centavos.

Rossi arrendara o Teatro Carignano do conselho municipal de Turim por 3.000 liras anuais. Muito embora tivesse recebido ofertas bem mais elevadas de empresários em busca de sucesso comercial, o conselho preferiu o prestígio ao lucro. A reputação pessoal de Cesare Rossi como homem de teatro convenceu os membros do conselho de que se tratava de uma companhia dramática que qualquer cidade italiana teria orgulho em subsidiar. Daí a importância de atrair atores experientes a fim de garantir um público satisfeito e manter o patrocínio da cidade.

Quando a companhia de Rossi estreou em Turim com uma apresentação de *Marianna* de Paolo Ferrari, Duse apareceu num papel secundário. Outros papéis de coadjuvante seguiram-se, numa sucessão de peças pouco importantes de dramaturgos franceses e italianos, que, não obstante, permitiram a Eleonora consolidar sua posição na companhia. Entrementes, o *status* de prima-dona de Giacinta Pezzana era seriamente solapado por vários fiascos; declarando sua insatisfação com os baixos padrões da companhia de Rossi e seu desprezo pelo público de teatro turinense, ela rescindiu seu contrato em fins de fevereiro de 1881. A saída precipitada de Pezzana criou sérios problemas para Rossi. Ele decidiu arriscar-se a promover Duse à posição de *prima attrice*, apesar da desaprovação de outros membros da companhia.

No verão de 1881, Duse encontrou um novo admirador em Tebaldo Checchi, um dos mais competentes atores característicos da companhia. Não demoraram a namorar e casaram-se no dia 7 de setembro daquele mesmo ano. Ele tinha trinta e sete anos, Duse, vinte e três. Checchi era maduro e judicioso, tendo alcançado como coadjuvante consideráveis êxitos em peças traduzidas do repertório francês corrente. Desde o início, teve uma atitude protetora para com a jovem e solitária atriz. Checchi reconheceu o enorme potencial de Eleonora, que correspondeu à solicitude e às atenções que ele lhe prodigalizava. As relações estáveis nessas companhias teatrais eram freqüentemente minadas pelos mexericos maliciosos. Alguns atores repudiaram Checchi como marido da prima-dona; outros chegaram a acusá-lo de não ser nada mais que um vil especulador. Sabedor dessas observações insidiosas, ele simulava indiferença. Era natural que a ascensão de Duse na companhia despertasse inveja e despeito. Por um tempo, o casamento proporcionou maior sensação de segurança e autoconfiança a Duse, e não há dúvida de que foi muito proveitoso para a sua carreira, nesse estágio, o modo prático e judicioso com que Checchi cuidava dos interesses de ambos, bem como seu *savoir-faire* geral. Uma vez casados, Checchi negociou um salário anual conjunto de 12.500 liras, nivelando seus rendimentos com os do ator principal da companhia, Flavio Andò, e sua mulher, a atriz Celestina Paladini.

Duse estreou como primeira atriz de Rossi numa apresentação de gala de *Scrollina* de Achille Torelli, na Arena Nazionale de Florença, em 19 de agosto de 1881. Notada por seu diálogo vivo e pela harmonia da sua estrutura, essa comédia burguesa escrita em 1880 obtivera em toda parte considerável sucesso. A principal protagonista, Scrollina, uma jovem modelo de artista que encarnava as virtudes de honestidade e generosidade, tornou-se irresistivelmente cativante na interpretação de Duse.

Cesare Rossi fez tudo o que estava a seu alcance para conciliar os padrões artísticos com o gosto popular corrente. A companhia trabalhou com afinco para satisfazer às expectativas do conselho municipal, mas os resultados eram imprevisíveis. Os livros contábeis da companhia relativos a esse período revelam que ela encerrou a temporada de 1880 com um déficit de 6.214 liras e a temporada de 1881 com compromissos que montavam a 39.480 liras. Como todas as outras empresas teatrais da Itália, a Compagnia della Città di Torino trabalhava num clima de incerteza financeira, superando cada nova crise da melhor maneira possível.

Aos vinte e três anos de idade, a protegida de Rossi, tendo atingido o objetivo a que muitas atrizes aspiram e tão poucas alcançam, começou a formar um quadro mais claro da trajetória a percorrer. Aqueles primeiros meses como primeira atriz no Carignano revelaram-se, porém, nada fáceis.

Apesar dos sucessos de Eleonora, o público comparava-a desfavoravelmente com Giacinta Pezzana, e seus esforços para agradá-lo deparavam-se freqüentemente com a indiferença e até a hostilidade. Peças francesas medíocres em traduções fracas e algumas peças italianas inferiores não ajudavam muito as coisas. O próprio Rossi começou a se preocupar, à medida que a bilheteria caía e que a companhia se via representando para casas semivazias. Havia noites em que as vendas de ingressos não chegavam a 30 liras, e Duse pôs-se de novo a se questionar se deveria continuar batalhando como atriz. Todavia, durante a temporada de 1882, dois acontecimentos contribuíram para restaurar-lhe a confiança.

O primeiro foi o nascimento da filha Enrichetta, em 7 de janeiro de 1882, uma criança que estava destinada a trazer tanta alegria à sua vida. O segundo foi o anúncio na imprensa de que a grande atriz francesa Sarah Bernhardt, que estava então no auge da fama, logo iria se apresentar na Itália. Fazia alguns meses, a imprensa italiana se referia longamente a essa figura lendária e ao furor que suas apresentações causavam, em seu país e no estrangeiro. Dizia-se que Bernhardt ganhara 500.000 francos durante uma recente temporada em Londres; de fato, seus honorários por apresentação na Comédie Française, onde reinava absoluta, eram estimados em 6.000 francos. Cesare Rossi não perdeu tempo para pôr-se em ação, ao saber dessa turnê italiana. Percebeu que, se Sarah Bernhardt pudesse ser persuadida a se apresentar no Teatro Carignano, as declinantes finanças da sua companhia poderiam se recuperar da noite para o dia. Sem mais tardar, ofereceu as instalações do seu teatro à atriz francesa, e o empresário de Bernhardt achou os termos aceitáveis.

Sarah Bernhardt chegou à Itália com o já familiar séquito de administradores e assistentes pessoais, e com uma coleção de animais exóticos. No Carignano, o modesto camarim de Eleonora fora transformado numa suntuosa alcova, de acordo com o gosto extravagante da mais glamourosa atriz da Europa. Estreando em 25 de fevereiro para uma casa lotada, com ingressos a exorbitantes 100 liras, Bernhardt fascinou a sociedade turinense, que compareceu em peso. De toda a Itália, críticos e celebridades teatrais vieram admirar a incomparável Bernhardt. Duse, que estivera seriamente enferma após o nascimento de Enrichetta, ainda estava convalescente, mas não perdeu uma só apresentação e acompanhou cada palavra e cada gesto da atriz francesa com extrema atenção. A dicção de Bernhardt, seus movimentos graciosos e sua inconfundível presença deixaram Duse fascinada. "Eis uma atriz que dá dignidade a todo o ofício de representar, que pode incutir nas platéias um profundo respeito pela beleza e um verdadeiro amor à arte", explicou Duse a seus colegas, com os olhos brilhando de entusiasmo. Sentir em ação aquela força e aquele magnetismo foi o suficiente para restaurar a fé de Eleonora em sua profissão, e o fulgurante exemplo de Bernhardt abriu seus olhos para o rumo que ela própria iria tomar sem nunca olhar para trás.

Depois que Sarah Bernhardt se foi, Cesare Rossi estava preparado para retomar o repertório normal da companhia, mas Duse tinha outras idéias. Após estudar a interpretação da grande atriz em certos papéis-chave, Eleonora sentiu-se determinada a tentar ela mesma alguns deles e insistiu em que Rossi lhe permitisse apresentar-se numa tradução italiana de *La Princesse de Bagdad*, de Dumas Filho. Rossi estava apreensivo. A peça experimentara um tremendo fracasso ao estrear em Paris em 1871 e só fora salva da extinção porque Sarah Bernhardt assumira o papel. Argumentou longamente, em seus esforços para dissuadir Eleonora de expor a companhia ao ridículo público e a novos déficits, mas Duse mostrou-se inflexível e Rossi acabou cedendo. Esta iria ser a primeira de uma série de batalhas entre o ator-empresário e sua atriz principal, quando o valor real de Eleonora tornou-se patente. A peça estreou em maio numa atmosfera de tensão e ceticismo. No início do primeiro ato, a platéia parecia inquieta e até hostil, mas, à medida que este se desenrolava, ela foi gradativamente conquistada pela força e a fineza da atuação de Duse. Quando o pano caiu sobre o último ato, a aclamação que saudava o elenco quando este voltava à cena era maior até que a proporcionada à grande Bernhardt alguns meses antes.

Joseph Schurmann, um astuto empresário de origem holandesa, que organizara a turnê italiana de Sarah Bernhardt e que logo iria negociar várias turnês no exterior para Duse, foi o primeiro a observá-la com interesse da platéia do Teatro Carignano. Mais tarde, assim recordaria suas primeiras impressões: "Uma jovem mulher de cabelos escuros e que pareciam desgrenhados, de feições inequivocamente italianas, não muito bonita, mas com um rosto invulgarmente móvel, que se tornava extremamente belo quando traía alguma emoção". Schurmann informara-se a seu respeito e anotara em seu diário: "É considerada a atriz mais promissora da Compagnia della Città di Torino, de Cesare Rossi. As pessoas dizem que é ambiciosíssima, mas, com sua aparência, duvido que possa vir a ter sucesso no teatro".

Porém, depois do clamoroso sucesso de Eleonora em *La Princesse de Bagdad*, Schurmann teve de rever sua opinião e tratou de lhe oferecer logo um contrato para se apresentar no exterior. Duse sentiu-se lisonjeada, mas despreparada para tal desafio. "Não posso ter certeza se o senhor está caçoando de mim, ou simplesmente se enganando quanto a meu talento", Eleonora respondeu. Também explicou as dificuldades que semelhante turnê criaria:

> Não sou mais que uma atriz italiana menor; de resto, ninguém pode me entender no estrangeiro. Para impressionar platéias que não entendem a língua

em que está representando, o artista tem de ser um gênio. Meus talentos são um tanto limitados. Preciso de tempo para aperfeiçoar esta arte que amo tão apaixonadamente e não desejo ser desviada do caminho que tracei para mim. Um dia, se eu tiver êxito em minhas ambições e for capaz de adquirir maior confiança em mim mesma, poderemos voltar a discutir a esse respeito.

A decisão de Duse de recusar essa proposta tentadora revela sua capacidade de auto-avaliação e seu saudável senso comum. Seus maiores êxitos até então estiveram circunscritos a Nápoles e Turim, e ela tinha um conhecimento limitadíssimo dos padrões de fora da Itália.

Dumas Filho acompanhou as notícias do sucesso de Eleonora por meio da correspondência com seu amigo, o conde Joseph Primoli. Primoli aludira às danosas conseqüências do caso com Cafiero: "Um ano cruel de crises físicas e emocionais que a forçaram a retirar-se do palco". Uma vez de volta ao teatro, ela encontrou uma vazão para as violentas emoções que sua natureza reservada forçava-a a suportar em silêncio. Era o que o mesmo Primoli sugeria ao comentar: "Ela substitui a arte pela verdade... Não fez nada mais que estudar a si mesma e transportar sua própria vida para esses papéis".

Relatos semelhantes sobre a estrela do Carignano aguçaram a curiosidade de Dumas e outras personalidades teatrais do círculo de Primoli. Dumas procurou avidamente informar-se em sua carta de resposta: "Ela virá a Paris nas férias? Diga-lhe que não deixe de me prevenir. Irei encontrá-la no momento em que for avisado da sua chegada. Ela não fala francês, e eu não falo italiano, mas tenho certeza de que vamos nos entender perfeitamente". Infelizmente, outros quinze anos iriam transcorrer antes que Eleonora por fim concordasse com se apresentar em Paris e, então, Dumas já teria falecido.

2. "PENETRAR ABAIXO DA SUPERFÍCIE"

> *Quem luta para alcançar um objetivo constante*
> *é capaz de salvação.*
> E.D.

1882 – A Lenda de Sarah Bernhardt

As atuações de Sarah Bernhardt mostraram a Duse a que alturas a arte de representar devia ser elevada. Ao mesmo tempo, ela estava plenamente consciente de que sua experiência e as próprias circunstâncias eram de todo diferentes das da atriz francesa. Bernhardt adquirira e consolidara sua técnica artística no seio das respeitadas tradições da Comédie Française; Duse estava habituada a um ambiente muito menos notável, em que a constante falta de recursos e as condições improvisadas levavam inevitavelmente a pobres produções. Eleonora não sentia a menor propensão a arremedar a flamejante Bernhardt com seu senso de autopromoção, mas estava decidida a realizar algo do gênio e da autoridade da atriz francesa na concepção de novos papéis.

No prefácio da edição definitiva de suas peças, Dumas Filho, referindo-se à interpretação de Eleonora em *La Princesse de Bagdad*, deixa claro que a atriz italiana tratou de introduzir novos detalhes de inflexão e gesto em momentos-chave da peça. Esses toques individuais eram a marca do verdadeiro gênio, e Dumas lamentou que Eleonora Duse, "esta artista excepcional", não fosse francesa.

Em temperamento e estilo, Duse era mais facilmente comparada pelos críticos a Aimée Desclée, uma memorável intérprete do repertório de Dumas e atriz admiradíssima durante sua curta carreira. Desclée era conhecida de seus contemporâneos pela intensidade de sua atuação e pelo senso de identificação com as heroínas que representava com perfeição. Morreu prematuramente em 1874, mas, embora Duse nunca a houvesse visto representando, sentia uma profunda afinidade com Desclée e com o estilo de interpretação associado a seu nome. No entanto, ela tratava essas comparações com certa cautela. Não era nada fácil dominar o repertório francês, e uma vez ela confidenciou: "Tendo lido o que Dumas escreveu acerca da trágica Desclée e da interpretação desta de suas heroínas, senti-me indescritivelmente triste e até desanimada".

Duse pesquisava demoradamente o texto, a fim de entender as intenções do dramaturgo. Só então sentia-se capaz de trabalhar os detalhes da sua própria interpretação. Era esse o método que adotou quando enfrentou *La Femme de Claude* de Dumas Filho, depois de seu inesperado triunfo em *La Princesse de Bagdad*. As mesmas dúvidas eram expressas sobre a sensatez de fazer esse difícil papel. A "grande amorosa" em *La Princesse de Bagdad* era muito menos desafiadora do que a complexa Césarine em *La Femme de Claude*, uma peça censurada por sua morbidez e crueldade. Nenhuma atriz francesa, depois de Desclée, convencera a crítica no papel, e a maioria das atrizes que o fizeram retratou apenas pouco mais que uma mulher histérica. Dumas apresenta Césarine como uma Messalina moderna, uma aventureira estrangeira congenitamente perversa e sensual, não dando filhos ao marido, mas concebendo, antes e durante o casamento, filhos de vários amantes. Césarine mostra-se desprovida de qualquer amor materno. Insensível, desleal e incapaz de redenção, casou-se com um homem idealista, cuja felicidade ela destrói. Levado ao desespero pela perfídia da mulher, Claude a mata no último ato. A peça foi definida como "totalmente simbólica" e, mesmo na França, muito desse simbolismo se perdera no público.

É difícil dizer se Duse subscreveu à concepção que Dumas tinha de Césarine como a última naquela longa linhagem de mulheres depravadas e perversas, cujas imoralidades haviam solapado a essência da sociedade francesa, mas relatos contemporâneos sugerem que ela aproveitou as possibilidades oferecidas por essa personagem poderosa. Duse estava consciente dos problemas colocados por um papel assim e nada foi deixado ao acaso. Ela estudou os detalhes da peça com o máximo cuidado e elaborou todas as nuanças do retrato feito por Dumas daquela mulher fatal e as implicações de sua conduta em relação às outras personagens da trama. Durante os ensaios, advertiu seus colegas para que observassem como cada fala ocultava algum sentido interior. Conquanto muito estimado por Duse, esse enfoque analítico encontrava pouco eco entre a maior parte dos atores italianos da sua geração. No entanto, à medida que foi adquirindo maior confiança em si, persistiu em cobrar dos outros a mesma leitura prévia e escrupulosa do texto, até os pontos finais de interpretação estarem solucionados. "Penetrar abaixo da superfície" tornou-se como que um lema em sua discussão de novos trabalhos, e desde essa primeira etapa da sua carreira, Duse esteve instintivamente afinada com os métodos que mais tarde seriam formulados pelo diretor de teatro russo Stanislávski, quando este falou em enfrentar os "sentidos subjacentes" do texto. O próprio Stanislávski reconheceu mais tarde esse fato, quando viu Eleonora atuar no auge da carreira. Ela era o expoente perfeito dos princípios que ele ideara para seus alunos em sua busca da verdade e da sutileza, ao delinear o personagem. Duse, por sua vez, tornar-se-ia uma das mais entusiastas defensoras do Teatro de Arte de Moscou e de tudo o que ele representava em termos de inovação.

La Femme de Claude foi recebida com entusiasmo ao estrear em Turim. Depoimentos de testemunhas oculares sugerem que Desclée, na sua época, retratara Césarine como uma vampira cuja conduta só podia ser descrita como irracional, perversa e destrutiva. Em contraste, a interpretação de Eleonora apresentava Césarine como uma mulher inquieta, infeliz, que perdera seu caminho na vida e já não podia saciar sua mórbida sensualidade. Representada por Duse, Césarine era uma mulher que pedia secretamente compaixão. Procurava a salvação no amor, mas só para ver-se abismada na hipocrisia e no engano.

Depois da estréia em Turim, a produção saiu em turnê, e o sucesso de Eleonora repetiu-se em Veneza, Milão e Florença. Roma, porém, foi outra história. Na capital italiana, o público permanecia fiel à memória de uma geração mais antiga de atrizes, representada por Adelaide Ristori, Virginia Marini, Adelaide Tessero e Giacinta Pezzana. Absolutamente cético em relação às novas tendências do teatro, relutava em reconhecer novos talentos, especialmente se a reputação destes tivesse sido construída em outro lugar. O Teatro Valle estava quase vazio na noite da estréia, embora o desempenho de Duse fosse estudado com interesse pelos críticos. Alguns destes, escrevendo sobre sua apresentação em Roma, afirmaram que não se podia esperar que a busca da simplicidade e da verdade empreendida por Eleonora Duse atraísse uma geração de freqüentadores de teatro habituados com a maneira grandiloqüente de representar. Vários críticos exprimiram suas dúvidas quanto à validade de seu método introspectivo de representar, que excluía gestos pronunciados e uma elocução potente. Cesare Rossi, que naturalmente se preocupava com os riscos financeiros, sugeriu que se cancelassem as outras apresentações da obra, mas Eleonora insistiu em levar adiante o programa original. A segunda apresentação de *La Femme de Claude* fez uma casa muito mais cheia e a peça foi declarada um sucesso.

A prioridade de Cesare Rossi era manter a companhia solvente. Sua notória relutância em introduzir novas peças no repertório, a menos que garantissem êxito financeiro, enraivecia e exasperava os atores principais. Mas, quando Duse se firmou como trunfo principal da companhia, Rossi encontrou cada vez mais dificuldades para ignorar seus desejos em matéria de política artística. Incentivada por Checchi, ela se tornou mais peremptória e tirou pleno proveito de seu *status* na companhia. Para alguém que nunca fora fisicamente forte, o gosto com que construiu um novo repertório nesse período é surpreendente. Mal conquistara as platéias com sua Césarine, ela se voltou para o texto de outra peça de Dumas associada a Desclée: *Une Visite de Noces*. Estudou o papel com o cuidado costumeiro, anotando o texto com suas reações pessoais, suas dúvidas e seus pensamentos acerca dos personagens. Notas marginais indicando detalhes cruciais dignos de ênfase revelam uma extraordinária compreensão das relações especiais entre o dramaturgo e seus intérpretes. Ainda na casa dos vinte, Duse já estava pronta para buscar um grau de perfeição raramente alcançado por artistas duas vezes mais velhas do que ela. "Toda estréia num novo papel era como partir de um rabisco", refletiu certa vez, mais tarde.

Até mesmo nessa etapa inicial de sua carreira, Duse estava muito menos interessada na adulação dos críticos do que numa crítica construtiva a partir da qual pudesse aprender alguma coisa. Elogios excessivos e comparações empolgadas com outras atrizes só a deixavam perplexa e insatisfeita. Introspectiva por natureza, Duse ponderava sobre o tênue fio que ligava a vida à arte. Penosamente consciente de seu humilde cabedal e da falta de uma educação formal, lia em toda oportunidade, assistia a conferências e leituras de poemas, visitava museus e galerias de arte, ouvia com atenção as pessoas cujo juízo respeitava e buscava conselho junto a críticos eminentes e homens de letras. Sua maior preocupação nesse estágio era encontrar aquele "estado de graça" que lhe permitiria desenvolver sua própria personalidade, mesmo ao representar papéis associados a outras atrizes. Numa carta de 13 de setembro de 1881 endereçada ao marquês Francesco d'Arcais, crítico teatral de *L'Opinione*, escreveu:

> Há palavras que restauram a fé de uma pessoa. Há pessoas que necessitam e desejam palavras de conselho. Certas formas de crítica são proveitosas e justificadas, da mesma forma que outras podem ser degradantes. As críticas do *Libertà* incluem-se na segunda categoria. Pois bem, antes de me entregar a uma auto-análise e recomeçar, é de você, caro amigo, que espero confiantemente uma avaliação positiva do meu trabalho. Você foi o primeiro crítico a observar que eu não devia ser comparada com outras atrizes italianas e que eu lhe recordava a chorada Desclée. Essa observação me impressionou na época e, ao contrário de me preocupar, proporcionou-me enorme alento. Nunca vi Desclée representar,

de modo que qualquer afinidade entre nosso estilo de atuar nada mais é que uma afinidade de inspiração...

Por outro lado, o clamor e a convicção causados pela recente turnê italiana de Sarah Bernhardt deixaram sua marca. Sua influência sobre mim foi tão irresistível que ameaçou sufocar-me. As constantes comparações com Bernhardt (a quem admiro enormemente) afligem-me e atingem-me como excessivas.

Pois bem, caro marquês, rogo-lhe que me diga francamente o que acha disso tudo. Sinto a necessidade de meditar para me livrar dessa ansiedade. Amo e aprecio muitíssimo minha vocação de atriz, e almejo satisfazer ao que isso implica, tanto em espírito como em expressão. Não a compreenderia de outro modo. Pois, se compreendesse, todas as minhas esperanças seriam vãs e minhas recompensas fugidias. Então, eu não experimentaria mais essas dúvidas incômodas, que são tão boas para mim, esses anseios que me torturam, essa necessidade de orientação que peço de você, temerosa que estou de desgarrar-me em meu caminho.

Essa carta perturbada dá uma visão dos escrúpulos e do autoquestionamento que a mente de Eleonora exercitava enquanto seu sucesso e sua popularidade cresciam entre as platéias de toda a Itália. O fenômeno Duse suscitou um caloroso debate no país. Outras atrizes começaram a estudar e imitar seu porte sério e seus gestos austeros. No entanto, nenhuma outra chegou perto de alcançar o senso de verdade e convicção que ela punha em cada papel. Por meio de um trabalho duro, Duse estava sempre vários passos à frente, eliminando gestos supérfluos e tornando o menor detalhe de tom e inflexão mais sutil. O talento para a improvisação, que várias gerações de atores italianos haviam explorado em seu proveito, foi intuitivamente rejeitado por Duse. Sua naturalidade e fluência no palco eram o resultado de uma séria preparação. Não fazia segredo de suas ambições como atriz. Os desempenhos de Bernhardt haviam revelado os milagres que podiam ser feitos pela autodeterminação e pela fé em seu próprio talento. Ela também venceria suas dúvidas e daria substância à sua visão da perfeição.

1882-1885 – Um Repertório Verdadeiramente Moderno

Quando o nome de Eleonora Duse tornou-se sinônimo de teatros lotados, foi essencial ampliar seu repertório. A fortuna de Rossi dependia das apresentações regulares de sua estrela mais brilhante. Cada centro italiano nutria suas próprias expectativas em relação a uma companhia em turnê, e Duse logo se familiarizou com as incongruências das críticas e das platéias de uma região a outra. O ritmo da atividade era incessante. Durante umas breves férias em Marina di Pisa, no verão de 1882, Duse sentava-se contemplando o mar, que, em suas próprias palavras, "nos deixa conscientes de nossa insignificância como seres humanos". Agora, ela tinha um momento para refletir sobre as pressões e frustrações de uma vida de artista. Conversando com Antonio Fiacchi (pseudônimo: Piccolet), o crítico teatral do *Piccolo Faust,* ela confidenciou:

> Não é fácil sustentar seu ideal quando se lida com o público. Pouco tempo atrás, em Bolonha, logo antes da minha doença, estava indo da platéia ao palco, quando avistei um grupo de mulheres simples, que haviam chegado mais cedo ao teatro para conseguir um bom lugar. Estavam conversando sobre si. De repente, uma delas me reconheceu e, cutucando a outra sentada ao lado, deu uma piscada e falou: "Olhe só quem está passando: é a Duse! É ela!" A outra mulher virou-se, fitou-me, surpresa com a minha aparência insignificante ou seja lá o que fosse, e ouvi-a retorquir em dialeto: "Aquela mulherzinha?... Nem chama a atenção!" Nenhuma atriz, para elas, podia parecer tão desmazelada. Está claro que a maior parte do público ainda se recusa a me aceitar como eu gostaria de ser aceita. Vou continuar fazendo as coisas a meu modo, porque é o modo como as sinto. É comum acreditar que, em certas circunstâncias, uma atriz deveria erguer a voz e enfurecer-se. Minha tendência é fazer exatamente o oposto quando estou expressando paixões violentas. Porque, se experimento uma grande alegria ou uma grande tristeza, é freqüente eu ficar sem palavras. Em tais momentos, quando estou representando, vejo-me falando baixinho, quase num sussurro. As palavras saem devagar, uma a uma... Isso leva alguns críticos a me acusarem de ser vazia de qualquer sentimento profundo. Eles chegam a ter dó de mim. Mas por quê? Afinal de contas, não é de modo algum verdade que todos nós sentimos as coisas exatamente da mesma maneira. Somos todos diferentes por natureza e cada um exprime a emoção de seu modo particular. Você não concorda? Infelizmente... algumas pessoas não compreenderão isso.

À luz dessas confidências, é fácil ver por que alguns críticos consideravam corajosa sua abordagem da arte de representar, ao passo que outros achavam-na despropositadamente peculiar para o público médio.

A fama trouxe novas ansiedades e a tensão de representar um papel exigente depois do outro esgotaram-na, física e emocionalmente. Porém seu espírito nunca estivera tão forte e, agora que todas as incertezas iniciais haviam sido vencidas, Duse enfrentou o sucesso e o fracasso com equanimidade. Depois de um compromisso financeiramente desastroso em Narni, ela escreveu em princípios de setembro de 1882 a Ernesto Somigli, que editava um jornal teatral e dirigia o Teatro Nuovo de Florença. Chamando-o por caçoada de Michonnet, o ponto de *Adrienne Lecouvreur* de Scribe, escreveu:

> Caro Somigli, estive em Narni nos últimos quatro dias, mas vou lhe poupar qualquer descrição da vida nessa cidade. Preciso apenas lhe contar que, mal chegamos, os comerciantes locais aumentaram seus preços. Você pode imaginar como isso agradou aos habitantes do lugar. Para compensar nossas perdas, esta-

mos partindo para Roma antes do planejado. Roma me atrai quase tanto quanto minha amada Florença. Anseio por uma atmosfera mais adequada; estou impaciente por voltar e me apresentar lá. Estamos contando com uma temporada razoavelmente boa. Quem pode dizer!

[...]

Atendi a seu pedido e agora estou estudando o papel de *Adrienne Lecouvreur*. Estava errada quando decidi não tentar essa peça. No entanto, para estudar o papel com algum êxito, preciso de uma cópia do texto *original* em francês. Foi o que aconteceu com *Frou-frou*, *La Princesse de Bagdad* e *La Dame aux Camélias*, em que sempre trabalhei sobre o texto original, antes de estudar a tradução italiana. Isso vai me permitir penetrar no espírito e nos conceitos subjacentes da peça. Como meu querido Michonnet pessoal, peço-lhe que tente me arranjar uma cópia do texto francês, ou em Florença, ou escrevendo para um amigo em Paris. Mande-o para cá (antes do dia 12), ou para o Teatro Valle, em Roma. Mande-me também uma nota com o preço e os encargos postais, de modo que possa reembolsá-lo...

A carta é significativa na medida em que confirma que ela estava ansiosa por abrir as asas. Também mostra que Eleonora agora estava determinada a selecionar seu próprio repertório, daí seu interesse pelos dramaturgos franceses modernos, que poderiam fornecer papéis plenamente apropriados a seu poder de expressão. A necessidade de estudar essas peças no original tornava-lhe urgente aprender um pouco de francês. Somigli era apenas um dos muitos amigos e conhecidos interessados em conseguir-lhe os textos necessários com a maior rapidez possível.

Vários meses depois, Duse estava em condições de informar Somigli da bem-sucedida acolhida da companhia em Roma. O repertório que ela escolhera era predominantemente francês. Duse escreve: "Aqui em Roma, fiz sete apresentações como Odette, quatro como Gilberte, duas como Marguerite, duas como Fernande, três como Scrollina e seis como Césarine". Duse estava particularmente contente com seu sucesso em *La Femme de Claude*, peça que escolhera para sua noite beneficente e com a qual a companhia de Rossi, por insistência dela, encerrou a temporada em Roma. Sérias divergências quanto ao repertório tornavam-se mais freqüentes agora entre Duse e Rossi. Os boatos acusavam-no de estar com inveja da estrela da companhia. Verdade ou não, é indubitável que as idéias dos dois sobre a política artística dificilmente podiam ser mais opostas. O conservador Rossi queria continuar apresentando comédias italianas, com ênfase no entretenimento. Duse, por sua vez, insistia nos tempestuosos dramas de Sardou, Dumas e Scribe. Na mesma carta, ela revela que a bilheteria de sua noite beneficente chegou a quase duas mil liras. Duse prossegue o relato com óbvia satisfação:

Como pode ver, meu querido Michonnet, cumpro minhas promessas... *meu amor por você* abriu-me novos horizontes. *Sou sempre fiel* a você e plenamente dedicada a meu trabalho. Você sabe quão ambiciosa eu sou! Barachini está radiante, "batendo em sua pança histriônica" na bilheteria, que tem sido ótima, posso lhe garantir. Mandei para você *seis jornais*. Chegaram? Você me prestaria um *enorme* favor dando a essas críticas algum *destaque* em seu jornal, que considero uma excelente publicação, sendo provável que tome o lugar de *L'Arte Drammatica*. Assim que eu voltar para Florença, mantê-lo-ei informado sobre os planos para o futuro. *Por enquanto, estou pensando no próximo passo.*

A influência do marido é óbvia aqui. Era Checchi que ajudava Duse a estabelecer uma relação cordial com setores influentes da imprensa. Nessa altura da sua carreira, ela necessitava de uma campanha publicitária constante e cultivava discretamente os críticos que sentia capazes de promover seus interesses.

Duse se apresentou em *Une Visite de Noces* em Turim, em 16 de dezembro de 1882, com uma acolhida extática. Como agora se tornava um hábito seu, registrou suas impressões numa carta a Gennaro Minervini, crítico e caricaturista da revista *Capitan Fracassa* e um amigo íntimo desde seus primeiros sucessos em Nápoles. Confiou a Minervini:

A peça causou-me as ansiedades costumeiras – que me fazem tanto bem e tanto mal... Quando a cortina finalmente caiu, senti-me satisfeita com o espetáculo, mas totalmente exausta. Tudo bem pesado, foi uma noite esplêndida e – graças a Deus! – senti que eu havia *compreendido* Lydie (meu nome em *Une Visite de Noces*) sem nunca a ter visto representada por Bernhardt – sobre a qual você sugere que calquei minha interpretação! Não esmoreci no palco, mas senti todo o meu rosto ficar distorcido pela tensão emocional... O Teatro Carignano – ou, para ser mais precisa, o palco e o corredor dos camarins ao palco – era como a famosa travessia do rio Berezina [pelo grande exército de Napoleão durante a retirada de Moscou]: gelo e vento por todos eles...

Da mãe, Duse herdou uma constituição frágil, e sua saúde se deteriorou mais ainda depois do nascimento de Enrichetta. Nos anos seguintes, foi atormentada por problemas ginecológicos causados por sua ansiedade sem fim, e a pressão constante do trabalho não ajudou. O severo inverno de 1882 foi particularmente duro, pois afetou seus pulmões. Foram consultados médicos e prescritos tratamentos, mas, seja por discrição, seja por embaraço, Eleonora raramente confiava detalhes médicos. "O tempo frio", escreveu, "*meu maior inimigo*, deixou-me letárgica e fraca... No entanto, continuo a esperar que meu *barco* continue navegando em segurança." O barco, porém, enfrentou tempestades em seu trajeto. De Milão, ela escreveu a Minervini que "esta cidade desgraçada me deu uma grande dor de cabeça há poucos meses". Suas apreensões eram

4. Duse como estrela juvenil no Teatro dei Fiorentini, de Nápoles, onde obteve seu primeiro sucesso. A crítica e o público ficaram impressionados pelo "encanto e a graça da Signorina Duse". Era escolhida para uma vasta gama de papéis por sua forte presença cênica, sua naturalidade e seu impecável senso de estilo.

(Cortesia da Bibioteca Teatrale del Burcardo, Roma)

provocadas pelos rumores de que uma claque hostil pretendia criar confusão e por comentários contrários na imprensa sobre sua aparência geral; mas, no fim do primeiro ato, na noite da estréia, Duse estava controlando firmemente a situação e a platéia, dominada pelo brilho imaculado de sua atuação. A própria Duse não tinha ilusões sobre seus atributos físicos e esquivava-se de toda e qualquer tentativa no sentido de transformá-la na imagem estereotipada de uma atriz de sucesso. Dito isso, sua correspondência com amigos torna claro que ela era sensível a qualquer referência à sua aparência um tanto desgraciosa e à sua falta de *glamour*.

Durante a temporada de oito semanas que a companhia fez em Roma no inverno de 1882, Duse esteve várias vezes com o conde Giuseppe Primoli, ou Gégé, como era conhecido de seus íntimos. Primoli não só apresentou Duse a muitos artistas e escritores que freqüentavam sua residência em Roma, como é bem provável que tenha sido ele quem organizou as discussões sobre uma possível colaboração entre a atriz e seu amigo íntimo, o teatrólogo Giuseppe Giacosa. À espreita de material novo, Duse demonstrou interesse em montar a comédia filosófica de Giacosa *Il Filo*, no Teatro Carignano. Como ele escrevera originalmente a obra para marionetes, a adaptação da peça para o palco com atores de carne e osso envolvia um elemento de risco. Mas a peça estreou em 21 de janeiro de 1883 e a resenha publicada no dia seguinte em *L'Opinione* relatava que a noite beneficente em Turim, em homenagem à Signora Duse-Checchi, fora um sucesso. *Il Filo*, com seus personagens estereotipados da *commedia dell'arte*, formava um programa duplo com *Julie* de Octave Feuillet. No fim do espetáculo, Duse, nas palavras do resenhista, recebeu "uma ovação de pé e ganhou flores, um anel de diamantes e um broche de pérolas de grande valor".

Em toda a sua vida, Eleonora preservou uma nostalgia e um afeto genuínos pela magia dos teatros de fantoches que conhecera em criança. Ela se tornou patrona do Teatro dei Piccoli dirigido por Vittorio Podrecca e, quando o minúsculo teatro deste foi inaugurado em Roma, mandou a seguinte mensagem: "Pairando em algum lugar entre a terra dos sonhos e o mundo da arte, as marionetes tornaram-se o símbolo da perfeição quando guiadas por uma alma". Suas visitas subseqüentes a Londres e Nova York coincidiram com a apresentação do Teatro dei Piccoli, a cujos espetáculos ela assistia quando seus compromissos permitiam. Na última fase da sua carreira, quando estava empreendendo sua volta aos palcos, escreveu ao Signor Podrecca exprimindo o desejo de unir forças à companhia deste:

Caro Signor Podrecca — Eu havia esperado e desejado falar com o senhor, mas isso se revelou impossível. Apenas mandei-lhe um telegrama e só posso repetir minha estima e minha admiração por sua arte. Eu queria lhe dizer pessoalmente quão alta é a consideração que tenho por sua companhia teatral e quanto me atrai a idéia de uma turnê com suas marionetes. Pensei com freqüência que pertencer a uma *troupe de marionettes* resolveria muitos problemas na minha busca de um trabalho adequado. Não posso deixar de sentir que seria muito menos complicado administrar um elenco de marionetes, pois essas dóceis criaturas não falam e pode-se confiar em que obedecerão às ordens.

Era uma proposta interessante, conquanto algo fantasiosa. Duse, é verdade, expressava freqüentemente seu aborrecimento com atores que ignoravam os pontos mais refinados de interpretação. Ao mesmo tempo, as impropriedades dos outros metiam-na em brios e faziam-na ficar ainda mais decidida a lhes mostrar como uma peça devia ser representada.

Depois de seu sucesso em *Il Filo*, Duse estava pronta para nova colaboração com Giacosa. Conquistou outro grande sucesso como Emma em *Tristi Ambri*, uma peça que permaneceria em seu repertório por muitos anos. Mas nem mesmo a arte de Eleonora conseguiu sustentar *La Zampa del Gatto*, a que foi dada uma fria acolhida na Arena Nazionale em Florença, na primavera seguinte, ou *La Sirena*, que fracassou miseravelmente em Roma em 22 de outubro do mesmo ano. Durante a preparação dessas duas peças, Giacosa teve toda oportunidade de observar Eleonora Duse nos ensaios, quando elaborava cada detalhe do teatro com meticuloso cuidado. Comunicando a notícia do fracasso da peça à sua mãe, Giacosa comentou:

> Houve um silêncio glacial do princípio ao fim, à parte uma irrupção de aplausos para Duse que, prevendo a tempestade, deu tudo o de que era capaz. Os outros dois atores principais [Flavio Andò e Arturo Diotti] comportaram-se como cachorros, dois verdadeiros mastins, dois cães lobos, que ruminaram meus pobres versos e arruinaram uma bonita peça. O pano caiu em meio ao silêncio e foi uma sorte que meus amigos, experientes que são nessas coisas, não se tenham aventurado a aplaudir. Isso só teria provocado um coro de apupos e assovios.

Mas é um Giacosa algo grosseiro que escreve ao conde Primoli em 21 de novembro de 1883 e que acusa Duse de bancar a prima-dona. Longe de partilhar a paixão de Primoli, Giacosa considerava Duse "uma mulher importuna e imprevisível, capaz de representar magnificamente, quando lhe dava na telha, ou de interpretar desagradavelmente, quando indisposta". Acres sentimentos, de fato, de um dramaturgo que devia muito de seu sucesso à força de interpretação da Duse. É de se suspeitar que Eleonora estava a par dos comentários de Giacosa. De seu lado, ela nunca confiou verdadeiramente nele e deplorou sua arrogância e seu machismo.

Tebaldo Checchi continuava a administrar com eficiência os interesses de sua mulher durante esse período de intensa atividade. Foi Checchi, mais que qualquer outra pessoa, que fez Duse perceber o quanto ela significava para a companhia em termos de prestígio artístico e sucesso financeiro. Por insistência dele, foi anunciada como co-diretora de Rossi, o que deu a ela maior controle sobre a escolha das peças. A própria carreira de Checchi como ator foi cerceada a fim de lhe dar maior liberdade para cuidar dos interesses da esposa. Os dois concordavam com que Enrichetta seria criada de maneira normal, longe da agitada atmosfera do teatro. Babás competentes eram recrutadas com o auxílio de conhecidos confiáveis, pois Duse estava disposta a fazer qualquer sacrifício para que a filha recebesse uma boa educação. Duse lamentava amargamente a parca escolaridade que tivera em criança e, para o resto da vida, a atriz iria trair todas as obsessões e inseguranças de uma pessoa autodidata.

A seguinte colaboração de Eleonora com um autor nacional foi muito mais feliz. O escritor siciliano Giovanni Verga via-se, essencialmente, como um contador de histórias. Ironicamente, porém, seria como autor de teatro que conquistaria fama universal. Dois de seus amigos mais próximos em Milão, Giuseppe Giacosa e o compositor e libretista Arrigo Boito, eram homens de teatro e incentivaram Verga a exercitar-se adaptando alguma obra sua para o palco. Duse foi trazida à discussão. Seu enfoque básico da arte de representar, a saber, "retratar com realismo, sem ceder ao histrionismo", estabeleceu um vínculo imediato com Verga. Eles se apreciaram à primeira vista. Duse lera a coletânea de contos do autor siciliano intitulada *Vita dei Campi* e estava convencida de que uma narrativa como *Cavalleria Rusticana* podia ser adaptada para o palco sem muito esforço. Essa sugestão não foi desperdiçada por Verga, que, segundo se diz, transformou o texto em peça em cerca de quarenta e oito horas.

De Catânia, Verga escreveu a Giacosa perguntando-lhe se Duse estaria livre em novembro para se apresentar em Roma numa produção da sua peça. Giacosa, num estado de espírito mais propício, respondeu:

> Estou absolutamente encantado com ter conseguido atraí-lo para o teatro. Posso lhe prometer que, com uma atriz como Duse, podem-se conseguir milagres. A companhia que ela dirige com Rossi está programada para se apresentar em Roma em outubro, antes de ir para Turim em novembro, onde permanecerão seis meses. Se você vier logo ao Norte e sua peça não tiver mais de dois atos, será possível montá-la sem demora. O público de Turim é lento para aceitar inovações, mas algo recentemente escrito por você agradará até a gente dessa cidade, se a obra tiver um papel de destaque para Duse...

Para aumentar o impacto dramático da história, Verga introduziu certas modificações importantes. Por exemplo, na narrativa original, a inocência e a virgindade de Santuzza não são questionadas. Num momento de ciúme cego, ela destrói a vida de Turiddu e, com ela, toda esperança de uma felicidade futura. Já na peça, a inocente associação de Santuzza e Turiddu era transformada numa associação de sexualidade culpada e oculta, a fim de explorar o temperamento de Eleonora. Agora, o ciúme de Santuzza é instigado por seu medo de ser abandonada por Turiddu e exposta ao ridículo público.

Verga foi a Milão e leu sua peça para um grupo de amigos, que incluía Boito, o editor Emilio Treves, o escritor Luigi Galdo e Eugenio Torelli Viollier, o influente editor do *Corriere della Sera*. Torelli Viollier era o único membro do grupo que tinha confiança no sucesso da peça.

Giacosa mandou então o texto para Duse e Cesare Rossi em Turim, recomendando que a peça fosse produzida sem mais tardar. Rossi, porém, relutava muito em arriscar dinheiro no projeto. As próprias peças de Giacosa tinham dado prejuízo, apesar dos esforços de Eleonora. Além do mais, Rossi estava tão pouco impressionado com a trama da *Cavalleria Rusticana* que tinha certeza de que seria um fracasso. Giacosa informou Verga da desalentadora reação de Rossi:

> Falei com Rossi, que tem pouca fé no sucesso da sua peça. Pessoalmente, não concordo com ele, mas Duse é nitidamente influenciada por Rossi e, agora, também está preocupada com um possível fiasco... Rossi não está preparado para enfrentar despesas. Por certo, continuarei tentando; Rossi é um escravo da rotina e eu não levo os pontos de vista da Duse a sério. Ela tem um tremendo talento e, como atriz, não carece de coragem, mas tem muita cautela em tomar uma decisão sobre o que quer que seja sem antes ver a peça encenada. Também tem medo de parecer apoiar o projeto e, no caso de as coisas não darem certo, ser responsabilizada. Tenho certeza de que, no fundo do coração, ela ainda está convencida de que sua peça vai ter sucesso, mas, se não tiver, Duse é a última pessoa que estaria disposta a reconhecer que cometeu um erro. Quanto mais considero todo esse problema, mais estou convencido de que a peça será bem-recebida e, se as coisas se derem de outro modo, tanto pior para nosso público.

Amargamente desapontado com essa notícia, Verga começou a tratar o assunto como uma causa perdida. Mas Giacosa persistiu em suas negociações e chamou Verga a Turim. O ator principal da companhia, Flavio Andò, foi introduzido nas discussões e garantiu a Verga que Rossi capitularia. A própria Duse começou a enxergar as possibilidades da peça e chegou-se, afinal, a um compromisso com Rossi. Verga concordou com abrir mão de seus direitos autorais e com fornecer os figurinos, enquanto a direção da companhia entraria com os cenários. Rossi não estava nada certo de ter tomado a decisão correta. Disse a todos que estavam ligados à produção: "Se essa peça não for um fiasco, todos os meus anos de teatro nada me ensinaram". Rossi foi ficando mais abatido à medida que os ensaios aconteciam. Originalmente previsto para encarnar Alfio, Rossi resolveu-se pelo insignificante papel de Zio Bassi, como se estivesse decidido a não se expor a nenhuma invectiva da platéia quando a peça estreasse.

A primeira apresentação do drama realizou-se no Teatro Carignano, em 14 de janeiro de 1884. Verga supervisionara cada aspecto da produção em sua determinação de efetuar uma autêntica reconstrução da vida camponesa na Sicília. Um vasto público reuniu-se por curiosidade, não sabendo direito o que esperar de Verga como dramaturgo, mas, à medida que o espetáculo progredia, o entusiasmo da platéia não conhecia limites. A notícia do sucesso da peça foi levada a Verga, que esperava num café ali perto. Ele achava que havia completado sua tarefa como autor e que, agora, cabia ao público julgar os resultados. Uns amigos arrastaram-no de volta ao teatro para receber as congratulações do elenco. Mas somente na segunda apresentação Verga concordou, pela primeira e última vez em sua carreira, a juntar-se ao elenco no palco para receber uma ovação do público. Profundamente emocionado, beijou Eleonora assegurando-lhe: "*Cavalleria Rusticana* é mais sua do que minha". O papel de Turiddu coubera a Flavio Andò, que substituíra Giovanni Emanuel como ator principal da companhia, e Alfio foi representado por Tebaldo Checchi, marido de Eleonora.

A histórica produção da *Cavalleria Rusticana* coincidiu com outros eventos culturais organizados como parte da Grande Exposição Nacional, realizada naquele ano em Turim. Duse sentiu-se estimulada com a série de sucessos que inesperadamente lograra, com peças estrangeiras e nacionais, nos últimos meses. Por outro lado, a experiência lhe ensinara a esperar reações variadas dos públicos. Uma breve turnê incluindo Pádua e Trieste em março foi frustrada pelo fiasco de *La Dame aux Camélias*, e, depois da aclamação de Turim, a produção da *Cavalleria Rusticana* teve uma fria acolhida ao estrear em Milão, em maio do mesmo ano. A interpretação de Santuzza por Duse foi devidamente elogiada, mas o talento de Verga como dramaturgo suscitou poucos comentários. Verga teria apreciado outras colaborações com Eleonora. Não fazia segredo de que a considerava a atriz ideal para as protagonistas femininas das peças subseqüentes, como *In Portineria* (1885) e *La Lupa* (1896), mas Duse logo perdeu o interesse por peças com sabor regional. No entanto, Verga estava consciente dos riscos que um dramaturgo enfrentava quando lançou sua peça com uma atriz importante no papel principal. Como explicou numa carta a Giacosa, "Duse é uma excelente artista – e ninguém poderia estar mais convencido desse fato do que eu... mas seus sucessos são triunfos pessoais, que dissuadem outras companhias de montar a produção em outro lugar, com um elenco diferente".

Os verdadeiros sucessos da temporada de maio, no que concerne ao público milanês, foram obras importadas da França. Um espirituoso artigo publicado em *L'Arte Drammatica* de 10 de maio de 1884 recapitula o impacto da companhia no Teatro Carcano. A conquista por Duse daquelas platéias entediadas que freqüentavam o teatro era comparada às "façanhas de Hércules". Andò foi um seu hábil parceiro nas récitas de *Fédora, La Dame aux Camélias* e *Frou-frou*, mas todos os olhos eram para Duse, tanto assim que um crítico não-identificado compadecia-se de qualquer ator, mesmo experiente, que disputasse os aplausos com Duse.

Como Gilberte, em *Frou-frou* de Meilhac e Halévy, um papel associado a Sarah Bernhardt e à *belle époque* parisiense, Duse consumou uma "apurada simplicidade e espontaneidade", que distinguiu diametralmente sua interpretação da da atriz francesa. O crítico concluiu: "Todos os amantes do drama devem ficar gratos a esta jovem mulher, que, não obstante a esqualidez que nos rodeia, eleva-nos com sua arte".

Em janeiro de 1885, Duse estava de volta a Roma. O conde Primoli tinha uma surpresa para a atriz: o texto de uma nova peça escrita por Dumas Filho pensando nela. As reações de Eleonora foram cuidadosamente registradas nas cartas de Primoli ao dramaturgo: "Ela não disse nada, mas percebi o quanto estava sentindo por dentro: uma grande admiração pela peça". Como peça, *Denise* rompia com o melodrama de *La Princesse de Bagdad*; pela primeira vez em sua carreira, Dumas realizava um equilíbrio entre o realismo dos fatos apresentados e o idealismo que eles podiam, e deviam, sugerir. O sucesso da peça é função do caráter de Denise e das reações que sua confissão de culpa produz. Sua situação como mãe de um filho ilegítimo é uma das mais humanas e mais penetrantes que Dumas concebeu. Em Paris, a peça foi declarada *un succès éclatant* e os sentimentos de Eleonora, numa carta a Dumas (traduzida por Primoli para a atriz), revelam quão facilmente ela se identificou com a trágica heroína da peça:

> Desde ontem à noite, guardo em meus ouvidos e em meu coração a melodia e a fragrância de Denise. Vejo seu rosto mudar – tornar-se sombrio e indistinto, cheio de sofrimento e de esperança. Não consigo exprimi-lo... Esta não é uma carta, nem tampouco um bilhete de agradecimento. Quando eu me sentir mais composta, escreverei as duas coisas.

Sem um momento de hesitação, Duse decidiu estudar o papel e começar os ensaios quase imediatamente. Na noite anterior à estréia da peça, ela sofreu um grave sangramento dos pulmões. Muito embora tenha superado a crise rapidamente, o resto da vida foi importunada pelos vestígios dessa condição debilitadora. Depois de alguns cuidados médicos, decidiu se apresentar, e o Teatro Valle, de Roma, estava completamente lotado para essa estréia tão comentada. As críticas do dia seguinte foram quase exclusivamente dedicadas à notável interpretação de Eleonora: "Magnífico e aterrador contemplar sua palidez mortal e aqueles olhos negros inflamados de emoção". Depois da última apresentação de *Denise*, uma multidão se aglomerou na porta do teatro para saudá-la aos gritos de "Viva a Duse! Viva a nossa querida Duse!" Carregando tochas acesas em procissão, seus admiradores escoltaram-na ao longo de todo o caminho até o hotel.

Em outra carta a Dumas, escrita na Sexta-Feira Santa, Primoli tenta transmitir um pouco do suspense que Duse criou no clímax da peça:

Se há alguma falha a descobrir na interpretação que ela dá da sua última criação, é que ela se identifica demais com o papel. Não é mais Denise, e sim a própria Duse! Na famosa cena da confissão, é sua própria filha que ela chora, e aqueles longos soluços, aquelas lágrimas que ela não consegue deter, poderiam acabar esgotando a paciência do público se ela não se contivesse. Todas as noites, ela arranca aplausos unânimes com o NÃO que grita a André quando ele lhe pergunta se ela ainda ama Fernand.

Em sua resposta, datada de 18 de abril de 1885, Dumas exprime sua satisfação e sua gratidão. A carta também alude ao estado de saúde da atriz, que causava a seus amigos grande preocupação, e à sua iminente partida para a América do Sul:

Parece-me que você está preocupado com o estado de saúde de Duse e temo muitíssimo que essa viagem à América do Sul venha a ser seu canto do cisne. Morrerá sem que eu sequer a veja. Quem sabe não é uma bênção para uma artista como ela morrer moça? A vida pode conter muitos tormentos e desapontamentos para alguém como Duse.

Conquanto essa turnê pela América do Sul não viesse a ser seu canto do cisne, essas sombrias premonições eram estranhamente proféticas em outro sentido. Nem mesmo a própria Duse poderia ter suspeitado das amargas experiências por vir quando a companhia de Rossi embarcou em Trieste naquele verão, com destino ao Rio de Janeiro. A turnê trouxe a primeira das várias separações prolongadas da filha. Também assinalou o início de uma carreira internacional que separaria Duse de sua terra natal por uns vinte anos.

1885-1886 – TURNÊ SUL-AMERICANA

Em fins do século XIX, a América do Sul começou a ser uma cena recompensadora para as companhias teatrais espanholas, portuguesas, italianas e francesas, oferecendo tudo, da grande ópera à comédia musical, de dramas sérios à farsa. Para as companhias italianas, o Brasil e os países do Rio da Prata eram particularmente atraentes, por causa do número crescente de imigrantes italianos que garantiam um certo grau de apoio ali. Porém, nessas novas repúblicas em que o teatro ainda dependia bastante de produções importadas da Europa, a concorrência de outras companhias visitantes poderia ser ruinosa. A aprovação da crítica e das platéias de uma cidade sul-americana a outra não podia ser dada como garantida. Uma bem-sucedida produção importada de Paris, Madri, Lisboa ou Roma poderia vir a ser um fiasco no Rio ou em Buenos Aires.

A companhia Rossi chegou à capital brasileira em meados do verão de 1885. A correspondência de Duse com Matilde Serao confiando suas dificuldades pessoais esclarece alguns dos problemas que a companhia enfrentou. As platéias tendiam a ser menos sofisticadas e atualizadas do que suas correlatas européias. Isso é confirmado pelos longos artigos que apareciam na imprensa sul-americana para explicar a gênese e a trajetória das peças no repertório da companhia.

A companhia Rossi inaugurou a temporada com a apresentação de *Fédora* de Sardou. Os atores estavam alarmados com a imensidão do auditório e Duse teve muita dificuldade para lidar com a acústica ruim. Na primeira noite, a platéia deu a impressão de estar desorientada ou simplesmente entediada com a ação no palco. Para aumentar essas dificuldades, o elenco representava seus papéis sabendo que o protagonista juvenil Arturo Diotti estava gravemente enfermo de febre amarela. Diotti tinha trinta e poucos anos e era muito querido de todos na companhia. Quando rapazola, Diotti admirara o nobre estilo de representar de Tommaso Salvini e seus contemporâneos. Uma série de apresentações de Salvini no Teatro Gerbino de Turim decidiu-o a abraçar como profissão a arte de representar. Inteligente e dotado de excelente memória, Diotti estudou com alguns dos melhores professores da época. Cesare Rossi foi membro da banca examinadora quando Diotti se formou na escola de arte dramática dirigida por Carolina Malfatti. Rossi ficou suficientemente impressionado para contratá-lo como protagonista juvenil na temporada de 1878. Quando a companhia chegou à América do Sul, Diotti havia correspondido às expectativas e estava desempenhando papéis principais.

Ele adorava Duse. Alguns atores referiam-se provocadoramente a ele como "o tímido admirador". É duvidoso que Duse estivesse a par dos verdadeiros sentimentos do rapaz, ainda que lhe mostrasse sincero afeto.

A segunda peça apresentada no Rio foi *Denise*, de Dumas Filho, e o pano subiu para uma sala quase vazia. A notícia de que o estado de Diotti estava piorando rapidamente fez todos sentirem-se apreensivos. A morte chegou depressa, em 30 de junho, e todo o elenco achou difícil concentrar-se ou representar com algum entusiasmo, tamanho era seu pesar e seu alarme.

Duse contou a Serao:

O pensamento de Diotti gravemente enfermo fez-me esquecer meu texto. Senti-me incapaz de representar. Isso significou fechar meu coração e minha mente para o presente e evocar apenas o passado... Aquele pobre rapaz... um bom e delicado companheiro, que nunca fez mal a ninguém, estava morrendo. De pé diante daquela ribalta – detestável e abençoada –, eu orei: "Mãe de Deus, poupe a vida deste rapaz. Rogo-lhe que o salve... Ele tem um pai e uma mãe que o esperam na Itália... Itália..." Dois dias depois, tudo estava acabado, e o resto de nós ficara para seguir lutando: continuar a representar sem ele...

A próxima peça a ser apresentada era *Fernande* de Sardou. Combatendo seu abatimento, Duse resolveu atuar com toda a convicção que era capaz de reunir. Garantiu a Serao: "Nunca tive, como naquela noite, tamanha consciência de que possuía um coração... sangue... inteligência... e *força de vontade*. Representei bem e nobremente..." Sua coragem compensou nessa ocasião. A platéia viu-se cativada pela intensidade da sua atuação, e as críticas favoráveis no dia seguinte persuadiram a direção da companhia de que as apresentações programadas para Montevidéu e Buenos Aires seriam realizadas conforme o planejado.

O trabalho de relações públicas nessas turnês no exterior era quase tão importante quanto o prestígio artístico. Logo depois da sua chegada ao Rio, Duse, que trazia uma carta formal de apresentação da ilustre trágica Adelaide Ristori, foi recebida pelo imperador, dom Pedro II. Ristori fizera grandes turnês pela Europa e pelas Américas e se apresentara recentemente na América do Sul, em 1884-85. Ganhou fama nas peças principais de Alfieri, Schiller e Victor Hugo, e fez notáveis apresentações como *Phèdre* de Racine e *Médée* de Legouvé. Conquistando as platéias parisienses em 1853, foi considerada por certos críticos franceses superior à própria e grande Rachel. George Bernard Shaw e Henry James viram, ambos, Ristori representar e consideraram-na "uma suprema exibição do grande estilo de atuar". Quando menina, Duse vira a grande trágica representar Lady Macbeth – "uma visão de solene dignidade". Como recordou mais tarde: "Quando voltei do teatro para casa senti um súbito desejo de arrumar meu quarto". A reação psicológica de Eleonora confirma o tremendo senso de perfeição que a atuação de Ristori incutia em quem analisasse suas apresentações com interesse profissional. Já figura consagrada nos círculos teatrais italianos quando Duse a encontrou pela primeira vez, Ristori logo reconheceu quão promissora era a jovem atriz, cuja maneira não-convencional de representar provocava reações contraditórias.

O crítico e ensaísta Gerardo Guerrieri sugere que Duse e Ristori apareceram juntas em 1881 numa apresentação beneficente de *Figlia e Madre o le Storie Intime [Filha e Mãe, ou as Histórias Íntimas]*, um drama em cinco atos de Paolo Giacometti. É difícil comprovar tal coisa. Um pouco mais certo é o fato de que Ristori começou a notar nessa época a jovem atriz, cujo nome estava na boca de todos. Ela assistiu ao triunfo de Duse em *La Princesse de Bagdad*, em Turim, durante a temporada de 1880-81 e predisse um brilhante futuro para aquela nova celebridade. As duas atrizes se corresponderam intermitentemente entre 1883 e 1899. Eram cartas cordiais e afetuosas, que traíam certo tom de formalismo, muito provavelmente por causa da grande diferença de idade e nível social.

Numa carta a Ristori, escrita durante as duas últimas semanas da temporada da companhia no Rio de Janeiro, Duse reitera sua gratidão e admiração. Refere-se ao retrato autografado que Ristori lhe dera e que leva por toda parte consigo, considerando-o um talismã. Para ela, é uma imagem capaz de lhe proporcionar conselho e inspiração, conforto e força, ao enfrentar seus problemas, tanto como mulher quanto como atriz. Na mesma carta, exprimia a esperança de ser recebida por Ristori ao voltar à Itália. Por enquanto, porém, há outros compromissos a honrar e novos trabalhos e lutas pela frente.

O próprio imperador do Brasil, dom Pedro II, escrevera alguns dias antes a Ristori. Despachada em 20 de agosto de 1885, a carta exprime sua admiração por Duse: "O público brasileiro prestou homenagem ao seu notável talento e, nem é preciso dizer, sua presença aqui trouxe lembranças da memorável visita da senhora". O interesse de Ristori pela carreira ascendente de Eleonora era de todo sincero, muito embora ela deplorasse os valores decadentes e as emoções instáveis do repertório moderno. O instinto aristocrático de Ristori levava-a a repugnar a representação dramática de questões morais ambivalentes, e apenas por esse motivo ela se recusara a considerar o papel-título em *La Dame aux Camélias*. Esse mesmo instinto também explica seus esforços no sentido de persuadir Duse a trocar as heroínas neuróticas pelas régias personagens que ela representava à perfeição. Resistindo diplomaticamente à sugestão, Duse reconheceu ser, por temperamento, incompatível com aquele gênero de papéis. O que ela queria emular não era tanto o repertório de Ristori, quanto sua integridade e seu prestígio profissionais.

À medida que a turnê progredia, Duse adquiria maior confiança. Quaisquer que fossem as reservas que os críticos exprimissem sobre os outros membros do elenco, a escolha das peças ou o padrão das produções, sempre elogiavam de maneira consistente o seu desempenho.

No entanto, problemas de natureza muito mais pessoal trouxeram-lhe novas ansiedades. Já desde há algum tempo, havia uma tensão crescente entre ela e o marido. Tebaldo Checchi soube do caso com Cafiero antes de se casar com a atriz. Quando o jornalista, que ainda estava com quarenta e poucos anos, morreu depois de uma longa doença no outono de 1884, Checchi demonstrou uma notável sensibilidade e, pressentindo a reação de Duse à notícia, proibiu a entrada de qualquer jornal em casa.

5. O ator Tebaldo Checchi, com quem Duse casou-se em Florença, no dia 7 de setembro de 1881. Como Eleonora, ele nasceu numa família de gente de teatro e tornou-se um ator seguro em papéis característicos. A filha única dos dois, Enrichetta, nasceu em 7 de janeiro de 1882, mas o casamento logo fracassou, terminando abruptamente numa turnê à América do Sul com a companhia de Cesare Rossi, em 1885. Checchi decidiu ficar na Argentina quando a companhia voltou à Itália. As relações entre Duse e o marido permaneceram tensas e distantes até sua morte, em 1918.

(Cortesia da Bibioteca Teatrale del Burcardo, Roma)

Usando um pretexto ou outro, naquele dia deixou-a sozinha para prantear o homem que traíra seu amor.

Agora, uma nova ameaça à felicidade de seu casamento irrompeu quando ficou claro para todos que Duse estava se envolvendo numa ligação amorosa com Flavio Andò. A situação não é incomum quando duas pessoas juram amor eterno uma à outra noite após noite, em situações românticas ficcionais. Andò e Duse pareciam não atentar para a delicada situação que haviam inconscientemente criado. Na atmosfera íntima de uma companhia teatral em turnê, era impossível ocultar por muito tempo até mesmo o caso mais clandestino. O assunto logo chegou à atenção de Cesare Rossi, mas era tarde demais para chamar Andò e Duse de volta à razão. Temendo um escândalo que exporia toda a companhia ao descrédito e comprometeria a turnê, Rossi insistiu para que Duse fizesse as pazes com Checchi. Quando os esforços de Rossi para lograr a reconciliação do casal fracassaram, Checchi, resignando-se à separação, resolveu ficar na Argentina. Um acerto financeiro foi concluído às pressas; Duse assumiria plena responsabilidade pela educação de Enrichetta, mas nenhuma decisão importante seria tomada sem o consentimento de Checchi.

Uma longa e íntima carta de Tebaldo Checchi ao amigo mútuo do casal, o marquês Francesco d'Arcais, narra em detalhe as circunstâncias que levaram ao fracasso seu casamento. Postada no Rio de Janeiro em 27 de agosto de 1885, a carta de Checchi é um modelo de tato e extrema franqueza. Acreditando ter sido vítima de uma grave injustiça, ele, não obstante, reconhecia que tinha sua parte de culpa. Checchi era cerca de catorze anos mais velho que sua mulher, mas não havia nada de inabitual nessa disparidade etária em fins do século XIX. Sensato, inteligente e respeitadíssimo como ator competente, o profundo amor de Checchi por Eleonora nasceu de um sentimento de compaixão "ao vê-la abandonada, triste, com um pai impossível e lutando para sobreviver". Quanto a Duse, o casamento trouxe uma nova dimensão à sua existência, e o nascimento da filha dos dois pareceu selar sua felicidade. Mas, desde o início, línguas malévolas dentre os membros da companhia predisseram uma separação em pouco tempo. Recusavam-se a acreditar numa compatibilidade entre o maduro e sóbrio Checchi e sua impulsiva noiva. Alguns atores da companhia eram até maldosos o bastante para prevenir Checchi do perigo de se casar com aquela "criatura bizarra, que nunca sabe o que quer e que, em todo caso, é louca demais para ter êxito no teatro". Outros, como Giacinta Pezzana, eram abertamente hostis em relação a Checchi, e ela não era a única a sugerir que ele se casara com Duse por interesse puramente pessoal.

Os primeiros sinais de que havia algo seriamente errado apareceram durante a viagem à América do Sul. Enquanto Checchi desmentia os rumores, Duse parecia tornar-se cada vez mais irritadiça e briguenta. Em

Montevidéu, uma violenta discussão sobre a maneira de Checchi manipular a imprensa e seus incessantes esforços para divulgar o talento da sua mulher redundou numa amarga e definitiva explicação: "Sou uma pessoa por mim mesma, não por casamento, e sou capaz de cuidar de meus próprios interesses", protestou Duse. Checchi percebeu que os mexericos tinham surtido seu pior efeito e que ela não o amava mais. O casal ficou dias a fio sem se falar. Uma vez confirmada a ligação com Andò, Checchi decidiu desligar-se da companhia e tentar começar uma nova vida na Argentina.

Retrospectivamente, Checchi viu com clareza porque seu casamento fracassara. Suas contínuas preleções sobre a importância de ser socialmente elegante e cair nas boas graças de pessoas capazes de promover sua carreira levaram a atritos entre eles. Checchi também sentia que, cedendo constantemente aos caprichos dela, deixara de afirmar sua autoridade como marido. Suas palavras finais acerca da conduta da esposa são palavras de um homem justificadamente amargurado e que está tentando parecer magnânimo:

Não acredito que Eleonora seja uma pessoa ruim – apenas desencaminhada por amizades e estragada pelo constante furor de sucesso, pelo exemplo dúbio de atrizes como Rachel, Desclée e Bernhardt, e pela influência da sociedade corrupta que nos rodeia...

Eleonora é uma mulher doente – o que ela fez comigo é vil, mas tem pouco cabimento perder a cabeça com loucos, crianças ou bêbados.

Perdôo-lhe tudo, mas nunca poderei esquecer que, por algum impulso louco, ela me baniu da minha terra natal. Talvez nunca volte a ver meu pai, pois ele já é um homem idoso. Sua loucura também me separou da minha filha amada e forçou-me a tentar construir uma nova vida aos quarenta e um anos de idade... isso é uma coisa que nunca poderei esquecer... e, para mim, Duse não mais existe... Fui bem punido por minha generosidade e minha franqueza.

Por algum tempo, trabalhou como correspondente na América do Sul do jornal romano *La Fanfulla*. Depois, com o auxílio de amigos influentes em Buenos Aires, ingressou no serviço consular argentino. Foi nomeado cônsul em Newhaven, Inglaterra, onde viveu vários anos. Mais tarde, foi designado para o consulado argentino em Lisboa, mas faleceu pouco depois de fixar residência na capital portuguesa. Correspondeu-se de tempo em tempo com Duse, que permaneceu sua esposa do ponto de vista legal, e esteve com a filha Enrichetta em Newhaven em pelo menos duas ocasiões. Ao morrer, em 1918, legou tudo o que possuía para a mulher e a filha.

Pouco se sabe sobre o papel de Flavio Andò nessa crise doméstica. O ator não registrou em escritos, nem discutiu esse interlúdio em sua vida particular. Nenhuma carta trocada entre Andò e Duse sobreviveu.

No entanto, seria um erro desprezá-lo como um *playboy* namorador. Flavio Andò era um dos atores mais requisitados da época por sua boa aparência, sua elegância inata e sua maneira distinta de representar. Profissionalmente, tendia ao tipo de amante ardente ou, como definiu o crítico Renato Simoni: "O mais elegante, sincero e consumado intérprete do amor apaixonado". Duse foi a primeira de muitas atrizes notáveis a avaliar suas qualidades como um bom parceiro no palco, com popularidade junto ao público e a estima dos críticos e dos artistas. Verdadeiro siciliano, atuando com paixão e convicção, Andò era insuperável em papéis românticos, e a própria Duse achava-o insubstituível em peças como *Fernande* e *La Dame aux Camélias*. Essa colaboração profissional sobreviveu ao breve romance entre os dois, o qual, enquanto punha efetivamente fim ao casamento de Eleonora, também assinalou uma mudança em sua carreira. A natureza superficial do caso era confirmada por Duse anos mais tarde, quando observou filosoficamente: "Ele era tolo, mas tão bonito!" Essas palavras não conseguem ocultar uma ponta de embaraço e culpa. Credite-se a Andò que ele nunca revelou nada, nem em particular, nem em público, acerca da relação dos dois.

A companhia estava de volta à Itália no Natal e era inevitável, talvez, que a imprensa italiana viesse a comentar os problemas conjugais da Duse. A carta desta ao barão Cicogna, que escrevera um artigo em *Capitan Fracassa*, exprime sua consternação com a insinuação de que Checchi teria contraído sérias dívidas em nome dela. Negou essas alegações, afirmando que, após um ano de constantes apresentações, ela própria tinha uma considerável quantidade de dívidas a honrar: "Arte – e determinação – irão me auxiliar", escreveu, "a Arte que, nos momentos difíceis, sempre se mostrou uma fonte de proteção e de consolo, o refúgio e a alegria da *minha vida*".

Quando se preparava para desfazer seus vínculos com a companhia de Cesare Rossi, Duse viu-se diante de outra grave decisão. Seus sentimentos para com o ator-empresário que a pusera no caminho da fama alternavam-se entre a gratidão e a irritação. Em momentos de crise, Rossi demonstrou uma preocupação paterna e lhe deu apoio moral, pelo que ela era grata, mas, em termos de política artística, Duse achava-o demasiado cauteloso e indeciso. Numa carta ao marquês de Arcais, ela anunciava sua intenção de seguir seu próprio caminho: "Rossi é sempre o mesmo: com medo de tomar qualquer decisão, tanto para si como para os outros... Parece incapaz de entender que eu não sou uma serva, mas um indivíduo de pleno direito".

A ruptura final deu-se em março de 1886. Daí em diante, Duse controlaria seus próprios interesses, e a necessidade de manter a filha renovava sua determinação de ter sucesso. Enrichetta foi confiada a pais de criação em Leinì, uma aldeia na montanha ao norte de Turim, enquanto Duse fazia planos acelerados para lançar sua própria trupe.

As cartas de Eleonora a vários amigos durante esse período revelam que ela estava plenamente consciente das responsabilidades futuras. Sem a mão experiente de Rossi, ela sabia que levaria um tempo considerável para se adaptar a administrar seus próprios negócios. Quando os boatos sobre a ruptura começaram a se espalhar nos círculos teatrais, várias ofertas de colaboração surgiram. O ator Francesco Garzes, cuja mulher Emma era uma das amigas mais íntimas de Eleonora, convidou-a para se tornar sua parceira numa nova companhia que ele estava montando com a intenção de reformar métodos ultrapassados de encenação e representação. Em sua resposta, Duse exprimiu simpatia para com o corajoso projeto de Garze, mas, tendo assegurado sua independência, preferiu perseguir seus ideais para o teatro italiano a seu modo. Uma carta de Rossi ao autor teatral Paolo Ferrari, datada de Veneza, 20 de abril de 1886, comentando sobre uma possível encenação de *Il Signor Lorenzo*, de Ferrari, deixa claro que Rossi ainda esperava ser capaz de ter Duse como atriz convidada. Nessa oportunidade, ela não quis participar dos ensaios devido a seu estado de saúde precário. Rossi confidenciou sua exasperação a Ferrari, mas recusou-se a renunciar à esperança. Escreveu: "Ugh! essas prima-donas! Se você soubesse quão cheio e cansado estou dos caprichos delas... Mas vamos esperar Duse se restabelecer e, então, prometo-lhe, vou encenar sua peça e garantir seu sucesso!"

Assim que ficou livre das obrigações contratuais com Rossi, Duse começou a fazer planos para uma turnê da sua própria companhia, que seria conhecida como Compagnia della Città di Roma, com Flavio Andò como ator principal e diretor artístico. O repertório para a primeira temporada combinava uma seleção familiar de peças francesas e italianas: *Fédora* e *Odette*, de Sardou; *Francillon* e *La Dame aux Camélias*, de Dumas Filho; *Frou-frou*, de Meilhac e Halévy; *I Mariti*, de Achille Torelli; *La Figlia di Jefte*, de Felice Cavalotti; *Amore senza Stima*, de Paolo Ferrari, e *La Locandiera*, de Goldoni.

A companhia estreou em Trieste com *Fédora*, mas, depois de uma curta temporada, tiveram de interromper suas atividades devido a uma séria recorrência do problema pulmonar a que Duse estava agora sujeita. Fisicamente exausta devido à doença, a atriz teve de repousar e completou sua convalescência na montanha, perto de Ivrea. Esse repouso forçado num ambiente tranqüilo reavivou seu ânimo a tal ponto que fez a seguinte descrição de seu retiro piemontês a Rossi:

Descobri um lugar tão bonito que é impossível imaginá-lo sem vê-lo. Posso viver aqui sem chapéu ou luvas, encher meus pulmões com ar da montanha e absorver grandes doses de paz e *filosofia*, antes de voltar ao inferno que me aguarda no teatro. Minha filhinha passa o dia inteiro brincando na campina, e assim transcorre o dia...

Em companhia de Enrichetta, Duse viu-se representando o duplo papel de mãe e companheira de brincadeiras, revivendo assim as recordações de sua própria infância. Esses momentos de evasão da incansável atividade e exposição do teatro, quando podia descansar, pensar e estar com a filha, iriam se tornar cada vez mais importantes, embora o teatro, com todos os seus desafios, preenchesse outras necessidades, como Duse confessou ao marquês de Arcais. Referindo-se àquelas heroínas de ficção que ela interpretava no palco e cujos traumas interiores se haviam tornado reflexos múltiplos de sua própria alma, ela observava com franca prevenção:

Aquelas pobres mulheres das minhas peças penetram meu coração e minha mente a tal ponto que, inclusive quando luto para fazer os que me assistem no teatro entendê-las, sinto vontade de confortá-las... Porém, pouco a pouco, acabam me confortando! Contar precisamente como... por quê... e quando essa troca afetuosa, inexplicável e inegável começava entre aquelas personagens e eu demoraria muito. O caso é que, enquanto essas mulheres continuam a ter desconfiança de todos, eu as entendo perfeitamente! Não me preocupo se mentiram, traíram ou pecaram – ou se nasceram perversas – enquanto sinto que choraram e sofreram por seus sentimentos... Eu ficava *com* elas e *a favor* delas e *esquadrinhava* suas almas, não por causa de uma mania de sofrimento, mas simplesmente porque *o sofrimento de uma mulher* é muito mais profundo e completo do que o de qualquer homem.

3. O "FIO DOURADO" DE UMA NOVA VIDA

> *Possa Deus lhe negar a paz, mas lhe consentir a glória.*
> E.D.

1887-1888 — A Atriz Empresária

Os seis ou sete anos seguintes assinalaram um grande período de atividade ininterrupta para Duse e sua companhia. Por toda a Itália, os empresários teatrais ansiavam por explorar o irresistível apelo de um elenco encabeçado por Duse e Andò. No palco, atuavam juntos com perfeita harmonia, alcançando seus maiores sucessos com o repertório francês. Andò era capaz de responder a qualquer nuança ou gesto à medida que Duse alterava ou improvisava detalhes, de um espetáculo a outro. Confiando nessa sensibilidade, Duse sentia poder dar vida às heroínas de Sardou e Dumas Filho. Personagens como Odette, Fédora, Césarine, Fernande e Marguerite tornaram-se de repente reais, modernas e até revolucionárias. O dramaturgo Sabatino Lopez mal completara vinte anos quando a viu representar no Teatro Politeama em Livorno, com Andò co-estrelando. "Quanta alegria e sofrimento ela proporcionou a quem estava no teatro!", recorda, tendo-a observado representar em dezoito espetáculos, em dezessete papéis diferentes.

Dramaturgos, atores e críticos estavam ansiosos, agora, por estudar aquele fenômeno que acontecia no meio deles, num intento de avaliar por que até as platéias mais céticas rendiam-se à sua atuação. O escritor e crítico Alfredo Panzini descreveu-a como "o cântico dos cânticos de todas as mulheres", e Giulio Piccini (pseudônimo: Jarro), num artigo datado do mesmo período, ampliou essa afirmação:

> Quem vê Eleonora Duse representar, especialmente se for uma mulher, fica imediatamente cativado pelo inefável sentimento de verdade que flui da sua própria alma; sente que aquela atriz pálida, triste e obcecantemente bela assumiu as almas daquelas heroínas para revelar os segredos delas, não só à platéia, mas também às próprias heroínas. Duse está em plena posse daquela dádiva que pertence a todo artista verdadeiro: ela sabe como lograr grandes efeitos com a mais extrema simplicidade...

O celebrado poeta e dramaturgo espanhol Federico García Lorca deu sua avaliação pessoal desse gênio criativo num penetrante ensaio intitulado "Teoria e Jogo de *O Duende*". Depois de esclarecer o que entende por duende, Lorca invoca Duse como exemplo supremo dessa essência impalpável:

> O *duende* (ou *daemon*, conforme definido por Sócrates) deve ser visto mais como uma força interior do que como método de representar. É mais o fruto de tensões espirituais do que uma atitude mental... provindo do sangue... oriundo de antigas civilizações... das próprias raízes da terra. O *duende* pode ser percebido em todas as artes, porém, mais facilmente do que em todas as outras, na música, na dança e na recitação de poesia, porque elas requerem a presença de um intérprete vivo. Freqüentemente, o *duende* do compositor passa para o músico que toca sua música. Às vezes, é deixado ao intérprete realizar algum novo milagre, que apenas preserva a forma exterior da criação original. No contexto do teatro, isso é certamente verdade no que se refere à *enduendada* [endemoninhada] Eleonora Duse, que consegue transformar peças inferiores num triunfo pessoal unicamente com o poder da sua atuação... Seu segredo era descobrir algo novo, que nada tivesse a ver com o texto original, ao pôr vida e sabedoria em criaturas de papelão desprovidas de expressão.

Em sucessivas apreciações do desempenho de Eleonora, Giulio Piccini reconheceu a extraordinária combinação de forças etéreas e de uma força de vontade indomável em sua busca da perfeição. Um estudo acurado da atriz atuando levou-o à seguinte conclusão:

> Os gestos, em Duse, são provavelmente o aspecto mais imprevisível da sua arte. A teoria hegeliana da "transposição intelectual no corpóreo" quase podia ter sido escrita pensando em Eleonora Duse. Especialmente quando se considera certos momentos de violência em que quase cada palavra é acompanhada de algum gesto. Nesses momentos, os longos braços da Duse tornam-se asas do seu intelecto, que levam a significação de suas palavras a cada membro da platéia...

Quase todos os atores e atrizes do teatro italiano atual são convencionais e monótonos em seu estilo de representar. Eles declamam tudo com o mesmo tom de voz e deleitam-se com pausas sem nenhuma justificativa aparente. Raramente sabem sua parte e são menos que convincentes ao seguir como escravos as deixas do ponto. Isso provavelmente explica por que as platéias italianas têm estado insatisfeitas com o teatro na Itália há um tempo já considerável. Ninguém que atue em nossos palcos hoje parece capaz de dar cor ao diálogo – tarefa impossível se o ator não sabe seu texto. Também sob esse aspecto, Duse realizou uma mudança completa. Ela *sempre* sabe seu papel.

Ao resumir os fatores que constituem a originalidade de Duse, Piccini sublinhou seu virtuosismo, sua atenção ao detalhe, sua enganadora simplicidade e sua graça natural no palco. Mas, se críticos renomados como Piccini e Ferrigni deixavam-se seduzir por esse "*master-class* de métodos de representação", que cada apresentação de Eleonora agora oferecia, outros deploravam sua abordagem analítica, que poucos atores do mesmo elenco podiam esperar igualar ou até entender – guiado pela experiência, Flavio Andò era quase o único a se adaptar com alguma facilidade às nuanças que ela improvisava de uma apresentação a outra.

Em fevereiro de 1887, um capítulo significativo se inicia na vida emocional de Duse quando sua amizade com Arrigo Boito transforma-se de repente num sério caso amoroso. Nas palavras de Boito, seria um ano em que ambos existiram como que em sonho. Já com mais de quarenta anos, Arrigo Boito era uma figura estabelecida nos círculos intelectuais italianos quando Duse lhe foi apresentada pela primeira vez, em maio de 1884. Encontraram-se depois de uma apresentação de gala em homenagem a ela no Teatro Carcano, em Milão. Na noite seguinte, num jantar organizado pelos admiradores da atriz no elegante Ristorante Cova, Duse viu-se sentada perto de Boito. Mas a relação íntima entre eles, que duraria quase trinta anos, data de um encontro posterior, em 1887, depois de uma troca de cartas.

Poeta, compositor e libretista associado a grupos progressistas e reformistas dos círculos musicais italianos, Boito era um dos mais influentes e versáteis intelectuais da sua geração. Preciso e meticuloso por natureza, a existência de Boito era governada por um senso de ordem e de rotina. Solteiro, ocupava um apartamento térreo na Via Principe Amadeo. Seu irmão, Camillo, um ilustre arquiteto, e a mulher de Camillo tinham um apartamento no mesmo *palazzo*. Desfrutando da confiança e da estima de celebridades como Victor Hugo, Verdi, Berlioz e Rossini, Boito era um sofisticado homem mundano que freqüentava todos os salões literários e artísticos importantes de Milão. Numa carta não-datada ao crítico musical francês Camille Bellaigue, Boito exprime sua consideração pela atriz: "Fico contente em saber do seu entusiasmo por Madame Eleonora. Se você ao menos conhecesse a nobreza de seu coração e de seu espírito!" Como Duse não ficaria lisonjeada com as atenções dessa figura da sociedade cuja notável erudição e impecáveis credenciais mereciam largo respeito? Ela ouvia com interesse seus pontos de vista autorizados sobre literatura, música e teatro, e ficava impressionada com o que ouvia. A insatisfação de Boito com o meio artístico da Itália suscitara seu interesse. A visão crítica que ele tinha dos padrões provincianos do teatro italiano faziam eco aos sentimentos que a própria Duse tinha a esse respeito. A experiência de Boito, em particular como libretista, abria novos mundos para ela, à medida que discutiam avidamente sobre o problema de transformar obras da literatura em material para a representação dramática. Era um homem que possuía todas as qualidades espirituais que cativavam a atriz. Em Boito, ela reconheceu um espírito afim, capaz de ajudá-la a encontrar uma nova direção para sua arte.

Se se considerar o ar erudito e a natureza circunspecta de Boito, tornar-se-á mais fácil entender por que os amigos mais próximos do escritor ficaram surpresos com essa súbita ligação com Duse. Nos círculos que Boito freqüentava, a amizade com uma atriz era malvista. Ele sabia que estava brincando com fogo quando embarcou no caso com essa impetuosa jovem, que punha tanta intensidade em sua vida privada quanto em seus papéis no teatro. No entanto, até mesmo para o cauteloso Boito, havia algo bastante tentador no duplo papel de mentor e amante. Seguindo os conselhos de Boito, Duse começou a dedicar cada vez mais tempo a aperfeiçoar-se espiritualmente. Sob sua orientação, ela descobriu Goethe, Wagner e Baudelaire; por sua insistência, ela empreendeu um estudo mais acurado da literatura italiana, notadamente da *Divina Comédia* de Dante, que começou a citar livremente em suas cartas. A despeito do estreito vínculo entre eles, Boito muito mais guiava do que ditava as preferências de Eleonora, em especial quando o tema era teatro. As avaliações que ambos faziam dos escritos de Verga para o teatro diferiam consideravelmente; mais tarde, as mesmas diferenças marcantes de opinião surgiriam em suas reações a peças de D'Annunzio e Ibsen. Boito também foi responsável por sua determinação de dominar a língua francesa. Ela falava e lia francês sempre que tinha oportunidade. Melhor ainda, o domínio da leitura em francês possibilitou a Duse familiarizar-se com as obras-primas de outras literaturas estrangeiras. Todo momento livre que o teatro lhe deixava era dedicado a ler e anotar textos de interesse especial. Seus conhecidos e seus colegas de trabalho ficavam intrigados e se divertiam com essa obsessão em aprender. Alguns erroneamente julgaram que se tratava de uma afetação passageira. Enganavam-se. Duse estava rapidamente adquirindo o hábito de toda uma vida.

O esforço obstinado no sentido de alcançar a perfeição tornou-se a pedra de toque das conversas entre Duse e Boito. "Trabalho e sacrifício" tornou-se o lema dos dois. Em Duse, Boito encontrou uma pupila receptiva, cujo amor e admiração não conheciam limites. Quando a advertiu de que "o instinto sozinho não basta, é necessário estudar, cultivar o espírito e elevar-se", Boito estava apenas confirmando o que Duse instintivamente sentira durante um bom tempo. Dirigindo-se afetuosamente a ela como Lenor, as torrentes de missivas e cartas de Boito proporcionaram-lhe força de vontade para enfrentar freqüentes acessos de doença e abatimento. Essas cartas também revelam o contraste existente na natureza de ambos: o prudente e reservado Boito, ansioso para que o caso entre eles fosse conduzido com discrição; a passional Duse, que achava difícil resignar-se aos encontros clandestinos impostos pela delicada situação deles. Há provas bastantes de que o próprio Boito esteve perto de perder a cabeça durante aquele primeiro ano de paixão mútua. "Minha querida", ele confessa, "faz quase um ano agora que vivi somente com meu coração..." Em todas as oportunidades possíveis, o casal se encontrava secretamente em hotéis isolados ou alugava casas. Ele a seguira à Sicília e à Calábria, depois encontraram-se em Gênova, Milão e Bérgamo. Logo se tornaram adeptos de cobrir suas pegadas com itinerários cuidadosamente planejados, destinados a enganar até mesmo o jornalista ou o conhecido mais intrometido. Mas, no fim, a escrupulosa preocupação que tinha para com as convenções sociais prevaleceu sobre a sua queda por ela.

As opiniões provavelmente permanecerão divididas sobre a honestidade das intenções de Boito, uma vez que os atritos e as incertezas começaram a se desenvolver na relação dos dois. Os biógrafos de Boito tendem a aplaudir seu tato e sua sensatez ao evitar qualquer escândalo que pudesse comprometer a situação social de ambos. Os críticos simpáticos a Duse, por outro lado, sugeriram uma protelação proposital de Boito, baseada no interesse pessoal. O que está acima de qualquer discussão é o fato de que Duse começou a acalentar esperanças de uma relação mais permanente, que a fizesse ser aceita nos círculos sociais freqüentados por Boito. A situação dos dois era delicada e cheia de complicações. Tebaldo Checchi ainda era, do ponto de vista legal, marido de Duse, e ela temia que algum mexerico chegasse aos ouvidos dele e que Checchi lhe tomasse Enrichetta.

Do lado de Boito, havia uma ligação emocional com outra mulher – uma misteriosa Fanny, que se sabia ser semi-inválida e depender da solícita presença do poeta. Numa carta datada de 23 de fevereiro de 1888, Boito tranqüiliza sua Lenor: "Prometi-me que não deixaria nada perturbar sua serenidade e paz de espírito". Por mais sinceras que essas palavras indubitavelmente fossem, elas não conseguiram tranqüilizá-la. Lendo as cartas de Boito, é difícil determinar precisamente o que ele tinha em mente em relação ao futuro de ambos. À medida que os meses passaram, as notas e cartas agitadas de Eleonora a ele revelam uma atriz amofinada por crises de doença. Também revelam uma mulher torturada por acessos de ciúme. As respostas evasivas de Boito a suas angustiadas perguntas sobre o futuro dos dois estavam destruindo sua paz de espírito. Ela esperava casar-se, ter uma casa, uma vida de família normal e, por fim, ver-se livre do teatro, que a estava esgotando física e emocionalmente. Palavras de recriminação tornam-se gradativamente mais comuns nas cartas de Eleonora, à medida que ela exprime seu ressentimento com o segredo sem fim e com sua exclusão dos círculos sociais de Boito.

Sua desconfiança estende-se aos amigos mais próximos de Boito, em especial Giuseppe Giacosa, que ela vê como um inimigo em potencial, e até ao próprio Verdi, por causa da ascendência do maestro sobre Boito e seu círculo. Por sua vez, Boito é crítico em relação a algumas íntimas de Duse, notadamente Matilde Serao, que ele acha demasiado indiscreta e intrometida – uma característica dos napolitanos muito deplorada pelos italianos do Norte. Tampouco tem muito boa opinião da produção literária de Serao. Referindo-se a um ou outro artigo, comenta: "Tagarelice prolixa e sem sentido. Pobre Matilde! Ela submerge em tinta o talento que Deus lhe deu". Em suas cartas a Duse, Boito insiste com freqüência nesse ponto, aconselhando-a: "É necessário eliminar da lista de amigos todos os que são fátuos". Mas, nos primeiros meses idílicos de seu caso amoroso, quando nenhum sacrifício parecia grande o bastante para estarem juntos e discutirem suas aspirações, havia mais luzes do que sombras. Ambos, aluna e professor, estavam prontos a "servir à arte como suprema expressão do espírito".

À medida que seu gosto se torna mais refinado sob a tutela de Boito, Duse fica ainda mais intolerante com os padrões medíocres que predominam no teatro. O incentivo do poeta fortaleceu sua decisão de encontrar novo material e novas formas. A opinião e os juízos de Boito tornaram-se o "fio dourado" da sua existência. Inspirado na arte de Eleonora e em sua capacidade de ascender a novas alturas, Boito começa a traduzir *Antony and Cleopatra*, de Shakespeare, para sua amada Lenor. O projeto era oportuno. A necessidade de encontrar um novo material que a capacitasse a ampliar seu âmbito de atuação estava se tornando mais premente. Duse começava a sentir-se presa ao repertório francês que lhe dera a fama. Voltou-se para Shakespeare com algum temor. Vários críticos questionaram a sabedoria da sua decisão de enfrentar aquele papel tão difícil, mas a confiança de Boito era tudo de que necessitava. Ela viu Cleópatra como "uma mulher de carne e osso" e, depois das personagens de papel machê de Sardou e Dumas, essa colaboração com um autor da estatura intelectual de Boito renovou seu entusiasmo pelo teatro.

Entrementes, ela continuou a examinar o potencial de todas as novas obras que chamavam sua atenção. Peças em dialeto, na índole do *verismo* (ou realismo romântico) italiano, como *Giacinta* de Capuana, não conseguiram despertar seu interesse. Tais peças careciam da "poesia universal" que ela agora considerava essencial a todo grande dramaturgo. Certos críticos deploravam essa definição estreita de drama sério e exprimiam seu pesar pelo fato de que Duse se decidia a interpretar Shakespeare, mas rejeitava o regionalismo autêntico de Capuana, inspirado nas tradições da sua Sicília natal. Insistiam de maneira provocadora em que "o público, muito mais que os autores, é que deveria decidir sobre os méritos de qualquer dramaturgo". Mas Duse permaneceu indiferente a esses argumentos. "Sou dona da minha arte", replicaria firmemente a qualquer crítico ou jornalista que questionasse seu juízo. Resultasse no que resultasse, Duse pretendia concentrar-se em peças de interesse mais amplo. Ela se recusou inflexivelmente a adular o gosto popular, na firme convicção de que um sucesso de bilheteria não era prova do valor artístico de uma peça.

Seu êxito como Santuzza em *Cavalleria Rusticana* revelara a força e a intensidade que ela podia dar ao realismo de Verga, com seu senso de verdade humana e de poesia elementar. Mas seu espírito já se voltava para um espectro muito mais amplo do conflito humano. Ela queria montar peças capazes de abranger a essência das tensões espirituais e emocionais em diálogos da mais alta qualidade poética. As realizações de André Antoine e o recém-fundado Théâtre-Libre de Paris foram levados ao seu conhecimento. As inovações de Antoine em matéria de cenografia e iluminação abriram novos horizontes. Seus métodos de representar, baseados no princípio de estrita fidelidade à realidade objetiva, fascinaram Duse e levaram-na a perseguir objetivos semelhantes. Não é surpreendente ter Duse buscado inspiração na vanguarda parisiense. O notável é ela ter acreditado ser possível introduzir as mesmas reformas radicais no teatro italiano de seu tempo. Esse programa ambicioso conduziu-a a diferentes direções e produziu resultados desiguais.

Em 1887, Duse acrescentou a seu repertório a peça de Ernest Renan *L'Abbesse de Jouarre*, numa tradução italiana de algum mérito feita por Enrico Panzacchi. Embora a peça tivesse sido escrita originalmente em cinco atos, Renan concordara com que Panzacchi eliminasse os dois últimos atos, a fim de lograr um maior impacto dramático. A peça se passa numa prisão durante a Revolução Francesa. A abadessa, que está condenada à morte, reconhece um dos outros prisioneiros, o marquês de Arcy, como sendo o homem que ela amara antes de entrar para o convento. Como membro da aristocracia, o marquês também está condenado à morte. Os dois passam juntos a última noite. Na manhã seguinte, o aristocrata vai para a guilhotina, mas a abadessa fica sabendo que foi poupada. Uma criança nasce dessa união ilícita. Depois da concordata, a abadessa contrai um casamento de conveniência com um oficial republicano, La Fresnais, a bem de seu filho.

Duse foi atraída pela força trágica da trama de Renan. Poucos críticos partilharam seu entusiasmo. Considerando-a com objetividade, era muito menos uma peça do que um diálogo dramatizado. A severa desaprovação das autoridades eclesiásticas garantiu bom público, e Duse, habilmente secundada por Flavio Andò, foi muito admirada no papel-título. O próprio Renan surpreendeu-se e deleitou-se com o desempenho de Duse. Encorajados por seu sucesso, diretores de vanguarda como Antoine e Lugné-Poe tentaram encenar a obra em Paris, mas os censores, por questões de ordem moral, não lhes deram permissão.

A aventura seguinte de Eleonora Duse foi uma produção de *Cecilia* de Pietro Cossa, que redundou num fiasco total. Introduzir novidades em seu repertório exigia grande coragem. O que deixava Duse ainda mais triste era que bastava uma apresentação de *Fédora*, *Denise* ou *La Dame aux Camélias* para encher o teatro e satisfazer o público. No final das contas, essa tirania de um repertório em que ela não mais acreditava apenas reforçava sua determinação de encenar novas peças, quaisquer que fossem os riscos financeiros. Escrevendo ao dramaturgo Achille Torelli, cujo talento para o diálogo vivo e uma estrutura engenhosa conquistaram-lhe aplausos generalizados, ela expôs novamente seu caso: "Estou cansada de representar papéis tolos... Preciso criar uma nova atmosfera no teatro italiano... Preciso de uma porção de novas peças de dramaturgos como você". A criativa força de interpretação da Duse já assegurara a popularidade de *I Mariti* e *Scrollina*, de Torelli, e sua reputação pessoal proporcionava uma boa plataforma para qualquer jovem autor teatral que ela achasse bom. Seja-lhe creditado que ela estava querendo explorar essa reputação para promover um verdadeiro teatro nacional. O teatro italiano necessitava de sangue novo; como atriz, Duse necessitava de novos desafios. Sem algum novo texto para absorver suas energias, a atriz achava que não poderia mais suportar o mesmo velho repertório que os empresários, preocupados apenas com o lucro, pediam. Qualquer vaga idéia de inovação na obra de um dramaturgo era suficiente para reavivar seu interesse.

Uma primeira leitura de *La Moglie Ideale* de Marco Praga convenceu-a de que estava diante de um talento a alimentar. Como nas comédias moralizantes de autores franceses, como Becque e Bernstein, *La Moglie Ideale* examina a difícil posição das mulheres em fins do século XIX. A personagem principal da peça, Giulia, está casada com Andrea, mas tem um caso com Gustavo. Ela é "a esposa ideal" e, ao mesmo tempo, a amante perfeita. Discreta em suas infidelidades, volta sem problemas ao papel de esposa zelosa, quando Gustavo a abandona. A sutil gama de apreensões e ciúmes e a ambivalência da conduta de Giulia interessaram Duse. Ela também simpatizou com a denúncia velada feita por Praga de uma sociedade que mantinha as aparências para ocultar os males sociais

6. Eleonora Duse no papel-título de *Théodora* de Victorien Sardou. Foi uma das produções mais espetaculares encenadas pela companhia de Cesare Rossi. Os ensaios começaram em janeiro de 1885 e a peça foi estreada no Teatro Valle, em Roma. Emulando Sarah Bernhardt, que criara o papel pouco antes no Théâtre de la Porte Saint-Martin em Paris, Duse estudou o contexto histórico da imperatriz bizantina e sua corte, a fim de lograr uma interpretação convincente.

(Cortesia da Bibioteca Teatrale del Burcardo, Roma)

sob a superfície. Atraída pelo enfoque formal arbitrário do autor, Duse indagou-se se Praga não seria o dramaturgo por quem estivera procurando. Escreveu-lhe longamente, oferecendo incentivo e apoio. Rememorando os ensaios de *La Moglie Ideale*, Praga explica como a própria Duse contribuiu para a forma final da peça:

> Os ensaios eram pura felicidade... Eu ficava num canto deleitando-me profundamente... sim, deleitando-me. Ouvir meu pobre diálogo dito daquela maneira... como Duse dizia e fazia seus atores dizerem – comentando e explicando o texto, à medida que avançava, e demonstrando para proveito do elenco as inflexões corretas e os gestos apropriados –, dava àquelas palavras novo significado. O texto tornou-se subitamente aceitável e, às vezes, até engraçado...

Duse deu ênfase às reservas de inteligência e coragem existentes na natureza de Giulia e logrou um enorme sucesso no papel. A peça foi logo aclamada como uma comédia clássica sobre a burguesia italiana.

Uma nova colaboração ficara para depois, mas Duse reconheceu a tempo que as inovações de Praga limitavam-se à forma. Em espírito, elas não conseguiam corresponder às mudanças que ela tinha em vista. Não pretendo sugerir, com isso, que ela incentivava os dramaturgos a escreverem peças pensando em seu estilo pessoal de representar. Ao contrário, ela resistia firmemente a propostas nesse sentido e continuava a insistir que o primeiro compromisso do dramaturgo era com a própria arte. Quando Galieno Sinimberghi ofereceu mandar-lhe o texto da sua peça *Il Matrimonio di Irene*, ela respondeu:

> Agradeço à sua gentileza, pois me agrada pensar que eu poderia ser capaz de ajudá-lo a levar suas idéias para essa peça a uma conclusão feliz. Mas *ouça meu conselho*. Procure não *dar muita atenção à minha imagem de atriz*. Siga sua própria inspiração e oriente sua peça para aquele sublime ideal que é a arte. É um erro basear seu drama na personalidade de uma *atriz*. Minha imagem pode induzi-lo em erro. Para alcançar algo digno do nome de Arte, *deve guiar-se apenas pela arte*. Quanto a mim, prometo estudar seu manuscrito cuidadosamente a fim de comunicar seus pensamentos e intenções ao público. Dito isso, peço-lhe para não escrever tendo em mente uma atriz específica. Nós, artistas, hoje estamos aqui e amanhã nos vamos... Já a fama do dramaturgo vive em sua obra.

A Duse não era em absoluto indiferente à importância de encontrar textos com papéis substanciais de protagonista feminina. Tais papéis eram seu privilégio e prioridade. Todavia, seja-lhe creditado que ela reconhecia que outras eram as prioridades do dramaturgo, se ele esperava produzir peças de significação duradoura. De suas discussões com Boito, ela aprendera a estabelecer uma clara distinção entre a concepção original que o autor tinha de seus personagens e a que tinham os intérpretes.

1888-1889 – EGITO

Apesar de todos os seus esforços no sentido de promover novas obras de dramaturgos italianos, a maior realização de Duse nesse período foi, sem dúvida, sua nova produção de *Antony and Cleopatra* de Shakespeare. Não era a primeira produção italiana da peça, mas *Antony and Cleopatra* era muito menos familiar às platéias italianas do que *Hamlet* ou *Macbeth*. Os dois manuscritos existentes da tradução de Boito revelam a profundidade com que o poeta e a atriz estudaram cada detalhe do texto. Boito preparara sua tradução a partir da edição francesa da peça, devida a Victor Hugo. Essa confiança na versão de Hugo revelou-se negativa. Muito da exuberância e da riqueza da linguagem de Shakespeare já havia sido inevitavelmente perdido na versão francesa, e novas perdas tornaram-se ainda mais nítidas na tradução de Boito. Sua decisão de reduzir o texto original para obter maior efeito dramático também resultou em muitas distorções sérias.

A enxurrada de cartas entre o poeta e a atriz durante os meses que precederam a primeira apresentação de *Antony and Cleopatra* revela uma afinidade genuína no enfoque que ambos tinham do drama e de seu impacto potencial. Suas cartas abrangem todo aspecto possível da estrutura da peça, os momentos capitais de clímax e suspense, as várias abordagens das falas cruciais no diálogo e o desenho apropriado dos cenários e figurinos. Boito tinha uma visão nítida do chamado "estilo egípcio", que achava ser necessário esforçar-se por lograr na produção com a maior autenticidade possível.

A peça finalmente estreou em 22 de novembro de 1888 no Teatro Manzoni, em Milão. Nos dias que a precederam, as notas e missivas diárias de Boito dirigidas à sua Lenor conseguiram aplacar os temores e ansiedades da atriz. O poeta falava da "vigília" de ambos na véspera daquele "grande acontecimento artístico". Estava convicto de que a arte de Eleonora cobriria de novas honras o nome de Shakespeare:

> A peça é clássica, você é igual à grandeza dela e o resultado estará à altura da sua enorme coragem. Conheço meu Shakespeare, conheço o Teatro e conheço minha Lenor... Amanhã, uma grande missão a espera, uma missão sagrada em nome da Arte... A nobreza da Verdadeira Arte sempre atraiu você à sua órbita. Com seu talento, você é capaz de elevar até mesmo peças medíocres no Teatro. Nenhum trabalho de arte é mais regiamente nobre do que aquele que você está prestes a abraçar. Repito com toda confiança e fé: você triunfará! Você triunfará!

A noite de estréia foi anunciada como um espetáculo de gala em homenagem a Duse, e a curiosidade de parte dos críticos e dos entusiastas pela arte teatral lotou a casa. Não se fizeram economias em cenários e figurinos. Estes eram de autoria de Alfredo Edel, cujos desenhos para o *Otello* de Verdi no Scala, em 1887, firmaram sua reputação como um dos mais imaginativos cenógrafos italianos e redundaram num convite para apresentar sua obra na Place du Théâtre Français em Paris, em 1890. A platéia da noite de estréia encontrou muita coisa que admirar na produção. Visualmente, era suntuosa e o senso de novidade prendeu a atenção do público. O elenco encabeçado por Duse e Flavio Andò foi calorosamente aplaudido. Somente quando os críticos começaram a analisar em profundidade o texto e o desempenho, as sérias falhas da produção tornaram-se claras. Todos concordaram com que a tradução de Boito e seus cortes arbitrários no texto criaram mais problemas do que resolveram. O crítico teatral de *Il Caffè* achou os cortes de Boito completamente ilógicos. Seu resultado foi um palidíssimo reflexo do texto original de Shakespeare. A crítica prossegue acusando Boito de reduzir irresponsavelmente passagens capitais, a fim de dar maior ênfase ao papel de Cleópatra. As resenhas publicadas no *Corriere della Sera* e *La Fanfulla* não foram menos críticas em relação às modificações de Boito, que, em seu entender, desvirtuaram a peça e destruíram a harmonia da sua estrutura.

Quanto ao desempenho de Duse, os críticos variaram em sua apreciação. Resumindo seus veredictos, eles insinuam que foi uma interpretação corajosa, mas que, de certa forma, não deu certo. O resenhista de *Il Secolo* observou que Duse não possuía nem a presença física, nem a força vocal para o papel. Detectou um incômodo compromisso em suas tentativas de enfrentar as exigências vocais dos tempestuosos clímax, que forçaram-na a gritar, soando desagradavelmente estridente. Sua melhor cena, segundo o consenso geral, foi no Ato II, em seu confronto com Enobarbus; mas, daquele ponto em diante, sua atuação parecia tornar-se progressivamente mais fraca e mais monótona. Na opinião abalizada de Giulio Piccini, Duse avaliou mal os problemas colocados pelo papel e parecia vencida pelas rápidas mudanças de registro e tonalidade. Isso resultou numa incômoda progressão da estridência ao gemido, de explosões guturais a uma elocução desenxabida. Na opinião de Piccini, esse desempenho inquietante não era em absoluto característico daquela Duse que todos admiravam em Sardou e Dumas. O crítico teatral do *Corriere della Sera* julgou a cena da morte um melancólico fracasso, por parecer mais adequado aos derradeiros momentos de uma semimundana *Fédora* ou de *Frou-frou*, do que aos de uma rainha do Egito.

Flavio Andò também foi rejeitado pelos críticos como inadequado ao papel de Antônio, e o único desempenho da noite que fez uma impressão favorável foi o do veterano Enrico Belli-Blanes, no papel de Domitius Enobarbus.

A resenha do jornal romano *La Fanfulla* baseava-se em informações de segunda mão e falava do triunfo pessoal de Duse como a rainha egípcia, mas a atriz inglesa Ellen Terry, que amava e admirava Duse, viu-a no mesmo papel alguns anos depois e só pôde dizer que "sua Cleópatra era insignificante", comparada com a de Sarah Bernhardt, e "nem de longe tão pitoresca".

O veredito de Boito sobre o espetáculo de estréia tende a confirmar que a onda geral de crítica desfavorável era previsível e justificada. Uma longa carta de justificação dirigida a Duse depois da estréia atesta sua capacidade de auto-análise e obstinada franqueza em matéria de arte:

Brava,
Estou com tanto medo! Meus sinceros agradecimentos – agora posso voltar a respirar. A peça parecia tão breve, uma vez o texto despojado de toda a exuberância informe, embora poderosa. No minuto final, achei-a de repente sem nenhum valor, uma calúnia contra Shakespeare, uma traição à minha Lenor. E nutri cruéis pensamentos contra mim mesmo. Percebi que era eu o responsável pelo fiasco, só eu, mas que era você, pobre criatura, exausta, doente e angustiada, que iria suportar esse golpe cruel, um golpe que, para piorar as coisas, era por mim assestado... Sou eu o verdadeiro responsável por não ter a obra alcançado um grande clímax no último ato. Isso se deveu à minha inepta redução do texto. O público pede a obra em sua integridade e, se não o atendem, sente-se ultrajado e exprime seu ressentimento.
Se, no fim, eles não externaram sua desaprovação, foi por respeito ao meu nome e à minha presença. Disso estou convencido. Você tem de me perdoar... Concentramos em um só aspecto nossos esforços – extrair daquele poderoso poema toda a essência divina de amor e dor, e fechamos os olhos para o resto. Foi um erro... Minha querida. Se lhe dei uma má tradução, perdoe-me.

Boito, ao contrário de Duse, reconhece, ainda que tardiamente, a loucura de uma colaboração artística entre duas pessoas profundamente apaixonadas:

Esse inebriamento que tomou conta de nós nos dois últimos anos também é em parte responsável. É necessário não estar envolvido para poder avaliar pensamentos e esperanças com alguma precisão. O não-envolvimento é essencial, se se quiser adquirir a luz do juízo... Percebo todas essas verdades interiores e, por muitos dias, elas têm estado soando em meus ouvidos, como campainhas de alarme anunciando algum desastre... Diga-me que você não me odeia. Minha querida. *O amor não pode ser dissolvido.*

Por sua parte, Duse estava consciente dos riscos quando assumiu o papel. Ao longo dos preparativos, a responsabilidade de enfrentar um grande papel shakespeareano pesou muito em seu espírito. E, à medida que os ensaios prosseguiam, ela reconheceu que a transição do mundo decadente pintado nas peças de Sardou e Dumas Filho para a humanidade muito mais incisiva captada pelos grandes dramaturgos ingleses não seria fácil. Em mais de uma oportunidade, exprimiu a firme certeza de que descobrira Shakespeare tarde demais em sua carreira. Alguns anos depois, quando lhe sugeriram que devia trabalhar com o grande ator shakespeareano Ernesto Rossi numa nova produção de *Macbeth*, ela recusou a proposta sem um instante de hesitação. O papel de Lady Macbeth, argumentou, requereria pelo menos doze meses de pesquisa e estudos e pelo menos trinta ensaios. Outros compromissos prementes tornavam tal empresa impossível e, como observou com desgosto: "Conheço minha natureza. Se tivesse de começar a mergulhar num estudo das peças de Shakespeare, acabaria tendo aversão por *todo o teatro moderno* e... e aí?"

Porém, em público, nem Boito, nem Duse estavam preparados para fazer concessões a seus críticos ou a platéias hostis. Eles mostrariam seu desprezo pelo "populacho insolente" e fariam essa gente engolir suas palavras. Boito incentivou-a a acreditar que a "Arte deve ser Vitória, não Martírio" e aconselhou-a a deixar os porcos grunhirem, sem dar atenção à sua algazarra. Quando os gerentes de teatro de outras cidades italianas mostraram-se relutantes em encenar *Antony and Cleopatra*, Duse simulou indiferença. Desafiadora, ela resolveu dar especial destaque a essa produção em sua futura turnê no Egito.

Duse agora estava pronta para testar as reações da platéia do exterior e para construir uma carreira internacional, como as de Adelaide Ristori, Tommaso Salvini e Ernesto Rossi uns cinqüenta anos antes. Seus compromissos no Egito e na Espanha significavam ausências prolongadas da sua Itália natal desde meados de dezembro de 1889 até fins de setembro do ano seguinte. Oficialmente, Flavio Andò tinha o título de diretor da companhia; na prática, a própria Duse foi quem supervisionou todos os aspectos financeiros e artísticos. Programar extensas turnês pelo exterior era um negócio arriscado. Contratos, itinerários e instalações nas diferentes cidades estrangeiras tinham de ser cuidadosamente examinados. Os membros da trupe eram escolhidos por sua resistência e sua capacidade de recuperação. A disciplina e o moral da companhia tinham de ser escrupulosamente observados. As cartas de Eleonora revelam as ansiedades que ela enfrentava à medida que prosseguiam os preparativos para essa cansativa jornada em territórios desconhecidos. Tornando mais pesado esse fardo, havia problemas domésticos a resolver. Ela tinha um pai e uma filha para cuidar e precisava tomar providências para garantir o bem-estar deles durante sua longa ausência da Itália. Enrichetta estava agora com cinco anos, na idade de ir para a escola. Depois de muito consultar seu coração, Eleonora decidiu, com a aprovação de Checchi, matricular Enrichetta num internato de Turim, para filhas de oficiais do exército.

Como qualquer mãe que vê um novo capítulo ser aberto na vida da sua filha, Duse sentiu-se triste e apreensiva. Confiou seus sentimentos a Boito numa breve nota datada de 27 de novembro de 1887: "No dia 1º de dezembro Enrichetta vai para a escola... Vai ser tão doloroso!" Agora que Eleonora era financeiramente independente, o bem-estar material e espiritual daquelas duas pessoas amadas estava sempre presente em seu espírito; ela estava determinada a que sua filha teria a formação escolar normal que as circunstâncias lhe haviam negado e a que seu velho pai teria todo conforto que ela pudesse proporcionar em sua aposentadoria em Veneza, onde ele pintava o quanto queria. Eleonora resguardava zelosamente a privacidade deles contra os olhares e mexericos dos círculos teatrais e invectivava contra a perversa curiosidade dos jornalistas que ousavam imiscuir-se em sua vida privada.

Estresse e cansaço estavam se tornando sintomas comuns. A correspondência de Eleonora ao longo de 1889 faz freqüentes menções a sua exaustão física e a recorrências da afecção pulmonar, em especial quando exposta a muito frio no inverno e ao calor no alto verão. Suas cartas a Boito durante esses meses falam de problemas ginecológicos, de consultas a especialistas, de opiniões médicas conflitantes, de tratamentos tentados e da luta constante que devia travar para manter-se bem o bastante para cumprir até mesmo um quarto de seus compromissos. Esses acessos recorrentes de doença lembravam-lhe a solidão que todo ser humano enfrenta em suas crises. A lembrança dos sofrimentos da mãe em ambientes estranhos continuavam a atormentá-la; ela sentia-se aterrorizada ante a idéia de ser confinada em algum hospital. Referindo-se aos frágeis pulmões que herdara, Eleonora comentava: "Esta é uma doença que *afeta todo o ser*, e os olhos e o coração vêem a tristeza cair sobre *tudo*!" Ficava furiosa consigo mesma por sobrecarregar o poeta com suas preocupações: "Morro de medo de esgotar sua paciência – com meu amor e minhas lamentações". Nos momentos de depressão, sentia-se feia e insegura: "Se você me amasse", ela provocava Boito, "eu não me sentiria tão feia! Já estou um tanto feia – mas se Arrigo me amar – não virarei um monstro".

Em suas viagens, ela observava as outras mulheres e deleitava-se com sua beleza e sua elegância, ao passo que ela – "pequenina, fraca" e vestindo roupas fora de moda – traía o cansaço em seu andar e mostrava um semblante desolado. Retratos da atriz nesse período da sua vida revelam uma expressão tensa e absorta, que tinha um estranho encanto. Entrementes, cartas de conforto e tranqüilização vinham-lhe de Boito, cujas palavras de afeto eram mescladas com preceitos que traçavam uma clara distinção entre o dever e a disposição: "A vida é difícil, mas vamos vencer. O trabalho é difícil (o seu e o meu), mas vamos vencer. Coragem!"

A Compagnia della Città di Roma chegou ao Egito no dia 17 de dezembro de 1889. De Alexandria, Duse mandou a Boito um relato da tempestuosa viagem marítima, do enjôo e do terror por que passaram os passageiros. Entre seus companheiros de viagem estava o distinto ator francês Coquelin Benoît, que usava "chapéu com barbicacho e óculos escuros", e um grupo de padres franceses, que iam para uma missão no Alto Egito. Ela achou um desses jovens missionários particularmente simpático e entabulou com ele uma conversa sobre a fé religiosa e sua vocação, o que lhe deu oportunidade de praticar seu hesitante francês. Ela relatou a Boito com alguma emoção: "Aquele bom padre contou-me algumas coisas admiráveis! O que me impressionou em particular foi a alegria que ele sentia em ser padre – ele *escolhera* sua vida e tinha plena fé nessa escolha. Eis uma pessoa que não voltaria atrás..." Essa observação forte também pode ser interpretada como uma reprimenda velada ao vacilante Boito.

A companhia estava programada para uma temporada de seis semanas em Alexandria, mas logo ficou claro que alguns problemas imprevistos excluiriam a possibilidade de grandes lucros. Duse, que não tardou a perceber que as receitas mal cobririam as despesas, sentiu-se extremamente irritada. Estava insatisfeita com os arranjos feitos por Sante Boni, um empresário teatral italiano estabelecido no Cairo. Desde o começo, achou o Egito "um país odioso... Alexandria, nada mais que um *bazar...* suja e miserável. Os nativos pareciam meio loucos, acocorando-se e fumando da manhã à noite – ofuscados pelo sol quente –, letárgicos e preguiçosos". O único consolo durante essa turnê infausta foi a presença de uma criada francesa, Martha, que leria para ela durante os momentos de lazer ou lhe reviveria suas lembranças da vida em Paris.

A longa e forçada separação de seus entes queridos deixou a atriz inquieta. Confiou a Boito: "A cada minuto, penso em você, em minha filhinha e em meu pai, sozinho em Veneza". Achava o trabalho "nauseante, deprimente e exaustivo", a umidade era insuportável; às vezes, a simples vista de um homem de barrete na cabeça dava-lhe nos nervos. As notícias de que os futuros compromissos na Espanha podiam ser cancelados devido à ansiedade da nação com a séria doença do sucessor do trono espanhol, bem como a confirmação de que a visita a Atenas fora cancelada devido a uma epidemia de gripe, aumentaram seu desejo de voltar à Itália o mais cedo possível. Por outro lado, assim que chegou ao Egito, toda a companhia teve algum problema de saúde. De Alexandria, a trupe embarcou para uma curta temporada no Cairo, programada para durar duas semanas. Embora estressem com a controvertida produção de *Antony and Cleopatra*, Duse declarou-se satisfeita com a acolhida. Agora sentia-se crescer no papel e pelo menos um admirador achou-a – para sua grande diversão – tão irresistível quanto Cleópatra.

Uma forte gripe no Cairo a fez sentir-se fraca e desanimada; e o precário serviço postal só aumentou sua frustração. No dia 14 de fevereiro, escreveu a Boito:

Não estou me sentindo bem – e não posso escrever – necessito muitíssimo do ar marinho para livrar-me dessa terrível exaustão... Que Deus esteja consigo – e que Deus me proteja, também. A você, dou minha mão e meu coração.

A resposta de Boito aguardou-a em Barcelona, onde a companhia chegou por volta do fim de fevereiro, para uma temporada de seis semanas: "Querida. Agora poderemos comunicar-nos com maior freqüência. Ambos moramos em costas batidas pelo mesmo mar. Nos próximos dias, você estará ali, à minha direita, na bruma dourada do ocaso. De onde estou e observo o sol se pôr, lá você estará". Há uma estranha ironia nas palavras de consolo de Boito. Sua sugestão poética do que está por vir é desconcertantemente acurada; nos próximos anos, eles permaneceriam espiritualmente unidos, mas, como o próprio Boito escreveu, "em pontos separados do horizonte".

1889-1891 – ESPANHA

Depois de uma confortável viagem por mar de Alexandria a Marselha, Duse foi de trem com outros membros da companhia para Barcelona, onde ficariam acomodados no bairro chique da cidade, conhecido como Ramblas. Embora ainda atordoada e esgotada pelas semanas passadas no Egito, sentiu-se aliviada por estar de volta à Europa e num ambiente mais adequado. Os apartamentos do hotel estavam a seu gosto e as receitas da bilheteria prometiam uma temporada recompensadora. As cartas trocadas entre Boito e Duse nas semanas seguintes traem as muitas dúvidas e mal-entendidos que os inquietaram durante os longos meses de separação. Ele faz freqüentes referências àquele "destino hostil" que os mantém afastados. Ela enfrenta tibiamente as tempestades emocionais causadas pelo cansaço e acessos de depressão. Ele pede paciência e cabeça fria, mas Eleonora não está com humor para conciliações e acusa-o de ser evasivo em suas palavras de conforto. A dependência de Duse para com Boito era absoluta agora. Suas cartas deixam claro que ela deseja uma garantia de total compromisso da parte de Boito, mas quanto mais veementes seus pedidos, mais Boito parece esquivar-se. O profundo amor que eles partilhavam estava transformando-se gradativamente numa guerra de desgaste, em que ambos achavam mais fácil magoar do que consolar. O tom das cartas de Eleonora oscila agora entre a acusação e o remorso: "Você tem de me perdoar – tem de me perdoar – tem de me perdoar – te amo demais – e tão mal – e isso não é bom nem para você, nem para mim". No fundo do coração, Eleonora ressentia-se de ter que compartilhar o afeto dele com a inválida Fanny, que Boito acompanhara a San Remo para um tratamento, tanto quanto com seus íntimos e suas relações sociais. Longe da Itália, esses ressentimentos tornaram-se mais fortes. A quantidade de apresentações programadas para essa turnê espanhola parecia insuportavelmente aborrecida, e a simples tensão física de atuar noite após noite sem nenhuma perspectiva de descanso estava se revelando quase intolerável. "É uma vida de cachorro – e um amor sem perdão", escreveu a Boito de Barcelona, em 18 de março de 1890, numa longa carta que deve ter perturbado o poeta com suas afirmações cortantes e seu excitado emaranhado de protestos e palavras nada convincentes de conforto.

    Agora na casa dos trinta, Duse faz o inventário da sua existência nessa "idade detestável", consciente da tormenta emocional que tem de suportar como mulher e apavorada com a acabrunhante sensação de idade e de tristeza. O recente suicídio de uma amiga próxima, Mathilde Acton, que se jogou no Tegernsee, começou a afligi-la. O próprio Boito, naquela época, estava sofrendo uma depressão negra e pouco consolo podia oferecer, enquanto via seu caro amigo Franco Faccio sucumbir à insanidade mental. A necessidade de conciliar sua imagem pública com sua vida privada torturava-a e, em momentos de estresse, as reações de Eleonora aos lugares e às pessoas eram coloridas por seu estado de espírito. Num momento, ela declararia que Barcelona era a cidade mais linda do mundo e, no seguinte, repudiaria a Espanha como um lugarzinho provinciano, habitado por uma horda de camponeses. Seria errado, porém, pintar a Duse aos trinta anos como uma personagem imersa numa tragédia e numa melancolia invariáveis. Ocasionalmente, a torrente da sua correspondência revela vivacidade, espírito e um notável prazer de viver, a despeito da saúde ruim e das tribulações das turnês. O que ganharia na Espanha permitir-lhe-ia saldar um acúmulo de dívidas substanciais, e as notícias sobre a calorosa acolhida da companhia na Espanha levariam a novas propostas de turnês por toda parte. Uma das mais tentadoras veio de Giacomo Brizzi, diretor do Teatro dei Filodrammatici de Milão, que lhe ofereceu um contrato para uma turnê na Rússia, onde atores italianos como Ernesto Rossi se apresentaram com considerável sucesso.

    Para ocupar suas horas de lazer na Espanha, Duse seguiu o conselho de Boito e dedicou-se ao estudo. Seu francês ainda era hesitante, mas estava melhorando, e suas leituras estenderam-se das obras de Ernest Renan e Auguste Vacquerie à poesia e prosa de Edgar Allan Poe. Ela tinha agora bastante confiança em seu próprio discernimento para exprimir uma opinião acerca dos autores levados à sua atenção. Renan exercia sobre ela uma atração especial por suas preocupações filosóficas. Nos escritos de Edgar Allan Poe, ela encontrou um estranho poder emanando da leitura que o autor faz das forças sobrenaturais. Vacquerie, por outro lado, enquanto consciente discípulo de Victor Hugo, estava demasiado preocupado com a forma, ao passo que Eleonora ansiava pela introspecção.

No início de abril, a companhia foi para Madri, onde havia mais atividades culturais de que desfrutar entre as apresentações. Duse fez visitas freqüentes ao Museu do Prado, onde se deixou fascinar por Velásquez: "Em certas horas da tarde, diante de uma pintura favorita, sentia-me em paz com o mundo". Ela visitou as igrejas da cidade e passeou pelas tranqüilas avenidas do Parque del Retiro: "Sob aquelas grandes árvores, muitas vezes com um bom livro para me fazer companhia, passei as mais preciosas das '*minhas horas espanholas*' ". Fez excursões pelo campo vizinho, "mais acidentado e árido do que as paisagens italianas, mas, apesar disso, tranqüilo", admirou as *zarzuelas* (tradicionais operetas espanholas), a dança flamenca e as touradas, até Boito convencê-la da crueldade daquele "vil espetáculo".

Com indisfarçado deleite, Duse refere-se em suas cartas a um admirador anônimo a quem fora apresentada num jantar em homenagem ao ator francês Coquelin. Seu deleite, no entanto, não tardou a transformar-se em desdém, quando o ardor do persistente cavalheiro começou a importuná-la. O infortunado costume que este tinha de aparecer nos momentos mais inconvenientes não lhe ajudava em nada, e Eleonora logo se cansou daquela brincadeira de gato e rato com esse posudo grande de Espanha. No entanto, sente-se, em geral, que ela passou bem melhores momentos na Espanha do que no Egito, a despeito de alguma invectiva ocasional contra a poeira, o barulho e a confusão na Puerta del Sol madrilenha. Em momentos de abatimento, ela não podia resistir a uma ocasional queixa da Espanha e dos espanhóis em geral – "o país de Cocanha... guitarras demais... serenatas... sol e alvoroço demais" –, mas também são momentos de autoconhecimento e zombaria em suas cartas arrebatadas, com seu fraseado *staccato*, sua pontuação arbitrária, sublinhados enfáticos e freqüentes pontos de exclamação.

A atitude questionadora de Duse ante a religião foi injustamente desdenhada por seus biógrafos. Desde o início, sente-se uma abordagem subjetiva, mas refletida, da fé cristã, salutarmente livre de afetações ou sentimentalismos. Ela confia a Boito:

Nosso Senhor – era uma *pessoa* – viva e verdadeira. Sei que Ele existiu. As imposturas – o clero – a tão difundida ignorância e a natureza impressionável das mulheres (que são as responsáveis pela instrução dos filhos) fizeram de tudo – de tudo – para destruir a *realidade* de Nosso Senhor – mas Ele existiu verdadeiramente.

Essa firme crença numa presença real revela uma essência espiritual na vida de Eleonora que acabará prevalecendo sobre sua confiança na arte como medida de perfeição. Era essa fé prática que ela inculcaria em sua filha, cujo delicado crescimento para a compreensão do mundo à sua

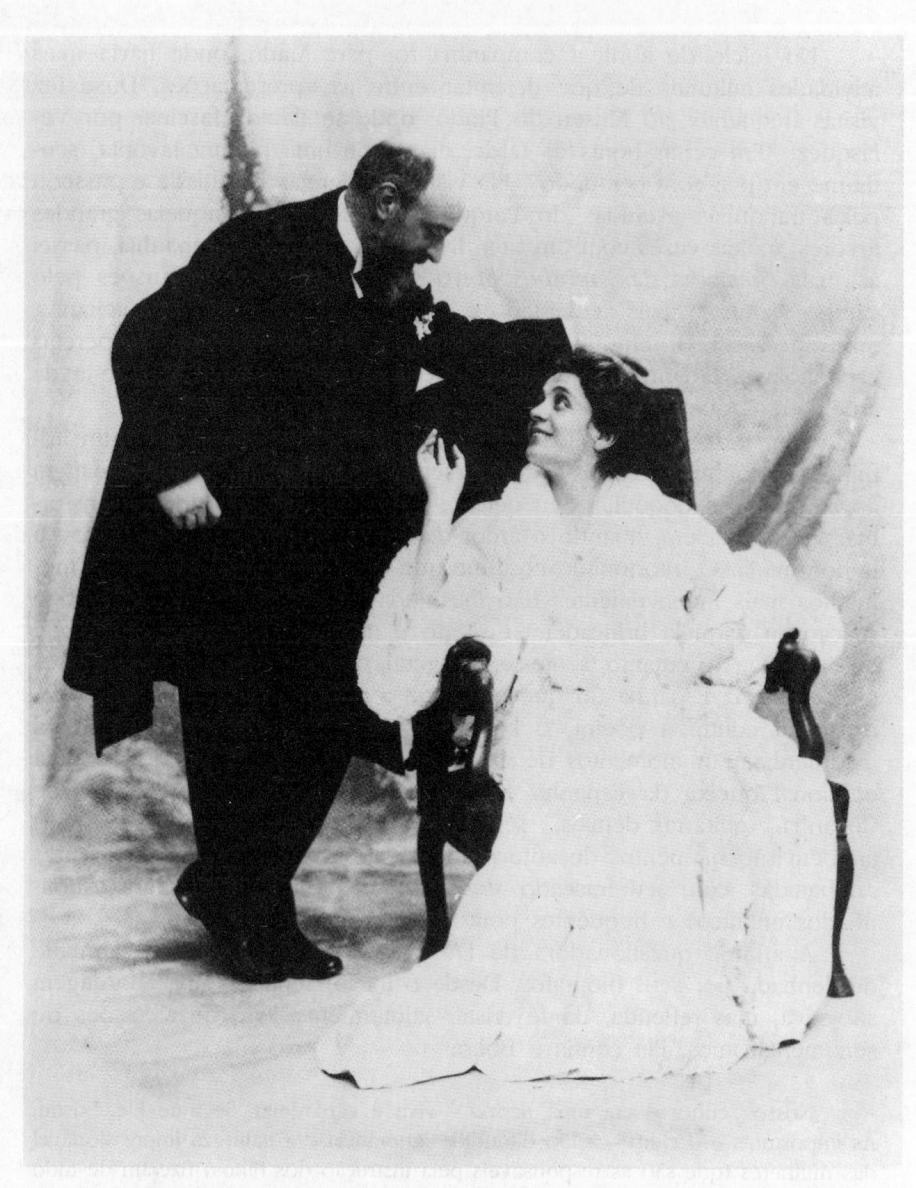

7. O conde Joseph Primoli (conhecido dos íntimos por Gégé) e Duse conversando. O ensaio biográfico de Primoli sobre Eleonora, publicado na *Revue de Paris* em 1897, contribuiu muito para aumentar a sua reputação nos círculos artísticos franceses. Um tanto apaixonado no início de sua relação, Primoli logo se tornou um amigo leal e dedicado. Seus influentes contatos em Paris asseguraram uma calorosa recepção, quando Duse fez sua primeira aparição cênica na capital francesa, no Théâtre de la Renaissance, de propriedade de Sarah Bernhardt, no verão de 1897. Primoli também ajudou a atenuar as tensões em sua tempestuosa relação com Gabriele D'Annunzio.
(Cortesia da Fundação Primoli, Roma)

volta deu a Eleonora um senso de finalidade quando as coisas pareciam estar mais negras. "Possa Deus me dar forças para prosseguir", escreveu em junho de 1890. "Ainda há um longo caminho pela frente – que não seria tão difícil se não fosse por... – esse meu coração – exigente! – atormentado – inquieto – *louco*, perverso – amável – angustiado – mimado e frustrado".

Os amigos na Itália estavam atentos aos progressos de Enrichetta na escola e davam notícias tranqüilizadoras sobre o estado de saúde da menina. As cartinhas de Enrichetta na tenra idade de oito anos revelam os delicados sentimentos de afeto que uniriam mãe e filha ao longo dos anos vindouros. A menina escreveu:

> Só mais um dia e a primavera começa, e então vamos colher violetas e eu vou secá-las para mandá-las para você, mãezinha querida, você que é tão tão boa. As árvores vão ficar verdes de novo. Quanta alegria! Vai ter uma porção de lindas flores! Bonitas violetas, depois primaveras e lindos ramos de hera.

A espontânea saudação da primavera feita por Enrichetta sem dúvida reavivou as lembranças da reação precoce que a própria Duse tinha ante a natureza, quando criança.

Os planos de estender a turnê a fim de visitar Granada e Sevilha foram modificados na última hora pelos empresários locais, e um grave surto de cólera obrigou a cancelar os compromissos em Valência.

Em 30 de junho, Duse estava em Paris, antes de viajar para a Itália e reunir-se a Enrichetta e Boito, como esperava há tanto tempo. Paris, com todas as suas atrações culturais, não conseguiu tirá-la de um estado de depressão nervosa. Ela confessou tristemente: "Não é a vida que é difícil – eu é que acho difícil adaptar-me a ela". Até mesmo uma ida à Comédie Française deixou-a indiferente. Achou os atores "demasiado cheios de maneiras e as atrizes tão sem vida quanto bonecas", mas, quando abatida, Duse era honesta o bastante para desconfiar de seus juízos sobre quem quer ou o que quer que fosse.

No início de julho, ela estava finalmente de volta à terra natal, onde foi ter primeiro com Enrichetta, depois com Boito. Há uma lacuna de quase um mês na correspondência entre a atriz e o poeta, até o final de agosto, quando Duse preparava seu retorno a Barcelona, onde estava contratada para se apresentar por mais um mês. Em suas próprias palavras, era uma "viagem deprimente". A Espanha estava se recobrando das seqüelas do cólera. Estimativas não-oficiais relatavam cerca de 7.000 casos de infecção e umas 4.600 mortes, embora as estatísticas oficiais fossem consideravelmente inferiores. A separação de Boito e Enrichetta parecia ainda mais intolerável dessa vez. Eleonora deplorava a falta de distrações culturais na capital catalã e tinha saudade, acima de tudo, daquelas agradáveis caminhadas proporcionadas pelo Parque del Retiro em Madri. As responsabilidades de dirigir uma companhia, que dependia quase inteiramente de seu prestígio como atriz, preocupavam-na e cansavam-na. O sucesso financeiro e artístico estava garantido para essa turnê, mas foi com um sentimento de grande alívio que ela voltou à Itália em 6 de outubro. Apesar de todas as incertezas em seu relacionamento clandestino, seu amor por Boito nunca foi mais forte. Ela lhe escreveu na véspera da partida da Espanha: "Nunca desejei tanto estar com você! Eu gostaria de fundir toda a minha vida, tudo o que amo, tudo o que me é caro – com todas as maravilhas de Deus... *Fundir* tudo numa grande chama e deixá-la arder".

Esses momentos de êxtase eram de curta duração. Sua vida como atriz tornara-se uma prisão da qual parecia não haver escape. O teatro e todos os seus atavios enchiam-na de repulsa. A severa rotina de ensaios e apresentações, as batalhas diárias com administradores e empresários, carpinteiros e atores, as viagens constantes e os ambientes estranhos, as pobres instalações dos teatros da época e a imprevisível reação da crítica e da platéia – tudo isso constituía uma cruel realidade que escarnecia dos ideais e sonhos que ela acalentava. Uma vez de volta à Itália, parecia haver cada vez menos tempo para o lazer, à medida que os problemas de apoio financeiro eram reavaliados e novos projetos feitos para os compromissos da temporada seguinte. Depois de um breve giro pelas principais cidades italianas, Duse fez a primeira apresentação de *La Moglie Ideale* de Marco Praga, em novembro, em Turim. Graças à sensível interpretação que deu da adúltera Giulia, esse drama *fin-de-siècle*, com sua provocadora atitude em relação ao papel da mulher numa sociedade corrompida, logrou considerável sucesso. Ela também concordou em montar uma produção de *Tutto per Tutto*, uma comédia de Edoardo Calandra, cujos talentos literários eram mais adequados à escrita de romances. A peça teve pouco êxito. A crítica achou-a verborrágica e enfadonha, apesar do dedicado desempenho de Duse. Ela iria acabar se acostumando com esses desapontamentos em sua busca de material novo que reconciliasse inovações artísticas genuínas com seguros resultados econômicos e que acabava fracassando em ambos os pontos. Boito tentou guiá-la nesse domínio, mas seus argumentos costumavam refletir os preconceitos do leigo que não apreende completamente as complexidades que implica a construção de uma sólida carreira teatral.

No fim das contas, Duse tinha de confiar em seu bom senso para suportar as conseqüências de algum erro de cálculo. Ela desenvolveu rapidamente um faro para tratar com as letrinhas miúdas de contratos e cláusulas. Um bilhete desafiador a Boito exprime sua determinação em vencer. Ela lhe garante: "Sou um homem – (não digo isso como auto-elogio) e possuo reservas infinitas de coragem e força – e SENSO COMUM

– muito mais do que você imagina!" Boito, por acaso ou de propósito, só via o lado mais vulnerável da natureza de Eleonora. Suas cartas raramente falavam nas duras realidades da profissão dela. A própria Duse contribuíra para essa divisão de identidade, na firme convicção de que seu papel como mulher era bem diferente de sua imagem como atriz. Como quer que seja, até as reais intenções de Boito se tornarem claras, ela percebia a importância de mostrar sua autodeterminação. Ironicamente, seu sucesso como atriz estava prejudicando sua estabilidade doméstica, desfrutada pela maioria de suas amigas.

Compromissos proveitosos na Europa e na América tornaram-se sua principal preocupação nesse período crítico, em que ela cogitava seriamente de abandonar o palco para sempre. A segurança financeira era essencial, se ela esperava construir um lar para sua filha, longe da atenção e da publicidade dos círculos teatrais. "Malditos sejam todos os teatros do mundo!", vituperaria ela em presença de amigos, quando os conflitos entre sua vida profissional e privada se aprofundaram.

4. PRIMEIROS TRIUNFOS NO NORTE

> *Para mim, a vida e a arte fundem-se numa única grande dor.*
>
> E.D.

1891 — RÚSSIA

Os meses de inverno de 1890 assinalaram um período de atividade febril. Duse destinou no máximo uma hora aqui e ali para estar com Enrichetta ou Boito, ou para visitar seu velho pai em Veneza. Cansada com aquela situação sem perspectivas, confidenciou a Boito: "Sinto-me tão em desamor *comigo mesma*, com *você*, com a *vida*, com a *morte*, com *tudo*." Nesses momentos, ela precisava de algum novo desafio para ocupar seu espírito. Ele veio de uma paragem totalmente inesperada: a Rússia.

O pintor Alexander Wolkoff ou Volkov (que assinava suas obras Roussoff), que vivia e trabalhava na Itália, andava há algum tempo exortando Eleonora a abrir suas asas e conquistar novos públicos. O próprio Wolkoff pôs-se a investigar a possibilidade de conseguir contratos para a atriz em sua Rússia natal; ao mesmo tempo, começou a avivar o entusiasmo de Eleonora com vívidos relatos sobre o teatro russo, a história do país e seu patrimônio cultural. Numa carta a Boito, ela comentou: "Wolkoff apresentou-me a metade da Rússia transplantada aqui em Roma... Ele me convenceu de que é necessário ser prática e sair da minha concha". Foi mais explícita ainda sobre seus motivos para aceitar a proposta numa carta a Marco Praga: "O trabalho proporciona dinheiro, e dinheiro nada mais é do que independência, a coisa mais sagrada e adorável de todas". A ambiciosa programação incluía São Petersburgo, Moscou, Kharkov, Kiev e Odessa; a turnê deveria se estender de 12 de março de 1891 a 3 de fevereiro de 1892, com o interlúdio de três meses de liberdade, do fim de junho a fins de setembro. Como as turnês de Eleonora fora da Itália estavam se tornando mais complicadas e prolongadas, teve de fazer planos cada vez mais cuidadosos para o bem-estar de Enrichetta. Seu amor pela filha não tinha limites, mas, como confiou a Boito, até mesmo para a mãe mais devotada as preocupações e ansiedades podiam ser um estorvo: "As alegrias da maternidade, pois sim!!! Quanto são apreciadas... por aqueles que nunca tiveram de suportá-las!"

A Duse que partiu para a Rússia em março de 1891 tornara-se uma mulher madura, de gostos refinados e considerável segurança em si. O dramaturgo Sabatino Lopez fora apresentado à atriz por seu amigo comum, o influente crítico teatral Edoardo Boutet, que colaborava para todos os principais jornais publicados em Nápoles. Ele recordou anos depois suas impressões daquele encontro memorável. Na época, Duse estava mergulhada nas obras de Tolstói, Ibsen e Dostoiévski. Sabatino López achou-a "animada e até loquaz":

> Ela não podia ser considerada bonita, num sentido convencional, muito embora possuísse um quê vivo e cativante, próximo da beleza. Sua voz deixava-se estar no ouvido, ligeiramente anasalada, mas inefavelmente doce, insinuante e acariciante — forçando você a fechar os olhos para saborear seu feitiço.

Sua chegada a São Petersburgo coincidiu com uma temporada particularmente brilhante de acontecimentos teatrais. Uma companhia dramática alemã estava se apresentando no Teatro Alexandrinsky, com um notável elenco encabeçado por Joseph Kainz e Friedrich Mitterwurzer. Havia trupes da Polônia e da Ucrânia, companhias de ópera da Itália e da França, entretenimento leve no famoso Circo Ciniselli e a aguardada apresentação do tenor italiano Francesco Tamagno, que criara o papel-título do *Otello* de Verdi quatro anos antes. Numa palavra, a concorrência era formidável. As platéias de São Petersburgo não se impressionavam facilmente com as celebridades visitantes, e a lembrança da interpretação de Sarah Bernhardt em *La Dame aux Camélias* ainda estava fresca em suas memórias. Duse também percebeu que suas atuações iriam ser inevitavelmente comparadas com as da *très touchante* Mlle. Menthe, que contracenava com o *très ardent* Lucien Guitry numa temporada de peças francesas no Teatro Mikhailovsky.

Seus piores temores foram confirmados quando ela estreou em *La Dame aux Camélias*, para um público reduzido, na noite de 13 de março de 1891, no Teatro Maly. Para as platéias da Rússia, Duse era uma atriz desconhecida; e, antes da sua chegada, nenhum esforço fora feito para despertar o interesse do público. Duse, que enfrentara uma situação semelhante na América do Sul, estava decidida a dar o melhor de si. Suas falas iniciais pareciam deixar a platéia perplexa, mas, à medida que a peça prosseguia, ela começava a ouvi-la com extasiada atenção, fascinada com as poderosas emoções que emanavam da frágil figura no palco. Pouco a pouco, viram-se cativados pela fina intensidade de suas expressões faciais, que mudavam imperceptivelmente, sem nenhum traço de artifício. Os críticos que se deram ao trabalho de aparecer para a estréia saíram do teatro sem nenhuma dúvida quanto ao notável fenômeno que haviam testemunhado – uma atriz capaz de alcançar um equilíbrio quase perfeito entre as intenções do dramaturgo e suas próprias concepções da trágica história de Marguerite Gautier. As resenhas do dia seguinte garantiram-lhe platéias bem maiores nas apresentações sucessivas.

No repertório que levou para a Rússia, Duse incluiu a maior parte de seus grandes sucessos. Os críticos russos logo notaram que

essa artista única não *imita* aquelas heroínas, mas identifica-se milagrosamente com elas. Ela as traz à vida, sem esforço ou artifício. Com extraordinária precisão, penetra a essência poética de todas as personagens que recria, com tal força e tamanha convicção que as barreiras lingüísticas simplesmente desaparecem.

Sua atuação tornou-se de repente o assunto principal das conversas em São Petersburgo. Alexey Suvorin, o editor do ultraconservador diário *Novoye Vremya* (*Novos Tempos*), saudou Duse como "uma artista incomparável, que não tem o *glamour* de Sarah Bernhardt, mas supera-a como atriz por sua extraordinária precisão de tom e gestos". Suvorin considerou a interpretação de Marguerite por Eleonora superior a das várias atrizes que vira no papel; em todos os detalhes, ela era original e livre de maneirismos desenxabidos:

Ela não é nem da escola de Ernesto Rossi, nem da escola francesa; não gesticula, não declama, nem inventa efeitos cênicos; ela cria suas personagens com uma simplicidade nunca antes vista em palco algum; o menor ajuste de tom ou gesticulação em seu desempenho corresponde a alguma motivação interna.

Suvorin concluía seu artigo definindo a consumada simplicidade de Eleonora como "o reflexo de uma extrema complexidade".

Sua apresentação em *Antony and Cleopatra* atraiu, como era previsível, vastas platéias nesse país em que Shakespeare era reverenciado. A atuação de Duse se aprofundara com a experiência. Luigi Rasi, o respeitadíssimo ator, professor de arte dramática e historiador do teatro, que fez um estudo especial da arte de Eleonora Duse, achou que, a despeito da fraqueza criada por Boito na redução do texto, sua interpretação de Cleópatra não carecia de força trágica nem de ardor. Se o público italiano permaneceu indiferente à produção, na qual ela não mediu despesas, Duse podia consolar-se com a aclamação e o entusiasmo que obteria onde quer que apresentasse a obra no exterior, especialmente na Rússia e na Europa do Norte. As platéias russas, ao contrário das italianas, responderam com entusiasmo à interpretação que Duse deu da rainha egípcia. As fotografias da atriz no papel sugerem que não havia nada muito régio ou arrogante nessa Cleópatra. Os testemunhos contemporâneos confirmam que ela representava Cleópatra muito mais como uma criatura impulsiva do que como uma ardilosa Jezabel – uma interpretação calculada para desconcertar os puristas. No entanto, de modo geral, a produção foi bem-recebida na Rússia, e a visão altamente pessoal que Duse tinha do papel foi julgada válida.

O jovem Anton Tchekhov esteve presente na estréia e, à meia-noite de 16 de março, ao voltar a casa do teatro, escreveu suas impressões à irmã Maria Pavlovna:

> Acabei de ver a atriz italiana Duse em *Antony and Cleopatra* de Shakespeare. Não entendo italiano, mas ela representou tão bem que foi como se eu tivesse entendido cada palavra; é uma atriz maravilhosa! Nunca vi ninguém como ela. Vendo-a representar, entristeceu-me pensar que os dramaturgos russos têm de construir suas personagens em torno de atrizes inexpressivas como N... e seus pares, que consideramos grandes porque não temos ninguém melhor. Observando a atuação de Duse, entendo por que a gente fica tão chateada com o teatro na Rússia.

Tchekhov já experimentara alguns desapontamentos como dramaturgo. Sua peça *Ivanov*, que tivera um lamentável fracasso ao ser representada no Teatro Korsh em Moscou, em 1887, fora reencenada com sucesso dois anos depois no Teatro Alexandrinsky, em São Petersburgo. Tchekhov atribuía muito desse desapontamento à má representação. Ele próprio almejava um novo tipo de ator capaz de exprimir "estados interiores de emoção", oposto às técnicas canastronas de uma geração mais velha. Em Duse, ele reconheceu uma artista que correspondia a seu ideal com uma sensibilidade e uma inteligência inatas, uma presença cênica natural e inesquecíveis momentos de "eloqüente silêncio".

Um amigo de Tchekhov, o autorizado Suvorin, atacou os críticos que se sentiram incomodados com aquela atriz singular, que não podia ser identificada com nenhuma escola específica. Num artigo intitulado "Simplicidade diante da Ribalta", argumentou em sua defesa:

> Eleonora Duse é uma escola em si, um modelo a ser seguido por todos – tudo o que faz é exclusivamente *dela*; só conhece uma escola, a *vida*; desenvol-

veu sua arte única a partir de uma cuidadosa observação e de uma compreensão completa da vida. Sua simplicidade provém de um estudo aprofundado de tudo o que a rodeia; uma perfeita apreensão dos detalhes permite-lhe reinterpretar as mais variadas personagens no palco, sem temer repetição. Cada gesto é delineado, cada inflexão vocal é articulada com tal perfeição que se estabelece uma harmonia completa entre a alma da personagem e sua aparência exterior.

Prossegue Suvorin, observando que há várias atrizes excelentes no teatro russo que, quando muito, lembram-lhe Duse, mas que nunca viu uma atriz sustentar um papel com tal controle e precisão de tom do início ao fim.

O testemunho de Luigi Rasi sobre essa questão do controle é inestimável aqui, pois se baseia em muitos anos de contato com a atriz, tanto como espectador quanto como colega. No ato II, cena V, de *Antony and Cleopatra*, ele recorda que a cólera de Eleonora era tão selvagem que ela inibia completamente os outros membros do elenco. Numa ocasião, Rasi esqueceu a breve fala que deveria pronunciar como mensageiro, cujas novas provocam nela fúria ainda maior. Percebendo rapidamente o dilema de Rasi, ela disse-lhe *sotto voce* a fala esquecida, sem trair a menor interrupção em sua violenta tirada. Em outra apresentação, quando Rasi fazia Dolabella, a peça chegara à cena final em que a soluçante Cleópatra exalta os poderosos atributos de Antônio. Subjugado pelo *pathos* da *performance* de Eleonora, Rasi ficou contemplando-a enlevado, só sendo tirado desse devaneio por Duse, que o trouxe habilmente de volta ao diálogo sem perturbar o espírito da sua fala.

Em todos os espetáculos a que assistiu anos a fio, Rasi só a viu perder o controle no palco uma vez. A peça era *Frou-frou*, em que Duse se sobressaía à medida que progredia da nota inicial de frivolidade do caráter da personagem principal à nota final de remorso e sublimação. Nos momentos conclusivos do último ato, Frou-frou está morrendo, quando seu filho é trazido ao palco para o beijo final. Naquela noite, algo totalmente inesperado aconteceu. A criança irrompeu de repente em lágrimas de verdade e agarrou-se a Frou-frou, implorando-lhe que não morresse. Desarmada por aquela dor espontânea, Duse perdeu o controle do papel. Naquela noite, o pano não baixou sobre a costumeira cena da morte, mas sobre a pungente imagem de uma mãe e um filho desesperadamente abraçados numa torrente de lágrimas.

Foi tamanho o impacto da apresentação de Duse em São Petersburgo que rapidamente foram organizados espetáculos extras, estendendo a temporada até 29 de abril. A atriz obteve sucesso após sucesso, enquanto a platéia e a crítica ficavam cada vez mais extasiadas. Ela era cumulada de tributos e presentes, e todas as noites seu caminho do teatro ao hotel era atapetado de rosas. Depois de ver a atuação de Eleonora em *La*

8. Retrato do ator siciliano Flavio Andò, c. 1885. Flavio Andò (1851-1915) era um belo ator siciliano cuja impetuosa presença cênica e cujo vigoroso estilo de representar proporcionaram-lhe uma bem-sucedida carreira em papéis românticos. Como ator principal da companhia de Cesare Rossi, foi o Armand da Marguerite Gautier de Duse e o Turiddu da sua Santuzza. Quando seu casamento começou a se desintegrar, Duse envolveu-se emocionalmente com Andò. Foi um caso de curta duração, mas a parceria no palco continuou e, quando Eleonora formou sua companhia em 1886, Andò foi contratado como ator principal. Mais tarde, refletindo sobre seu breve caso com Andò, ela comentou filósofica mas não muito delicadamente: *"Il était bête, mais il était beau"*.
(Cortesia da Bibioteca Teatrale del Burcardo, Roma)

Femme de Claude, um jovem crítico austríaco, Hermann Bahr, escreveu uma longa resenha para o *Frankfurter Zeitung*, em termos tão candentes que o empresário vienense Tänczer não perdeu tempo para convidar Duse a dar uma série de espetáculos na capital austríaca na temporada de 1891-1892. Ela reagiu favoravelmente à oferta de Tänczer, sabendo que Viena, como Berlim, tinha um teatro nacional prestigioso, excelentes instalações e um público arguto. No entanto, Duse também descobrira a sabedoria de deixar os empresários esperando antes de estabelecer os termos e firmar um acordo formal. De resto, todas as suas energias estavam concentradas, no momento, nos meses de turnê que ainda deveria fazer por outras cidades russas. Sucesso em São Petersburgo não era garantia de sucesso em Moscou, e as especulações da imprensa acerca da impressão que ela causaria nas províncias russas proporcionaram-lhe motivos de preocupação ainda maiores.

Sob o regime dos czares, Moscou era vista como o centro da atividade intelectual da Rússia. Na década de 90 do século passado, Moscou proporcionava vasta gama de entretenimentos, tanto nacionais como estrangeiros; era reputada também como uma cidade em que os padrões artísticos e as tendências sociais eram avidamente discutidos. Convencida da sua superioridade, a intelectualidade moscovita era capaz de repudiar com desprezo qualquer evento cultural vindo de São Petersburgo. Como capital política do país, São Petersburgo era repudiada pelos moscovitas como uma cidade de funcionários públicos sem muita imaginação, fineza ou profundidade intelectual.

Estimulada por sua recepção em São Petersburgo, embora prevenida da rivalidade entre as duas cidades, Duse chegou a Moscou no início de maio de 1891 para uma temporada de três semanas. Estreou em *La Dame aux Camélias*, no papel com que se tornara identificada e que os empresários tendiam a encarar como sua *pièce de résistence*. Sua primeira aparição no palco provocou aplausos polidos da elegante platéia ali reunida por curiosidade. Os presentes estavam preparados para ser desapontados com aquela atriz italiana que cativara as platéias de São Petersburgo, mas, quando ela começou a falar, as conversas cessaram de imediato. Os olhos obsedados e os gestos irresistíveis de Eleonora eram de fato uma nova experiência para os moscovitas. Quando o pano caiu no primeiro ato, fez-se ouvir o fragor dos aplausos; os corredores e *foyers* do Teatro Korsh ficaram apinhados de freqüentadores excitados, a quem faltavam palavras para exprimir suas reações ante aquela mulher extraordinária, que representava de maneira tão convincente que a língua italiana parecia, de repente, ter-se tornado universal. Os jornais da manhã seguinte traziam extensas resenhas sobre essa auspiciosa estréia. Vyacheslav Ivanov, poeta, filósofo e um dos mais experientes e respeitados críticos de Moscou, estava arrebatado:

No momento em que a sra. Duse pisou no palco ontem à noite, ficou claro que não haveria opiniões conflitantes quanto à sua genialidade. Na presença de tamanha arte, qualquer divergência de gosto e de critérios estéticos desaparece: cada membro da platéia de ontem sentiu-se sob o fascínio daquela artista enfeitiçadora... Nunca vi tal empolgação num teatro de Moscou. Pela primeira vez na minha vida entendo como a poesia pode ser transformada na mais pura e autêntica realidade. Agora eu havia visto com meus próprios olhos como o sofrimento representado num palco pode ser transmitido à platéia. Toda esta parecia identificar-se com a alma daquela Marguerite Gautier. O triunfo da Duse é ainda mais notável se se considerarem as imperfeições inerentes à peça.

Os críticos foram unânimes em seus elogios. Duse lograra o que parecia impossível. A costumeira contenda entre os meios artísticos de São Petersburgo e de Moscou estava momentaneamente suspensa e substituída por um coro unânime de aprovação à atriz italiana. Naquele ano, a primavera em Moscou foi excepcionalmente quente, mas os moscovitas trocaram seus teatros ao ar livre e suas atrações nas ruas pelo auditório repleto do Teatro Korsh, para não perder as outras peças do repertório de Eleonora. A temporada terminava em 22 de maio, com uma quarta apresentação de *La Dame aux Camélias*; o público voltou em força para render tributo àquela atriz que o impressionara tanto. Cobriram o palco de flores e até mesmo de buquês inteiros, apropriadamente atados com fitas nas cores italiana e russa. Prometendo a seus admiradores que voltaria em breve, Duse partiu com sua companhia para uma breve turnê nas províncias russas. Alexander Wolkoff acompanhou-a nessa parte da turnê e ajudou-a a resolver inúmeros problemas administrativos e financeiros.

Algumas dúvidas foram expressas sobre a sensatez de representar peças de Sardou e Dumas Filho em centros remotos como Kharkov, Odessa e Kiev, onde o público em geral estava menos familiarizado com a cultura européia. Os críticos de São Petersburgo e Moscou estavam curiosos para ver que impressão a atuação de Duse poderia causar em centros raramente afeitos a qualquer forma de inovação artística. Seus temores logo se aplacaram. A língua italiana, como Duse a falava, transcendia todas as barreiras e, a despeito da atmosfera estranha das obras de seu repertório, ela se apresentou diante de platéias significativas nas províncias russas.

Os jovens dramaturgos e atores associados ao Círculo Alexeiev, dominado por Konstantin Stanislávski, discutiram suas impressões sobre essa artista singular com genuíno fervor. Stanislávski e seus colaboradores tinham o costume de estudar as inovações das companhias estrangeiras visitantes com interesse profissional. Duas companhias em particular causaram profunda impressão: a do Duque de Meiningen, por sua atenção a detalhes autênticos e de período, e a de Tommaso Salvini, por seu senso de disciplina e sincera dedicação. Agora havia Duse, cujo magnetismo fazia desaparecer qualquer imagem de uma companhia dotada de conjunto. E, ao passo que Stanislávski desaprovava vigorosamente o estrelismo, Duse, mais que ninguém, exemplificava com perfeição a teoria do diretor russo de uma identificação total do ator com o papel.

Os críticos teatrais da Rússia procuravam agora analisar em detalhe a atração especial dessa artista rara. Em resenhas posteriores, Vyacheslav Ivanov também deu ênfase à "pulsação vital" e à "feminilidade vulnerável" que caracterizavam sua interpretação das heroínas contemporâneas. O poderoso senso de verdade que ela comunicava ao espectador provinha de uma clara compreensão dos sentimentos que guiavam a motivação daquelas mulheres enredadas num conflito moral.

Cada inflexão, cada gesto na interpretação de Eleonora davam a impressão de ser exatamente verdadeiros. Tamanha era a autenticidade da sua atuação que ela criava a impressão de ter sofrido uma mudança completa de personalidade antes de sair do seu camarim. Suas Marguerite, Césarine, Gilberte e Fernande nada tinham da ostentação visual associada a atrizes francesas como Bernhardt e Réjane. Algumas das suas produções podiam parecer bem pobres, se comparadas com o cenário e os figurinos exuberantes das companhias francesas, e sua recusa a usar cabeleiras ou maquiagens elaboradas tornaram-se um aspecto importante do desafio que ela fazia a si mesma. Entretanto, Duse triunfava ante um crítico como Ivanov porque não se apoiava nesses acessórios externos; em vez disso, ela ia direto ao âmago de um texto e desnudava a alma da heroína para que todos a vissem. Sua Marguerite Gautier proporciona um claro exemplo de seu descaso pelas concepções tradicionais desse papel. A frivolidade do primeiro ato foi relegada a um plano tão secundário em sua atuação que se tornou quase imperceptível. Era como se os processos de remorso e expiação já estivessem em marcha antes de o pano se levantar para a alegre *soirée* do primeiro ato. A dor estava escrita em todo o rosto dessa Marguerite bem antes que o trágico desenlace da peça se tornasse visível. A profundidade psicológica que ela impunha à personagem da modificada Marguerite era tão efetiva quanto inesperada, tanto assim que Ivanov viu toda a peça sob uma nova luz, depois de vivenciar a interpretação de Eleonora Duse.

Durante sua turnê pela Rússia, Duse também incluiu um dos raros papéis cômicos de seu repertório – o de Mirandolina, na obra-prima de Goldoni *La Locandiera*. A produção por Duse dessa comédia popular garantia casas cheias em toda a Itália. Para sua surpresa, era um igual sucesso no exterior, e as platéias russas aplaudiram calorosamente a vivacidade e a graça de seu desempenho no papel-título. Para ver o quanto Duse parecia cativante no papel, para perceber quão sutil e graciosamente ela representava a astuta dona do albergue, basta examinar as fotografias que sobreviveram da atriz nesse papel. Quanto à sua Cleópatra, Ivanov concedeu que havia momentos de "verdade e poesia" em sua interpretação da rainha egípcia, mas não pôde achar um verdadeiro sentimento de majestade nela. Ao mesmo tempo, confessava admirar a paixão impulsiva que transformava convincentemente essa Cleópatra numa criatura de carne e osso, traída pela fraqueza de seu sexo.

Ao retornar das províncias a Moscou, Duse também encenou uma produção de sua primeira peça de Ibsen – *Casa de Bonecas* –, e as controvertidas questões morais desse drama doméstico provocaram uma ardente discussão na imprensa moscovita. *Casa de Bonecas* fora montada em São Petersburgo no dia 8 de fevereiro de 1884, marcando a primeira apresentação de uma peça de Ibsen na Rússia. Em fins de 1891, o Teatro de Arte de Moscou encenara *Hedda Gabler*, *Um Inimigo do Povo*, *Quando Nós Mortos Despertarmos* e *O Pato Selvagem*. Não obstante, as peças de Ibsen permaneceram restritas a um público de gosto educado e os teatros comerciais da Rússia continuaram a ignorá-lo. O Círculo Alexeyev exprimia opiniões variadas sobre a abordagem global de Duse da *Casa de Bonecas*. No entanto, sem exceção, todos concordaram com que Nora estava profundamente comovente.

Um ano antes da turnê de Duse pela Rússia, Boito, numa carta datada de 3 de junho de 1890, exprimira suas reservas sobre o dramaturgo norueguês em termos desdenhosos:

O nome de Ibsen – esse farmacêutico idoso que começou a destilar ruibarbo para o teatro – veio à tona em nossa conversa. Um grave erro! Não é possível que você goste da sua obra. Em Paris, onde está fazendo furor, os críticos fingem que gostam de suas peças.

É difícil apurar até que ponto Boito conhecia os escritos de Ibsen quando proferiu esse ácido comentário, mas, se suas palavras tinham como finalidade desencorajar Duse a se interessar pelas peças de Ibsen, seu conselho foi claramente ignorado naquela ocasião. No ano seguinte, *Casa de Bonecas* estava no repertório de Eleonora e, na década seguinte, ela ia conquistar o reconhecimento universal como uma experiente intérprete das heroínas trágicas dos dramas de Ibsen. Sua concepção de Nora em *Casa de Bonecas* iria se demonstrar tão individual quanto suas interpretações do repertório mais familiar. Sua abordagem do papel provocou tanta controvérsia quanto a natureza ambivalente do próprio enredo. Em suas memórias, o ator, dramaturgo e diretor russo Vladimir Nemirovitch-Dantchenko, que atuara e dirigira obras de Ibsen, repudiou todo o enfoque da atriz. Ele sentia que Duse convertera a peça num veículo para se valorizar. Observou secamente: "Quando Duse apresentava a peça, ela enfatizava seu papel protagonista, como é de costume no teatro estrangeiro; é preciso dizer apenas que em sua versão da peça muito pouco havia de Ibsen".

O crítico teatral William Archer, que veria Nora alguns anos depois no Lyric Theatre de Londres, foi menos negativo, mas não ficou inteiramente convencido com a sua interpretação. Ele admirava a "alegria espontânea, efervescente, iridescente" de sua atuação na cena inicial e o *pathos* obsedante que ela introduziu no final da peça, com "sua face cadavérica acentuada pelo traje azul-ultramar". Quanto ao resto, achou que Duse não respondeu a certas *palavras carregadas de sentido* e parecia ignorar o *ritmo oculto* do segundo ato, em que os estados de espírito cambiantes não eram suficientemente contrastantes. Mas, talvez, a descrição mais penetrante da Nora de Duse seja a da escritora escandinava Laura Mohr Hansson.

Num longo ensaio dedicado ao gênio de Duse, Mohr Hansson julgava seu entendimento das intenções de Ibsen superior ao de qualquer outra atriz escandinava da época. Da interpretação de Duse, ela recorda uma "beleza pálida, anelante"... "a expressão de uma mulher de trinta anos que vivera a vida e que sabia que ela é cheia de tristezas". Mohr Hansson continua em sua análise do talento especial de Duse como atriz:

> Sua técnica é extraordinária, muito embora sua arte seja simples – melancolia e uma dignidade serena são seus ingredientes essenciais... Há o perigo de se tornar monótona nessa grande simplicidade dela, e ela não escaparia disso não fosse por sua natureza emocional e por uma intensa, quase dolorosa, sinceridade que talvez nunca tenha sido vista no palco antes dela. Porque Duse possui uma forma de dialética que lhe é peculiar, que não é nem consciente nem deliberada, mas impulsiva. Nora é o tipo do papel difícil em que Duse pode primar, pois sua arte é mais evidente onde o grande enigma da vida principia... Quando Duse representa um papel que mostra quão impotentes somos nas mãos do destino, está em seu elemento.
>
> Ao longo de sua atuação, uma sensação de surpresa que ela teria de suportar coexiste com a ciência de que tem de ser assim; sua capacidade de amar é parte de sua necessidade de dar e receber simpatia. Todas as suas interpretações podem ser descritas nesses termos. Desde a cena inicial da *Casa de Bonecas*, essa Nora é mais resignada do que caprichosa, e Duse supera o notório problema da aparente mudança de caráter de Nora exprimindo surpresa, depois desapontamento, depois desprezo, quando Helmer a censura... Quando a Nora de Duse abandona o marido, ela enfrenta a grande ignomínia que pode suceder com qualquer mulher – pois ela não ama mais o marido. No entanto, ela não está nervosa, porque a alma da Duse é "demasiado repleta de harmonia". Ela é uma mulher completa, uma unidade indissolúvel.

No dia 19 de dezembro de 1891, Eleonora estava de volta a São Petersburgo, onde se apresentou no Teatro Maly até 27 de janeiro de

1892, seus espetáculos alternando com apresentações de operetas francesas e recitais de dança estrelados pela bailarina italiana Virginia Zucchi, que desfrutava de uma popularidade enorme na Rússia e colaborava para tornar as técnicas italianas conhecidas dos dançarinos russos. Durante essa segunda visita, as resenhas falam de uma atriz consagrada. O mais importante pintor eslavo da época, Ilya Repin, pintou seu retrato, e quando fac-símiles do autógrafo da atriz foram postos à venda, uma soma de dinheiro considerável foi levantada para a caridade.

Durante uma apresentação de *Casa de Bonecas* em janeiro de 1892, foi entregue à atriz um telegrama anunciando a morte do pai. Ele faleceu serenamente, dormindo, no dia 11 de janeiro, depois de uma breve doença. O apoio financeiro da atriz garantira-lhe muitos anos de aposentadoria tranqüila e aqueles confortos materiais que haviam sido negados à sua mãe enferma. O velho vivera bastante tempo para ver suas esperanças acerca da filha inteiramente concretizadas. Mais uma vez, Duse achou-se obrigada a ocultar sua dor e continuar o resto da apresentação. Dois dias de luto foram observados pela companhia. Alexander Wolkoff recorda em suas memórias: "Nunca vi tamanha agonia nem tamanha dor; seus gritos e suas lágrimas não cessavam". Depois, ela retomou seus compromissos com a repetição de *Casa de Bonecas.* Durante o diálogo com o dr. Rank, quando Nora fala da séria enfermidade do pai, ela quase sucumbiu – as lágrimas jorraram de seus olhos e ela cobriu o rosto, lutando para controlar a emoção. Somente no fim da peça foi capaz de recuperar o autocontrole. A platéia, cuja maior parte ignorava sua aflição, ovacionou-a de pé, quando o pano caiu no último ato. Alguns dias apenas antes de morrer, Alessandro Duse mandou uma carta ao irmão Enrico, confidenciando sua preocupação com o bem-estar de Eleonora, agora que ela se tornara uma estrela internacional. Escreveu: "Minha filha está em São Petersburgo e estou muito preocupado com ela". Alessandro Duse vira a filha ascender ao estrelato com enorme orgulho e satisfação. Ao mesmo tempo, estava genuinamente alarmado com os ônus e as responsabilidades impostos por sua crescente reputação.

Encerrando a temporada em São Petersburgo, Duse viajou para Moscou, para mais uma temporada de quatro semanas, desta vez no Teatro Paraíso (que mais tarde seria conhecido como Teatro da Revolução). Nessa segunda visita, ela incluiu uma nova peça de Marco Praga, intitulada *L'Innamorata.* Os críticos não ficaram muito impressionados com essa peça de pouco mérito literário. Como Praga invariavelmente revelava uma veia mais forte para a poesia do que para a polêmica em seus textos para o teatro, as imperfeições em sua peça saltavam à vista quando a obra era encenada, a despeito da poderosa atuação de Duse no papel central de Eugenia. Os críticos ficavam estarrecidos ao ver como ela era capaz de fazer milagres com o mais medíocre material. Por mais insignificante que fosse o papel, Duse subia ao palco para continuar uma existência já definida – seu rosto e sua entoação revelavam tudo sobre a personagem que ela estava representando desde o instante em que abria a boca. Na última noite, foi coberta de presentes por seus fãs russos; ficou particularmente encantada quando a presentearam com um bonito volume do romance autobiográfico de Tolstói, *Infância*.

Dadas as diferenças de linguagem e tradição, essa turnê bem-sucedida pela Rússia assinalou um clímax no crescente renome de Duse como artista de estatura internacional. Intelectuais, críticos, atores e atrizes russos estavam enfeitiçados pelo magnetismo daquela mulher. Um silêncio completo, seguido de um aplauso ensurdecedor, saudavam-na quando ela emergia para responder às chamadas ao palco. Ela fitava, pálida e exausta, o auditório, como se destacada do que a rodeava, com sua expressão triste inalterada. Então, quando os aplausos começavam a amainar, ela fazia uma leve mesura e saía ligeira do palco. Os atores e atrizes russos estavam especialmente interessados em realizar um estudo minucioso da arte de Eleonora. Assim a atriz Marina Krestovskaya, que estudava arte dramática no Teatro Maly, registrou suas impressões:

> Vi muitos artistas alemães, franceses e italianos no palco russo. Vi até Sarah Bernhardt, que era considerada a maior atriz dramática do mundo. Mas nunca vi ninguém como a sra. Duse. Todas as outras podiam ser ditas excelentes artistas, talentosas, dinâmicas e fisicamente notáveis, mas Duse era algo único... sua idade era incerta... a julgar por sua aparência, podia-se dizer cerca de trinta anos... Era bonita? Não se podia defini-la como uma beleza. Seus traços eram irregulares, sua figura não chamava a atenção e seu peso, abaixo da média...! Seus olhos eram grandes, expressivos e, sem dúvida, bonitos. Seus movimentos no palco traíam aquela vivacidade associada à raça italiana... sua atuação também tinha uma característica que a distinguia, pois, enquanto na maioria dos atores podiam-se determinar certos traços previsíveis, no caso da Duse cada apresentação produzia algo totalmente inesperado.

Os estudantes de arte dramática do Teatro Maly entendiam agora o que Stanislávski queria dizer quando falava de *identificar-se com um papel* e, vendo a Cleópatra de Eleonora, ficavam impressionados com a naturalidade da sua atuação. Shakespeare era muito mais declamado do que interpretado nos teatros russos na virada do século, mas Duse dizia suas falas com simplicidade e convicção. Sua Nora também era interpretada nesse espírito, e os estudantes do Maly se impressionavam com o significado que ela infundiu nas frases mais inócuas. Como Cleópatra, Nora, Mirandolina e Marguerite, ela dominava instintivamente a arte de "atuar com objetos", conforme a definição de Stanislávski. Tudo o que ela tocava ou simplesmente contemplava no palco adquiria uma vida e um significado até então insuspeitos. As predições de Wolkoff foram justificadas.

Duse ficou emocionada com sua acolhida na Rússia, e seu entusiasmo pelo povo russo e sua cultura permaneceu inalterado pelo resto da vida. Ouvia-se com freqüência ela comentar: "Na Rússia, as pessoas *nunca* são frias, apesar do gelo e da neve. Os russos são um povo de coração caloroso e mente aberta e, por essa razão, a gente sempre se sente bem lá".

Não há indícios que sugiram que Duse entrevisse muito a outra face da Rússia. Suas cartas não fazem menção à pobreza e ao desamparo aterradores nas áreas rurais, nem ao fermento revolucionário que estava germinando sob os governantes opressores do país. A Rússia que ela recordava e amava era uma terra de tradições coloridas, um povo de calor espontâneo e generosa hospitalidade.

1892 – VIENA

Duse demorou a responder às insistentes cartas de Tänczer, oferecendo-lhe espetáculos em Viena. Seu sucesso na Rússia, bastante comentado, estava fazendo o empresário austríaco sentir-se de todo decidido a conseguir um contrato que fizesse dele seu agente exclusivo para apresentações na capital da Áustria. Essas negociações prolongadas estabeleceram um precedente para a maioria dos futuros negócios de Eleonora com empresários, administrações e o pessoal da companhia. Até ser convencida de que os termos eram favoráveis, ela simplesmente adiava as decisões. Os empresários e administradores de teatros iriam se tornar seu principal objeto de execração, à medida que aumentavam as pressões decorrentes da direção de sua própria companhia. Ela sentia a arrogância e a ganância deles e desdenhava seus métodos sub-reptícios de explorar os artistas a cada instante. Tänczer, que desempenharia um papel em várias turnês européias na década seguinte, saiu-se melhor que a maioria em satisfazer as condições de Eleonora, mas uns bilhetes confidenciais desta a Ettore Mazzanti, o administrador da sua companhia, revelam algumas referências divertidas, para não dizer maldosas, ao empresário que, "trancafiado em seu escritório em Viena", a estava bombardeando com "propostas absurdas". Com certa predisposição de espírito, ela destilou seu sarcasmo: "Ser guiada por Tänczer *em qualquer lugar fora de Viena* significaria ser precipitada na pobreza".

No entanto, para sua estréia na capital austríaca, onde tantos artistas estrangeiros não conseguiram corresponder às expectativas das platéias vienenses, a habilidade de Tänczer demonstrar-se-ia inestimável. Pois bem, depois de quase doze meses de indecisão, ela finalmente concordou com os termos do empresário. A aprovação da crítica por toda a Rússia convenceu Duse de que estava preparada para enfrentar esse novo desafio.

9. Duse como rainha egípcia em *Antony and Cleopatra* de Shakespeare. Boito traduziu o texto original com extensos cortes, a fim de dar a Cleópatra maior destaque na peça. A montagem estreou no Teatro Manzoni, de Milão, no dia 22 de novembro de 1888, e não teve boa recepção nem de crítica, nem de público. A tradução de Boito foi considerada um infeliz travestimento do texto de Shakespeare e a interpretação do papel por Duse foi descrita por um crítico como "*La Femme de Claude* em traje egípcio".
(Cortesia da Bibioteca Teatrale del Burcardo, Roma)

Todavia, alguns de seus biógrafos sugerem que sua decisão de aceitar a proposta pode ter sido tomada num momento de ressentimento. Em janeiro de 1892, a princesa Pauline von Metternich anunciou o projeto de um Festival Internacional de Teatro e Música na primavera, e os convites para participar foram feitos a artistas de destaque do país e do exterior. O nome de Duse estava faltando na lista das celebridades internacionais convidadas a se apresentar. Reprimindo qualquer desapontamento com sua exclusão do programa oficial do festival, Duse estreou no Karltheater na noite de 19 de fevereiro de 1892. Sua companhia fora contratada para quatro apresentações. O pano subiu para uma sala quase vazia, mas no fim da noite o sucesso da companhia estava assegurado. As resenhas da manhã seguinte mostravam-se extasiadas com o desempenho de Eleonora, e as três outras apresentações tiveram seus ingressos esgotados, embora os preços para os melhores lugares tivessem sido aumentados de 800 para 9.000 coroas cada. Como um título exprimiu: "Ela veio, viu, venceu".

A resenha do *Neue Freie Presse* publicada em 21 de fevereiro comentava a impressão enganadora que Duse provocou ao entrar pela primeira vez em cena:

> Seu rosto nada tem de bonito, sua voz não tem cor. Nada há em sua presença física capaz de prender a atenção de alguém; contudo, misteriosamente, a despeito de todas essas características negativas, algo extraordinário começa a se desenrolar. Sob esse exterior nada promissor está escondida a alma de uma grande artista; dessa pobreza aparente ela extrai grandes riquezas. No meio da cena, costuma fazer longas pausas e esses momentos de demorado silêncio dificilmente poderiam ser mais eloqüentes: seus olhos falam alto, mas também sabem ouvir, bebendo as palavras que vêm dos lábios dos outros atores... Com Duse, vive-se um silêncio que capta a mais elevada expressão de sentimento humano; porque Duse finalmente provocou uma reação há muito aguardada contra as gritarias e as poses extravagantes em nossos teatros.

Em poucos dias, seu nome estava na boca de todos. A imprensa dedicava longos artigos a essa mais recente estrela a conquistar os corações dos vienenses. Retratos e caricaturas da atriz apareceram nos jornais e nas revistas. Onde quer que fosse, era festejada e aplaudida, tanto que o poeta e dramaturgo Hugo von Hofmannsthal comparou o furor por ela provocado ao que tomava conta dos antigos atenienses nas festas dionisíacas. De Viena, a companhia foi para Graz e Budapeste, e, enquanto o público continuava a ser pouco numeroso, onde quer que se apresentasse ela encontrou o mesmo entusiasmo e a mesma aclamação. Qualquer traço de ceticismo na platéia era prontamente dissipado, uma vez iniciadas suas apresentações. De seu lado, Tánczer não perdeu tempo para negociar duas novas visitas a Viena naquele mesmo ano.

Quando voltou, em maio de 1892, o Festival de Viena já estava em andamento. A capital austríaca estava cheia de alegria e atividade, com turistas vindos de toda a Europa para essa festa do entretenimento. O programa oficial incluía apresentações da Comédie Française, do Teatro Nacional da Hungria, da Ópera Tcheca de Praga, da Companhia Goldoni, dirigida por Giacinto Gallina, e de uma companhia de ópera italiana formada pelo editor Edoardo Sonzogno com um repertório que incluía a *Cavalleria Rusticana* de Mascagni e *Mala Vita* de Umberto Giordano. Um palco especial fora construído para os eventos principais do festival, perto do centro da cidade. Entrementes, a companhia de Duse estava representando mais uma vez no Karltheater, menos bem-situado. Nessa nova visita, sua interpretação de Nora em *Casa de Bonecas* continuava a suscitar um interesse especial. O crítico teatral Paul Schlenther, que admirava muito Ibsen e que fizera um estudo cuidadoso das técnicas revolucionárias do dramaturgo norueguês, analisou o desempenho de Duse com ávido interesse. No primeiro ato da peça, ele não viu aquela melancolia nórdica que marca a relação de Nora com o marido. No entanto, ele admitiu uma notável consistência em sua concepção do papel. Em Duse, Schlenther reconheceu uma intérprete ideal para as intenções do dramaturgo norueguês. Cada gesto e cada nuance de sua interpretação de Nora revelavam sua íntima identificação com a heroína de Ibsen. Trabalhando em cima de notas tomadas durante uma representação, Schlenther escreveu:

> Um sorriso amargo brinca em seus lábios quando ela inclina a cabeça; seu rosto fica subitamente mais velho quando ela registra tanto o desapontamento como o triunfo; ela está perdida, mas descobriu seu verdadeiro ser mais uma vez. Seu coração gelou, mas seu espírito parece cada vez mais lúcido; *o amor decai* e triunfantemente capitula ante a sombria realidade da vida.

Entre os intelectuais que acorreram para vê-la representar no Karltheater estavam o famoso historiador alemão Theodor Mommsen, o veterano pintor e gravador alemão Adolf von Menzel e o físico Hermann Helmholtz, que chorou abertamente de emoção. O retratista alemão Franz Lenbach, que iria se tornar amigo íntimo da atriz, começou a fazer desenhos dessa criatura fascinante, com seu olhar obsedado e sua expressão dolorida.

Rumores, tanto verdadeiros como falsos, já estavam circulando em outros centros europeus sobre esse novo fenômeno. Em Paris, as tradições da Comédie Française eram sinônimo dos mais elevados padrões de representação e montagem. Notoriamente, era tão difícil agradar as platéias parisienses quanto os críticos franceses eram temidos devido a seus padrões intransigentes. O decano dos críticos franceses, Francisque Sarcey, não perdeu tempo para emitir suas reservas pessoais sobre aquela *par-*

venue: "Duse tem o temperamento correto para uma atriz, mas falta-lhe treino". Outro crítico francês, escrevendo no *Le Temps*, confidenciou que não sabia italiano, mas achou a tradução de Boito de *Antony and Cleopatra* uma inaceitável caricatura do texto original e o desempenho da sra. Duse desalentador. O correspondente francês de *L'Indépendance Belge*, que citava a afirmação de Sarcey, acrescentou suas próprias reações negativas à dusemania que grassava no exterior:

A sra. Duse é uma boa atriz e, às vezes, até mesmo uma atriz de primeira classe, apesar da sua tendência a exagerar a simplicidade. Ela tem um talento único para produzir no palco efeitos que não lhe parecem custar grande esforço, e cada palavra e gesto seus são transmitidos com clareza. Mas é só! Quanto ao mais, nada tem de excepcional a oferecer. Hoje, em Paris, há pelo menos uma dúzia de atrizes indiscutivelmente superiores a Duse em papéis de heroínas de Sardou e Dumas Filho. O triste fato é que o público vienense acompanha cegamente essa feiticeira transalpina onde quer que ela decida levá-los. O público vienense, que algumas vezes pode ser exigente e intransigente ao ponto de ser cruel, deixou-se hipnotizar por essa artista... Duse tornou-se a paixão de toda Viena nesta temporada de 1892.

O crítico teatral de *L'Indépendance Belge* corrigiu esses juízos apressados cerca de três anos depois, quando Duse conquistou o público de Bruxelas; e, quando ela finalmente estreou em Paris, Francisque Sarcey rendeu o primeiro de seus muitos tributos à sua suprema arte.

Escritores e críticos da Áustria e da Alemanha eram certamente menos chauvinistas e bem mais generosos em suas avaliações do talento de Eleonora. Hugo von Hofmannsthal sentiu-se compelido a registrar suas impressões enquanto elas ainda estavam frescas em sua mente. Reconheceu que Eleonora não tinha grandes papéis em seu repertório: "Ela simplesmente representava tudo, o inteiro espectro da vida". Hofmannsthal também ficou intrigado com a ampla gama de estados emocionais da atriz. Sua técnica de adaptar-se perceptivelmente a papéis contrastantes convenceram-no de que, se Sarah Bernhardt era uma grande virtuose, Eleonora Duse era indubitavelmente "uma atriz genial, que interpreta muito mais o sentido do texto do que as palavras deste". Aos olhos de Hofmannsthal e de sua geração, o milagroso na interpretação da Duse era sua habilidade em erguer-se acima de seu material como alguém que reconstrói um romance psicológico dentro da estrutura do drama. O próprio Hofmannsthal estava se esforçando por criar um "drama lírico" em que as palavras pudessem fundir-se com a música. Ele sentia um espírito afim naquela atriz italiana cuja personalidade teatral parecia a própria encarnação das angústias do tempo e o símbolo de uma inominável força trágica. Infelizmente, a proposta, feita uns dez anos depois, para que ela representasse o papel-título em sua *Electra* e Jocasta em seu *Édipo e a Esfinge* não deu em nada.

As transformações físicas e mentais que ela consumava, de um papel a outro, noite após noite, sem o auxílio de nenhum meio artificial e da elaborada maquiagem adotada por outras atrizes, maravilhavam. Duse podia exprimir inocência, culpa, flerte, tristeza, paixão e derrota simplesmente erguendo uma sobrancelha, com um leve entreabrir ou um franzir de lábios, com um brilho bruxuleante nos olhos ou uma tensão dos músculos da garganta. Toda a sua aparência mudava a seu gosto, conforme ela assumisse o comportamento aristocrático da princesa Fédora, ou reduzisse as proporções de cada inflexão e de cada gesto para harmonizar-se aos instintos burgueses de Nora. Suas mãos milagrosas pareciam trair os temperamentos variáveis das heroínas de seu repertório: lânguidas, nervosas, serenas e agitadas, conforme cada papel e o estado emocional que ele ditava. Até sua maneira de pausar enquanto os outros atores diziam suas falas tornava-se significativa. Sua expressão facial traía suas reações a cada palavra que eles pronunciavam. Penetrando os recônditos sombrios da psique humana, ela iluminava e dava vida a tudo o que tocava. Os absurdos da existência de repente adquiriam sentido; a vida espiritual tornava-se irresistível. Duse não tardou muito a estabelecer uma relação duradoura com o público vienense. Aí, ela sentia que seus ideais para o teatro do futuro eram plenamente compreendidos e apreciados. Nos anos vindouros, ela faria apresentações regulares na capital austríaca. Nessa cidade sofisticada, conhecida por seus padrões exigentes, encontrou o estímulo necessário para um esforço renovado. Duse dava enorme importância ao sucesso que alcançava em Viena e desejava ardentemente que pudesse encontrar a mesma atmosfera em algum lugar da Itália.

1892 – BERLIM

Uma vez firmemente lançada numa carreira internacional, o público italiano passou a ver cada vez menos Eleonora Duse, na medida em que um compromisso no exterior sempre levava a outro. Dois dos mais eminentes atores austríacos, Adolf von Sonnenthal e Josef Kainz, depois de vê-la representar em Viena, persuadiram Oskar Blumenthal, que então era diretor do Teatro Lessing de Berlim, a convidá-la a se apresentar na Alemanha. O público de Berlim havia estabelecido critérios artísticos próprios e Duse sentiu certo grau de hostilidade até dar realmente provas de sua arte suprema.

Estreou em 21 de novembro de 1892 na sempre popular *La Dame aux Camélias*. Duse chegara ao ponto de desprezar aquelas elegantes platéias da noite de estréia, que queriam simplesmente entreter-se, sem demonstrar nenhum interesse sério pelos méritos literários das obras apresentadas. As conversas e a falta de atenção desse público deixavam-na nervosa e irritadiça. Em Berlim, como em qualquer outro lugar, os espetáculos ficavam melhores nas apresentações posteriores, quando os aficionados pelo teatro começavam a analisar e discutir sua interpretação altamente individual de papéis do repertório francês corrente. Como se deveria esperar, os berlinenses aguardaram ardentemente sua estréia como Magda, numa tradução italiana de *Heimat* de Hermann Sudermann. Sudermann, que estava na sala naquela noite, tratou de escrever imediatamente depois do espetáculo a sua mulher, que ficara em Dresden, doente:

Que noite maravilhosa! Minha Magda ganhou vida nessa interpretação... tão transparente e tão autêntica... Sinto-me incapaz de descrever a arte da Duse. Tente imaginar uma Magda ideal, depois acrescente milhares e milhares de pequenas surpresas e achados. No segundo ato, essa Magda parecia infinitamente amável. No início do terceiro ato, senti um tom de autoridade que permanecia de alguma forma benevolente e amigável; a partir de então, ela consumou uma identificação tão notável com a personagem que eu não podia acreditá-la possível, apesar de o papel estar sendo feito por uma atriz como Duse. No quarto ato, percebi certas falhas na tradução de [Richard] Nathanson... Na cena em que ela enfrenta a família, seu estado de espírito mudava à medida que ela falava com os outros personagens no palco, numa gradação de tons que vai do enfado à zombaria e, finalmente, ao sublime heroísmo. A cena com o pai provocou um calafrio em cada um dos presentes, e a da morte, que foi um milagre de comedimento, desafia qualquer descrição... Ela estava ali petrificada, olhando para o cadáver com angustiado descrédito.

Numa carta a Sudermann, postada do Hotel Continental de Berlim no dia 4 de dezembro de 1892, em que ela retribui sua mensagem de congratulações, Duse deixa claro que ainda pensava em sua retirada precoce do palco. Escreve: "A sua *Magda* atuou *dez* anos – eu estou atuando faz *vinte*. A diferença é enorme, se você levar em consideração o fato de que, ao contrário de Magda, esta atriz está contando os dias para abandonar definitivamente o teatro".

Sudermann estava compreensivelmente desconcertado com certas mudanças injustificadas na tradução italiana, que foram introduzidas sem a sua permissão. Mas a atuação de Duse como Magda de certa forma compensou esse atrevimento. O papel empolgava a sua imaginação e a própria peça era inequivocamente moderna em seu ataque apaixonado aos preconceitos sociais que afetavam as mulheres. A protagonista principal da peça, Magda, é uma celebrada cantora de ópera que volta para arrostar seu passado na estreita e provinciana cidadezinha natal de que partira desonrada. Todas as grandes atrizes da época estudaram o papel, e todas as diferentes interpretações proporcionadas por atrizes como Sarah

Bernhardt, a sra. Patrick Campbell e Minnie Maddern Fiske foram consideradas admiráveis, a seu modo.

Heimat não era uma peça muito apreciada pelos franceses, mas vale a pena notar que Francisque Sarcey achou a interpretação de Magda por Duse muito mais aceitável que a de Sarah Bernhardt. Uma análise mais detida das diferenças de enfoque que as duas deram à heroína de Sudermann foi publicada cerca de dois anos depois, quando ambas as atrizes incluíram *Heimat* em seu programa londrino. Escrevendo no *The Saturday Review* de 15 de junho de 1895, o formidável George Bernard Shaw regalou seus leitores com uma despudorada sátira pró-Duse/anti-Bernhardt, sem toldar a importância do controverso tema de Sudermann:

> Esta semana começou com a recaída de Sarah Bernhardt em sua velha profissão de atriz séria. Ela representou Magda em *Heimat* de Sudermann no Daly's Theatre e foi prontamente desafiada por Duse, no mesmo papel, em Drury Lane... O contraste entre as duas Magdas é tão extremo quanto pode ser um contraste entre artistas que terminaram seu aprendizado de vinte anos na mesma profissão, em condições bem semelhantes. Madame Bernhardt tem o *charme* de uma bela maturidade, um tanto mimada e petulante talvez, mas sempre pronta, com um sorriso sol-entre-as-nuvens, se é que ela lhe dá tanta importância assim. Seus vestidos e seus diamantes, se não são exatamente esplêndidos, pelo menos gostariam de ser...
>
> Tudo isso é precisamente o que não acontece no caso de Duse, cujos papéis são todos uma criação à parte... As sombras em seu rosto são cinzentas, e não carmesins; seus lábios às vezes também são quase cinzentos; não há nem moscas nem covinhas... mas Duse não atua cinco minutos e já está um quarto de século à frente da mulher mais formosa do mundo.

Depois de várias páginas mais nessa veia galhofeira à custa da "charmosa, lindíssima Sarah", Shaw prossegue comparando as duas atrizes no particularmente importante terceiro ato da peça de Sudermann. Escreve:

> Deve-se admitir que Sarah Bernhardt representou essa cena muito leve e agradavelmente: havia uma genuína camaradagem na maneira como tranqüilizava o embaraçado galã e fazia-o entender que ela não iria impingir-lhe as aflições de Gretchen depois de todos aqueles anos, que sentia dever a ele a inestimável experiência da maternidade, ainda que não o respeitasse em particular por isso. Seu autocontrole, neste ponto, era imenso: a flor de pessegueiro nunca alterada por uma sombra. Assim não se dava com Duse. No momento em que lia o cartão que o criado lhe entrega, você entendia o que significava ter de enfrentar um encontro com o homem. Era interessante ver como ela passou com sucesso pela prova. Ele fez suas saudações e ofereceu suas flores; sentaram-se; ela sentiu evidentemente que superara a contento a situação e podia permitir-se pensar em sua tranqüilidade e olhar para ele, a fim de ver quanto havia mudado. Então uma coisa terrível lhe acontece. Ela começa a corar e, no momento seguinte,

10. Duse em San Remo em 1898 com sua amiga íntima, a escritora e jornalista napolitana Matilde Serao, o compositor Paolo Tosti, uma pessoa não-identificada e o conde Joseph Primoli.
(Cortesia da Fundação Primoli, Roma)

toma consciência disso: o rubor se espalha e se acentua lentamente; após alguns esforços vãos para evitar que ele tomasse seu rosto ou para impedir que ele o percebesse, sem parecer estar fazendo-o, ela desiste e esconde o rubor nas mãos. Depois dessa proeza interpretativa, não precisam me dizer por que Duse não punha nem uma polegada de maquiagem. Não pude detectar nenhum truque naquilo; pareceu-me um efeito perfeitamente genuíno da imaginação dramática...

Não tentarei descrever o resto desse inesquecível ato... ele fez com que a casa não só aplaudisse freneticamente, mas efetivamente urrasse... Tinha-se uma peça de verdade, uma atriz que entendia o autor e era maior artista que ele. E, pelo menos para mim, tinha-se uma confirmação da minha fé, às vezes fraquejante, em que uma crítica dramática é de fato uma servidora da mais elevada arte, e não uma simples aconselhadora de entretenimentos cujo intuito é de questionável respeitabilidade.

O reconhecimento da Rússia, Áustria, Hungria e Alemanha pôs Duse numa trajetória em que não era possível voltar atrás; e, à medida que seu sucesso se expandia, a possibilidade de abandonar a carreira teatral tornava-se cada vez mais remota. Duse terminou seus compromissos em Berlim em 9 de janeiro de 1893, sequer imaginando que iria voltar à capital alemã quase todos os anos, até sua abrupta retirada do palco em 1909.

Voltando à Itália após vários meses em turnê, Duse sentiu que conseguira uma pausa em suas viagens. Achou que encontrara o refúgio perfeito em Veneza, onde alugou um apartamento no Palazzo di Desdemona, adjacente ao Grande Hotel no Grande Canal, mas o apartamento revelou-se inabitável. Alexander Wolkoff veio em seu socorro, oferecendo-lhe um apartamento no último andar de sua residência, o Palazzo Barbaro, situado entre San Vio e os Catecumeni, onde vivia com sua mulher inglesa e os filhos. Este seria o refúgio de Eleonora nos três anos seguintes. As fotos da atriz nesse período revelam um ar de satisfação e completo relaxamento. Essa impressão é confirmada também por uma carta que escreveu ao conde Joseph Primoli, observando:

Esta é a hora da justa recompensa, da satisfação e da colheita dos frutos, enquanto preparo a volta à Itália. Trabalhei a vida inteira – e agora sinto a necessidade de um bom e longo descanso. Ganhei dinheiro bastante para viver do que juntei e possuo a maior de todas as riquezas – simplesmente não desejar riqueza alguma. Preparei um pequeno ninho para mim, empoleirado no último andar de um velho *palazzo* veneziano, diretamente sob o telhado, com uma larga janela gótica que domina toda a cidade. A atmosfera é sossegada, o ar puro e minha alma infinitamente tranqüila.

Reportando os triunfos de Eleonora em Berlim, o crítico teatral de *L'Illustrazione Italiana* pretendia que, além dos lauréis e dos tributos,

Duse amealhara cerca de 70.000 liras, "uma quantiazinha considerável para cobrir suas despesas de viagem".

Agora, empresários de todos os lugares começavam a mostrar interesse por esse ímã de dinheiro. Tänczer propôs-lhe organizar uma turnê nos Estados Unidos, em conjunto com os empresários Carl e Theodor Rosenfeld. A promessa de ótimas recompensas finalmente persuadiu-a a aceitar. Após apenas quinze dias de repouso, Duse fazia as malas para Nova York.

5. EM BUSCA DA REALIZAÇÃO

Uma atriz consome sua vida num ritmo assustador...
Desaparece como uma pedra sob a água; como um broto
que desabrocha só para murchar instantaneamente, sem
deixar nenhum vestígio.

E.D.

1893 – NOVA YORK

Duse chegou em Nova York no meado de janeiro de 1893, depois de uma tempestuosa viagem pelo Atlântico. Consignou suas primeiras impressões da cidade, que não eram nem um pouco alentadoras, numa carta a Corrado Ricci, historiador da arte italiano. Exprimindo seu assombro, ela escreveu:

De repente, vi-me defrontada por essa vasta metrópole, com sua confusão de bondes, veículos motorizados, armazéns, arranha-céus, grandes tapumes por toda parte, toda afobação e atividade, sem nenhuma sugestão de harmonia e de beleza, sem nada com que alguém possa alimentar seus olhos ou sua alma. Minha reação imediata foi atravessar de novo aquele oceano borrascoso e voltar imediatamente à Itália. Superando o choque inicial, resolvi ficar; mas estou profundamente perturbada com esse constante sentimento de melancolia.

O movimento teatral de Nova York durante a temporada de inverno de 1892-93 estava em seu auge. A Broadway era dominada por produções bem-sucedidas de peças inglesas, inclusive *Lady Windermere's Fan* de

Oscar Wilde no Palmer's Theatre, *Twelfth Night* de Shakespeare no Daly's, e *The Mountebanks* de W. S. Gilbert no The Garden. O ator Joseph Jefferson, que viajara com uma memorável montagem de *Rip Van Winkle* de Irving, em que encarnava Washington, pronunciava um "Discurso sobre o Teatro" para uma sala cheia no Carnegie Hall, o jovem Paderewski fazia o público vibrar em concertos através dos Estados Unidos e o veterano trágico Edwin Booth estava morrendo em sua casa que dava para o Gramercy Park.

A companhia de Duse estreou com a agora inevitável *La Dame aux Camélias* no Fifth Avenue Theatre, na noite de 23 de janeiro de 1893. Para essa ocasião, os empresários de sua turnê americana, Carl e Theodor Rosenfeld, prepararam uma brochura especial descrevendo a meteórica carreira de Eleonora Duse. Essa biografia sumária, explorando plenamente sua infância de "penosa e dura vagabundagem", enumerava seus principais papéis com uma enfiada de superlativos arrebatados e algumas temerárias descrições:

> Sua Cleópatra é a mais perfeita encarnação da célebre mulher histórica – a magnífica criação do gênio de Shakespeare. O espectador sente-se enfeitiçado ao ver a bela egípcia, com seu rosto moreno, lançando olhares cheios de uma paixão violenta, quase animal, a Antônio, em cujos braços está deitada.

As efusões de mau gosto dessa verborragia são atribuídas ao dramaturgo e crítico teatral italiano Antonio Bracco, mas boa parte da tradução é muito suspeita. Um pouco mais significativos são os extratos da imprensa nova-iorquina, que constituem as páginas restantes da brochura.

Sua interpretação da heroína de Dumas Filho era aguardada com curiosidade. Duse estava visivelmente nervosa, e o elenco levou algum tempo para se firmar em seus papéis. A atuação de Eleonora provocava as mesmas reações mistas de surpresa, perplexidade e maravilha, até que a magia que ela destilava surtisse seu efeito costumeiro. Seu sucesso pessoal naquela primeira noite era tudo o que os empresários esperavam. Os críticos eram unânimes em seus elogios. Alan Dale, escrevendo no *Evening World*, resumiu a impressão geral de seus colegas:

> O inesperado aconteceu, e o astuto falsário teatral não falsificou. Cinco minutos depois de Marguerite ter-se juntado a Nanine e Verville, o público de Nova York percebeu que estava vendo uma grande e extraordinária atriz – uma mulher original, que pisoteava as convenções do palco e ousava ser natural, com uma simplicidade infalível que comovia diretamente a todos e traduzia uma língua que poucos entendiam no mais convincente inglês. O italiano de Duse é infinitamente mais inteligível do que nossa língua materna, tal como é falada por nove dentre dez atrizes... Na cena da morte, a atriz estava simplesmente milhas à frente de qualquer outra que tenhamos visto. Era horrivelmente real, terrivel-

mente impressionante. Não havia nada de teatral nela. Fazia-nos sentir dor, tristeza. Duse é uma grande artista, e quem perdê-la quando representar *Camille* de novo ficará penalizado por isso.

Seu repertório para a primeira turnê norte-americana foi amplamente composto de peças francesas, com a *Cavalleria Rusticana* de Verga e *La Locandiera* de Goldoni proporcionando um elemento de contraste. A *Casa de Bonecas* de Ibsen, embora incluída na publicidade antecipada, foi retirada do programa. Para os críticos de Nova York, Duse representava "uma das mais sutis e mais interessantes atrizes da escola moderna". Acharam pouco justo compará-la com Sarah Bernhardt, pois concordavam com que essas duas grandes atrizes pouco tinham em comum, além de suas peças.

O crítico teatral do *New York Herald* observava:

> Todo artista, de teatro ou não, tem de vê-la e perceber que grandes coisas podem ser conseguidas com meios aparentemente insignificantes... Até parece que ela estava dizendo para o seu público: "Aqui vocês viram outras atrizes elevarem-se a um esplêndido grau de comoção; agora, vejam como eu sou capaz de alcançar os maiores resultados ficando quieta e fitando as moscas..." Não acredito ser possível a sra. Duse ter cuidado com tudo o que empreende no palco. A palavra ou o gesto mais insignificante parecem ser tão plenamente refletidos quanto os clímax da peça. Nem um só instante a atenção dela se reduz, nem ela permite que a platéia esqueça sua presença. Pode não ter nada a dizer durante toda a cena; no entanto, permanece a figura central... A *Fédora* da sra. Duse parecia-me um novo drama, a tal ponto ela realçava cenas que outras atrizes passaram por alto como insignificantes.

O mesmo crítico esmera-se por mostrar que essa revalorização do detalhe não resultava numa distorção da peça como um todo, nem dava uma ênfase indevida ao papel representado por Duse:

> Em todas as peças em que a sra. Duse apareceu, essa ausência de "pontos" deve ser notada. O drama se apresenta como um todo, e não composto de incidentes separados. É difícil dizer onde Duse é mais maravilhosa, porque ela é magnífica a peça inteira. Cada uma das suas atuações é uma lição de elevada arte.

A mesma e clara sugestão de algo revolucionário na atuação de Eleonora sobressai num longo artigo do crítico teatral do *New York World*. Escreve ele:

> A Signora Duse é o principal objeto de interesse teatral em Nova York – um objeto não mais de curiosidade ou dúvida, mas de suprema admiração e

completa satisfação. Qualquer indagação que possa ter surgido previamente quanto ao seu valor desapareceu. Ela foi vista agora em seis personagens, muitíssimo diferentes em sua natureza e, em cada um, ela se mostrou igual, para o intelecto, a imaginação e os sentidos; e isso por métodos unicamente seus, que não trazem à lembrança nenhuma outra atriz que essa geração já viu e que são tão distantes do teatral quanto se possa imaginar...

Mas o que mais impressiona a memória agora é a modéstia da Signora Duse, a disposição e a completude do sacrifício que é feito à verdade, a exatidão e a delicadeza com que sua figura se enquadra na cena, sem nunca pretender dar a ela mais que o seu devido relevo; a resoluta coragem com que a atriz ignora os métodos do teatro, a certeira precisão com que o efeito legítimo é produzido e a infalível beleza da impressão produzida. Essas coisas ainda são novas para nós, e é natural. Elas, por certo, não podem deixar de ter um efeito permanente em nosso teatro.

Uma resenha publicada em 27 de janeiro no *Morning Press*, intitulada "Donna Duse é um Gênio", descreve a estranha aura criada por sua exploração de detalhes físicos num espetáculo:

Suas mãos eram peculiares, tênues e em forma de garras nos dedos, sem relevos nas palmas – mãos dotadas de perfeito autodomínio e que indicavam a ambição, o orgulho, a grande arte da mulher. Ela tinha uma maneira estranha de usá-las de vez em quando, estendendo-as inteiramente para a frente, as palmas para fora, os dedos esticados, um gesto que não teria sentido e seria sem graça em qualquer outra atriz, mas que é refinadamente eloqüente em Duse. Sua elocução é de tipo *staccato*, incisiva, clara e distinta, com um emprego tão bonito da ênfase e da modulação que a voz parece ser o que não é: musical.

A parte mais admirável da aparência da Duse são os cabelos: uma massa negra, simplesmente escovada da testa, de um matiz tão escuro que nenhuma luz se move através deles; uma sombra tenebrosa que paira sobre um semblante naturalmente triste e que intensifica sua dor. A aparência geral é a de uma mulher de raro requinte e individualidade.

Seu maior triunfo, ao ver dos freqüentadores profissionais de teatro, residiu em sua habilidade em garantir que a qualidade intelectual da sua arte nunca fosse toldada pela emoção pessoal. Infelizmente, Duse estava menos consciente dessas avaliações sérias da sua atuação do que da estridente publicidade e dos mexericos das colunas sociais da imprensa nova-iorquina, que provocavam sua indignação. Ela estava estarrecida com os importunos pedidos dos jornalistas e com a natureza intrometida de suas perguntas. Os Rosenfeld imploraram-lhe que não se indispusesse com a imprensa, nem ofendesse os patronos influentes das artes, mas Duse não estava disposta a se submeter a nenhuma das convenções sociais, que considerava frívolas, nem a admitir qualquer gênero de intrusão em sua privacidade. Depois de quase dois meses em Nova York, a companhia de Duse viajou para cumprir compromissos, primeiro em Chicago, depois em Boston. A turnê foi repleta de problemas. Duse não estava habituada à interferência que os empresários americanos exerciam na política artística. Ficou claro, também, que as receitas da bilheteria eram muito menos espetaculares do que a Rosenfeld Management havia previsto. A colônia italiana compareceu em peso onde quer que ela aparecesse, mas seu fervor patriótico tendia a pesar mais do que uma compreensão real da originalidade de Duse como atriz. De fato, muitos deles lamentavam que ela não tivesse a presença sobranceira, nem os ricos tons que associavam a Adelaide Ristori, Tommaso Salvini e Ernesto Rossi – todos eles tinham realizado com sucesso turnês pelos Estados Unidos, em sua época, e eletrizaram uma geração mais velha com seu estilo grandiloqüente de representar.

Duse não tinha ilusões quanto ao preparo intelectual de seu público; de fato, os comentários que fazia a outros membros do elenco enquanto esperavam nos bastidores muitas vezes podiam ser corrosivos, se ela achasse que havia muito aplauso e pouca compreensão do texto e de sua mensagem. Seus compromissos sociais em Nova York eram extremamente raros e, numa cidade conhecida por sua hospitalidade com as celebridades visitantes, Duse representava um formidável desafio às matronas da sociedade, que competiam para ter seu nome em suas listas de convidados. Depois de várias tentativas malsucedidas, uma proeminente anfitriã de Nova York conseguiu conquistar sua confiança. Helena de Kay Gilder era mulher do editor e poeta menor Richard Watson Gilder, cuja experiência empresarial contribuíra para o êxito da *Scribner's Monthly* e seu sucessor, *The Century*. Helena de Kay Gilder era uma mulher notável, de gostos cultos, cuja casa no 55 da Clinton Place tornou-se um ponto de encontro de muitos artistas e intelectuais eminentes da época. Os convidados dos saraus da sra. Gilder incluíam atores como Joseph Jefferson, Tommaso Salvini, Madame Modjeska, o pianista Paderewski e o poeta Walt Whitman.

Não havia outras duas mulheres que pudessem ser menos semelhantes em formação e temperamento, e a rude resposta de Eleonora a um convite prematuro à mansão dos Gilder não se mostrou exatamente promissora. Ela foi breve e direta: "Embora tenha apreciado seu amável convite, não posso aceitá-lo, porque tenho como regra *nunca* freqüentar *a sociedade*". Mas a sra. Gilder persistiu até conseguir persuadir a atriz a mudar de idéia. Elas tinham amigos comuns em Veneza, e a sra. Gilder insistiu com diplomacia. Mais tarde, mostrou-se inestimável a Duse, ao protegê-la da imprensa. Um memorando, escrito à mão pela sra. Gilder, foi ditado por Duse em resposta a uma repórter particularmente incansável, que a estava bombardeando com pedidos de entrevista. Assim diz:

Aprecio a liberdade tanto quanto qualquer cidadão americano – mas sou uma escrava – escrava do público que paga para me ver atuar – escrava de meus compromissos profissionais – escrava do autor cuja obra represento – e, acima de tudo, escrava da minha própria natureza que, infelizmente, não me permite simplesmente *representar* meus papéis, mas me força a suportar contra a minha vontade as personagens femininas que interpreto.

Por esse motivo, cara senhora, quando volto a meu hotel, só tenho um desejo – que é esquecer tudo o que esteja remotamente ligado a meu trabalho. Estou certa de que a senhora entenderá que as entrevistas com jornalistas não são capazes de me ajudar a esquecer o teatro. Por isso, sem desejar mostrar nenhum desrespeito pelos direitos e privilégios da imprensa, peço à senhora e a seus colegas que não insistam com entrevistas.

Que voulez-vous, Madame? Nunca me interessei por esses problemas práticos, pois tenho a mais intensa antipatia por tudo o que tenha o sabor de publicidade. A senhora julgará se estou certa ou errada.

É difícil saber se foi Duse ou a sra. Gilder quem inventou esse argumento sutil para manter a temida imprensa a distância. Quem quer que tenha sido responsável por essa estratégia, ela funcionou, tanto que as relações com a imprensa ficaram menos tensas.

Mais tarde, registrando suas impressões em criança da atriz, a filha da sra. Gilder dissipa a descrição estereotipada de uma prima-dona neurótica. Suas visitas ao domicílio dos Gilder, nos meses de verão de 1893, revelavam um lado muito mais animado da sua natureza:

Uma figura adorável, graciosa, de traços soltos e riso esfuziante. Ela aparecia nas horas mais singulares e nos mais variados humores, andando atrás de uma xícara de chá às duas da manhã, passando a tarde enroscada num canto do sofá da biblioteca ou brincando de manhã com as crianças. Inesperada, mas sempre bem-vinda, mutável, mas nunca mudando em sua amizade calorosa, ela mostrava aos amigos um lado da sua natureza que costuma ser esquecido nos sombrios contornos de uma vida turbulenta e pesarosa.

Duse, que não falava inglês, comunicava-se com a sra. Gilder em francês. O sentimento de intimidade e confiança que se desenvolveu entre as duas mulheres pode ser colhido na natureza franca das confidências de Duse. Quando ela chegou a Chicago em meados de março, a cidade estava cheia de turistas que visitavam a Exposição Colombiana Mundial, mas Duse permaneceu impermeável ao estado de espírito geral de festividade e excitação. Os Gilder estavam entusiasmadíssimos com as melhorias proporcionadas por um espetáculo daquela magnitude, mas, ainda que a risco de ofendê-los, Duse exprimiu seu horror. Ela estava apavorada com as cenas de sordidez urbana. Numa carta à sra. Gilder, datada de 2 de abril, escreve: "Sua Chicago é um horror – com ou sem seus edifícios da exposição – de fato, com esses novos edifícios, parece ainda mais feia!" Sua depressão durou até a companhia viajar para Boston no dia 10 de abril, e a sra. Gilder foi lá ter com ela por alguns dias. Um bilhetinho apressado, datado de 22 de abril, quando a turnê chegava ao fim e sua partida tornava-se iminente, confirma os sentimentos de Duse de um vínculo duradouro entre elas: "Fé – Amizade – Coragem – Afeto! *Au revoir*".

Duse partiu de Nova York a bordo do *The Teutonic* no dia 3 de maio, em direção a Southampton. A Rosenfeld Management tentara persuadi-la a ampliar sua turnê norte-americana, mas a atriz estava com saudades da Europa. Por outro lado, já havia assinado um contrato para sua primeira temporada em Londres, programada para ir de maio a julho.

1893 – Uma Segunda Turnê Européia

Duse chegou à Inglaterra num estado de exaltação nervosa, e o ressurgimento do problema pulmonar forçou-a a adiar a estréia por uma semana. Suas cartas a amigos próximos deixam claro que ela continuava a sentir-se frustrada e humilhada com essa doença persistente. Ser rotulada de tuberculosa na virada do século era ser vista como uma proscrita social pela gente média. Durante os ensaios em Londres, ficou sabendo que Cesare Rossi, o empresário que promoveu seus primeiros sucessos, estava passando por graves dificuldades financeiras. Quaisquer que tenham sido os mal-entendidos que os separaram outrora, estavam esquecidos. Duse, que nunca se sentia demasiado doente, ocupada ou preocupada para socorrer um amigo necessitado, agiu sem demora. Refletiu nos meios de acudi-lo sem causar embaraço ou ofendê-lo. Depois de alguma indecisão, mandou uma carta a Rossi, no dia 2 de maio, com a seguinte proposta:

> Não há dúvida de que você já sabe que estarei descansando no ano que vem e, se minha saúde não *reviver*, como aquela louca da Marguerite Gautier diria, não terei mais condições de dirigir uma companhia teatral. Mas o que *realmente me preocupa*, meu querido Rossi, é mostrar, tanto em particular quanto em público, *quanta* afeição e gratidão eu sinto por você. Como isso pode ser feito? Com sua permissão, eu gostaria de organizar um espetáculo beneficente em sua homenagem, talvez em Roma, ou em qualquer outro lugar, em algum momento do ano que vem. Eu mesma gostaria de contribuir para o sucesso dessa noite... Querido Rossi, por favor não vá pensar que é uma presunção minha oferecer meus serviços desse modo. Talvez o projeto não logre suscitar o interesse do público, mas eu ficaria muito feliz em *voltar a cerrar fileiras* em torno da velha bandeira.

Rossi deu uma resposta favorável à proposta, e maiores detalhes desse espetáculo beneficente foram arquitetados numa agitada correspondência, conforme seus compromissos em Londres lhe permitiam.

Uma breve nota no *Sunday Times* publicada em 23 de abril de 1893 deixa claro que sua fama tornara-se universal: "A Itália vai nos enviar outra famosa artista histriônica. É a Signora Eleonora Duse, que esteve atuando recentemente para platéias e críticos entusiastas na América e que vai se apresentar num repertório de dramas franceses conhecidos, representados em italiano no Lyric". De fato, seu repertório para esse compromisso londrino deveria ser muito mais extenso do que a nota sugere. Além das favoritas de sempre, como *La Dame aux Camélias, Divorçons, Adrienne Lecouvreur, Antony and Cleopatra, La Femme de Claude, Fédora, Francillon, Frou-frou, Odette* e *Fernande*, o programa incluía *La Locandiera* de Goldoni, a *Cavalleria Rusticana* de Verga, *Casa de Bonecas* de Ibsen e duas peças de Giuseppe Giacosa: *Tristi Amori* e *Le Vergini*.

A temporada londrina do verão de 1893 era particularmente brilhante. Peças de Wilde e Pinero estavam alcançando enorme sucesso. A Comédie Française estava se apresentando em Londres, a temporada operística no Covent Garden era estrelada por um rol de cantoras que incluía Calvé, Plançon, os irmãos De Reske e a soprano wagneriana Nordica. Leoncavallo também estava em Londres naquele verão, dirigindo os ensaios da primeira apresentação de *I Pagliacci* na Inglaterra, com Melba conquistando um sucesso pessoal como Nedda.

Duse finalmente estreou no Lyric Theatre em 16 de maio, como a heroína de Dumas, Marguerite. Os críticos londrinos já estavam a par das resenhas nova-iorquinas de sua interpretação, mas ansiavam por fazer sua avaliação dessa nova estrela que estava desafiando a grande Bernhardt com, em grande parte, o mesmo material.

O crítico teatral do *Sunday Times*, comentando sua estréia em Londres, achou que, embora a pessoa e a voz de Duse fossem muito interessantes, nem uma, nem outra tinha um encanto particular:

> A Signora Duse empolga triunfalmente por uma naturalidade tão absoluta em sua simplicidade que suscita emoções em direta sintonia com as emoções expressas pela atriz, sem nenhum pensamento concernente aos meios teatrais e às condições implicadas... Desde a primeira apresentação como Marguerite... a Signora Duse fez-nos sentir que ali estava uma mulher de verdade; e, quando a sua natureza absorve e exprime pela primeira vez a grande paixão de sua vida, quando a fome de amor, a dúvida sobre este e a preocupação com seu amante sincero estão lutando entre si em sua alma, a mulher exerce sobre nós um domínio real... a extrema beleza da cena da morte foi pura genialidade, do começo ao fim, e a casa estava literalmente em lágrimas.

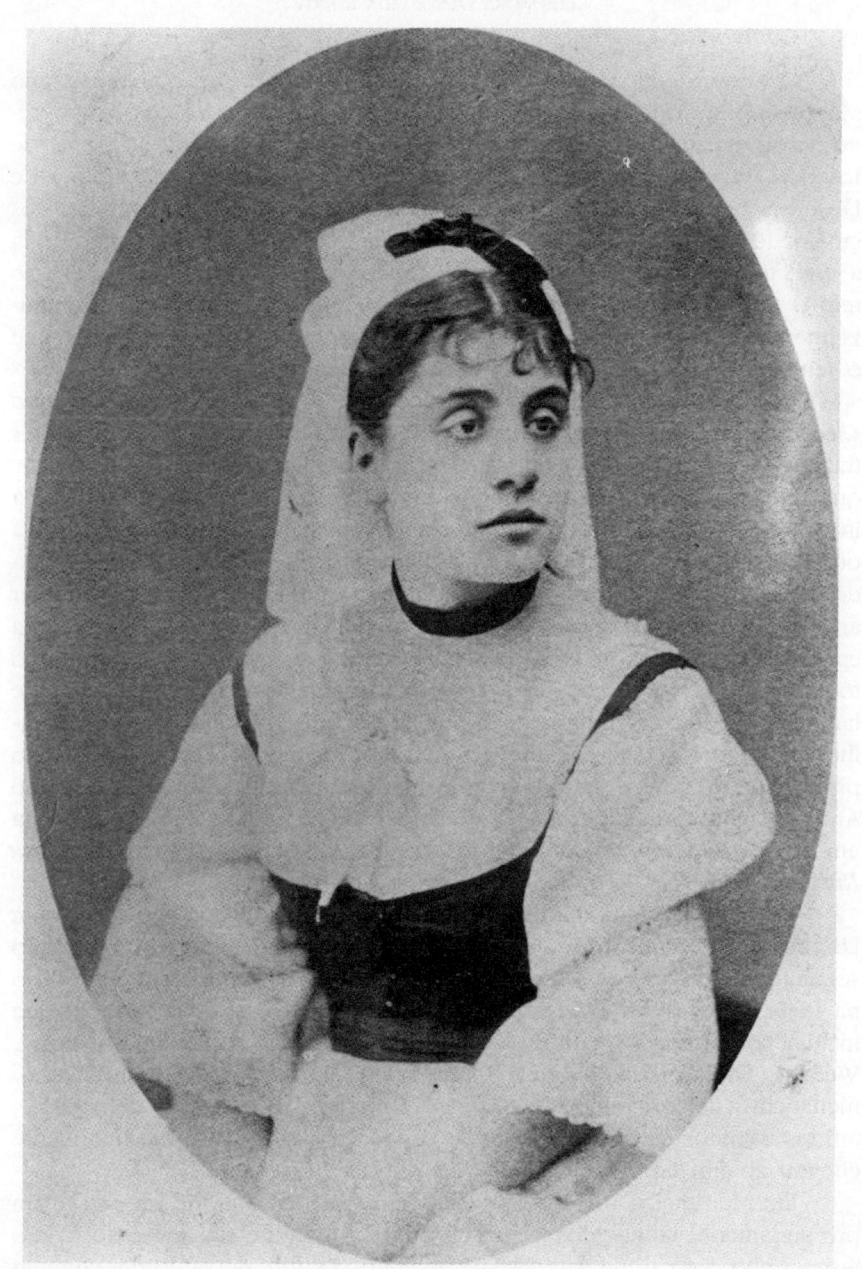

11. Duse como Santuzza na *Cavalleria Rusticana*, de Giovanni Verga. Esse poderoso drama sobre a vida camponesa primitiva no Sul da Itália, com seu código de honra e vingança, adequou-se admiravelmente à sombria intensidade da Duse no palco. Com Duse em mente, Verga escreveu outras peças na mesma linha, notadamente *La Lupa* (1896), mas a atriz preferiu ao rude realismo do *verismo* as peças de Sardou e Dumas Filho, pois estas eram de maior apelo.
(Cortesia da Bibioteca Teatrale del Burcardo, Roma)

O mesmo crítico iria descobrir que, em atuações subseqüentes como Marguerite, sua interpretação era diferente no detalhe, ao passo que revelava as mesmas qualidades essenciais. Em Londres, onde as peças de Ibsen já haviam alcançado certa voga entre os conhecedores, a Nora de Duse era aguardada com grande interesse. O espetáculo, na opinião dos críticos londrinos, não foi de todo convincente: "A Signora Duse tem toda a arte, toda a naturalidade instintiva requerida para o trabalho, mas não tem o temperamento". Flavio Andò, como Helmer, contracenava admiravelmente com ela, mas também na sua atuação os críticos sentiram que o temperamento italiano colidia com o norueguês.

Tendo em vista a morna acolhida que a tradução de *Antony and Cleopatra* por Boito teve na Itália, parece corajoso da parte de Duse ter trazido essa produção a Londres. Em sua interpretação de Cleópatra, as qualidades que ganharam o elogio dos críticos alemães produziram uma impressão muito menos favorável em Londres. Sua arte suprema, nessa ocasião, não bastou para encobrir as imperfeições daquela versão espúria do texto original. Os críticos consideraram sua Cleópatra "uma mulher amante, apaixonada, mas não era a 'serpente do velho Nilo'... era uma criatura interessante, mas não dava à lenda de Antônio e Cleópatra o toque vital da convicção... Havia cenas isoladas em que a genialidade lampejava. Foi uma interpretação cuidadosamente planejada, mas faltava-lhe grandeza poética. Quanto ao Antônio do Signor Flavio Andò, não proporcionou pontos para um comentário especial". Tanto Duse como Andò estavam ótimos em *Divorçons* de Sardou, e sua elegante Mirandolina em *La Locandiera,* bem como a força trágica da sua Santuzza na *Cavalleria Rusticana* de Verga produziram mais elogios.

Bastante satisfeita com o resultado de seu primeiro compromisso em Londres, Duse concordou, em princípio, com uma nova visita no ano seguinte. Da metade de julho até outubro, ela gozou um merecido repouso na Itália, antes de embarcar para outra turnê pelo Norte da Europa, que incluía compromissos em Budapeste, Viena, Berlim, Hamburgo, Leipzig, Weimar, Frankfurt e Munique. Onde quer que fosse, prestavam-lhe homenagem a realeza, dignitários de governos e, o que é mais comovente, artistas distintos de vários teatros de corte. Essa cansativa turnê finalmente chegou ao fim em 31 de janeiro de 1894.

Em Munique, Duse dissolveu a companhia, e os atores, que estavam profundamente comovidos com a ocasião, deram-lhe um presente, como testemunho formal de sua estima e afeto. O fim dessa turnê também coincidiu com a saída de Flavio Andò, cuja frutuosa colaboração com Duse datava de suas primeiras apresentações juntos, em Turim, em 1884, como protagonistas juvenis da companhia de Cesare Rossi. Andò sentia agora que era tempo de mudar e, quando Claudio Leigheb ofereceu-lhe um contrato para integrar-se à sua bem-sucedida companhia, que logo depois atraiu a talentosa Virginia Reiter, ele aceitou a oferta sem hesitação.

Uma vez firmemente estabelecida como grande atração na Alemanha e na Áustria, Duse sustentou sua popularidade ante o público do Norte europeu através de sucessivas visitas, até sua retirada dos palcos em 1909. Ela estava tristemente consciente de que os meios intelectuais desses países continuavam a manifestar uma compreensão da sua arte bem maior do que em sua Itália natal. O longo ensaio de Paul Schlenther analisando sua técnica foi publicado na *Deutsche Rundschau* em 1893, e outros críticos eminentes, como Eugen Zabel e Alfred Kerr fizeram suas avaliações detalhadas do revolucionário método de representar da Duse e da influência da atriz sobre o teatro europeu contemporâneo.

Antes de ela estrear na Alemanha, o estilo predominante de interpretação era o da escola francesa, com entradas e saídas do palco habilmente idealizadas para *causar impressão*. A dicção de um ator era julgada por seu ritmo acentuado e seu fraseado enfático. Já Duse adotava uma abordagem totalmente nova, dando especial destaque a passagens menos notáveis do texto, fazendo suas palavras fluírem com emoção e bem adequadas aos gestos. Tudo em seu desempenho parecia provir das profundezas da sua alma, e seu nome tornou-se sinônimo de expressão artística totalmente dependente do sentimento íntimo. O efeito global era de uma milagrosa *transparência*, delicada e angustiada – a síntese daquelas emoções associadas à sensibilidade do fim do século.

Para o público alemão e austríaco, aquela insólita atriz italiana tornou-se a personificação de sua era e de seus traumas. Nesse contexto, sua compreensão e sua interpretação das heroínas de Ibsen provocaram muita discussão. Os críticos estrangeiros exprimiram sua surpresa com que uma atriz da Itália pudesse se identificar de maneira tão convincente com as rígidas e voluntariosas mulheres nórdicas pintadas por Ibsen. Embora tenha a princípio proclamado que a interpretação de Duse de Hedda Gabler sugerisse que ela era apenas "uma fantasia sobre um tema de Ibsen", Alfred Kerr foi gradativamente admitindo que sua interpretação era bem-sucedida em captar a verdadeira essência daquela personagem controvertida e complexa.

Alguns críticos alemães exprimiram seu pesar de que Duse continuasse a fazer turnês apresentando peças indignas da sua inteligência; outros argumentaram que era precisamente nessas obras inferiores que Duse estava em melhores condições de mostrar seu gênio criador. Herbert Grenzel observou que era necessária uma artista com a força de Duse para revelar todo o potencial daquela milagrosa transformação que pode ocorrer desde o momento em que o texto é estudado até aquele em que é representado. Paul Schlenther saudou em particular o abandono da obsessão por efeitos pictóricos no teatro em benefício daquele mundo interior explorado por Duse. Essa importante reforma era menos apreciada na própria Itália, como Eugen Zabel descobriu ao entrevistar atores consagrados como Adelaide Ristori, Tommaso Salvini e Ernesto Rossi. Muito embora reconhecessem as novas tendências estabelecidas por Duse e sua geração – e até concordassem com uma mudança de direção dos padrões e gostos teatrais –, eles continuavam a exprimir suas próprias reservas pessoais.

Por sua vez, o autorizado Salvini concordou com que Duse era uma atriz de rara habilidade. No entanto, ele achava que, por temperamento e formação, ela provavelmente permaneceria confinada ao repertório moderno. Salvini não fazia segredo de sua impaciência com a moda corrente por peças que tratavam de neuroses femininas. Ele duvidava de que Duse fosse capaz de enfrentar o repertório clássico da sua geração, o qual requeria uma eloqüência sonora e uma atitude nobre. E, ao passo que admitia considerar o estilo de Duse "mais verdadeiro e humano" do que o de Sarah Bernhardt, achava sua amplitude vocal deficiente e seus movimentos no palco carentes de harmonia e graça – em última análise, "uma celebridade instável", para a qual predisse uma curta carreira. Salvini, como Ristori e Rossi, continuava sendo um firme adepto do conceito tradicional de representação, com sua insistência na majestosa presença cênica e na declamação retumbante. Isso explica o desencanto desses atores com a mudança no sentido de uma motivação interior e de uma busca deliberada de comedimento na fala e na movimentação. Duse estava ciente dessas críticas à sua técnica por artistas veteranos, cujo prestígio passado ainda exigia um amplo respeito, mas mantinha-se em discreto silêncio, quando outros poderiam ter cedido à tentação de rebatê-las.

O dramaturgo e crítico teatral Julius Bab, que publicou mais tarde um estudo fundamental intitulado *Teatro Contemporâneo*, em Leipzig, 1928, dedica um capítulo inteiro a Duse como pioneira da moderna técnica de interpretação. O ensaio de Bab delineia a sistemática rejeição pela atriz de qualquer artifício, em prol de uma espiritualidade mais profunda, e sua passagem gradual da confiança em elementos exteriores a uma maior ênfase nas forças interiores. O dramaturgo Gerhart Hauptmann, cujas peças despertaram algum interesse na Itália, viu Duse atuar em Berlim e sentiu-se compelido a anotar suas impressões:

> Para mim, Duse é a grande atriz. Eu iria mais longe até e diria que ela é a arte personificada. Sua grandeza está em nunca desejar simplesmente criar ou interpretar uma personagem, mas reencarnar o estado existencial a partir do qual aquela personagem adquire sua forma e seus contornos. E esse é o verdadeiro cerne da arte dramática contemporânea. No passado, os atores representavam certas personagens e interpretavam-nas em certos *estados de espírito*, mas, hoje, os atores vivem aquele *estado de espírito* a partir do qual as personagens devem

ser desenvolvidas. Eleonora Duse é a expoente suprema dessa nova abordagem. Seu sucesso universal baseia-se na visão psicológica que ela aperfeiçoou no teatro moderno. Sua realização única tornou-se, em toda parte, o tópico favorito dos críticos e entusiastas do teatro...

Duse lia essas avaliações de sua arte interpretativa com o maior interesse. A seriedade e o rigor intelectual dos críticos teatrais do Norte da Europa faziam-na refletir sobre os elogios frívolos da maioria dos críticos em sua Itália natal. Ela ficava comovida com essa tentativa honesta dos observadores estrangeiros de estabelecer a essência do seu carisma. No entanto, até certo ponto, essas generosas apreciações de sua arte embaraçavam-na e perturbavam-na. Duse não aderia a nenhuma escola ou método específicos. Não obstante admirasse o trabalho de pioneiros como Stanislávski e André Antoine, permanecia suficientemente hesitante em relação às suas próprias realizações para abster-se de formular quaisquer regras rígidas sobre a arte de interpretar.

1893-1894 – REPRESENTANDO PARA A RAINHA

A correspondência entre Duse e Boito parece ter sido interrompida entre outubro de 1891 e fins de dezembro de 1893. Os motivos para esse período de silêncio não estão de todo claros, mas, quando eles reataram contato, havia uma consciência crescente, da parte de Eleonora, de que suas esperanças quanto a um futuro estável estavam minguando. Nostálgicas lembranças de algo irremediavelmente perdido são expressas em sua carta de 12 de outubro de 1891, quando ela rememora os primeiros meses do caso de ambos: "Era mais que vida. Devo lhe dizer isso agora – porque toda noite tenho a sensação de que estou à beira da morte – e você precisa saber da verdade". Um sentimento de exílio cruel nunca a abandonava enquanto ela fazia suas turnês de uma cidade estrangeira a outra, envolta nos problemas cotidianos de administrar uma companhia teatral e enfrentando suas responsabilidades como diretora artística e atriz principal. Sua vida privada parecia vazia naqueles ambientes estranhos e ela almejava, mais que nunca, raízes sólidas e uma vida familiar normal.

Uma carta a Boito enviada de Berlim no dia 31 de dezembro de 1893 é cheia de amargor:

> As pessoas acham que possa ter-me extraviado – Não – não me extraviei, mas é triste pensar que podemos fazer tão pouco para ajudar um ao outro neste mundo – Por si e para si – *eis* uma lei que vale a pena ser lembrada!... Quem já sofreu a prisão vai me entender. Quem já viveu nas trevas, enterrado nas entranhas da terra e privado do esquecimento da morte vai me entender...

O pós-escrito desta carta leva o amargor e o desespero acabrunhantes daqueles meses: "Se alguém *roubar* esta carta, também – que a morte o carregue – e isto não é uma maldição". E, em outra carta escrita cerca de doze dias depois, ela assegura a Boito: "Não tinha a intenção de repreender – nem nunca esteve em meu espírito... mas que coisa cruel e miserável viver *por si* e *para si*... Para Arrigo – bênçãos – nada mais que bênçãos – Assim seja em dias de felicidade (hoje tão remotos) – assim seja em momentos de angústia – na hora da libertação – na hora da minha morte".

A caminho do Cairo para breves férias em meados de fevereiro, ela lembra a Boito os sonhos que outrora partilharam, mas agora está claro que ela tem pouca fé em seu futuro juntos: "Não é de sua responsabilidade ter eu sonhado um dia morrer – numa casa que poderia ser nossa – retirada e sossegada... Você ainda acredita nisso? Ainda acredita ser possível?"

A decisão de voltar ao Egito de férias parece um tanto surpreendente, tendo em vista seus comentários negativos sobre o país uns três anos antes. O fato de ela ter realizado essa segunda viagem a convite de Wolkoff, que estava visitando o Cairo com a mulher e a filha, sugere que a amizade entre a atriz e o pintor já podia ter-se tornado algo mais profundo. As *Memórias* de Wolkoff não revelam nada além da amizade, mas a futura publicação de suas cartas e telegramas à atriz poderá acrescentar uma nova dimensão ao relacionamento dos dois. No entanto, ele fornece uma observação espantosa sobre Duse no papel de turista:

Sua indiferença em relação às belezas naturais surpreendeu-me nessa ocasião. Os mais belos ocasos deixavam-na indiferente. As mais esplêndidas combinações de linhas arquitetônicas, nas mesquitas ou nos túmulos, pouco a interessavam, e a vista das pirâmides e da esfinge nada levaram à sua imaginação... A verdade é que a alma humana absorvia todos os seus pensamentos e, se estava interessada em algum fenômeno, era apenas por ser possível associá-lo a algum fato relacionado àquela alma. As maravilhas do Egito antigo estavam demasiado distantes do seu espírito para que ficasse impressionada com elas.

Lendo nas entrelinhas de suas cartas endereçadas a Boito do Egito, percebe-se uma mudança na atitude de Eleonora, quando ela o questiona sobre suas intenções. Vagas insinuações cedem a vez, agora, a ultimatos que exigem uma resposta direta. Arte, sucesso e segurança financeira não são uma verdadeira resposta ao vazio emocional, e a pobreza da sua existência longe do palco é enfatizada em ·sua correspondência privada. Escrevendo no início de março de 1894 a sua amiga e confidente Laura Groppallo, ela exprime sua inveja ao observar outras mulheres que parecem ter-se realizado:

12. Enrichetta no internato aos nove anos de idade. Ao crescer, Enrichetta começou a revelar alguns dos traços do caráter da mãe, em particular a introspecção e a viva inteligência. As primeiras cartas de Enrichetta a Eleonora durante os longos meses de separação forçada, enquanto fazia uma turnê, atesta a rara sensibilidade da criança e sua percepção nascente. Os breves encontros durante as férias escolares com Boito e Duse davam um semblante de vida familiar, mas esse sonho se desfez quando Boito e Duse separaram-se.

(Cortesia da Fundação Giorgio Cini, Veneza)

Laura, querida Laura – você não me escreveu – você, que tem uma casa para recebê-la, trabalho que a satisfaz e consola e tantas esperanças. Mande-me notícias.

Cá estou, de volta à Itália. Em que estado de espírito voltei? Minha querida Laura, não posso mais falar de mim, de Enrichetta, de meus sofrimentos ou consolações.

Cá estou de volta; mais uma vez, meu profundo afeto por tudo o que amo trouxe-me de volta. Volto para cumprir minha promessa. Mas não me pergunte, querida Laura, se sinto alegria ou felicidade... é necessário um milagre, *para todos nós*, para toda esperança (e para mim).

O que exatamente estava perturbando Duse logo apareceria em várias cartas a Boito nos meses vindouros.

A generosa oferta de assistência a Cesare Rossi, que Duse fizera no ano anterior, desenvolvera-se num ajuste concreto, segundo o qual ela uniria forças com a companhia de Rossi quando voltasse a Londres no verão de 1894. Ela escrevera a Rossi do Cairo, em 20 de fevereiro, esboçando os detalhes de sua temporada futura no Daly's Theatre de Londres, de 3 a 16 de junho. As peças escolhidas em consulta com o empresário Hugo Görlitz incluíam *La Dame aux Camélias, La Locandiera, Cavalleria Rusticana* e *Divorçons*. Em sua carta, ela especificava que utilizaria sua própria versão da peça de Dumas, enquanto ele seria responsável por todos os demais textos. Ela esperava que Rossi estaria em condições de começar a preparar esses trabalhos sem delongas, lembrando-lhe que não seria permitido um ponto em Londres. Duse aprovara cabalmente essa restrição, que era amplamente observada em toda a Europa, com a notória exceção da Itália.

Quando chegou a Londres em maio, para começar os ensaios para sua segunda apresentação na cidade, outra animada temporada estava em curso. Adelina Patti estava programada para dar um recital no Royal Albert Hall, a chegada de Sarah Bernhardt era iminente e no London Empire a atração principal era a cantora Yvette Guilbert, que logo iria se tornar uma das amigas mais íntimas de Duse.

Com a saída de Flavio Andò, Duse tinha como novo ator principal Carlo Rosaspina, com quem contracenara uns vinte anos antes em *Romeo and Juliet*, em Verona. Em sua melhor forma, Rosaspina era um ator competente, mas faltavam-lhe o magnetismo e o ardor de Andò. Duse queixar-se-ia mais de uma vez em seus bilhetes confidenciais a seu administrador, Mazzanti, da insípida atuação de Rosaspina e do efeito devastador que exercia em seu próprio desempenho. Em mais de uma oportunidade, sua atuação tíbia e seu pouco empenho ao contracenar quase a levaram ao desespero: "Essas noites de desleixo custam uma semana de cansaço", observou aborrecida. Mal os ensaios começaram, Duse passou a questionar a sensatez de associar-se com aquela companhia de segunda linha que ela há muito deixara para trás.

O repertório nessa ocasião era menos variado e os críticos logo ressaltaram os "padrões provincianos" das produções de Rossi. Consciente de que sua reputação estava em jogo, Duse atuou com todas as forças que ela podia reunir, e somente ela produziu algum impacto sobre os críticos londrinos nessa ocasião. O crítico teatral do *Sunday Times* escreveu: "A atuação da Signora Duse nos proporciona um genuíno deleite intelectual e artístico"; os mesmos críticos acharam seu desempenho como Cyprienne em *Divorçons* "uma amostra da melhor interpretação cômica". Mas esses aplausos pessoais não a serenaram muito. A publicidade adversa deixara-a angustiada, porque ela reconheceu que os comentários cheios de farpas eram justificados. Numa carta a Arrigo Boito datada de 8 de maio, Eleonora confessava sua contrariedade:

> Ontem à noite, ouvi os outros atores em cena, e soavam como um metal surdo, como uma série de instrumentos musicais tristemente desafinados... Que ralé são eles, com seus olhos pintados e bochechas empoadas, suas bocas escancaradas e seus gestos exaltados... convencidos de que estão dando vida às personagens com seu comportamento absurdo. Fazem-me sentir moralmente adoentada!

Apesar das resenhas desfavoráveis, o empresário Hugo Görlitz conseguiu organizar uma apresentação de *La Locandiera* no castelo de Windsor, no dia 10 de maio, em presença da rainha Vitória. Duse viveu sua inimitável interpretação da astuta Mirandolina, Rosaspina fez o Cavaleiro de Ripafratta e Rossi o Marquês de Forlipopoli. Uma anotação no diário da rainha Vitória, datada de 18 de maio, registra suas impressões do espetáculo: "Às quinze para as dez, fomos todos para o Salão Branco, onde um pequeno palco fora montado, e a celebrada atriz italiana, a Signora Duze [*sic*] atuou numa peça chamada *La Locandiera*. Ela tem boa aparência, com uma voz e uma elocução muito atraente e sua atuação é admirável. Depois da peça, foi-me apresentada". Após o espetáculo, a rainha Vitória dirigiu-se a Duse em italiano e presenteou-a com um broche e um pingente de diamantes e rubis. Esse dia memorável no castelo de Windsor elevou o moral de toda a companhia, que estava a par das apreensões de Eleonora. Ela completou aquele espinhoso compromisso um pouco mais certa de que ainda impunha respeito como artista "cujo cérebro é o fator dominante em sua interpretação". Antes de voltar para casa, ela prometeu retornar a Londres em circunstâncias mais felizes e, talvez, até mesmo para apresentar o último sucesso de Pinero, *The Second Mrs. Tanqueray*.

Havia outro problema na cabeça de Eleonora naquela primavera, que pesava mais que sua contrariedade com Rossi, o "zoológico" deste e a atmosfera estranha da própria Inglaterra, que achava "medonha, aterrorizante e esmagadora". Suas cartas a Boito exprimem sua preferência por um encontro em breve em Paris, em vez de Londres. Seu marido, Thebaldo Checchi (a quem ela se refere como Rocambole), a estava pressionando com questões acerca do futuro de Enrichetta; Duse tinha medo de que ele tentasse conseguir uma separação legal, depois reclamar a filha e levá-la de volta consigo para a América do Sul. "Por enquanto", escreve Eleonora, "não são mais que palavras e ameaças", mas ela pede o maior segredo, para não dar a Checchi razões legais para obter a guarda de Enrichetta. Seu medo de algum mexerico perigoso estendia-se até ao pessoal italiano do Savoy Hotel de Londres, onde estava hospedada. "Minha filha tem o direito de ser deixada em paz; deixá-la com conforto e dignidade", ela argumenta em sua determinação de não ceder aos pedidos de Checchi.

Embora a situação fosse delicada e Checchi aparecesse em Londres em junho, para tratar de assuntos consulares, antes de ela voltar à Itália, Duse tendia a dramatizar a situação. Sentem-se até momentos de paranóia, quando ela insiste em que está sendo espionada, que sua correspondência está sendo aberta e que o próprio Checchi pode estar espionando seus movimentos em Londres. Não há indício real de que Checchi estivesse se comportando de uma maneira tão ruim quanto Duse sugere, e seus direitos como pai de Enrichetta eram convenientemente ignorados em seus arroubos emocionais. Numa carta datada de 23 de maio endereçada a Boito, suas queixas jorram numa torrente de histeria que seguramente devem ter posto Boito de sobreaviso. As afirmações fragmentadas denunciam uma alarmante falta de controle:

> Mais outra carta de Rocambole!... Quando vejo aquele envelope, aquela letra, aquele selo vermelho com seu signo do zodíaco gravado (charlatão!), todo o desgosto – toda a imundície de coisas infectadas gruda-se em mim. – É como uma mancha! – uma mancha *viva* – e sinto que acabarei detestando aquela mancha *viva* que me une a Checchi – Porém, a gente tem de encarar o problema com coragem e determinação. E defender a criança que é inocente – e salvar a sua vida. Sua presença pesa sobre mim como um pensamento negro, tão tenebroso e opressivo!

Seriam essas explosões iracundas maquinadas para forçar Boito a uma decisão acerca de seu futuro juntos? Suas perguntas retóricas traziam um toque de acusação: "Será que Arrigo acredita que Lenor fez tudo o que podia? – Lenor, para ganhar bastante dinheiro para si e Enrichetta, sacrificou tudo – viajou por toda parte e privou-se de toda alegria e de todo consolo. Mais não posso fazer! Depois de anos de nada mais que sacrifícios – eu declaro, afirmo, confesso, apregôo e grito – mais não posso fazer". Seu ressentimento com os amigos e relações de Boito tinha-se transformado em desprezo, à medida que ela via suas chances de um dia tornar-se parte do círculo social dele minguarem gradativamente. Suas observações maldosas são dirigidas até mesmo ao augusto Verdi. Escrevendo a Boito em 26 de maio, ela comenta: "Você acaba de regressar daquela famosa residência [a casa de Verdi em Sant'Agata] e já está falando em lá voltar. O velho mago [Verdi] faz todos os seus amigos cantarem, e até você está dançando a mesma música".

Esse apelo por tudo ou nada constitui o núcleo de sua carta datada de 10 de maio – o mesmo dia em que ela se apresentou diante da rainha Vitória:

Arrigo, se o nó deve ser *para a vida*, ele deve ir *com* a vida, portanto *toda ela*. Você não sente isso, talvez? Já enganamos demais um ao outro. Também já mentimos um ao outro, ocultando ou minimizando aquelas verdades que não queríamos encarar, que talvez não saberíamos como encarar, inclusive hoje...

Ajude-me a proteger nossa vida, em vez de destruí-la! Ajude-me a sentir que eu sou a única em seu caminho – se você desejar seguir comigo esse caminho até o fim do tempo. Até o fim do tempo, e *pode-se* e *deve-se* aprender a amar.

A resposta de Boito a esse grito do coração, se jamais foi formulada, permanece desconhecida. As circunstâncias pessoais de ambos ditaram um termo de compromisso. Duse recusou-se a admitir que sua insistência numa forma absoluta de amor só podia levar a uma grande infelicidade. Nos assuntos do coração, a atriz parecia sempre preparada a perseguir os mesmos sonhos impossíveis das mulheres que interpretava no palco, custasse o que custasse.

6. PROMESSAS SOLENES, REALIDADES CRUÉIS

Triunfar significa, para mim, ser igual ao desafio.

E.D.

1894-1895 – Encontro em Veneza

Os biógrafos de Boito tomam o cuidado de indicar que todas as suas cartas a Duse traziam o selo de uma inteligência disciplinada e uma discrição inata. Em contraste, as cartas de Duse a Boito revelam uma dramática mudança de perspectiva, à medida que ela progride dos rogos ardentes de alguém que depende da sua grande sabedoria e experiência à consciência madura de uma mulher que não tem mais medo de abrir-se.

Na primavera de 1894, depois de sete anos de tumulto emocional em seu relacionamento com Boito, ela compreendeu que chegara a uma encruzilhada, tanto como mulher quanto como atriz. Boito tornara-se um tanto mais distante, enquanto preparava o libreto para o *Falstaff* de Verdi, que teve a sua estréia no Scala em março de 1893. Na cabeça de Eleonora, não havia mais dúvida: os interesses profissionais de Boito eram mais importantes para ele do que os vínculos emocionais. Ele prometera a ela seu amor e seu apoio, na hora da necessidade; e agora, quando ela mais precisava de amor e apoio, Boito parecia distante e neutro.

Ao mesmo tempo, ela reconhecia que havia culpa dos dois lados: "Termos nos amado de perto ou de longe – reatarmos os vínculos e prometermos um ao outro que o amor não significa nada – nada. É até perigoso e indigno, a menos que estejamos preparados para nos amarmos mais até que em outros tempos". Chegara o momento de expressar seus piores temores e, agora, ela questionava o valor de sua colaboração passada em *Antony and Cleopatra*:

> Até na arte... não nos atrevíamos a dizer nada. Que loucura! – Depois daquele colossal... absurdo fiasco com o texto de Shakespeare, não ousamos nos enfrentar (nem mesmo em nossos abraços), ou catar os cacos... *Permanecemos calados*, com medo de discutir o assunto – uma coisa infantil, ridícula e triste, que não é nada em si mesma, mas um simples fato *bastante significativo*.

As cartas angustiadas que eles trocaram ao longo dos meses seguintes confirmam que ambos sentiam que um futuro juntos agora era impossível. Duse repreendeu-o: "Não prometa nada, nada, Arrigo! – Ambos mostramos falta de *fé* e de *verdade* em nosso comportamento um com o outro, e é por isso que nossa vida juntos foi uma vida de tormento e fracasso". À medida que seu idílio desvanecia, as realidades cruéis começaram a surgir. Como se estivesse pensando em voz alta, Duse confessa a Boito: "É muito estranho – você é a pessoa que mais amo – e a quem menos posso obedecer – é muito estranho".

Para aumentar a tensão, havia problemas maçantes de outra natureza. A saúde de Enrichetta também estava sendo causa de muita preocupação naquele mesmo verão. A menina não era forte, e Duse finalmente decidiu, depois de muito ponderar, mandá-la para Dresden, onde sua educação e seu bem-estar seriam supervisionados por uma amiga de confiança, a condessa Sophie Drechsel. Essa decisão, como todas as outras relativas ao bem de Enrichetta, ainda tinha de ser aprovada por Checchi, um fator que aborrecia Duse e complicava consideravelmente as coisas, devido aos maus termos em que estavam.

Uma vez que começou a perder a fé numa relação permanente com Boito, talvez fosse inevitável que Duse saísse gradualmente da sua auto-imposta solidão e procurasse novas amizades. A correspondência de Matilde Serao, nesse período, com vários conhecidos, deixa claro que Duse tornara-se distante e até evasiva com seus amigos de antes, enquanto estava absorvida em seu caso clandestino com Boito.

Como a mais famosa atriz italiana, Duse via-se cortejada em círculos elegantes de todo o país. Aquela era uma época em que as celebridades eram muito apreciadas e festejadas. Intelectuais, artistas, estetas, aristocratas menores e boêmios, todos estavam ansiosos por pretenderem-se íntimos dela. Com Duse, eles ficaram tristemente desapontados. Ela resistia habilmente à maior parte de seus convites, preferindo permanecer cuidadosa e seletiva em matéria de amizades. Os homens e mulheres que conquistaram sua confiança ainda eram relativamente poucos, muito embora algumas personalidades nada promissoras tenham-se unido à sua roda durante essa fase conturbada. As cartas escritas por Eleonora ao longo da primavera e do verão de 1894 confirmam que ela estava se encontrando bastante com Lawrence Alma Tadema, a filha do pintor inglês que adotou o nome do seu famoso pai e que se tornou uma ardente feminista. Depois, havia as freqüentes temporadas junto das irmãs Oppenheim e com Robert e Giulietta von Mendelssohn, que lhe ofereciam sua hospitalidade e um agradável refúgio, longe da atenção do público.

As irmãs Oppenheim eram sombrios símbolos de opulência e gostos cosmopolitas, que apreciavam a arte e os artistas com um genuíno senso de missão; Robert von Mendelssohn era um rico banqueiro alemão e patrono das artes. Sua mulher italiana, Giulietta Gordigiani, filha do pintor Michele Gordigiani, foi por muitos anos uma das amigas mais íntimas de Eleonora. Lawrence Alma Tadema, a julgar pelas fugidias referências que Duse faz a ela em sua correspondência com Boito, era uma daquelas inglesas excêntricas de talento artístico não-realizado que giravam incessantemente pela Europa, como peregrinas em busca de cultura. Duse intrigava-se e divertia-se com a nada convencional srta. Alma Tadema, que era dada à fala e às maneiras do sexo oposto e expressava opiniões pouco ortodoxas sobre todos os assuntos possíveis. Ao longo da sua vida, Duse manteve uma atitude um tanto ambivalente em relação àqueles homens e mulheres singulares, cuja admiração por ela transformava-se em desprendida devoção e, em alguns casos, perigosa adulação. As irmãs Oppenheim punham sua casa à inteira disposição dela; Lawrence Alma Tadema e Giulietta Gordigiani tornaram-se seus "dois anjos da guarda". Mas, se convocava essas acólitas num instante, fazendo-as sentir-se importantes, no instante seguinte rejeitava-as como tolas e enfadonhas – uma ambivalência que Duse reconhecia e deplorava em sua pessoa.

Seus momentos mais felizes naquele verão foram passados no modesto apartamento "sob o telhado", lendo, meditando e cuidando de suas plantas. Em setembro, o conde Joseph Primoli chegou a Veneza e tirou uma série de fotos da atriz. Alguns desses notáveis estudos mostram-na relaxada no Palazzo Wolkoff. Outros revelam uma Duse pensativa numa gôndola no Grande Canal. Numa carta ao conde, ela exprime seu aborrecimento com alguns de seus conhecidos, que se atreveram a invadir sua privacidade. Ela procura ser diplomática, mas sua irritação é patente: "Querido Gégé", começa, "tem sido meu desejo, nesta existência solitária que adoro, cercar-me de pessoas que eu estimo e com quem tenho afinidade. É por isso que você vai ser sempre bem-vindo aqui, mas não vejo motivo de desperdiçar meu tempo com pessoas que provavelmente nunca mais verei". Uma pessoa que ela estava destinada a ver de novo era o *enfant terrible* dos círculos literários italianos, Gabriele D'Annunzio. Encantador por natureza e brilhante conversador, o poeta dos Abruzos tinha todas as credenciais adequadas para ingressar no seleto círculo da atriz. Como amigo íntimo de Primoli e do grupo de jovens intelectuais que Duse admirava, D'Annunzio não encontrou dificuldades em dominar o interesse e a atenção da atriz. É surpreendente que seus caminhos não se tivessem cruzado antes. O poeta devia muito de seu sucesso inicial no meio intelectual de Roma à sua amizade com o destacado editor Edoardo Scarfoglio (marido de Matilde Serao) e com o conde Joseph Primoli. As audaciosas atividades de Scarfoglio na esfera do jornalismo garantiram a D'Annunzio a publicidade de que ele precisava como escritor de futuro; sua amizade com Primoli garantiu-lhe o ingresso nos salões elegantes, onde podia pavonear-se a contento. Duse lera os romances e poemas que proporcionaram a D'Annunzio o aplauso da crítica nos anos 1880. O conde Primoli persuadira-a a ler o romance *L'Innocente* (1892) e, entre os livros que ela deixou ao morrer estava um exemplar das *Elegie Romane* (1892), dedicado "À divina Eleonora Duse" e datado de Nápoles, junho de 1892.

O nome da atriz aparece em vários artigos escritos por D'Annunzio nessa época e, com toda probabilidade, foram apresentados quando Duse estava atuando em Roma. Ironicamente, o próprio Boito é que mandaria a Duse um exemplar da obra mais audaciosa de D'Annunzio, *Il Trionfo della Morte* (*O Triunfo da Morte*, 1894), um romance que retrata a degeneração humana e se inspira nos escritos de Nietzsche. Os interesses literários puseram os dois homens em contato já em 1883, muito embora Boito nunca se tenha interessado muito pelo arrogante D'Annunzio. Numa carta de 26 de maio de 1894, postada de Londres para Boito em Milão, Duse indaga: "Você recebeu meu telegrama pedindo-lhe que me mandasse o romance do outro (jovem) mágico – aquele demônio do San Gabriele, dito D'Annunzio... o título não podia ser mais chamativo! Quem sabe o conjunto da vida não é *O Triunfo do Fim*?" O livro deve lhe ter chegado às mãos pouco depois, tanto que no início de junho ela já podia anotar suas reações à obra:

> Acabei de ler *Il Trionfo della Morte*... todas nós, mulheres – frágeis criaturas –, imaginamos ter descoberto aquelas palavras. Esse demoníaco D'Annunzio conhece-as todas... Prefiro morrer... a me apaixonar por uma alma assim. O maior teste de coragem, a grande virtude de suportar a própria existência... o tremendo e angustiado sacrifício de encarar a vida... é *totalmente* destruído nesse livro. D'Annunzio é alguém que detesto e adoro.

Palavras proféticas, à luz dos acontecimentos futuros. Um fascínio irresistível, misto de repulsa, iria colorir cada aspecto dessa nova ligação. Contra seu mais sensato juízo, Duse logo iria se encontrar, mais uma vez, confundindo arte e vida – e com conseqüências muito mais graves.

Foi quando estava descansando em Veneza, antes das turnês de setembro de 1894, que a amizade de Duse com o poeta dos Abruzos começou de fato a florescer. O historiador da arte Angelo Conti, cujas teorias estéticas deviam muito a Pater e Ruskin, arranjou uma visita de D'Annunzio e de seu companheiro, o poeta Adolfo de Bosis, à atriz, no apartamento desta. Os interesses mútuos e os objetivos comuns logo se estabeleceram. Longas conversas acerca da arte e de suas esperanças e ambições pessoais criaram uma relação imediata. Como estava financeiramente apertado naquela época, D'Annunzio, que chegara a Veneza na segunda semana de setembro, planejava ficar só pouco tempo, para conversar com seu tradutor francês, Georges Hérelle. Mas sua permanência foi subitamente estendida, e a presença de Eleonora na cidade bem pode ter sido o motivo. Duse via em D'Annunzio um novo nome para pôr ao lado do de Shakespeare; D'Annunzio via em Duse a atriz que faria suas peças terem sucesso. O encontro foi crucial para converter D'Annunzio em dramaturgo. Na época desse encontro, Duse estava com trinta e cinco anos e o poeta com trinta e um. Até então, D'Annunzio não compusera peça alguma, conquanto a idéia de escrever para o teatro atraísse sua vaidade. Acreditando que "a mulher e o amor devem servir à criação", Duse estava destinada a se tornar musa e companheira do poeta, quando este se pôs a elaborar suas idéias para as obras destinadas ao teatro.

Do início de novembro até o final de dezembro, Duse estava comprometida com outra extensa turnê pelo norte da Europa, com nada menos de nove cidades em seu itinerário. Em Berlim, onde se apresentou de 11 a 18 de dezembro de 1894, ela representou pela última vez com a companhia teatral de Cesare Rossi. A ameaça de um processo movido pelo empresário Görlitz, devido às impropriedades da trupe de Rossi, pioraram ainda mais as coisas. A colaboração renovada em Berlim revelou-se tão insatisfatória quanto em Londres, e tanto Duse como Rossi, embora permanecendo amigos, tiveram prazer em reconquistar sua independência.

Ela estava acompanhada, em parte da turnê, por Lawrence Alma Tadema, cujas cartas a Alexander Wolkoff dão conta de várias perdas financeiras. O mordaz relato que a própria Eleonora faz desse desafortunado compromisso é uma interessante mistura de contrariedade e humor azedo. Ela escreveu a Wolkoff:

> Na Alemanha, há uma época que todos devem evitar, a do Natal. Todo o mundo está ocupado com aquela estúpida árvore de Natal... Hartlieb (o empresário local) é excelente para fazer o que se lhe pede e para cuidar das bilheterias, mas não para dirigir uma turnê, como tampouco é de nenhuma valia quando se trata de negociar... Ontem, o pobre sujeito estava *malate*, mas não acho que foi sua culpa... O pobre coitado estava *paff* – parecia um general batendo

em retirada em 1812, voltando de Moscou. Ele rugia a torto e a direito, como se estivesse se reunindo a um exército desorganizado... Metia a cabeça entre as mãos – como se ela fosse estourar – e ficava dizendo, *C'est très tur (dur); c'est n'est pas siuste (juste)!...* A companhia dissolveu-se à meia-noite. Eu os abençoei – especialmente pelo prazer de nunca mais tornar a vê-los.

A reputação internacional de Duse era tão sólida agora que Joseph Schurmann pressionou-a a assinar um novo contrato, que daria a ele o controle sobre as suas apresentações no exterior durante os oito anos seguintes. Descendente de holandeses, Schurmann vestia-se e comportava-se como um diplomata. Como empresário, era competente e muito astuto. Organizava turnês para a maioria dos grandes atores e músicos da época, inclusive a célebre Adelina Patti, e atuou, durante alguns anos, como secretário pessoal de Sarah Bernhardt. Schurmann tinha um mau hábito que nunca deixava de irritar Eleonora: ele se referia invariavelmente a Sarah Bernhardt e Benoît Constant Coquelin (que criou o papel de Cyrano de Bergerac) como os "ilustres predecessores" dela. Schurmann, que era rico e bem relacionado o suficiente para mover-se no meio da aristocracia européia, era invejado e temido nos círculos teatrais de ambos os lados do Atlântico. De seu lado, as negociações de Duse com Schurmann, a julgar pelos bilhetes e missivas a Mazzanti, transformaram-se numa fascinante brincadeira de gato e rato. Ela aprendera, à sua própria custa no passado, que "negócios são negócios"; assim, nunca confiou em Schurmann nem se interessou por ele como pessoa. Via o empresário como um mal necessário que lhe garantia condições de trabalho favoráveis e publicidade no exterior. Todos os empresários eram parte daquele "maldito Teatro... Quando estou lá, não me sinto mais viva, nem mesmo mulher... Todo o meu ser fica perturbado e transformado... e eu me torno exatamente como outra PRIMA-DONA qualquer". Por seu lado, Schurmann registrou uma visão mais amável de sua longa associação com Duse. Em seus dois volumes de memórias, *Derrière le Rideau* e *Secrets et Indiscrétions* (Paris, 1911), faz a Duse um notável elogio, quando reflete sobre as carreiras dos monstros sagrados que ajudou a criar: "Por certo contribuí para sua fama mundial, mas ... com exceção de Duse – eles me retribuíram com a mais negra ingratidão". Muitos dos acerbos comentários de Duse sobre Schurmann eram provavelmente exagerados ou injustificados. A seu crédito, tem o empresário holandês o fato de haver sido útil para garantir-lhe os melhores termos possíveis para suas apresentações nos Estados Unidos e na França, onde era feroz a concorrência das outras celebridades.

Voltando para a Itália dessa exaustiva, mas muito bem-sucedida turnê, apresentou-se em Gênova, Veneza, Milão e Turim em janeiro. No fim de fevereiro de 1895, fez uma rápida visita a Paris, onde viu e admirou um espetáculo do Théâtre-Libre sob a direção de André Antoine. Numa carta a Boito datada de 27 de fevereiro, ela descreve Antoine como um artista. "Quanto ao resto... nada mais que um mundo de bonecos." Paris deprimiu-a nessa ocasião: "A cidade mais banal que conheço... vulgar e nojenta... onde a gente tem a impressão de viver tão-só de tortas e doces... dieta que acho absolutamente desagradável".

Ao voltar a Veneza, teve novos encontros com D'Annunzio. Constantemente juntos, retomavam suas discussões sobre arte, teatro e poesia, com um único objetivo em mente – a renovação do teatro italiano. Não é uma surpresa encontrar, nesse ponto, um hiato em sua correspondência com Boito, que durou quase quatro semanas. O magnetismo de D'Annunzio nas questões do coração já estava tendo seu efeito. Esse novo idílio foi, porém, interrompido, quando a atriz deixou Veneza no início de março para cumprir novos compromissos no exterior. Suas primeiras apresentações na Holanda e na Bélgica estavam programadas para a primavera e, nos países escandinavos, para dezembro; entrementes, novas apresentações na Alemanha, Áustria, Londres e Hungria.

Quando representou na Holanda, os ganhos não se igualaram aos aplausos. Bruxelas prometia ser igualmente desanimadora, pois lá o gosto era influenciado em tudo por Paris, da moda à cultura. Estreou na capital belga em 27 de março, numa sala meio vazia, mas no fim da peça seu desempenho como Marguerite tinha lançado seu feitiço habitual. O pano caiu no ato final para uma tumultuosa ovação. Ela ficou deliciada com a acolhida e descreveu Bruxelas como "a cidade mais encantadora do mundo... viva e estimulante". A resenha da manhã seguinte no *L'Indépendance Belge* relata com entusiasmo: "Madame Duse realizou um milagre: sua arte revela coisas inesperadas no óbvio e sua sensibilidade dramática é tão precisa e verdadeira que a gente chega a imaginar *ter descoberto o Novo Mundo*". A notícia desse triunfo chegou a Paris, e um artigo em *La Vie Parisienne*, um jornal popular da época, que era notório por sua severidade em avaliar peças e atores, declara que Duse "conseguiu revolucionar o teatro em Bruxelas". Mas, para Duse, era um triunfo sobre algumas desvantagens frustrantes. Seu ator principal, Rosaspina, continuava a desesperá-la. Confidenciou a Boito:

Aquele indivíduo que substituiu Andò é a própria imagem da estupidez crassa. Apesar de todos os meus esforços, ele consegue reduzir todo espetáculo a farrapos. Não tem o menor senso de tempo e todas as suas inflexões são distorcidas. Esse imbecil pertence à raça dos *cabotinos*, que confia na *intuição* (palavra tão idiota e vulgar) e na *inspiração*. Nada poderia ser mais distante da verdade e da arte.

De 19 de maio a 14 de julho, ela estava de volta a Londres para uma terceira visita, conforme prometido, e, agora livre da companhia de

Rossi, conseguiu criar uma impressão bem melhor em matéria de produção e elenco. Dessa vez, as peças também eram mais variadas. Numa "defesa ardente de amor e maravilha", George Bernard Shaw voltou a seu provocativo debate Duse *versus* Bernhardt:

> Nenhum encanto físico é tão nobre quanto belo, a menos que seja a expressão de um encanto moral; e é por isso que o registro da Duse inclui essas elevadas notas morais, se assim posso me expressar; por isso que seu compasso, estendendo-se das profundezas de uma criatura meramente predatória, como a mulher de Claude, a Marguerite Gautier em sua maior delicadeza, ou Magda em sua maior bravura, diminui tão incomensuravelmente a pobre pequena oitava e meia em que Sarah Bernhardt interpreta tão graciosas cançonetas e movimentadas marchas.

Em novembro de 1895, D'Annunzio estava de volta a Veneza para pronunciar o discurso inaugural da Exposição Internacional de Arte, realizada do Salão Dourado do Teatro Fenice. Duse não estava presente, mas eles se encontraram em Veneza durante uma das rápidas visitas de Eleonora a seu refúgio no Palazzo Wolkoff, onde o pacto solene dos dois de "realizar seu sonho artístico" parece ter sido selado.

Em fins de novembro, ela retomara seus compromissos no exterior e começara a colher as recompensas financeiras que serviriam para lançar os novos projetos de ambos na Itália. Uma carta a D'Annunzio, escrita de Estocolmo em fins de dezembro, revela sua hesitação entre o desalento e um amor nascente. Duse fala da promessa solene que os dois fizeram de colaborar em nome da arte – ele escrevendo dramas sublimes, ela os interpretando – e tranqüiliza-o:

> Se isso não mais o atrai... não me deve mentir. Você *não* tem nenhum dever ou obrigação para comigo... Não se preocupe com como poderei prosseguir. Contarei com meus próprios recursos. Sei o que devo fazer! Tenho meu trabalho. Uma tristeza profunda enche meu coração, mas corro o mundo e ninguém sabe do meu sofrimento. À noite, quando volto do teatro, fico deitada desperta, pensando em nossa meta comum. Uma poderosa *expressão* da arte forma-se em minha mente. Armo-me de todo o meu autocontrole a fim de *harmonizar esquecimento* com *reminiscência*. A coisa mais divina e a mais brutal profanação.

Desde o início dessa nova relação, sente-se que Duse sabia que estava embarcando numa aventura emocionante, mas perigosa. As cartas que D'Annunzio e Duse trocaram durante os primeiros meses desse romance apresentam um notável contraste estilístico. D'Annunzio faz-se lírico a cada instante; Duse, por outro lado, sente profundas contradições. Sua paixão é mais que evidente. E o que não pode explicar em termos de lógica, ela defende em nome da arte.

13. Duse como Mirandolina em *La Locandiera* de Goldoni. Este foi um dos papéis em que fez maior sucesso. Seu inspirado desempenho como a esperta Mirandolina também provou a falsidade da idéia de que ela só se adequava a papéis trágicos. Os atores da sua companhia maravilharam-se com sua atenção pelo detalhe, ao ensaiarem a peça, e definiram sua direção como "uma verdadeira aula das técnicas da *commedia dell'arte*".

(Cortesia da Bibioteca Teatrale del Burcardo, Roma)

1896-1897 – A Musa do Poeta

No dia 25 de janeiro de 1896, Duse embarcou no porto de Liverpool para uma segunda turnê pela América do Norte. Desta vez, estavam programados mais de sessenta espetáculos. A turnê estendeu-se de meado de fevereiro a meado de maio e, além de Washington e Nova York, o itinerário incluía as cidades de Boston, Filadélfia e New Haven. Sua chegada nessa segunda visita suscitou maior curiosidade até e, quando chegou a Nova York, ficou pasma ao ver passarem pelas avenidas formigando de gente os bondes anunciando em letras grandes:

A Estrela Visitante Eleonora Duse

Mais uma vez, viu-se enredada na impetuosa publicidade a que as celebridades estavam expostas na América do Norte, mas, como sempre, continuou exigindo inflexivelmente que sua privacidade fosse respeitada pelos jornalistas, colunistas mexeriqueiros, fãs e maníacos, a quem temia como à praga. O fato de não dominar o inglês não ajudava as coisas, e as entrevistas feitas através de intérpretes punham cruelmente à prova sua paciência. Além disso, o perigo de ser mal-interpretada pesava-lhe no espírito. Schurmann estava alarmado com sua má vontade em cooperar com a imprensa e, por insistência dele, Duse finalmente concordou com receber uma jornalista. Ocultando sua indignação, ela fez o papel da mulher amável e pediu que a jornalista explicasse a seus colegas sua necessidade de solidão. Explicou que sua insociabilidade não deveria ser encarada como uma falta de respeito para com a imprensa americana. Sua saúde precária e a energia que representar requeria tornavam essencial que ela repousasse o máximo possível. Ao voltar ao hotel, necessitava de paz e tranqüilidade. Deplorava as persistentes intrusões dos jornalistas, com suas intermináveis perguntas e indiscretas intromissões em seus assuntos privados. Duse deixou claro que discordava dos que consideravam as celebridades teatrais como propriedade pública. Afirmou: "Acredito firmemente que uma atriz deve aparecer no palco como alguém de todo inesperado, que não revelou antecipadamente o mecanismo do brinquedo com o qual vai enlear a platéia".

A privilegiada jornalista que a entrevistou foi conquistada pela eloqüência pura desse pequeno discurso e escreveu um artigo que comunicava fielmente a mensagem da atriz ao público de teatro americano. Os críticos de Duse foram acalmados e Schurmann soltou um suspiro de alívio. Como atriz, ela continuava a fascinar a crítica, que se maravilhava com sua habilidade em transformar suas limitações numa coisa irresistível. O crítico teatral do *The Boston Daily Advertiser*, Henry A. Clapp, resenhando uma apresentação de *La Dame aux Camélias* em 7 de abril de

1896, achou sua fala "pontuada por estranhas fungadelas e grunhidos" e seus gestos "freqüentemente abruptos e desconcertantemente inabituais", mas continuou o comentário:

> A expressividade de suas feições nobres e móveis e a profundidade de sentimento daqueles olhos maravilhosamente ternos e patéticos não precisam da ajuda da mera beleza física. A voz, apesar da sua freqüente aspereza, corresponde excelentemente às necessidades da artista e é capaz da mais extrema saturação emotiva. E a vivacidade do que é inabitual na gesticulação, ou na elocução, mais do que justifica qualquer não-convencionalismo aparente... A atuação de Madame Duse revela o máximo do puro efeito dramático com o mínimo de teatralismo.

Durante sua segunda turnê pelos Estados Unidos, Duse recebeu homenagens e tributos nunca antes prestados a uma atriz estrangeira. Em Washington, o presidente Cleveland, talvez para agradar a seus velhos amigos, os Gilder, assistiu a todas as suas apresentações e mandou que seu camarim estivesse decorado com rosas e crisântemos brancos – suas flores favoritas – durante toda a sua permanência na cidade. A mulher do presidente ofereceu um chá em sua homenagem na Casa Branca. O inventor Thomas Edison, que não entendia uma palavra de italiano e era um pouco surdo, também ficou sendo seu devotado admirador e não perdeu um só espetáculo. Fez à atriz um cumprimento especial ao convidá-la para gravar num fonógrafo rudimentar as últimas falas de amor e dor de Marguerite na cena final de *La Dame aux Camélias*. Em Nova York, ela também renovou relações com o retratista Edoardo Gordigiani (filho de Michele Gordigiani e irmão de Giulietta Mendelssohn), que a fotografou para a pintura que hoje se encontra no Museu Burcardo de Roma. A turnê dificilmente poderia ter sido mais compensadora, se bem que Duse nunca se sentisse muito à vontade nos Estados Unidos, onde a atividade frenética e o ritmo implacável deixavam-na constantemente exausta.

O que a sustentava nessas árduas turnês eram suas esperanças de uma próxima colaboração com D'Annunzio, uma vez regressando à Itália. Antes de embarcar para Nova York, escrevera ao poeta, de Paris, no dia 18 de janeiro, para reiterar seu sincero compromisso: "Eu gostaria de poder *cancelar* tudo, tudo, tudo! Dar tudo o que tenho para oferecer e de repente *desaparecer*. O santo trabalho tem de ser só para você – aquele trabalho que você definiu como *alegre e fecundo*". O silêncio de D'Annunzio enquanto a turnê norte-americana estava acontecendo deixou-a confusa e consternada. A efusiva adulação de suas cartas ao poeta durante essa fase inicial do relacionamento trai sua paixão: "*Olho o sol* e dou graças a todas as forças providenciais desta terra por terem encomendado nosso encontro". D'Annunzio é aclamado como "a força benéfica", como seu guia ao longo "do caminho dourado que segui com tanto sacrifício e pena"; e, numa carta não-datada, ela se entusiasma: *"Vi a luz* simplesmente ouvindo a sua alma – e um amor irresistível enche meu coração". De fato, eram sentimentos impetuosos esses, e não sem perigo, quando dirigidos a alguém suscetível às lisonjas como D'Annunzio. O sucesso artístico e as compensações financeiras da turnê significavam menos para ela do que as oportunidades que teria quando se visse reunida a D'Annunzio na Itália. Positivamente, ela ficava excitada em pensar que um dos maiores poetas da Itália iria escrever peças que rematariam a grandeza da tragédia clássica refletindo, ao mesmo tempo, a sensibilidade moderna. D'Annunzio, por sua vez, era incentivado pelo espírito de dedicação de Duse. Uma viagem marítima às ilhas gregas no verão de 1895 a bordo do *Fantasia* de Edoardo Scarfoglio reforçara sua decisão de escrever uma peça baseada nos mitos antigos.

Duse estava animada com o pensamento de que agora poderia escapar do velho repertório de sempre composto de dramas burgueses. Estava convencida de que o gênio de D'Annunzio redimiria o prestígio do teatro italiano na Europa. À sua amiga Matilde Serao, mulher de Scarfoglio, confiou: "Eis, por fim, meu poeta dramático! De agora em diante, trabalharei por meu próprio teatro italiano, onde apenas a mais elevada e nobre arte florescerá". Dois anos mais velha que Duse, Matilde Serao adquirira notoriedade como jornalista, ao mesmo tempo que Duse estava atraindo a atenção no Teatro dei Fiorentini, em Nápoles. As duas mulheres complementavam-se com perfeição. A roliça, bonita e extrovertida Matilde Serao sabia o bastante acerca do sexualmente promíscuo D'Annunzio para prever uma catástrofe iminente. Tentou avisar Duse dos riscos contidos em qualquer forma de ligação com aquele libertino. Eleonora estava demasiado apaixonada para fazer caso do conselho de Serao. Encarava sua promessa de colaborar com o volúvel D'Annunzio como um pacto solene. Serao, que o conde Primoli descreve como "uma brilhante e viva criatura... que parecia ter nascido numa explosão de risos e de sol", constituía um perfeito contraste à jovem Duse – "simples, meiga, boa e melancólica, vestida com roupas discretas e ostentando a triste expressão da artista bem-sucedida". Nos anos vindouros, as duas mulheres foram inseparáveis, compartilhando suas alegrias e seus pesares, apesar da desaprovação de Boito.

Serao estava consciente da mudança ocorrida em Duse, que ela achou mais reticente e reservada depois que se envolveu com Boito. E quando Eleonora voltou-se de Boito para D'Annunzio, Serao sentiu um distanciamento ainda maior por parte da amiga. Mas, se D'Annunzio, como poeta, traria à atriz novas esperanças, como amante seria sua cruz quase desde o começo. O fato de não ter respondido a suas cartas exaltadas deixou-a irritadiça e apreensiva. No dia 23 de janeiro de 1896, ela telegrafou de Paris: "Obrigada por seu telegrama e pela carta prometida. Perdoe minha aflição neste momento. Minha felicidade é minha tristeza. Uma só palavra de Ariel [D'Annunzio] me socorrerá. Adeus. Adeus". E, de Boston, escreveu em 7 de abril de 1896:

> Eu sei – eu sei muito bem que a alma não pode ser transmitida... experimentei uma angústia indescritível e um grande peso que deixa irremediáveis fardos em minha alma – e por isso senti a necessidade de telegrafar algumas palavras... Como sou capaz de lhe escrever hoje? Talvez porque o coração humano seja como o mar... Não posso explicar. Afianço-lhe que já não posso explicar nada. Faz uma semana que estou aqui – e tão doente, tão doente e impotente para resistir, quando minha alma não obedece mais à minha vontade. Venha em meu socorro. Uma longa semana e cercada de gente que não pode entender meu sofrimento... a dor é *inexprimível* e o pesar causado por seu silêncio, *insuportável*.

Enquanto Duse remoía seus pensamentos e esperava ansiosamente pelo fim da turnê americana, Schurmann mantinha um registro metódico das receitas da bilheteria. A companhia atingia somas recordes, graças à experiência e à intuição de Schurmann. Para cada apresentação de *La Dame aux Camélias*, a bilheteria totalizava quase 5.000 dólares, enquanto Bernhardt, representado o mesmo papel, ao mesmo tempo, no Abbeys Theatre de Nova York nunca faturou mais de 3.000 dólares. Esse sucesso financeiro era toldado por ansiedades de diferente natureza. As suspeitas de Eleonora sobre os motivos do silêncio do poeta não eram em absoluto infundadas. Durante sua ausência da Itália, D'Annunzio já estava pensando sobre onde a estréia da sua peça se daria e a que atriz poderia confiar o papel principal.

Já em 5 de dezembro de 1895, alguns meses depois de conceber a idéia de uma tragédia clássica, D'Annunzio escrevera a seu editor, Emilio Treves, informando-o: "É quase certo que não terei *La Città Morta [A Cidade Morta]* montada na Itália" – curiosa afirmação, já que, naquela época, não havia escrito uma só fala da peça. Em fevereiro do ano seguinte, escrevendo de Francavilla, disse a seu tradutor francês, Georges Hérelle: "Falarei com você acerca de *La Città Morta* em outra ocasião. Já estou no meio das negociações para a estréia da peça. Aqui em Roma, Giuseppe Primoli e eu *maquinamos uma trama terrível...* você logo verá o que quero dizer". Seus interesses pessoais eram menos secretos do que ele imaginava. Tanto Primoli quanto Hérelle sabiam que D'Annunzio estivera cogitando a idéia de escrever a peça em francês e, depois, submeter o texto a Hérelle para uma revisão. Garantiu a Hérelle: "Sua língua é mais fluente e flexível, e muito menos rígida do que o italiano". Mas o tempo urgia, de modo que teve de contentar-se com uma tradução de Hérelle, mas insistindo em que as palavras "traduzidas do italiano" deveriam ser cuidadosamente omitidas de qualquer publicidade. O passo seguinte era persuadir Sarah Bernhardt a estrelar a estréia mundial da peça em Paris, estratégia destinada a conseguir uma grande publicidade e garantir o sucesso financeiro. O conde Primoli viu-se numa situação delicada. Ele estava em excelentes termos tanto com Duse como com Bernhardt. Até que ponto Primoli fechou os olhos para a trapaça do poeta é coisa que nunca ficou clara. À sua maneira, ele também era um mestre da intriga, mas, nesse caso, é provável que não se tenha sentido capaz de dissuadir D'Annunzio de trair Duse, ou, então, simplesmente não entendeu toda a importância que aquele projeto tinha para a atriz.

Duse voltou a Veneza no verão de 1896. Em fins de junho, D'Annunzio, em outra carta a Georges Hérelle, menciona que estava completando umas pesquisas sobre os acontecimentos-chave da cidade para o seu romance *Il Fuoco*, que começaria a escrever em meados de julho. Mal o poeta e a atriz se encontraram, Duse indagou ansiosamente sobre a tão esperada peça, que D'Annunzio esboçara em tão vivos detalhes em todos aqueles meses passados. Ela recordou-lhe a promessa que haviam feito de trabalharem por ideais comuns que dariam nova direção ao teatro italiano e enfatizou a dependência em que estava da colaboração dele. Portanto, foi um rude golpe quando soube, do próprio D'Annunzio, que *La Città Morta* ainda estava em projeto e que fora virtualmente prometida a Sarah Bernhardt.

Em fins de setembro, D'Annunzio começou a retomar o trabalho sobre o esboço manuscrito. Sua situação doméstica em Francavilla tornara-se insuportavelmente turbulenta e a separação final da última de suas amantes, a princesa Maria Gravina, era iminente. A princesa tomara o lugar de sua amante anterior, Barbara Leoni, e abandonara o marido no outono de 1892 para viver com D'Annunzio. Uma filha, Renata, nascera em janeiro do ano seguinte. Em maio de 1897, a princesa deu à luz o segundo filho dos dois, Dante Gabriele, mas por aquela época o relacionamento do casal já se deteriorara. Graves problemas financeiros e as infidelidades do poeta reduziram a princesa a um estado de histeria que beirava a loucura. A infeliz mulher acabou seus dias tomando conta de uma modesta pensão em Monte Carlo, com a vida destruída pelas batalhas legais e por trágicos amores. A atmosfera de *grand guignol* de Francavilla começou a afetar a saúde de D'Annunzio; as crises de depressão tornavam-lhe impossível a criação, mas, de repente, num vigoroso ímpeto de inspiração, completou *La Città Morta* em quarenta dias. Duse tentou ocultar seu desapontamento com o fato de a peça ser estreada por Sarah Bernhardt em Paris, e, talvez desejando dar-lhe uma reparação por aquele abuso de confiança, D'Annunzio sugeriu que ela procurasse montar a peça na Itália antes do fim do ano. Infelizmente, Duse já assinara um contrato com Schurmann para mais uma turnê pela Alemanha e a Rússia, mas declarou, sem um momento de hesitação, estar pronta para cancelar o contrato, mesmo a risco de ser processada. Fazendo esse gesto audacioso, ela estava subestimando os problemas que teriam de ser solucionados. Onde iria encontrar em tão pouco tempo atores com que pudesse contar para encenar a peça segundo a linha concebida por D'Annunzio? As companhias já haviam sido formadas para a temporada de 1896-97 e todos os melhores atores e atrizes já estavam com contrato assinado. Sempre impetuosa, Duse estava preparada para fazer todos os sacrifícios possíveis – antes isso que reconhecer a derrota. Com generosa devoção prometeu a D'Annunzio:

Estou cancelando todos os meus compromissos para os próximos meses. Programara partir em meados de outubro para Berlim, Copenhague e São Petersburgo – Tudo cancelado. Decidi firmemente agora permanecer na Itália – vou fazer algumas apresentações de quando em quando e continuar a procurar, aqui e ali, artistas à altura das exigências de *La Città Morta*.

Duse ainda esperava claramente ser associada à estréia européia da peça, mas D'Annunzio não estava disposto a considerar nenhum adiamento. Além disso, as negociações com Sarah Bernhardt para a estréia estavam bem encaminhadas. Durante meses, ele se correspondera com a atriz francesa, relatando seu progresso e, por fim, confirmando que a peça estava concluída. Bernhardt recebeu as notícias com entusiasmo: "Dou-lhe minha palavra que arranjarei tudo de modo que os cenários, os atores e as circunstâncias sejam dignos de seu admirável e perspicaz gênio", escreveu ela, tranqüilizadora. Logo a imprensa francesa estava anunciando a próxima estréia de uma tragédia moderna de Gabriele D'Annunzio, com Sarah Bernhardt à frente do elenco. A peça seria montada no Théâtre de la Renaissance naquele mesmo inverno. Geoges Hérelle completou a tradução francesa num tempo recorde e no dia 1º de janeiro de 1897 Bernhardt telegrafou ao autor em estado de êxtase: "Maravilhosa! Maravilhosa! Maravilhosa! Meu coração está repleto de gratidão". As congratulações eram prematuras, pois pouco depois, sem entrar em detalhes, Bernhardt informou inesperadamente D'Annunzio de que seria necessário adiar a estréia por um ano inteiro, até janeiro de 1898.

Ambos, D'Annunzio e Duse, devem ter sentido vivamente a ironia desse adiamento, pois ela poderia ter facilmente resolvido o problema de um elenco adequado para uma produção italiana no mesmo lapso de tempo. Mas o acordo formal do poeta com Bernhardt especificava claramente que qualquer espetáculo na Itália só poderia ser montado depois da estréia parisiense. Duse ficou muito aborrecida com essa restrição frustrante, mas reprimiu seu desagrado e decidiu salvar o que podia de sua turnê cancelada. Seus compromissos em Copenhague estavam irremediavelmente perdidos, mas novos arranjos foram rapidamente feitos por Schurmann para apresentações em Berlim e São Petersburgo, após frenéticas negociações de última hora com agentes e empresários. Sua incerteza quanto às intenções reais de D'Annunzio estavam se revelando uma tremenda fonte de tensões, e Duse começou a perguntar-se por quanto tempo ainda poderia suportar o sacrifício. Matilde Serao não era a única a mostrar a Duse que ela estava arriscando toda a sua carreira, se desconsiderasse suas obrigações contratuais. Desde o fim de outubro de 1896, não houve mais troca de correspondência entre a atriz e o poeta – uma nítida indicação das tensas relações entre eles. Duse pusera muita fé nessa colaboração com D'Annunzio. Deixando o coração dominar a cabeça, oferecera-lhe tudo ao seu alcance, só para ter sua ilimitada generosidade paga com um clamoroso ato de deslealdade.

Sob a orientação de Boito, ela amadurecera como artista. O estudo consciencioso e uma constante reavaliação da sua carreira transformaram toda a sua personalidade e, à medida que seu gosto se tornava mais refinado, seus padrões tornavam-se mais restritos. Sua paciência com as banalidades dos dramas burgueses que lhe deram fama chegara ao fim. Continuava a ler muito: Dante, Maeterlinck, os *Sonetos* de Shakespeare, *As Enéadas* de Plotino e *Kim* de Rudyard Kipling, ao mesmo tempo que todas as novas peças que lhe chamavam a atenção. Sua inteligência exigia agora algo melhor – um drama de dimensões heróicas e de qualidade literária, capaz de enfrentar a prova do tempo e impor respeito fora da Itália. Valores atemporais expressos em linguagem contemporânea seriam o sinal distintivo desse novo teatro poético. Também começou a esperar uma melhor compreensão de parte do público. Mesmo na Alemanha, ela sentia que a crítica e o público, apesar de favoráveis, não apreendiam plenamente seus ideais. Mas, no fim das contas, o senso comum prevaleceu. Ideais elevados não podiam estar inteiramente divorciados da necessidade de ganhar dinheiro, se sua companhia devesse sobreviver. Ela refletia com alguma tristeza: "O dinheiro aparece e desaparece tão depressa – como todas as coisas essenciais e nobres –, que a gente tende a esquecer que o dinheiro é fruto do esforço e do trabalho". A receita das bilheterias raramente igualavam, quando igualavam, os grandes débitos que precisavam ser saldados.

A intenção de Boito de traduzir várias outras peças de Shakespeare para Duse deu em nada. Agora, quando refletia sobre as numerosas propostas vindas de várias partes, todas as quais estavam se evaporando gradualmente, sentia-se incerta sobre para onde deveria voltar-se. À medida que a presença de Boito refluía de seus pensamentos, suas cartas tornavam-se menos agitadas e mais filosóficas, e ela começava a resignar-se a seguir um caminho solitário. Refletia: "Cada um de nós – tem seu próprio piloto... mas ... o meu é invisível". Nos últimos anos de sua vida, a atriz iria lembrar-se daquelas intermináveis peregrinações. Numa carta ao escritor Giovanni Papini, escreveu: "Se você ao menos soubesse quanto torturava minha alma embarcar sozinha e partir. Sempre me considerei a mais pobre das imigrantes... Mas, quando voltava com meu coração e minhas mãos cheias, o tormento parecia maior ainda!"

Após uma breve estada em Paris, apresentou-se em Berlim de 22 de novembro a 1º de dezembro. Sentia-se reconfortada pela presença de Lawrence Alma Tadema e Giulietta Gordigiani, aqueles "dois anjos da guarda" com quem podia contar em momentos de aflição e solidão. Duse também conseguiu que Enrichetta fosse trazida de Dresden a Berlim para um breve encontro. A saúde da menina melhorara muito e Duse percebeu uma mudança notável na filha. Confiou a Boito: "Na última noite, trouxe-a para a minha cama e a coisinha querida chorou, enroscada contra mim". Essas breves reuniões continuaram a proporcionar-lhe grandes alegrias e tristezas, dado que novos compromissos condenavam-na a novas separações. "A gente corre o mundo", refletiria, "na esperança de chegar a algum abrigo de paz... mas esse viajar constante é tão cansativo". Numa carta datada de 26 de novembro, tenta explicar a Boito como está lutando para alcançar a harmonia e a calma interior, ciente da profunda crença que ele tinha nesse princípio sagrado para toda personalidade criadora.

Durante o mês de dezembro, Duse apresentou-se em São Petersburgo – "uma tarefa difícil" dessa vez, porque sua saúde estava começando a piorar. Os ingressos para o Teatro Maly esgotaram-se com quatro semanas de antecipação. Para essa nova visita à cidade, *Heimat* de Sudermann foi incluída no programa e sua atuação como Magda recebeu uma ovação de pé de seus admiradores russos. Os críticos corroboraram a apreciação feita por Shaw e notaram sua rara habilidade em prender a platéia no mundo interior de Magda, em comunicar os pensamentos e o sofrimento da heroína com tamanha intensidade que deixava a platéia perplexa e profundamente comovida. Um artigo do *Teatralnoye Obozreniye* observava como Duse era capaz de transformar gradativamente Magda em alguém intimamente conhecido da platéia. Quando o pano por fim caía, o público presente estava tão absorto e perturbado pelo que acabara de testemunhar, que permanecia sentado num silêncio aturdido, demasiado perdido em seus pensamentos até mesmo para aplaudir. No dia 28 de dezembro, Duse teve a honra especial de ser convidada a apresentar *Heimat* no Teatro Imperial Alexandrinsky, privilégio nunca antes concedido a um artista estrangeiro.

Escreveu a Boito de São Petersburgo informando-o de que muitos admiradores dela, em especial mulheres, indagavam por que não incluía Shakespeare em seu repertório. Isso era claramente uma leve repreensão e um lembrete a Boito de que ainda estava aguardando as traduções que ele prometera. Nos momentos de lazer, Eleonora estivera relendo cenas de *As You Like It* e *All's Well that Ends Well* em traduções francesas: "Que deleite e que alegria!", comentou; "mas essas peças são tramadas com fios tão finos que requerem um manuseio cuidadoso". Pediu a Boito: "Releia a parte de Rosalind e indique o *tom* correto. Posso visualizá-la." Em outra carta, pergunta: "Releu a parte de Rosalind? Ah, que papel delicioso, mas suspeito que seja de difícil interpretação".

Em mais uma carta de São Petersburgo, sem data, informa Boito de que estivera em contato com o crítico Enrico Panzacchi, a quem pedira para fazer uma tradução da peça de John Ford *'Tis Pity She's a Whore*. Totalmente desencantada com os dramas do fim do século e com os heróis de gravatas brancas e fraques, ela desejava ter nascido na época de Shakespeare e vivido numa sociedade povoada de "criaturas de carne e osso". Mas Boito e Panzacchi demoravam para responder a seus pedidos de ajuda a esses projetos. Sofrendo uma exaustão nervosa, Duse ficou, de repente, seriamente enferma ao chegar a Moscou, e os médicos persuadiram-na a cancelar todos os compromissos. De volta à Itália, tentou convalescer, mas sentia-se inquieta e sem ter o que fazer. Então, inesperadamente, recebeu, para sua surpresa e prazer, a tradução de Boito de *As You Like It*. Numa carta datada de 27 de fevereiro de 1897 e postada em Santa Margherita, na Riviera italiana, onde estava se recuperando, ela lhe agradeceu o manuscrito: "Recebi *As You Like It*. Passei a noite de ontem lendo o texto... o enredo me parece um tanto fraco. Podemos tentar, mas talvez se revele uma perda de tempo". Quão sério era seu compromisso com Shakespeare a essa altura é uma dúvida que permanece. Com sua característica persistência, ela ainda estava planejando realizar a primeira apresentação italiana de *La Città Morta*, e isso continuava a ser sua principal preocupação. Em 28 de março de 1897, mandou um esboço de acordo a Adolfo de Bosis, para servir de base a um contrato legal entre ela e D'Annunzio, pelo qual o autor receberia vinte e cinco por cento líquido da bilheteria e 10.000 liras de indenização, se ela não quisesse ou pudesse mais encenar a peça antes de 1900.

Em algum momento de março ou abril, deu-se a reconciliação entre o poeta e a atriz, graças à intervenção do conde Primoli, que era um experimentado mediador nos círculos artísticos. Vários dias depois, o poeta leu o texto de *La Città Morta* para Duse em Albano Laziale, onde discutiram a possibilidade de construir seu próprio teatro à margem do lago, como o teatro ao ar livre recentemente criado em Orange, na França. Juntos criariam um repertório de dramas em verso, constituído largamente de obras do próprio D'Annunzio, ao mesmo tempo que de traduções italianas de tragédias gregas e peças de poetas modernos com quem eles sentissem alguma afinidade de ideais. Esse teatro particular estaria livre de qualquer especulação comercial, e Albano, com seus sítios pitorescos e fácil acesso de Roma, realizaria para o teatro o que a Bayreuth de Wagner realizara para a música. Esse projeto empolgante despertou em Duse novas esperanças. Era esse o objetivo pelo qual ela lutara anos a fio. Escrevera a D'Annunzio: "Antes de deixar para sempre o teatro, gostaria de fechar firmemente as portas com uma peça *sua*. (Meu Deus! Que alegria!)" Ciente das tradições e dos ideais sustentados pelas gerações precedentes de atores italianos, Duse estava ansiosa por dar alguma contribuição que pudesse ser associada a seu nome nos anos por vir. Até então, suas idéias sobre o teatro do futuro haviam produzido maior impacto nos críticos teatrais estrangeiros do que de sua Itália natal. Se o projeto do lago Albano pudesse ser concretizado, o público italiano finalmente teria um teatro de excelência artística comparável às companhias de vanguarda de todo o resto da Europa, como o Théâtre-Libre de André Antoine em Paris, o Freie Bühne de Otto Brahm em Berlim e o Independent Theatre de Londres, fundado por Jacob Thomas Grein. Mas a falta de capital e as respostas desalentadoramente negativas dos críticos e dos colegas italianos, cujas opiniões favoráveis poderiam ter levado a um resultado favorável, logo fizeram esse sonho ambicioso ser sepultado para sempre.

1897 – Triunfos em Paris

Em abril de 1897, Schurmann instou Duse a reconsiderar a possibilidade de fazer algumas apresentações em Paris. A capital francesa ainda era, na virada do século, o centro da atividade teatral da Europa, o lugar em que as reputações eram feitas ou perdidas. Por esse exato motivo, Duse até então omitira a cidade de suas extensas turnês européias. Ela tinha plena consciência dos riscos que implicava apresentar-se perante o público francês sem uma preparação adequada. As platéias parisienses eram conhecidas por seu chauvinismo e sua atitude de superioridade quando confrontadas com o que quer que viesse do exterior. Em sua avaliação das companhias teatrais visitantes, eram severas ao extremo e estavam sempre prontas para deplorar e ridicularizar tudo o que achassem fraco ou malpreparado.

O desafio parisiense atraía Duse, mas ela ainda estava incerta quanto a arriscar um humilhante fracasso nos domínios de Sarah Bernhardt. Por fim cedeu aos argumentos de Schurmann, que já persuadira Bernhardt a arrendar o Théâtre de la Renaissance para a estréia de Eleonora. No entanto, assim que concordou com as propostas do empresário, ela começou a se atormentar com todos os problemas colocados por esse compromisso. Como atriz, Sarah Bernhardt não tinha igual em Paris. A com-

Signora ELEONORA DUSE

PERFORMANCE OF
"LA LOCANDIERA"
(THE HOSTESS)

Comedy, in Three Acts, by CARLO GOLDONI,

BY COMMAND OF
HER MOST GRACIOUS MAJESTY
THE QUEEN,
AT
WINDSOR CASTLE,
ON
Friday, May 18th, 1894.

Dramatis Personæ:
—o—

Il Cavaliere di Ripafratta Signor **ROSASPINA**

Il Marchese di Forlipopoli Signor **CESARE ROSSI**

Il Conte d'Albafiorita - Signor **CANTINELLI**

Mirandolina (Locandiera) Signora **ELEONORA DUSE**

Fabrizio (Cameriere) - Signor **MASI**

Servo del Cavaliere - Signor **SAINATI**

Under the Direction of Mr. HUGO GÖRLITZ.

14. Elenco de *La Locandiera* que representou diante da rainha Victoria no castelo de Windsor em 18 de maio de 1894. O programa foi encadernado em cetim branco com uma cruz de ouro gravada em relevo. Duse sugerira originalmente uma apresentação de *La Dame aux Camélias*, mas a filha da rainha achou que os valores decadentes da peça poderiam ofender Sua Majestade.

(Dos Arquivos Reais do Castelo de Windsor. Reproduzido com a graciosa permissão de Sua Majestade a Rainha) panhia de Bernhardt orgulhava-se de seu profissionalismo e de seu elevado padrão, associado às melhores tradições da Comédie Française. E as obras apresentadas em francês – qualquer que fosse seu país de origem – impunham imediata e respeitosa atenção.

"Nunca ousei representar antes para o público parisiense; ele está acostumado com produções tão impecáveis, com artistas tão consumados!", confiou ao conde Primoli, acrescentando: "Meu repertório consiste em pobres traduções de peças francesas conhecidas. Se pelo menos pudesse representar *La Città Morta*!"

Duse começou, de repente, a ficar aflita com a inadequação da sua trupe e sentiu-se, ela mesma, malpreparada para o trabalho que tinha pela frente. Com um desespero crescente, reviu seu repertório. Entre as obras italianas à sua disposição, a *Cavalleria Rusticana* de Verga já era conhecida como ópera em Paris; enquanto peça, temia que pudesse ser menos bem aceita por parte das platéias. É verdade, *Tristi Amori* de Giacosa e *La Moglie Ideale* de Praga estavam à sua disposição, mas os papéis femininos principais nessas peças eram personagens burguesas de pouca profundidade psicológica. Duse estava discutindo esses problemas com o conde Primoli um dia, quando D'Annunzio veio ter com eles. Primoli, mais tarde, registrou a conversa que se produziu entre a atriz e o poeta:

D'Annunzio: Não há razão para esperar mais tempo, agora que as portas do
    Théâtre de la Renaissance foram abertas para você por Sarah, a Magnífica!
Duse: Pois bem! Para render homenagem à Rainha dos Poetas, dê-me ritmos e
    imagens: improvise uma obra poética para mim.
D'Annunzio: Você não pode estar falando sério. Numa semana! É loucura.
Duse: Então crie o papel de louca para mim!
D'Annunzio: Você vai a Paris?
Duse: Só com essa condição.
D'Annunzio: Então tentarei satisfazer a seu pedido!
Duse: Quero uma promessa formal.
D'Annunzio: Muito bem! Em dez dias você terá sua loucura!

Desta vez, ele manteve a palavra. Dez dias depois, em 23 de abril, entregou-lhe o manuscrito de *Il Sogno d'un Mattino di Primavera [O Sonho de uma Manhã de Primavera]*. O próprio poeta leu-lhe a peça em particular e dirigiu pessoalmente os ensaios realizados em Frascati. Duse sentiu-se rejuvenescida. Depois do abatimento e do desânimo dos últimos anos, seu trabalho de repente tornou-se empolgante e "dotado de sentido". Ela estava plenamente consciente de que Boito desaprovaria essa nova aliança com D'Annunzio. Já sentira sua reprovação e, como que para se antecipar às suas objeções, instara-lhe algumas semanas antes: "Não mate essa grande força dentro de mim... Confie em mim. *Dê-me minhas asas... Voltarei para você* – para aninhar-me na palma da sua mão!"

Uma vez a colaboração com D'Annunzio tendo se tornado um fato consumado, não tardou a informar Boito de sua decisão. O entusiasmo da atriz era irrefreável:

> A primeira leitura do drama já se realizou... O título foi tirado de Shakespeare – o único título possível para essa "obra sublime". Nunca houve um sonho tão doce e tão cruel... Lenor dirá coisas que nenhum dramaturgo a fizera dizer antes... e é preciso parecer bela e radiante... Sei que eu também me acho sonhando e que a vida que sempre me sufocou com um excesso de alegria ou de sofrimento hoje me parece distante e remota.

A mesma excitação tensa emerge numa comunicação a sua amiga, a escritora Olga Ossani. Uma breve carta datada de 8 de maio deixa claro que cada hora do dia estava sendo dedicada a preparativos para a estréia mundial de *Il Sogno d'un Mattino di Primavera*. Pedindo desculpas a Ossani por seu silêncio e por ter andado esquiva, explica: "Nesse momento, é impossível falar do que quer que seja além de *Il Sogno*... É como se todas as palavras da peça estivessem capturadas numa rede dentro da minha cabeça... mas, embora eu saiba exatamente como deveria dizer as falas – a inflexão correta me escapa!"

Primoli, por amizade e admiração, teve um papel importante na calorosa acolhida que Duse teve na capital francesa. Ele tratou de contatar, sem perder tempo, numerosos amigos e artistas em Paris que pudessem utilizar sua influência para proporcionar à próxima visita de Duse o máximo de publicidade. Primoli também aproximou-se da veterana Adelaide Ristori, que desafiara outrora a supremacia da trágica francesa Rachel, e pediu-lhe que fizesse para ele uma avaliação pessoal da arte de Eleonora. Em sua resposta, Ristori reiterava sua admiração por Duse, que criara um estilo pessoal distinto. E, enquanto continuava a deplorar seu repertório de "mulheres modernas", afligidas por neuroses e bizarros distúrbios *fin-de-siècle* do corpo e da alma, predisse uma estréia cheia de sucesso em Paris para essa nova embaixatriz do teatro italiano. As cartas de Ristori ao conde Primoli escondiam mal sua irritação. Não se pode deixar de sentir que ela teria preferido permanecer calada. Mas Ristori sabia que uma recusa a satisfazer ao pedido de Primoli seria mal-interpretada pelos colunistas mexeriqueiros. Sua paciência foi posta ainda mais à prova quando um artigo na imprensa francesa proclamou que Duse seria a primeira atriz italiana a trazer *La Locandiera* de Goldoni a Paris. Uma irritada Ristori assinalou que ela mesma representara o papel em Paris, em 1855. O próprio Primoli contribuiu, então, com um extenso ensaio, que foi publicado na *Revue Encyclopédique* de 29 de maio, ressaltando a carreira de

Eleonora e as qualidades que lhe deram fama: "Sua extraordinária inteligência... uma mulher de verdade... sem artifício, comovente, sedutora, simples e trágica".

Duse ficou tocada com essas manifestações de amizade e boa vontade. Os esforços de Primoli em seu favor garantiram casa cheia em todas as apresentações. Mas breves cartas para seus amigos na Itália fornecem uma visão da tensão nervosa que se apoderou de Duse quando ela se preparava para esse compromisso decisivo. Uma carta sua ao crítico teatral Edoardo Bouet exprime seus sentimentos contraditórios sobre o ambiente teatral em Paris. Escreveu: "É um fenômeno curioso! Tudo aqui parece tão favorável e tão hostil!" Outras missivas a Boito falam das complicações administrativas que ameaçavam perturbar sua concentração.

Sarah Bernhardt estava representando em Bruxelas quando Duse chegou a Paris. No dia em que voltou da Bélgica, o conde Robert de Montesquiou acompanhou Duse ao estúdio de Bernhardt, onde as duas atrizes se cumprimentaram efusivamente. O cínico Montesquiou saboreou a cena e, mais tarde, rememorou que as duas mulheres caíram uma sobre a outra com tamanho vigor, que seu abraço "mais parecia uma colisão do que um sinal de afeto". Naquela mesma noite, Bernhardt representou *La Samaritaine* no Théâtre de la Renaissance, onde um camarote decorado com orquídeas fora reservado para Duse.

A tão esperada estréia de Duse em Paris finalmente aconteceu no Théâtre de la Renaissance, no dia 1º de junho de 1897. O teatro estava lotado de personalidades ilustres – aristocratas, intelectuais, artistas – e os melhores lugares da platéia foram vendidos por nada menos de 250 francos. A bilheteria dessa curta temporada totalizou cerca de um milhão de francos. Para sua estréia, Duse, depois de alguma indecisão, decidiu oferecer *La Dame aux Camélias* – uma escolha ousada, calculada para provocar comparações com a interpretação de Bernhardt, que muitos consideravam definitiva. A peça de Dumas pode ter sido uma escolha de Schurmann, e não dela, porque, no início de abril, ela confidenciava a Boito: "Estou apavorada com a idéia de retomar o trabalho com aquela eterna *Dame aux Camélias* – meus lábios se recusam a dizer por mais tempo aquelas falas".

A refinada platéia estava presa de excitação e suspense. Quando o pano subiu para o primeiro ato, os nervos arrasaram a atuação de Eleonora, bem como a dos outros integrantes do elenco, e a companhia italiana não pôde esperar competir com a generosa montagem da peça por Sarah Bernhardt. Aplausos polidos saudaram as cenas iniciais, mas, à medida que a peça prosseguia, Duse começou a revelar seus poderes extraordinários e, quando o pano baixou no último ato para uma estrondosa ovação, até mesmo os céticos estavam preparados para admitir que aquilo era algo mais que um *succès d'estime*. A própria Sarah Bernhardt levantou-se para conduzir o aplauso, quando Duse foi chamada repetidas vezes à cena, exausta, mas visivelmente comovida e aliviada.

No dia seguinte, Francisque Sarcey, o líder reconhecido dos críticos teatrais franceses, observava em sua resenha da apresentação que "sua presença cênica começou gradativamente a irradiar algo que toma conta de você e deixa-o irremediavelmente cativo". Outras vozes influentes confirmaram o triunfo de Duse: Jules Lemaître, André Antoine, Zola, Jules Huret, Paul Deschenel, Gustave Larroumet, Léon Bernar-Derosne e Marcel Prévost entre elas. Comparações detalhadas das interpretações dadas por Duse e Bernhardt da Marguerite Gautier de Dumas sugerem que ambas as atrizes eram memoráveis no papel por diferentes motivos. Bernhardt, suntuosamente vestida e penteada, projetava uma presença muito mais elegante como a heroína decaída. Duse, por sua vez, era mais submissa e pungente. A resenha de *L'Illustration* publicada em 5 de junho de 1897 procura analisar as inevitáveis diferenças de temperamento:

> Precisamos chegar ao ponto: Madame Duse é, inequivocamente, uma artista genial, na medida em que todos os seus efeitos provêm da alma, da apurada personalidade de uma mulher com nervos e coração; sua atuação origina-se mais nas coisas sentidas do que nas coisas estudadas, ou seja, é o oposto de uma formação dada pelo Conservatório. Os italianos têm razão ao clamar que ela é perfeita, porque eles a ouvem em sua própria língua, e seu fluxo musical de palavras não é ideado para maravilhá-los, pois é característico de sua língua materna. Já nós, franceses, temos de nos acostumar a essa música, que ainda nos encontra cativados, como as platéias dos outros países, pela comovente graça de seu semblante móvel em que se refletem as mais leves nuances de felicidade e pesar.

O conde Robert de Montesquiou, que já vira Duse atuar na Itália e na Bélgica, partilhou a admiração de Primoli pelo carisma da atriz e pela fina sensibilidade da sua atuação. Escritor prolífico e pretenso jornalista, Montesquiou encarregou-se de oferecer uma avaliação pessoal de sua Marguerite na noite de estréia. Numa ardorosa resenha, tentou captar a pungência quase insuportável da atuação de Duse depois de prometer ao pai de Armand que está disposta a sacrificar seu amor. Numa prosa de gosto duvidoso, Montesquiou descreve como, nessa cena crucial,

> Duse retornou para apreender, num olhar que tudo abraçava, o paraíso perdido de sua feliz moradia; sem forças, sem consciência nem pensamento, ela voltou para dentro de casa como que perdida e em transe; então, jogando-se de repente numa espreguiçadeira, soltou soluços reprimidos que destroçaram seu corpo entorpecido, soluços de uma criança aflita, porque alguém levou embora seu brinquedo, seu doce, sua boneca.

Para esse importante compromisso, Duse esteve naturalmente ansiosa por conseguir o melhor parceiro possível. Em sua companhia, Flavio Andò nunca fora superado como Armand por nenhum de seus sucessores no papel. Depois de muito ser persuadido pelo conde Primoli, Andò finalmente concordou em contracenar com Duse em *La Dame aux Camélias*. Para Duse, Andò, embora já mais que quarentão, ainda era o complemento perfeito para sua Marguerite. No entanto, os críticos parisienses foram todos um tanto mornos em suas reações ao desempenho do ator. O crítico teatral de *L'Illustration* achou seu Armand competente, mas "um tanto afetado". Compreensivelmente aborrecido, Andò regressou de imediato à Itália, sendo substituído no papel por Carlo Rosaspina.

Entre os artistas franceses ilustres que acorreram para assistir Duse representar estava Eugénie Doche, a primeira atriz a encarnar Marguerite em 1852, Sarah Bernhardt, suntuosamente vestida no camarote central e que Montesquiou descreveu "coroada de rosas, como Ifigênia conduzida a seu sacrifício", Constant Benoît Coquelin, societário da Comédie Française, e as atrizes Gabrielle Réjane e Julia Bartet. Entre as incontáveis celebridades presentes à noite de estréia havia representantes de todos os setores da cena cultural francesa, inclusive a viúva de Bizet, que ouviram exclamar: "Ah, vossa Duse!... é como ouvir Bizet em prosa!"

Uma vez cessada a excitação e a curiosidade, concordou-se em geral com que a Marguerite de Duse era antes uma interpretação interessante do que definitiva. Sua atuação seguinte foi como Magda, em *Heimat* de Sudermann; mas uma súbita doença forçou-a a adiar por mais de uma semana as outras apresentações programadas. Era a conseqüência da tensão e do esforço que lhe exigiu a preparação de sua estréia na capital francesa. Fisicamente exausta e febril, Duse lutou para superar essa crise. Havia muita coisa em jogo. *Il Sogno d'un Mattino di Primavera* necessitava de mais ensaios e Duse desejava recuperar a saúde para não falhar a seu amado poeta.

Mal ficou de pé, foi convidada a tomar parte numa noite de gala em homenagem a Dumas Filho. Encantada com o convite, aceitou sem um instante de hesitação. Dumas falecera cerca de dezoito meses antes, e um comitê, encabeçado pelo dramaturgo Victorien Sardou, fora organizado em Paris para erigir-lhe um monumento. Artistas ilustres que se apresentavam em Paris foram convidados a contribuir para o sucesso da noite. Bernhardt pôs seu teatro à disposição do comitê para o evento; a atriz francesa seria a atração principal, e a participação de Duse seria um prêmio extra. A gala aconteceu no dia 14 de junho e foi um dos maiores acontecimentos teatrais da temporada. O programa foi iniciado por uma peça de um ato, *L'Aveu*, escrita pela própria Sarah Bernhardt. Seguiram-se árias de ópera cantadas por Tamagno e outros grandes cantores que se apresentavam na Ópera de Paris. A cantora Yvette Guilbert apresentou, então, um monólogo, sendo seguida por Duse no ato II de *La Femme de Claude*. Sarah Bernhardt fez valer seu privilégio de diva anfitriã encerrando a primeira parte do programa com os atos IV e V de *La Dame aux Camélias*. Depois do intervalo, Coquelin recitou um poema de Rostand, seguido de mais árias de ópera. A noite acabou convenientemente com o descerramento do busto de Dumas, de Jean-Baptiste Carpeaux. Os artistas reuniram-se no palco em torno da estátua, enquanto Bernhardt recitava "Homenagem de Marguerite Gautier a Alexandre Dumas" de Rostand. Enquanto o pano caía, Bernhardt e Duse, de mãos dadas, inclinavam-se diante do busto do dramaturgo que lhes havia servido tão bem. Bernhardt assegurou-se de que teria a parte do leão do programa nessa memorável ocasião. Por seu turno, Duse sentiu-se privilegiada por ter sido convidada a participar e ficou profundamente comovida com o acontecimento.

Bernhardt partiu para Londres na manhã seguinte e os colunistas logo inventaram uma feroz rivalidade entre as duas divas. De fato, Bernhardt estava programada para estrear no Adelphi de Londres no dia 17 de junho, para uma temporada de quatro semanas. É difícil ver como Bernhardt poderia ter adiado sua partida sem cancelar algumas das suas apresentações em Londres. Portanto, era evidente que muito mais as circunstâncias do que qualquer intento deliberado de desconsiderar sua rival italiana impediam Bernhardt de assistir à estréia de *Il Sogno d'un Mattino di Primavera*.

Uma tradução francesa dessa peça lírica em um ato fora publicada na *Revue de Paris* de 1º de junho, graças à influência de Primoli. A obra teve sua primeira apresentação na capital francesa, no original italiano, no dia 15 de junho de 1897, diante de uma platéia ilustre, que incluía o presidente, Monsieur Félix Faure. Para surpresa de todos D'Annunzio não estava no teatro naquela noite. No dia seguinte, a crítica deu conta de um clamoroso sucesso. Telegramas efusivos foram despachados para o autor, em Roma. O desempenho de Duse como Isabella foi julgado um milagre de tirocínio teatral, e os críticos reconheceram uma nova técnica nesse "poema dialogado". François Carry, escrevendo em *Le Correspondant*, louvou D'Annunzio pela "mescla de requintadas harmonias, cores, transparências luminosas, combinadas com visões psicológicas de admirável delicadeza e sutileza. Os personagens do drama, como os de Maeterlinck, falam uma língua misteriosa que suscita no ouvinte os mesmos sentimentos indeterminados provocados pela música". Outros críticos ficaram menos impressionados. *Il Sogno d'un Mattino di Primavera*, observaram, "virtualmente não tem ação, enquanto peça; as questões de local e período são definidas vagamente e a obra parece flutuar desconfortavelmente entre a realidade e a fantasia". Para as platéias acostumadas ao *verismo* e às peças de interesse contemporâneo que põem em jogo personagens reais captados no conflito humano, as exaltações poéticas e as rapsódias simbólicas de D'Annunzio são demasiadamente sem brilho e sentido. Duse preparou o papel com o maior cuidado e encarnou Isabella – uma desgraçada criatura enlouquecida pela dor ao ver seu amado assassinado diante de si – com uma força extraordinária. A atriz dominou todos os detalhes de fraseado e inflexão do texto de D'Annunzio, mas era preciso algo mais do que seu aplicado desempenho para dar vida à peça. D'Annunzio não estava satisfeito com a acolhida de sua peça na França. Os críticos franceses deixaram-se fascinar pela divina Duse, mas expressaram sérias reservas quanto à qualidade de *Il Sogno d'un Mattino di Primavera.*

Enquanto as apresentações de Bernhardt, públicas e privadas, davam a impressão de "um exército com estandartes", arrastando triunfalmente tudo o que encontrava pela frente, Duse possuía uma "voz tranqüila e pequena" que, gradativamente, mas com o maior poder, minava qualquer resistência e, por fim, penetrava fundo no coração da platéia. Duse tornava-se cada vez mais forte, à medida que completava seu repertório. Se não conseguiu superar Bernhardt em *La Dame aux Camélias*, sua Magda e sua Césarine podiam ser comparadas de maneira mais que favorável às interpretações da atriz francesa. A embaixada italiana em Paris ofereceu um almoço no dia 1º de julho para exprimir a gratidão da nação italiana. Três dias depois, um espetáculo especial de caridade para artistas e críticos franceses, a pedido de Francisque Sarcey, seguido de uma recepção no Bois de Boulogne, deu a esse primeiro compromisso parisiense um brilhante fecho. Dessa vez, Duse era indubitavelmente a principal atração.

A improvisada matinê de despedida, no dia 3 de julho, no Théâtre de la Porte Saint-Martin, consistiu nas cenas principais das peças de seu repertório, incluindo obras de Goldoni e Verga. Entre os itens do programa, foram notáveis sua cativante interpretação de Mirandolina – "um detalhe delicado, uma flor presa ao cabelo, cada olhar contendo algum significado" – e sua poderosa interpretação de Santuzza – "representada com toda a tensão de uma paixão reprimida". Exprimindo a gratidão de todos os que tinham uma ligação com o teatro parisiense, Sarcey escreveu sobre aquele "dia adorável, inesquecível" em que "Duse certamente tocou nossos corações".

Duse representava em italiano, mas as barreiras lingüísticas pareciam desaparecer. Sarcey, fazendo o balanço de suas apresentações em Paris, observava: "Quando alguém vê e ouve Duse, milagrosamente entende italiano". Cada nuance da sua voz e cada gesto seu revelavam os traços essenciais das mulheres que ela interpretava; o público francês ficava impressionado com a falta de artifícios e a notável fluência de suas atuações. Até mesmo o exigente Adolphe Brisson, que sucederia a Sarcey como o mais autorizado crítico teatral francês, foi conquistado pela força direta do desempenho de Duse, apesar de suas reservas quanto à pureza de seu estilo. Édouard Schneider, crítico teatral do *Le Gaulois*, recapitulando a visita da atriz à capital francesa, comentou: "Duse foi consagrada – pelo público e pela crítica – como incomparável". Longas resenhas em *Le Figaro* e *Débats*, exprimindo o mesmo tom exultante de sucesso, colocam Duse ao lado de Sarah Bernhardt, Julia Bartet e Gabrielle Réjane.

Agora que conquistara Paris, a reputação de Duse como atriz tornara-se inatacável. O grande exército de críticos da capital européia do teatro rendera-se, quase até o último homem, ante aquele estilo de representar que lhes era totalmente estranho. Pela primeira vez, esse exército vira formidáveis efeitos de interpretação serem consumados com os mais simples meios. Lá estava uma atriz cujos atributos físicos, tanto fora como no palco, não eram de modo algum notáveis; mas, uma vez postos em ação para representar, a própria atriz ficava inteiramente transformada: seus olhos e seus movimentos eram capazes de revelar a perversidade de Césarine, a rebelião interior de Magda, a natureza namoradeira de Mirandolina e a mente transtornada de Isabella, em *Il Sogno d'un Mattino di Primavera*. Seu horror à maquiagem pesada, às perucas e aos trajes espetaculares discrepava com a prática corrente, em especial na França, onde uma presença glamourosa no palco era considerada essencial para qualquer atriz que quisesse obter popularidade.

Restaram alguns críticos neófobos, entre eles Sarcey e Lemaître, que acharam que Duse levava essa política de austeridade extrema longe demais. Mas essas reservas eram facilmente rebatidas por outro crítico estrangeiro, e não menos formidável, George Bernard Shaw, que continuava a bombardear a principal glória do estilo francês de representação. Do seu lado da ribalta, em Londres, ele recusava-se firmemente a ser conquistado pelas "covinhas e o ruge" da Bernhardt.

Predisposto e impenitente, ele sustentava obstinadamente que "na arte de ser bonita, Madame Bernhardt é uma criança a seu lado". Shaw sabia que não estava sendo nada cortês com Bernhardt. Como uma vez afirmou, cheio de sarcasmo, a um amigo: "Eu nunca poderia ser justo com ela ou acreditar em suas interpretações, porque ela era tão parecida com minha tia Georgina".

Duse voltou para a Itália consolada por saber que silenciara os céticos. O impacto de sua atuação continuou a ser discutido e debatido semanas a fio, depois de seu regresso à Itália. Para mostrar sua gratidão, artistas e admiradores franceses promoveram uma subscrição para presenteá-la com uma réplica de prata da Vitória de Samotrácia, exibida no Louvre. O presente foi oferecido a Duse em Roma, e ela exprimiu seu reconhecimento numa carta ao embaixador italiano na França, datada de 20 de setembro de 1897: "A divina e triunfante réplica é um símbolo demasiado nobre da minha humilde contribuição, mas gostaria de pensar nela como uma precursora daquela nova Beleza com que sonhei e cujo advento no teatro tanto esperamos, de modo que possamos ter a alegria de servi-la e entendê-la".

A persistência e a coragem de Duse foram amplamente recompensadas. Sua acolhida na França nada teve da histeria ou do furor que ela provocara na Alemanha e na Rússia. Em compensação, Duse consolidara sua reputação num ambiente ferozmente competitivo, em que poucos artistas estrangeiros podiam ter a esperança de provocar uma impressão profunda. Ela ganhara muito com a experiência e, em troca, mostrara que tinha algo a transmitir às atrizes francesas especializadas no repertório moderno. Nos anos seguintes, Duse iria se lembrar daquelas semanas em Paris como um dos períodos mais estimulantes e tranqüilizadores de toda a sua carreira.

1897 – UM REFÚGIO

Aproximando-se seu quadragésimo aniversário, Duse refletiu com tristeza: "Quão longo e tedioso se tornou este *quinto ato* da minha vida". Na superfície, havia mais projetos e compromissos profissionais na Itália e no exterior do que ela poderia esperar cumprir; em seu íntimo, como sua correspondência revela, havia sofrimentos, apatia, uma saúde comprometida e um cansaço constante, que minavam todas as suas energias.

Suas cartas à amiga íntima Laura Groppallo pedem compreensão e afeto, de maneira que ela possa reunir forças suficientes para enfrentar as exigências e os sacrifícios impostos por sua profissão: "Como todo esse vaivém impetuoso em meu país me angustia (e sem que eu saiba por quê), *me angustia mais* do que qualquer *turnê no exterior*!" Se pelo menos pudesse parar, descansar, recobrar forças e reaver a impressão de uma existência normal em meio aos amigos... Mas as circunstâncias sempre decidiam de outro modo. Qualquer momento de tranqüilidade logo é interrompido por novas dificuldades com agentes, atores, advogados e jornalistas.

Em julho de 1897, pouco depois de voltar de Paris, ela encerrou o aluguel de seu agradável apartamento no Palazzo Wolkoff, em Veneza. Os contatos ulteriores com o pintor foram breves e intermitentes, e as cautelosas *Memórias* de Wolkoff transmitem a nítida impressão de que eles se despediram um tanto estremecidos. A nova casa de Duse era uma modesta vila, "La Porziuncola", em Settignano, perto de Florença. Situada numa encosta a nordeste da cidade, Settignano é menos interessante que Fiesole, mas possui maior encanto rústico. Duse se apaixonou à primeira vista pelo cenário e descreveu-o com orgulho numa carta a Liliana de Bosis:

Uma casa velha entre olivais, de grande simplicidade, mas não exatamente primitiva, escondida, sem ser muito distante. Chega-se a ela por uma trilha estreita, como se levasse a um convento, e a porta é coberta de jasmins. Todas as colinas de Florença e Fiesole se alinham atrás da casa... há rosas por toda parte e um viveiro de laranjeiras do lado de fora da janela do meu quarto.

A vila seria conhecida como "La Porziuncola" (nome tirado do santuário em que a ordem dos franciscanos fora fundada) e seu interior refletia a simplicidade monástica. As paredes caiadas de branco eram decoradas com reproduções de pinturas de Botticelli, Verrocchio e Mantegna. Também havia retratos de Keats, Shakespeare e da bela Mathilde Acton, que cometera suicídio devido a um obsedante sentimento de culpa.

As visitas eram recebidas numa minúscula sala de estar mobiliada num estilo bem convencional, com um divã e poltronas, uma espineta do século XVIII e livros por toda parte: a atmosfera perfeita para o descanso, o estudo e a meditação. Enrichetta, durante suas férias no internato, vinha ter com a mãe nesse retiro idílico, onde passavam alguns de seus mais felizes momentos juntas.

No mês de março seguinte, D'Annunzio adquiriu uma propriedade bem maior ali perto, conhecida como "La Capponcina". O interior de sua vila logo foi transformado, na medida em que o poeta satisfazia a seu gosto pela decoração ornamentada e constituía um verdadeiro acervo de raros objetos de arte. O contraste entre as duas propriedades refletia o contraste dos temperamentos da atriz e do poeta.

A acolhida que ela tivera em Paris e seu triunfo pessoal no drama lírico de D'Annunzio fortaleceram a decisão de Duse de formar uma nova companhia à altura das técnicas impostas pelos dramas do poeta. Os festivais de arte realizados naquele mesmo outono no teatro romano de Orange, na Provença, reforçaram seus planos de reviver o teatro clássico ao ar livre na Itália. O festival, sob a direção do barão de Tourtoulon, Paul Mariéton, já era tema de debate nos círculos teatrais franceses. Duse foi convidada a participar por um grupo de atores da Comédie Française, mas infelizmente já tinha um tratamento médico marcado em Mürren e declinou do convite num momento de desânimo. Era mais uma daquelas oportunidades perdidas que mais tarde iria lamentar. Conforme explicou a D'Annunzio:

Esperando minha chegada, encontrei em Interlaken telegramas de Mounet e Bartet da Comédie Française, convidando-me para ir a Orange, mas como podia aceitar? – Eu lhes prometera em Paris que iria, mas algo que não posso definir aconteceu comigo em Veneza, *exaurindo* todas as minhas forças... bem! você sabe como são as coisas, e assim perdi esse lindo, lindo espetáculo!

15. A atriz relaxando no apartamento do último andar do Palazzo Wolkoff (também conhecido como Palazzo Barbaro) em Veneza. A foto foi tirada pelo conde Joseph Primoli em fins de 1894. Duse mobiliara seus aposentos com a simplicidade e o bom gosto característicos: alguns tapetes preciosos, uma pequena coleção de estampas e livros, móveis antigos e alguns objetos de arte bem escolhidos.
(Cortesia da Fundação Primoli, Roma)

O festival abriu com uma apresentação da *Antígona* de Sófocles. D'Annunzio acompanhou com vivo interesse a controvérsia que se seguiu na imprensa francesa. Se a França podia estabelecer sua própria Bayreuth, a Itália também podia. O poeta não teve dificuldades para persuadir Duse de que o empreendimento poderia ser um enorme sucesso. Colhida em sua vaga de euforia, Duse escreveu sem demora a amigos e atores, arregimentando seu apoio e colaboração. Numa carta ao conhecido ator Ermete Zacconi, que se revelaria um valioso colaborador na promoção das peças de D'Annunzio, Duse descrevia o teatro projetado no lago Albano como um ponto de convergência de novos talentos e gerações futuras de dramaturgos e atores criativos.

Ao chamar sua vila em Settignano de "La Porziuncola" Duse esperara encontrar a paz espiritual encarnada pelo espírito franciscano. Os sentimentos franciscanos cultivados por D'Annunzio e Duse eram muito mais estéticos do que religiosos. Duse era uma deísta que não tinha fé nos cultos ortodoxos religiosos, e D'Annunzio, para citar seu biógrafo Philippe Jullian, via o catolicismo como "uma fonte de maravilha da qual se podia tirar uma imagem, uma idéia, uma atitude". A publicação da *Vie de Saint François* de Paul Sabotier, em 1893, criara uma nova moda entre os artistas e poetas europeus. O simbolismo franciscano correspondia ao pseudomisticismo dos decadentes que prontamente confundiram arte e religião. A afinidade de Duse com a simplicidade e a austeridade da regra franciscana desenvolveram-se, com o correr do tempo, numa genuína experiência religiosa; já no caso de D'Annunzio, a exploração da doutrina franciscana permaneceu mais literária do que espiritual.

Enquanto os fios de suas vidas se uniam, Duse via Settignano como um refúgio em que ela e D'Annunzio experimentariam o amor e a arte com a mais extrema intensidade. No entanto, a paz espiritual furtou-se aos dois. Como um prelúdio agourento, o verão de 1897 revelou-se um período de tensão mental e física para ambos. Os problemas domésticos em Francavilla afetaram a saúde do poeta. "O insaciável delírio amoroso" pela princesa Maria Gravina, que comprometera a razão e a saúde de D'Annunzio durante quatro tempestuosos anos, estava agora finalmente esmorecendo. Duse acreditava honestamente que tinha o solene dever de resgatar o poeta da situação desesperadamente infeliz que estava ameaçando seu gênio criador. Ao mesmo tempo, sentia uma estranha compaixão pela infeliz princesa, que agora tinha dois filhos de D'Annunzio para sustentar em condições de sério empobrecimento. Ironicamente, foi nessa atmosfera de pesadelo que ele escreveu *La Città Morta* e empenhou-se na campanha política em Pescara, que levaria à sua eleição como membro do Parlamento, em 30 de agosto de 1897. Ardente nacionalista com concepções de extrema direita, ele nunca conseguiu conquistar a simpatia ou o apoio de Duse para suas aspirações políticas.

Naquele mesmo mês, Duse viajou para Mürren, na Suíça, para um período de tratamento destinado a aliviar sua infecção pulmonar. Os problemas recorrentes de saúde eram de uma irritante constância numa profissão que exigia grande robustez. A única pessoa com quem discutia livremente sobre sua doença era Boito, por saber que ele não iria divulgar os detalhes. Sua maneira oblíqua de se referir a seus sintomas sugere que a atriz continuava a sentir-se embaraçada com os cansativos sintomas dos pulmões frágeis e de sua constituição delicada. Ela recorre a eufemismos e subentendidos para descrever suas recaídas. Suas cartas a D'Annunzio a esse respeito são ainda mais sinuosas, como se ansiosas por não aumentar as preocupações do poeta. No dia 6 de agosto, ela lhe escreveu de Mürren exprimindo sua frustração: "Amaldiçôo a cada minuto essa minha *semi*-doença, que não é exatamente tifo, nem um ataque apoplético ou o emborcar de um navio no mar, mas uma morte lenta diante dos meus próprios olhos". As curas prescritas pelos especialistas suíços para combater a anemia, a febre e as lesões pulmonares costumavam ser mais fatigantes do que a própria doença: injeções de morfina e estricnina, inalações e aplicação de linimentos. Como Lugné-Poe observaria, a suíte de Duse no hotel tinha freqüentemente o aspecto de uma clínica privada. Ela partira para a Suíça num estado de prostração, sabendo que seus planos futuros para a encenação de *La Città Morta* ainda eram vagos e incertos. As negociações com Flavio Andò e Tina di Lorenzo, que se estava firmando rapidamente como uma das mais talentosas jovens atrizes italianas, levaram a nada, e ela estava particularmente desanimada com a falta de interesse dos artistas talentosos, que pareciam não ter ou a capacidade, ou a vontade de partilhar suas ambições.

As cartas enviadas de Mürren tanto a Boito como a D'Annunzio são angustiadas, mas radicalmente diferentes quanto à ênfase. A D'Annunzio, ela fala da luta para recuperar a saúde, de modo que possa viver para cumprir sua promessa: "Manter simplesmente corpo e alma juntos, sem poder dedicar-me inteiramente ao sucesso de seu drama é uma idéia que me horroriza e deprime". A Boito, ela fala abertamente de suas tribulações interiores, enquanto tenta dar sentido à sua existência:

> Aqui estou, perdida na bruma – navegando em alto mar sem ninguém para me guiar... Não possuo nenhuma das virtudes que minha existência requer neste momento! Nem paciência (ah!), nem alguma religião tola que possa forçar-me a rezar.. nem mesmo a ilusão de *conquistar* esse meu tolo coração... Tudo me fere e me machuca... essa odiosa confusão me revolta e envenena meu sangue... Não posso mais ler um livro, ouvir um pouco de música para aliviar meu sofrimento, proferir uma só palavra ou, mesmo, uma promessa! E meus dias, como se fossem eternos, passam sem controle.

Entrementes, a saúde de Enrichetta melhorara bastante, mas ainda era preciso fazer planos para a próxima etapa da sua educação, depois que saísse do Pensionato Rheinhardt, em Dresden. A preocupação constante de Duse era providenciar um futuro seguro para a filha – "pois só o fato de *vê-la* enche meu coração de pesar". A ansiedade e o remorso que colorem seus pensamentos íntimos são agravados pelas crescentes frustrações de sua vida profissional. Mal um problema é resolvido, outra nova dificuldade aparece. As peças por que ela anseia – *As You Like It*, *Antígona* e *La Città Morta* – também se tornaram impalpáveis e além do seu alcance. Escreveu a Boito: "Todos os caminhos me estão barrados. A última esperança de tudo esquecer, de consagrar toda a minha alma a uma divina obra de arte [*La Città Morta*] – até ela se evaporou nos últimos quatro dias, no meio de todas as outras possibilidades da minha existência. Não tenho mais navio capaz de me levar a um porto seguro".

No outono de 1897, a saúde de Duse melhorou o suficiente para permitir-lhe levar adiante alguns compromissos na Itália. No dia 1º de setembro ela escreve de Gênova, onde fez várias apresentações, a Laura Groppallo:

> Parto às sete da noite para Nápoles... Esse viajar constante é exaustivo e fútil... Pus tanta fé em *La Città Morta* – a única obra, para mim, dotada de valor e beleza. Os problemas de montagem da peça parecem aumentar, em vez de diminuir. (Nenhum dos atores da minha atual companhia seriam adequados)... Que devo fazer? Posso dar-me o luxo de esperar mais?

Em setembro, ela estava reunida a D'Annunzio, e juntos fizeram uma peregrinação a Assis, antes de retornarem a Veneza. São Francisco tornara-se, agora, um símbolo de inspiração criadora para o casal, junto com Leonardo da Vinci e Dante. No dia 13 de outubro, D'Annunzio deu uma entrevista ao jornalista Mario Morasso e confirmou as afirmações publicadas na semana precedente na edição parisiense do *The New York Herald*. Em colaboração com Eleonora Duse, ele inauguraria em breve seu próprio teatro entre as colinas de Albano, e lá toda a Itália testemunharia o renascimento do drama clássico, dotado de concepções modernas. Para tanto, uma nova companhia de atores destacados seria criada, capaz de assimilar as técnicas essenciais de uma nova forma dramática.

A apresentação inaugural foi marcada em princípio para 21 de março de 1898, com a montagem de *Persefone* de D'Annunzio. O programa da temporada de estréia também incluiria a tradução, feita pelo poeta, do *Agamemnon* de Ésquilo e *La Città Morta*, que estava quase terminada. D'Annunzio revelou também, na entrevista, que as apresentações de *La Città Morta* seriam precedidas da grande cena de Cassandra, no *Agamemnon*, a fim de preparar a platéia para a atmosfera e o simbolismo da sua tragédia. De fato, a proposta de D'Annunzio de reviver o drama clássico podia muito bem explicar por que Duse não respondeu a um interessante convite vindo de alguém inesperado. Tratava-se de uma proposta de Oscar Wilde, para que ela representasse o papel-título de sua *Salome*. Ao escrever, já em 21 de outubro de 1897, da Villa Giudice, em Posilippo, Wilde anunciou ao escritor e crítico musical Stanley V. Makower a iminente publicação de uma tradução italiana da sua peça:

> Estou supervisionando uma versão italiana de *Salome*, que está sendo feita aqui por um jovem poeta napolitano. Espero produzi-la no teatro daqui, se conseguir encontrar uma atriz de beleza perturbadora e voz flautada. Infelizmente, a maioria das atrizes trágicas da Itália – com exceção da Duse – são senhoras robustas, e não penso que conseguiria suportar uma Salomé robusta.

Uma carta a seu ex-namorado e amigo leal Robert Baldwin Ross (ou Robbie, como ele o chamava afetuosamente), datada de 23 de novembro, revela que Wilde entrara em contato com o ex-sócio de Duse, Cesare Rossi: "O ator-empresário Cesare Rossi", conta, "ficou pasmo com *Salome*, mas disse que não tinha nenhuma atriz capaz de fazer o papel. Vou tentar a Duse, mas não tenho muita esperança". Depois, no início de dezembro, uma carta ao editor Leonard Smithers confirma que Duse de fato leu a peça: "Eleonora Duse está lendo *Salome* agora. Há uma possibilidade de vir a representá-la. É uma artista fascinante, embora não seja nada comparada com Sarah".

Em parte alguma da sua correspondência Duse alude à peça de Wilde, mas ela também deve ter sentido que o papel era mais adequado a uma atriz do temperamento de Bernhardt, e recusou tacitamente a oferta. Os dramas sensuais de D'Annunzio, que eram de uma ordem diferente, absorviam, no momento, todas as suas energias.

A primeira apresentação na Itália de *Il Sogno d'un Mattino di Primavera* foi realizada no Teatro Rossini, em Veneza, no dia 3 de novembro de 1897. A peça teve uma fria acolhida de parte da crítica e não causou um impacto real no público. Os admiradores de Duse compareceram em peso e sucumbiram a seu carisma infalível, mas quem havia seguido sua carreira ao longo dos anos achou-a "muito mudada, menos convincente e mais afetada". Essa observação talvez revele mais sobre a peça do que sobre a atriz. *Il Sogno d'un Mattino di Primavera* fora vagamente comparado ao drama de Shakespeare. Isabella, como uma Julieta apaixonada, recebe o amante – um novo Romeu – secretamente em seu quarto. São descobertos juntos e o infortunado amante é morto em sua presença. Isabella perde a razão em conseqüência da tragédia, mas mesmo em sua loucura permanece fiel à memória do amante. As tentativas de curá-la revelam-se vãs. Sua loucura resiste, como seu único escape da realidade.

A trama em si não era original, mas o lirismo de que D'Annunzio dota a peça era notável por sua intensidade. A julgar por testemunhos contemporâneos, a força e a sensualidade diretas dos diálogos solicitavam os atores de modo muito especial, mas a impaciência com os arroubos do poeta levou muitos críticos a ignorarem as exigências impostas ao elenco.

De Veneza, a companhia foi para Milão, onde estreou em 6 de novembro no Teatro dei Filodrammatici, com a sempre popular *La Dame aux Camélias*. Uma resenha da apresentação em *L'Illustrazione Italiana*, assinada por Leporello e publicada em 28 de novembro de 1897, faz as seguintes observações:

> Seja porque a peça se tornou fora de moda e aborrecida, seja porque a atriz estava simplesmente cansada... sentia-se que os anos de turnê no exterior haviam-na alterado para pior. Ela deixou sua Itália natal como uma grande atriz sem igual, uma atriz que podia ser amuada e excêntrica, mas que era invariavelmente notável e convincente. Agora, voltou com uma forte presença cênica e uma bela dicção que despertam a admiração, mas deixam-nos indiferentes.

Outros críticos, como Luigi Bufalini, que seguira a ascensão da atriz à fama, sustentaram o ponto de vista oposto. Escrevendo no número de novembro de *L'Arte Drammatica*, Bufalini insistia: "Nem sua demorada ausência da Itália, nem os diferentes critérios do público no exterior, nem seus triunfos nos teatros da Europa alteraram a arte da Duse". No mesmo ensaio, Bufalini deixou claro que não era partidário da chamada "nova arte" no teatro. Para ele, a "pureza de estilo" inerente a Duse era seu mérito especial – "sua arte rara e complexa, como todas as coisas simples". Havia, admitiu, novos refinamentos em seu estilo de representar. Duse tinha como ponto de honra assistir às produções de outros artistas famosos, quando em turnê pelo exterior, e era uma observadora inteligente demais para não tirar proveito dessa experiência. No entanto, a essência de sua técnica pessoal permaneceu idêntica.

A despeito dessas reservas, o entusiasmo do público aumentou com as sucessivas apresentações. Sua companhia fora contratada a princípio para quatro noites, mas a direção estendeu a temporada para oito apresentações e, em acréscimo, ofereceu uma matinê especial no Teatro Lirico. A bilheteria dessa curta temporada totalizou cerca de 60.000 liras.

As duas peças que suscitaram maior interesse nessa ocasião foram *Heimat* de Sudermann e *The Second Mrs. Tanqueray* de Sir Arthur Wing Pinero. Falando de sua interpretação da controvertida heroína, o crítico Leporello achou o seguinte: "Magda nunca foi mais merecedora de compaixão e seus conflitos íntimos nunca pareceram tão comoventes e tão trágicos: era uma Magda revoltada diante da autoridade paterna e conduzida por alguma força irresistível para fazer valer seus direitos." O crítico reconheceu uma verdadeira grandeza nessa habilidade para revelar estados íntimos de espírito, em direto contraste com as palavras efetivamente ditas. Escreve Leporello: "Magda pode sorrir, mas, quando interpretada por Duse, somos levados a compreender quanta amargura aquela alegria exterior oculta".

O papel de Paula Tanqueray oferecia um desafio similar, e também aqui Duse oferecia uma interpretação muito pessoal. A trama articula-se em torno da decisão de Aubrey Tanqueray de casar-se com Paula, a quem ama apesar de seu passado duvidoso. Mas quando a filha de um casamento anterior de Aubrey ficou noiva de um ex-namorado de Paula, a vergonha dessa intolerável situação leva "a segunda senhora Tanqueray" ao suicídio. Produzida pela primeira vez em 1893, esse drama social firmara a reputação de Pinero como dramaturgo, muito embora alguns críticos sentissem que Pinero gostava mais de imaginar situações e contar uma boa história do que de delinear personagens e motivações. O papel foi interpretado por todas as grandes atrizes da época, de ambos os lados do Atlântico. A rebelião de Paula Tanqueray contra as desigualdades entre os sexos e o rigoroso código moral imposto pela sociedade às mulheres levantava um problema contemporâneo que encontrava um vasto eco.

William Archer, o crítico teatral do *The London Figaro* e, depois, do *The World*, considerava a interpretação de Paula por Duse "uma das mais competentes e extraordinárias criações", ainda que o papel não se adequasse inteiramente a seu temperamento. Arthur William Symons, o poeta e crítico, também compôs um interessante perfil de Duse nesse papel. Comparou seu desempenho com o de Mrs. Patrick Campbell, que, como atriz inglesa, era obviamente a Paula mais convincente, conforme Pinero a concebera. O erro da abordagem de Duse estava em buscar profundidade onde não havia profundidade a encontrar. Symons escreve:

> Paula, tal como interpretada por Duse, é triste e sincera, onde a mulher inglesa é apenas irascível; ela tem a simplicidade e a franqueza italianas em lugar daquela terrível capacidade inglesa para a incerteza na emoção e a suscetibilidade nos modos. Ela introduz uma profunda tragédia, a tragédia de uma alma que pecou, sofreu e tenta em vão libertar-se das conseqüências de seus atos, num estudo das circunstâncias que provocaram a ruína da felicidade material. E, francamente, a peça não comporta isso... Aqui temos a Duse, um cálice para o vinho da imaginação, mas o cálice permanece vazio.

Nada nas resenhas da imprensa italiana sugere que os críticos ou o público italianos tinham consciência dessas sutis diferenças de abordagem do papel, ou que eram suficientemente instruídos acerca do ambiente social que Pinero retrata para sentir as ênfases arbitrárias introduzidas por Duse na estrutura da peça. Acharam-na irresistivelmente humana e comovente no papel, e não procuraram saber mais.

Ao despedir-se dos milaneses, Duse prometeu que voltaria em fevereiro com uma produção de *La Città Morta*; infelizmente, mas não por sua culpa, não iria poder cumprir a promessa. A atriz também garantiu a seus amigos e admiradores de Milão que, nos próximos dois anos, não tinha a intenção de deixar a Itália. Ninguém, Duse insistiu, podia imaginar a insuportável melancolia e a saudade que ela sentia durante aquelas turnês incessantes no exterior.

Em Nápoles, onde não se apresentava por muitos anos desde que se tornara uma celebridade internacional, as ovações no Teatro Mercadente foram irresistíveis. Uma série de lembranças, tanto agradáveis como penosas, de suas experiências e sucessos como jovem atriz voltaram como uma torrente. Amigos e colegas saudaram-na com a mesma admiração e calor dos anos passados. O dramaturgo e crítico italiano Roberto Bracco publicou um longo artigo em *Fortunio* de 4 de dezembro de 1897. Deu-lhe as boas-vindas de volta à cidade, que foi a primeira a reconhecer seus talentos excepcionais. Ao mesmo tempo, repreendeu vários críticos que haviam ousado sugerir que a interpretação da Duse de Marguerite tornara-se um tanto "acadêmica" com o passar dos anos. Com sua paixão característica, Bracco atacou esses heréticos. Escreveu com ardente desprezo:

> A acusação é de uma crueldade rematada e bastante previsível nessa grande casa de penhores chamada Itália. Nenhum dos detratores da atriz se dera ao trabalho de considerar o que essa milionésima apresentação de *La Dame aux Camélias* requer dela. Se todos os empresários da Europa e da América ainda não insistissem em incluir essa peça no programa, Eleonora Duse seria a primeira a sepultar a obra para sempre. O quanto *ela dá à sua arte* só pode ser avaliado levando-se em conta a extrema relutância com que agora representa esse papel... *Ser mais uma vez* Marguerite Gautier é, para ela, o sacrifício supremo. Reencarnar a heroína de Dumas sucessivas vezes consome sua alma – daí o heroísmo e o verdadeiro valor de Eleonora Duse como artista.

Bracco conclui seu artigo deplorando a ingratidão e a insensibilidade do público italiano, com a zombeteira sugestão de que qualquer atriz tão consumada quanto Duse só podia esperar triunfar no exterior.

Entrementes, a busca de um elenco adequado para *La Città Morta* continuava com sucesso. Depois de quase seis meses na Itália – período excepcionalmente longo, se comparado com sua programação em outros anos –, Duse cumpriu compromissos em Monte Carlo, durante as duas últimas semanas de dezembro. Em 23 de dezembro, telegrafava ao crítico teatral napolitano Edoardo Boutet informando-o: "Não lhe escrevi antes porque até aqui não progredi em meus esforços para alcançar nossa meta comum. *La Città Morta* permanece incerta, talvez até impossível, e eu me sinto totalmente desolada".

7. SACRIFÍCIOS PELO "TEMPLO DA ARTE"

Há uma só vitória: a do trabalho de cada um!
E.D.

1898-1899 – IDEAIS FRUSTRADOS

No início de janeiro de 1898, *La Tribuna* publicou uma entrevista com Duse. A atriz expressava sua confiança num renascimento do drama em sua Itália natal e reafirmava a fé num redespertar de ideais artísticos. Falando de suas aspirações pessoais, confidenciou:

Sinto uma necessidade profunda de tentar algo diferente. As peças que estiveram em meu repertório estes anos todos já não me proporcionam satisfação. Algo dentro de mim morreu e algo de novo está para nascer; já faz algum tempo que sinto a total falsidade desses papéis ultrapassados que sou obrigada a representar. Agora estou ansiando vagamente por alguma forma dramática capaz de nutrir meu espírito... Há uma nova disposição no ar e não tardará muito para que outros comecem a lutar por um teatro que encarne a nobreza e o refinamento... Não há razão para que esse grande renascimento não comece na Itália. Convocarei pessoalmente todos os meus colegas artistas a consagrarem suas energias e seus talentos a essa maravilhosa empresa.

Na noite de 11 de janeiro de 1898, Duse representou *Il Sogno d'un Mattino di Primavera* no Teatro Valle, de Roma, na presença da rainha Margherita. A despeito da solenidade da ocasião, a peça foi tratada com escárnio por uma facção hostil. Os relatos da imprensa confirmam que Duse nunca esteve mais graciosa e que representou seu papel com arte consumada, muito embora as zombarias e apupos fossem bem audíveis no teatro e apenas a presença da rainha tivesse evitado coisas piores. O pano caiu sobre um silêncio glacial, seguido de calorosas discussões e cenas inconvenientes no *foyer* do teatro. Quando o pano subiu depois do intervalo para revelar o cenário de *La Locandiera*, que completava o programa duplo, os aplausos soaram fortes, enquanto facções hostis ergueram gritos de "Viva Goldoni! Viva Eleonora Duse!" – gritos que sem dúvida visavam demonstrar seu desprezo pelo poema dramático de D'Annunzio. Os críticos romanos foram predominantemente negativos em suas reações ao drama lírico de D'Annunzio. Eles deploravam o caráter estático de *Il Sogno d'un Mattino di Primavera* e criticavam o clamoroso desdém por qualquer detalhe específico de período ou lugar. Na verdade, a peça não era um drama real, mas antes a sombria e lírica evocação de um drama.

Dez dias depois, em 21 de janeiro, Sarah Bernhardt deu a esperada primeira apresentação de *La Città Morta* na tradução de Hérelle, intitulada *La Ville Morte*. Essa tragédia em cinco atos sobre sensualidade, incesto e assassínio é situada nas ruínas de Micenas. Leonardo, um arqueólogo, chegara a Micenas para procurar nas ruínas os túmulos da Casa de Atreu. Está acompanhado por sua irmã, Bianca Maria, seu amigo, o sensível e jovem poeta Alessandro, e a esposa cega deste último, Anna. Alessandro logo se apaixona desesperançadamente por Bianca Maria, uma criatura de extraordinária graça e beleza. Dividida entre sua devoção a Anna e um amor crescente por Alessandro, Bianca Maria a princípio resiste a ele, antes de finalmente ceder a suas investidas. Anna sente o que está acontecendo e está pronta para se matar pelo bem dos dois amantes e por medo da terrível solidão que a espera. Entrementes, Leonardo, inflamado pelos espíritos incestuosos dos túmulos da Casa de Atreu, começa a cobiçar sua própria irmã. Revela seu terrível segredo a Alessandro. Mas, quando fica sabendo de Anna que Alessandro é seu rival, o ciúme insano de Leonardo leva-o a estrangular Bianca Maria, a fim de libertar-se da sua paixão incestuosa. A morte de Bianca Maria e a horrível descoberta, por Anna, de seu cadáver marca o clímax trágico da peça.

A estréia em Paris atraiu uma platéia elegante e avidamente curiosa ao Théâtre de la Renaissance. Entre os presentes, havia muitas figuras notáveis das Letras da época, como Octave Mirbeau, Edmond Rostand e Jules Lemaître. Naquela noite, Bernhardt alcançou um triunfo pessoal no papel de Anna, mas a peça em si teve mais tarde resenhas divergentes na imprensa. O crítico teatral de *L'Intransigeant* considerou *La Ville Morte* "uma obra teatral primorosa" e a revista *La République Française* descreveu a peça como "uma maravilha de trágica beleza". Outros críticos franceses, porém, foram menos entusiastas. Alguns repudiaram a peça como "um experimento italiano" de duvidoso valor literário, enquanto um resenhista cáustico alterou o título francês da peça para *La Ville à Mourir* [*A Cidade para Morrer*].

Os críticos italianos, se possível, foram ainda mais mordazes em suas reações. Ferdinando Martini, numa carta à marquesa Matilde Gioli Bartolomei, datada de 6 de março de 1898, ironizou: "Você leu *La Città Morta?*... Se isso for um drama, eu sou o Papa. Leio em algum jornal que o público, para entender a peça, precisaria *possuir a chave*. Se eu fosse D'Annunzio, negá-la-ia a eles. Com *aquele* drama e *aqueles* personagens, qualquer chave trazida ao teatro poderia revelar-se fatal". D'Annunzio e Duse logo se tornariam imunes a chacotas do gênero, tanto em particular como em público.

Dissimulando seu amargor com o insucesso de *La Città Morta*, Duse esperou ansiosamente pelo resultado da estréia da peça em Paris. Com a nobreza de espírito característica, passou um telegrama de congratulações a Sarah Bernhardt: "Alegro-me com seu triunfo e, como italiana, não posso deixar de expressar minha profunda gratidão".

Ao cabo da sua curta temporada em Roma, depois de muitos anos de ausência, Duse foi uma voz solitária na condenação do rígido conservadorismo das platéias da capital italiana. O crítico Ugo Ojetti exprimiu seu pessimismo quanto à falta de visão e à inconsiderada rejeição que estas manifestavam ante qualquer acontecimento teatral remotamente considerado de vanguarda. Também deplorou a perniciosa influência da claque que reunia uma turba desordeira, vazia de qualquer amor ou compreensão do teatro sério. Numa palavra, essas platéias que mantinham um silêncio impertubável e, quando instadas a comentar, só faziam relutantes elogios, não mereciam em absoluto uma atriz do calibre da Duse. Ojetti observava:

> Nos intervalos, aqueles jornalistas que se mostravam céticos exploravam todas as frases-clichês, do tipo: *Deve-se admitir... não se pode negar... certamente desta vez*, e assim por diante... mas uma vez que voltavam a seus assentos, assumiam a funesta expressão de Torquemada, como se estivessem assistindo a uma execução pública...
>
> Conseqüentemente, mesmo os que chegaram a saborear as delícias de uma noite como aquela foram perturbados e desconcertados por esse solene tribunal que, à parte o sorriso apatetado e o sábio meneio da cabeça, recusa-se a trair toda e qualquer emoção... Não é de se espantar que a própria Duse se sentisse irritada com o comportamento dessa gente. Além do mais, ser obrigada a se apresentar num palco em que, na noite anterior, o cômico Fregoli dera uma lição de mímica parlamentar a nossos políticos, não pode proporcionar muito conforto a uma atriz como Eleonora Duse... cuja arte cativou algumas das melhores cabeças do mundo. O Teatro Costanzi em Roma não faz distinção entre uma representação de *Lobengrin*, os cavalos caracolantes do Cirque Guillaume, a sedutora

Tina di Lorenzo em *Les Amants* de Donnay, uma *soirée* de opereta ou um baile de meia-noite.

O fracasso do drama de D'Annunzio talvez tenha sido exagerado pela imprensa, mas o fato é que Eleonora Duse, ao fazer sua primeira apresentação em Roma após uma ausência de sete anos numa peça escrita por um grande poeta italiano, foi ridicularizada por uma claque de aluguel determinada a fazer fracassar o espetáculo, enquanto o resto da platéia ficava ali sentada num pasmo silencioso. Duse ficou de fato aborrecida com esse grosseiro incidente, mas ainda assim estava determinada a ver D'Annunzio ter sucesso como dramaturgo. A atriz estava totalmente convencida de que, com o tempo, seu gênio como homem de teatro seria comprovado, e nem empresários, nem críticos, nem platéias poderiam persuadi-la do contrário. Ela lutara durante anos para afirmar seu próprio estilo de representação e, tendo vencido essa árdua batalha, agora estava preparada para arriscar-se a perder a popularidade a fim de conquistar a mesma aceitação para D'Annunzio. Escrevendo a Icilio Polese, que era então editor do *Carro di Tespi*, indaga: "Em que nossos esforços para fazer essa excelente peça triunfar fracassaram?... Agora, serei forçada a retomar minhas turnês no exterior e continuar a lutar pela sobrevivência!... Conto com amigos como você para me ajudar a voltar à Itália numa base mais permanente, com uma grande companhia teatral minha".

No início de março de 1898, voltou por alguns dias a Paris, onde fora convidada a participar de uma noite de gala no dia 7 de março, para comemorar a despedida dos palcos da ilustre atriz Suzanne Reichenberg, da Comédie Française. A contribuição de Eleonora consistiu no último ato de *Adrienne Lecouvreur*, que interpretou com seu costumeiro senso do detalhe. De 9 de março a 3 de maio, ela esteve em turnê pela Riviera francesa, com apresentações em Nice, Cannes, Marselha e Bordeaux. Em Nice, sua interpretação de Marguerite Gautier foi vista por um rapaz que se tornaria um conhecido patrono das artes. Tratava-se do jovem aristocrata George de Cuevas, que fundaria o Grand Ballet du Marquis de Cuevas cerca de cinqüenta anos depois. Ele nunca esqueceria o impacto da arte sedutora da Duse, de que fez o seguinte registro:

> Aos catorze anos, visitei Nice e dirigi-me ao Cassino Municipal, onde esperava poder ouvir um pouco de música. Para meu desapontamento, descobri que seria apresentada naquela noite uma peça, mas, decidido a passar aquela noite no teatro, resignei-me a uma noitada teatral. O cartaz anunciava *La Dame aux Camélias*, mas já fora afixado um anúncio de lotação esgotada. Para não me desviar da minha intenção, indaguei sobre a possibilidade de poder assistir de pé, no fundo da platéia, quando chegou alguém à bilheteria para devolver seu ingresso – logo, tudo se arranjou.

Aos catorze anos, eu nunca ouvira ninguém falar de Eleonora Duse, de modo que me via totalmente despreparado para o milagre que estava prestes a testemunhar. A partir do instante em que ela pisou no palco, toda a platéia ficou cativada pelo absoluto magnetismo daquela extraordinária criatura, cujas emoções tragavam as de todos os que a estavam vendo. A empolgação da platéia aumentava à medida que a peça prosseguia e, quando chegou o clímax no terceiro ato, no momento em que Armand se vinga de Marguerite, a quem acusa indevidamente de traição, a angústia das invocações de Marguerite enquanto ele a insulta em público era insuportável. Percebi, de repente, que estava chorando e lutei para controlar minhas emoções, mas me dei conta de que todos os demais presentes estavam desfeitos em lágrimas. Naquele ponto, a platéia identificou-se com o amargo destino de Marguerite. Aquele foi meu primeiro encontro com essa sublime artista. Daquele momento em diante, venerei Eleonora Duse, e minha admiração não diminuiu com o passar dos anos.

Não obstante o prestígio de Duse como atriz, os resultados financeiros desses compromissos no exterior continuavam a ser imprevisíveis. Em Marselha, por exemplo, a companhia representou para casas semivazias e teve um sério déficit. Esse fato ajuda a explicar os meses de tensas negociações antes de assinar qualquer contrato e o crescente desencanto com turnês prolongadas que a mantinham num exílio constante, sem nenhuma garantia de que levariam por fim à segurança e à independência.

Da França, ela viajou para Portugal, onde tinha compromissos em Lisboa e no Porto. Fez sua estréia em Lisboa no dia 11 de abril de 1898, com *La Dame aux Camélias*, no teatro Dona Amélia (hoje conhecido como Teatro São Luís), onde uma placa comemorativa da sua visita ainda pode ser vista no *foyer* superior. Como se ouviu um crítico comentar durante o intervalo: "Essa mulher possui uma 'alma de fogo num corpo de felpa'... Quem ouvir aquela voz por cinco minutos sucumbirá inevitavelmente a seu misterioso feitiço". De fato, quando o pano caiu no último ato da tragédia de Dumas, Duse foi chamada nada menos que trinta e seis vezes ao palco. Quando saiu do teatro, as mulheres apinhadas na saída jogaram suas capas no chão no seu caminho até a carruagem.

Os principais jornais publicaram perfis da atriz. Fialho D'Almeida escreveu uma série de ensaios abrangendo as peças de seu repertório, notando sua extraordinária habilidade em transformar o material inferior em algo plenamente significante. Os críticos portugueses, bastante a par das avaliações críticas publicadas no estrangeiro sobre suas qualidades singulares como atriz, analisaram suas apresentações em Lisboa extensa e profundamente. Para todos eles, a qualidade saliente da sua interpretação era o senso de verdade: "Duse não é *uma* atriz, ela é *a* atriz", declararam numa só voz. E Eça de Queiroz, o mais eminente romancista português do século XIX, acrescentou uma nota pessoal, quando lhe pediram para

16. Retrato do poeta e dramaturgo Gabriele D'Annunzio (1863-1938) na época de seu caso com a Duse. Em seus romances e peças e, acima de tudo, em sua poesia, D'Annunzio dava vazão a um ofuscante virtuosismo verbal, a uma paixão pela vida e pela experiência e a um erotismo que causaram enorme impacto na literatura italiana da época. Sua ligação com Duse coincidiu com sua fase mais criativa como dramaturgo. O egoísmo, a violência, a superstição e a amoralidade da vida de D'Annunzio ultrajaram muitos escritores e artistas de sua geração, que deploravam sua clamorosa identificação com seus heróis nietzschianos-super-humanos.

(Cortesia da Bibioteca Teatrale del Burcardo, Roma)

comentar a arte da Duse: "Mesmo o mais simples e mais harmonioso detalhe da arte de Eleonora Duse, apesar de transparente na superfície, oculta uma infinita turbulência de forças e formas. Pois há mundos escuros abaixo das águas mais claras".

Regressando à Itália em maio, Duse fez uma breve turnê pelas províncias. Para comemorar sua visita a Bolonha no dia 12 de junho, o Teatro Brunetti foi rebatizado Teatro Duse. Agradecendo esse tributo, ela exprimiu o desejo de ver o teatro tornar-se "um templo da verdadeira arte". Encerrou essa turnê nacional com a apresentação de *Hedda Gabler* no Teatro dei Fiorentini, em Nápoles. Em suas cartas a Sabatino Lopez ao longo do verão de 1898, ela falou de seus novos projetos e interesses. Estava ansiosa por estudar peças de Gorki em tradução e estava na expectativa de novas apresentações de *Hedda Gabler* de Ibsen. Convidou Lopez a fazer uma conferência sobre a peça antes da primeira apresentação, prática proveitosa que ajudava a preparar as platéias não-familiarizadas com obras estrangeiras no repertório.

Agora, por fim, estava livre para passar algum tempo à beira-mar, antes de seguir para Vallombrosa, na Toscana, onde descansaria por várias semanas.

As notas e telegramas despachados quase diariamente ao longo de 1898 para Laura Groppallo esclarecem as ansiedades de Duse. As pressões acarretadas pela direção de uma companhia teatral e pelas viagens constantes através da Itália e da Europa estavam tornando impossível qualquer forma de vida privada. Para aumentar as frustrações de Duse, novas decisões tinham de ser tomadas acerca da próxima etapa da educação de Enrichetta. A menina estivera sendo tratada de uma tuberculose em Davos Platz, Suíça. A cura fora bem-sucedida, mas os estudos de Enrichetta foram seriamente interrompidos e a convalescência deveria ser demorada. As missivas de Duse a Laura Groppallo revelam o problema de encontrar um internato num bom lugar e com um clima adequado. Para deixar Duse tranqüila, Laura Groppallo comprometeu-se a visitar Enrichetta em intervalos regulares. A pedido de Duse, ela cuidou das necessidades materiais de Enrichetta e serviu de acompanhante, sempre que surgia a oportunidade de uma breve reunião entre a mãe e a filha. Os encontros tinham freqüentemente de ser cancelados à última hora, quando surgiam problemas inesperados relativos à administração da companhia. Desapontar Enrichetta daquela maneira deixava Duse mortificada. Nesses momentos, o peso de seus papéis conflitantes parecia intolerável. Ao longo desse período difícil, Laura Groppallo acorria e distraía Enrichetta. Duse também insistia em que a filha se mantivesse em contato com o pai através de cartas. Essa preocupação não indica nenhuma atenuação na atitude de Duse em relação a Checchi. Ela estava simplesmente preocupada com evitar a acusação de afastar Enrichetta do pai.

Entrementes, D'Annunzio achava-se absorvido na composição de seu romance *Il Fuoco*, e a insegurança emocional que ela experimentara anteriormente com Boito logo iria reaparecer em relação ao poeta dos Abruzos, e com muito maior razão.

Seu velho ator-empresário Cesare Rossi faleceu em Bari em 1º de novembro de 1898, aos 69 anos. Ele iria estrear no dia seguinte em *Curioso Accidente* de Goldoni. Consciente da valiosa contribuição de Rossi ao teatro de sua juventude, Duse e dois importantes artistas, Ermete Zacconi e Teresa Mariani, uniram forças para dar dois espetáculos beneficentes para seus dependentes. Escolheram *Curioso Accidente* e *Burbero Benefico* para prestar um tributo ao ex-sócio.

De novembro de 1898 a 10 de fevereiro do ano seguinte, Duse comprometera-se a fazer uma turnê pelo Egito e a Grécia. Tudo o que viesse a ganhar nessa turnê ajudaria a financiar um novo projeto em colaboração com Ermete Zacconi. Tratava-se de uma elaborada produção de *La Gioconda* de D'Annunzio, programada para estrear na primavera de 1899, com Duse e Zacconi nos papéis principais. Duse perdera todo interesse em tudo o que não fosse os dramas poéticos de D'Annunzio. Antes de partir para o Egito, escreveu a Adolfo de Bosis: "Foi elaborado um contrato para a produção de uma nova peça de D'Annunzio, e com essa idéia a acalentar espero sobreviver à longa jornada marítima e aos rigores do inverno por vir".

O caso com Boito estava terminado agora. Eles se encontraram brevemente no quarto de Eleonora no Hotel Hassler em Roma, um dia antes de ela partir para Nápoles a caminho do Cairo. Um bilhete datado de 24 de novembro pedia-lhe: "Por favor, diga-me se pode me reservar um momento para *eu falar* com você". Um bilhete autógrafo de Boito, confirmando que o encontro ocorreu às seis da tarde daquela mesma noite, revela tudo: "Na noite de 24/25 de novembro, eu a vi de novo num pesadelo em que prevalecia uma impressão de separação fatal". Para a própria Duse, essa separação era "pior que a morte, porque a dor é muito maior". Os nomes entremesclados de Eleonora e Arrigo logo seriam substituídos por Gabrighisola (uma fusão da forma abreviada de Gabriele + Ghisolabella, significando a união física e espiritual). Eram os nomes que D'Annunzio e Duse usavam um para o outro nos momentos de intimidade.

O poeta foi ter com ela em Alexandria, e viajaram juntos ao Cairo e a Atenas, onde tiveram uma acolhida entusiástica. A correspondência entre o administrador da sua companhia na época, Napoleone Bianco, e o crítico Sabatino Lopez, que estava cobrindo a turnê nas colunas de arte de *Secolo XIX*, nos dá algumas noções dos riscos financeiros que essa turnê ao Egito envolvia. Pequenas rivalidades entre Cairo e Alexandria significavam uma fria acolhida, se a companhia em turnê deixava de respeitar os preconceitos das duas cidades; e, ao estrear em Alexandria, em vez de na capital egípcia, a companhia de Eleonora foi de encontro tanto à imprensa como ao público. Platéias frias e magras bilheterias faziam essas duras viagens ao exterior parecerem cada vez menos atraentes. Um punhado de cartas a Boito escritas do Egito denotam um tom filosófico. Ela receava mais o amargor do que a dor. A juventude, a saúde e a esperança haviam passado, mas ainda havia raros momentos de paz na solidão: "Toda alma fala a si mesma – Arrigo!"

Regressando à Itália no início de abril, encontrou os detalhes do seu acordo original com Zacconi para a encenação de *La Gioconda* modificados a tal ponto que ela se sentia seriamente inclinada a abandonar todo o projeto. Duse concordara em encenar *La Gioconda* em Florença, onde a peça ficaria em cartaz toda a temporada. Em sua ausência, tudo isso fora mudado. Sugeria-se agora que a peça poderia estrear em Palermo, antes de ser levada numa longa turnê pela Itália, compreendendo Messina, Catânia, Nápoles, Roma, Florença, Bolonha, Veneza, Milão e Turim. "Não posso imaginar um lugar menos desejável para inaugurar uma turnê", queixou-se a De Bosis; "mas, quando não conseguimos controlar os acontecimentos, os acontecimentos nos controlam". Ao longo do período de ensaios, Duse tinha certeza de caminhar rumo a um fiasco. Desaprovou a péssima organização de Zacconi e ficou aterrorizada com o atabalhoamento e a falta de cuidado com que a peça estava sendo preparada. No dia 12 de abril, escreveu a De Bosis de Messina: "Vamos estrear esta noite. O caos mais inacreditável para onde quer que se olhe. Quanto mais pleiteio alguma ordem e circunspecção, de maneira que possamos dar o melhor de nós mesmos durante a atual apresentação, mais confusão encontro".

Assistindo aos ensaios para esse "sublime drama", Duse via poucas das qualidades que pretendera de um elenco à altura do gênio criador do poeta. De Bosis era o confidente de suas preocupações. "Aqui estou, como sempre, fazendo de megera e havendo-me com um tear quebrado e imprestável".

O crítico teatral alemão Eugen Zabel, que foi um dos poucos críticos a quem foi permitido assistir aos ensaios de *La Gioconda*, fez um vívido relato dos preparativos finais de Eleonora para a noite de estréia: aquelas últimas buriladas no diálogo, atenuando aqui e pondo ênfase ali, a fim de proporcionar uma impressão geral de harmonia fluente. Zabel também descreve como ela dirigia aqueles ensaios, vigilante mas discreta e consciente de cada nuança do texto. Com jeitosa paciência, ela se dirigia a cada membro do elenco, explicando e iluminando pontos de detalhe com instruções claras acerca desta frase ou daquele gesto.

La Gioconda teve sua primeira apresentação em 15 de abril de 1899, no Teatro Bellini, em Palermo. Era uma produção suntuosa, em que não se olhou para os gastos e cujo bom elenco proporcionava alguma garantia de sucesso. O teatro, inteiramente lotado, continha personalidades do mundo teatral que vieram de toda parte para assistir à última oferenda de D'Annunzio. O pano subiu com alguma dificuldade e, como pendeu enviesado, um espectador turbulento começou a vociferar. Naquele ponto, Duse entrou em cena, decidida a superar qualquer hostilidade ou indiferença. A ansiedade transformara-se subitamente em energia. Ela interpretou o papel de Silvia Settala com paixão e convicção, cativando a platéia. A poesia de D'Annunzio, recitada por Duse, nunca parecera mais enfeitiçante. O pano caiu para um aplauso tumultuoso e, depois de tantas semanas de ansioso trabalho, Duse sentiu ter vencido aquela batalha.

Como *La Città Morta*, essa terceira peça de D'Annunzio centra-se no tema do amor fatal. D'Annunzio reitera sua crença na supremacia do gênio e dos ideais sobre-humanos, pelos quais todos os demais mortais devem se sacrificar. O super-homem é um artista – o escultor Lucio Settala –, que, dividido entre um ardente desejo por sua modelo Gioconda Dianti e sua lealdade para com a esposa, Silvia, tenta em vão suicidar-se. Durante a convalescência, Silvia cerca-o de ternura, na esperança de ganhar de novo seu afeto. Lucio parece ter momentaneamente superado sua paixão por Gioconda, mas, de repente, a paixão volta, contra a sua vontade. Silvia, presa do ciúme, enfrenta sua rival no ateliê do artista. Conta a Gioconda, mentirosamente, que Lucio decidira mandá-la embora. Enraivecida com as palavras de Silvia, Gioconda golpeia violentamente a estátua em que Lucio captara a sua beleza. Num intento desesperado de impedir a destruição da obra-prima de Lucio, as mãos de Silvia são seriamente machucadas. Seu sacrifício é inútil. No quarto ato, Lucio Settala fora reconquistado pela Arte e pela Gioconda.

No dia seguinte, a crítica era toda elogios para as excelentes atuações de Duse como Silvia e da jovem atriz Emma Gramatica no papel menor, mas destacado, de Sirenetta, a moça errática e idiota. Foram menos entusiastas com Guglielmina Galliani no papel-título e Ermete Zacconi como Lucio Settala. Ambos eram artistas competentes, mas pareciam inadequados a seus papéis. Embora os críticos fossem quase unânimes em seu elogio às harmonias musicais do diálogo de *La Gioconda*, continuavam a questionar a concepção que tinha D'Annunzio da forma dramática. Do ponto de vista técnico, *La Gioconda* era indubitavelmente superior a *La Città Morta*, mas muitos críticos classificavam as peças de D'Annunzio muito mais como belos poemas do que como autênticas composições dramáticas. A crítica na Itália e, depois, na França, onde a peça foi encenada no Théâtre de l'Oeuvre em 21 de janeiro de 1905, com Suzanne Desprès no papel de Silvia Settala, salientava repetidamente que "belas frases, imagens apuradas e pensamentos elevados" nada acrescentavam em si ao teatro. Como em suas primeiras peças, D'Annunzio ainda tendia a ignorar a importância da ação, submergindo seus personagens num labirinto de mitos e símbolos.

Duse esmiuçava essas críticas com raiva e desprezo, e sua única concessão à bilheteria estava em alternar as apresentações de *La Gioconda* com *Demi-monde*, do repertório de Zacconi, e com sua produção de *La Femme de Claude*, comercialmente mais viáveis.

La Gloria, que D'Annunzio também escrevera para essa turnê, mostrou-se um fiasco total, quando montada no Teatro Mercadente em Nápoles, em 27 de abril. A peça foi imediatamente retirada da programação. O poeta reagiu de maneira ainda mais amarga nessa ocasião.

La Gioconda fora dedicada a Eleonora Duse "dalle belle mani" [das lindas mãos]. O desprezo de D'Annunzio pelos napolitanos levou-o a dedicar *La Gloria* "aos cães que a ridicularizam". Como tragédia política, *La Gloria* deixou os críticos e a platéia irritadamente perplexos. As idéias e simpatias expressas na peça derivavam de seu interesse pelas obras de Nietzsche. A trama, baseada na rivalidade política entre o tribuno Rugerro Flamma e Cesare Bronte, o velho tirano que controlava o parlamento e o exército, reflete a experiência pessoal de D'Annunzio das questões políticas e parlamentares. As insinuações políticas abundavam em *La Gloria*, mas o sentido último da peça estava longe de ser claro; alguns dos personagens parecem incoerentes e, portanto, são incompreensíveis. Mais tarde, o próprio D'Annunzio reconheceria as sérias falhas dessa obra, em que o tema central da fatalidade submerge qualquer ação dramática.

La Gioconda teve mais sorte. À medida que a turnê progredia, as resenhas da peça assinalavam uma notável melhoria no elenco como um todo, com os detalhes sendo revistos e aperfeiçoados. A crítica e o público pareciam estar correspondendo afinal de contas às inovações de D'Annunzio, e uma carta a De Bosis, enviada de Bolonha em 19 de maio de 1899, expressa nova esperança. Duse escreveu:

> O espetáculo da última noite foi muito gratificante, porque tudo parecia harmonizar-se. Havia uma relação genuína entre o palco e a platéia e obtivemos um real sucesso sem nenhuma daquelas cenas aflitivas testemunhadas em outros lugares... uma noite de consolo e, ao mesmo tempo, de profunda tristeza, pois estou convencida de que, se a turnê tivesse sido organizada de maneira diferente, desde o início *La Gioconda* teria alcançado uma aceitação universal.

Retrospectivamente, também está claro que o popularíssimo Ermete Zacconi, que se especializara em papéis que exigiam uma interpretação de convincente realismo, estava longe de ser uma opção ideal para os heróis cênicos criados por D'Annunzio.

A turnê terminou finalmente em Turim, nos últimos dias de maio. Um total de vinte e nove espetáculos dados diante de vastas platéias arrecadou cerca de 300 000 liras. Os empresários tiveram um belo lucro e relata-se que D'Annunzio ganhou uma generosa porcentagem da bilheteria a título de direitos autorais. Duse, por outro lado, teve de satisfazer-se com seu sucesso artístico no empreendimento. Teria sido excessivo esperar um retorno de uma produção tão perdulária.

1899-1901 – TRAIÇÕES E INDISCRIÇÕES

Em fins de agosto de 1899, Duse retomou seus compromissos no exterior, com apresentações na França, Suíça, Alemanha, Romênia, Hungria e Áustria. Para essa turnê, ela contratou a companhia de Luigi Rasi, com Carlo Rosaspina e Ciro Galvani como atores principais. No dia 22 de agosto, escreveu a D'Annunzio de Vichy, onde a turnê começava: "Aqui estou mais uma vez em minhas viagens, escrevendo a perpétua carta de algum quarto de hotel. *Você estará trabalhando*. Abençoada seja a Divindade que o guia. *Também para você, também para você, a vida declina – Não tarde mais* no caminho..." Na mesma carta, a atriz declara sua eterna devoção: "Gostaria de sacrificar minha vida inteira a você... de modo que suas nobres obras pudessem triunfar". Musa e companheira, ela insta D'Annunzio a levar adiante os planos que haviam discutido longamente: a tradução e adaptação de obras clássicas para o teatro nacional dos dois.

Entrementes, suas realizações no exterior eram cobertas pela imprensa italiana. O número de outubro de *L'Illustrazione Italiana* noticia sua volta triunfante a Berlim. Para o programa de despedida no Teatro Lessing, ela ofereceu cenas de *Antony and Cleopatra*, *Adrienne Lecouvreur* e *Egmont* de Goethe. Interpretou o último desses extratos em italiano, suportada por um elenco alemão. Numa entrevista ao crítico teatral Richard Nathanson, que apareceu no *Berliner Tagblatt*, ela abrangeu uma vasta variedade de tópicos, de sua paixão pela Bayreuth de Wagner à controvertida questão de injetar nova vida ao teatro, na Itália, onde qualquer idéia de reforma seria sem dúvida tratada com hostilidade e desdém. Ela deplorava a falta de uma atuação "de conjunto" nas companhias teatrais italianas. Sua busca sem fim de atores adequados para o repertório de D'Annunzio convencera Duse de que, se um punhado de atrizes italianas estava à altura das exigências do teatro moderno, os atores da época eram tristemente ineptos quando se aventuravam em papéis cerebrais. A expressão de emoções fortes, em vez de estados de espírito íntimos, era o ponto forte deles. Sua recente colaboração com Ermete Zacconi servira apenas para fortalecer essa sua convicção e, como Rasi observou astutamente, era bom para ambos os artistas que não houvesse propriamente um diálogo em *La Gioconda* de D'Annunzio, senão a atuação dos dois no palco poderia ter sido um desastre. Zacconi provavelmente deu-se conta a tempo desse problema, pois logo perdeu seu entusiasmo inicial com as peças de D'Annunzio e, confiando seu desencanto numa entrevista à imprensa, sugeriu que o poeta deveria voltar a escrever versos.

A turnê da primavera de 1899 terminou no dia 4 de dezembro em Viena, onde Duse estava sempre certa de contar com um público receptivo. Um longo artigo na *Neue Freie Presse* analisava em profundidade a importância da sua contribuição para um novo conceito de interpretação. Nenhuma atriz da sua geração, em parte alguma da Europa, poderia pretender ter trabalhado tão duro por inovações radicais no teatro, ou ter exercido tamanha influência sobre outros artistas. Duse deu um destaque especial a *La Gioconda* de D'Annunzio durante a turnê. A crítica alemã e austríaca estava preparada para uma obra controvertida e questionou a carpintaria teatral de D'Annunzio, mas também sentiu que *La Gioconda*, apesar de todos os seus defeitos, era provavelmente superior a muitas das peças correntemente oferecidas pelo teatro comercial.

O elogio a *La Gioconda* feito por críticos estrangeiros renovou a fé de Eleonora em seu poeta e em seus ideais comuns. Ao mesmo tempo, a necessidade de novos horizontes estava se tornando mais premente. Os longos meses de exílio no estrangeiro deixavam-na cada vez mais irritada, e esse exílio tornava-se inevitável quando um projeto depois do outro, destinados a proporcionar trabalho na Itália, davam em nada. Ela acreditava sinceramente que a Itália estava pronta para uma nova orientação dramática e acolhia com prazer os manuscritos de autores iniciantes. Uns poucos eram promissores, embora de certa forma não conseguissem corresponder ao "teatro puro" que ela almejava. Num esforço para livrar-se das obras de Dumas e Sardou, ela entretinha a idéia de apresentar excertos de um vasto leque de obras clássicas de dramaturgos nacionais e estrangeiros, ou de montar um programa de leituras feitas por um grupo de atores experientes, que partilhassem seu gosto por uma literatura de interesse universal. Para reunir o material, voltar-se-ia para escritores como Aristóteles, Sêneca, Thomas Carlyle, Schiller, Goethe, Shakespeare, Petrarca, Carducci e, acima de tudo, seu amado Dante. Também este era um entusiasmo passageiro, que logo seria esquecido.

Ao voltar de Viena, Duse descansou algumas semanas; depois, na primeira semana de janeiro de 1900, viajou para Roma, onde deveria fazer várias apresentações. Foi nessa ocasião que D'Annunzio leu para ela trechos de seu romance *Il Fuoco*. As idéias para o romance haviam sido concebidas já em 1895, mas sua gestação coincidiu com seu caso com Duse. O livro foi finalmente completado na solidão de La Capponcina, enquanto Duse estava em turnê no exterior, e sua publicação era iminente quando ela chegou a Roma. A heroína do romance, La Foscarina, é uma atriz (prontamente identificada com Duse), que é pintada como uma sibarita já bem madura. Essa "femmina bramosa" [fêmea ávida] é amante do jovem poeta Stelio (D'Annunzio). O humor da Foscarina alterna entre a tirania violenta e a patética submissão. Tão enigmática como uma quimera, é comparada sucessivamente a Cassandra, Clitemnestra e Medusa. O sorriso da Foscarina é constantemente descrito como "inextinguível" e "infinito", e os vários papéis ao longo de sua carreira são associados a amantes anteriores. Chega-se a um clímax em sua relação com Stelio num trecho particularmente brutal, em que o poeta se imagina possuindo La Foscarina depois de um espetáculo. Stelio, o super-homem sexual, finalmente afirma sua superioridade subjugando essa mulher cuja promiscuidade inerente já engodara um sem-número de admiradores. A obra inteira é inundada por uma torrente de frenesi dionisíaco.

A verdadeira natureza de *Il Fuoco* foi levada à atenção de Eleonora em dezembro de 1898 por seu empresário Schurmann, no Egito, onde D'Annunzio fora ter com ela. Até então, ela fora evasiva quando se aludia ao tema, mas, uma vez posta diante do problema por Schurmann, que estava preocupado com uma publicidade negativa capaz de prejudicar sua reputação e sua carreira, ela foi obrigada a comentá-lo. Sua réplica, num bilhete a Schurmann, era cautelosa, mas defensiva: "Sei do romance e autorizei sua publicação porque meu sofrimento, ainda que grande, não conta nada, quando está em questão o enriquecimento da literatura italiana com mais uma obra-prima". Confessou, então, com mais convicção: "Sou uma mulher de quarenta anos que está apaixonada". Amor e arte mais uma vez se viam irremediavelmente confundidos na vida de Duse e, agora, com implicações mais graves.

Os críticos italianos condenaram a precipitação e a insensibilidade de D'Annunzio. Julgaram muitos episódios do romance decididamente de mau gosto e obscenos. Os críticos moralistas ficaram revoltados com os detalhes explícitos de intimidade sexual e deploraram a influência maléfica desse egoísta malicioso sobre a "divina Eleonora". Até mesmo amigos íntimos, como o conde Primoli e Matilde Serao, exprimiram sua preocupação com a aceitação passiva por Duse das selvagens indiscrições de D'Annunzio. A crença de Duse de que *Il Fuoco* podia ser uma obra-prima literária era compartilhada por setores boêmios. Decadentes e audaciosos, eles aplaudiam a imagem d'annunziana da mulher como musa e aia, a serviço do ritual de autocelebração do poeta. Já seus inimigos continuaram a insistir em que *Il Fuoco*, como o resto dos seus escritos, era imperdoavelmente vulgar e insidioso.

Qualquer que seja o ponto de vista que se defenda, o romance é, sem dúvida, D'Annunzio sob seu aspecto mais característico. De um prisma puramente técnico, é demasiado longo e tosco. A trama se desenvolve num ritmo inexoravelmente lento e os detalhes tornam-se freqüentemente obscuros. No entanto, num verdadeiro estilo d'annunziano, o livro vibra com evocações emocionantes. A "Vitória do Homem" é celebrada em tons wagnerianos, contra um fundo de opulência monumental que atesta a riqueza e o alcance das realizações humanas: um cenário digno dos rituais eróticos em que Stelio e La Foscarina se envolveram. Porém, apesar da teatralidade do romance, há momentos de ofuscante visão. O contraste entre o flamejante Stelio e a apaixonada Foscarina é psicologicamente próximo da verdade. A atriz que D'Annunzio descreve não é apenas hipersensível e insegura, mas também dotada de uma espiritualidade e uma consciência de si de que Stelio parece incapaz. Onde Stelio soa cínico e histriônico, La Foscarina expressa sentimentos de nobreza. Como a própria Duse, essa heroína de ficção traça uma nítida distinção entre "sonhos extravagantes" e insinuações de um destino mais obscuro.

Há uma interessante dualidade na natureza da Foscarina, entre as perversidades de uma atriz "envenenada pela arte" e a zelosa e maternal mulher que protege Stelio de suas próprias e selvagens imposturas. Pois enquanto ele joga com nuvens, ela desvenda enigmas. O *ménage-à-trois* criado pela presença da cantora Donatella Arvale, cuja juventude e beleza representa uma ameaça à instável relação da Foscarina com o egocêntrico Stelio, também era vista pelos críticos como uma prova adicional da crueldade do autor para com Duse, dadas as constantes infidelidades do poeta na vida real. No entanto, por mais impaciente que se fique com o narcisismo e a histeria do herói da novela (o autor), há inúmeros momentos ao longo do livro em que o leitor se impressiona com a perspicácia da compreensão que tem D'Annunzio dessa angustiada mulher que ele está a ponto de trair – "aqueles mundos infinitos de perpétua beleza" refletidos no olhar pensativo da Foscarina. *Il Fuoco* também resiste como um manifesto abrangente dos ideais artísticos que Duse e D'Annunzio esperavam realizar em seu teatro perto do lago Albano, inspirado em Bayreuth. As personagens do romance são dotadas de qualidades míticas em harmonia com aquelas supremas e sagradas tragédias em que religião, amor físico e a mais profunda espiritualidade se fundem.

Na análise final, La Foscarina emerge desse festival dionisíaco com mais dignidade do que o inquieto e volúvel Stelio, que "não oferecia piedade, mas meras promessas". Em silenciosa angústia, La Foscarina percebe a efemeridade de todas as coisas – enquanto juventude, beleza, arte e amor começam a desaparecer. É dela o maior heroísmo, na medida em que ela encara a extinção com tranqüila determinação. Não se pode ignorar que D'Annunzio apreendeu as diferenças essenciais em suas naturezas, tanto na arte como na vida real; e não se pode negar que ele criou o mais vigoroso retrato imaginável de uma mulher que se opunha à loucura com sabedoria e à baixeza com supremo auto-sacrifício, uma mulher cuja face era "de luz e sombra, de amor e dor, de força febril e bruxuleante fulgor".

Uma trágica percepção da vida prepara La Foscarina para a traição de Stelio nas páginas finais do romance. O combate revelou-se desigual e atroz, mas, quando o momento da renúncia chega, La Foscarina separa-se do egocêntrico Stelio com magnanimidade. Nesse ponto, *Il Fuoco* não é apenas a narrativa ficcionalizada de uma história de amor singular entre duas almas criativas, mas também uma obra de premonição, pois D'Annunzio logo irá abandonar "essa figura ideal... de mistério e beleza... que ouve e entende", quando sua utilidade como musa e companheira chega ao fim.

No dia 1º de maio de 1900, o primeiro folhetim da tradução francesa (intitulada *Le Feu*) aparecia na *Revue de Paris*; quase imediatamente, uma campanha de imprensa hostil era organizada contra o autor. D'Annunzio era violentamente criticado por ter explorado baixamente sua relação com Eleonora Duse e revelado os mais íntimos detalhes de seu caso sob o véu transparente da ficção. Uma tradução inglesa da obra, com o título de *The Flame of Life*, também foi publicada no mesmo ano, sendo apontada por um crítico como "o mais grosseiro romance já escrito". Deixou-se poetas como Romain Rolland argumentarem que na "obtusa e insípida Itália de fins do século XIX... D'Annunzio surgiu como uma inesquecível aparição para redespertar a terra da Beleza".

Esse período de intensa atividade quase não mitigou os sofrimentos íntimos de Eleonora. Ela lamentou "a brutal exaustão" de sua existência nômade e expressou seu desespero por aquele "teatro vazio de arte", lutando para seguir em frente apesar da febre constante e das crises de depressão. "Gostaria de gritar de revolta", escreve a Boito em fevereiro de 1900. Aos quarenta e um anos, ela chegou a considerar o suicídio uma solução possível, mas só para rejeitar a idéia. Relembrando a morte da amiga Mathilde Acton, desenvolve a questão de tirar a própria vida:

> Mas em plena luz do dia, como Mathilde, eu nunca seria capaz de fazer isso. A simples vista de um panorama – uma colina, uma árvore, uma *lufada de ar*, me reteriam – À noite, por mais desolada que esteja minha alma, deixo abertas as venezianas, de modo que as estrelas possam penetrar pelas janelas de meu quarto... O que posso fazer para superar esse encanto... porque se não sinto mais nenhum encanto em minha vida, ainda posso sentir o encanto da própria vida – no ar, na terra, no céu e em tudo a meu redor.

Ela era claramente muito mais sensível à natureza do que Alexander Wolkoff considerara.

Pouco a pouco, suas cartas a Boito durante aqueles meses revelam uma nova atitude em seu relacionamento. Dirige-se a Boito agora como a um amigo íntimo, e os problemas são confiados sem nenhuma sugestão de chantagem emocional. Os pedidos agora são feitos sem nenhum senso de recriminação. Exprime seu anseio de que ele continue a se interessar paternalmente por Enrichetta enquanto ela estiver em turnê no exterior. A saúde da menina continuava a preocupar Duse, em especial durante os longos meses de inverno, quando ambas, mãe e filha, estavam em constante perigo de sofrer uma recaída.

Suas turnês durante a temporada de 1900-1901 estavam virtualmente dedicadas à promoção das peças de D'Annunzio. O poeta uniu-se a ela em Viena, onde ela se apresentou de 27 de março a 16 de abril de 1900. Uma honra especial lhe foi concedida durante essa visita: foi convidada a dar uma apresentação de *La Gioconda* no Burgtheater no dia 11 de abril, em presença do imperador Francisco José. Era a primeira vez que uma companhia estrangeira se apresentava nesse teatro da corte, que se orgulhava de ter alguns dos melhores atores da Europa. Depois do espetáculo, o elenco reunido juntou-se à platéia no aplauso a Duse, enquanto ela recebia a medalha da mão de autoridades austríacas em reconhecimento pelos serviços prestados ao teatro. Era de se esperar que ela fosse escolher uma obra de D'Annunzio para essa histórica ocasião, de maneira que ele pudesse compartilhar seu triunfo. Como gesto de gratidão, ela doou a receita da noite ao Asilo do Ator, administrado pelo Burgtheater.

De Viena, Duse continuou suas viagens para cumprir compromissos na Alemanha e na Inglaterra. O escritor James Joyce, que estava visitando Londres em maio de 1900 em companhia de seu pai, passou a maioria das suas noites no teatro e viu Duse representar *La Gioconda*. Ficou tão profundamente emocionado com a experiência que se sentiu compelido a escrever um poema em sua homenagem, que mandou à atriz na esperança de receber algum agradecimento. Eleonora não lhe deu resposta, mas ele conseguiu obter um retrato seu. Joyce colocou-o em sua escrivaninha e tornou-se um firme admirador da Duse pelo resto da vida. Atores como Duse e Ermete Zacconi levaram Joyce a comentar: "Os italianos têm um gênio imenso para o teatro... No palco *da vida*, são os maiores atores que existem".

Julho trouxe um período de descanso, em que Duse regressou à Itália para suas férias anuais à beira-mar, ou em algum sossegado refúgio na montanha; mas por volta de 29 de agosto ela estava de novo viajando, com outra árdua programação que durou quase quatro meses e levou-a da Suíça e da Alemanha a Madri e Lisboa.

Na capital espanhola, deu seis espetáculos no Teatro Apolo, entre 20 de outubro e 10 de novembro de 1900. Estreou com *La Femme de Claude* de Dumas, e o resto do repertório consistiu em obras de Sudermann, D'Annunzio e Sardou. No dia 21 de outubro, fez uma apresentação de *La Locandiera* no Palácio Real, diante dos membros da família real e seus convidados. Os críticos espanhóis, nessa ocasião, exprimiram reservas quanto à escolha das peças. Com exceção de *La Gioconda,* que acharam demasiado moderna para seu gosto, não havia novidades ou obras que apresentassem algum interesse especial. *La Gioconda* foi definida como "um poema de exaltação erótica, em que a sensualidade é confundida com o amor", mas o brilho da linguagem de D'Annunzio foi elogiado.

Em Lisboa, um ataque de gripe, embora a confinasse à cama entre os espetáculos, não parece ter diminuído a excelência do seu desempenho. Talvez em reação às críticas a seu repertório em Madri, ela incluiu peças mais recentes em seu programa lisboeta, como *Casa de Bonecas* de Ibsen e *The Second Mrs. Tanqueray* de Pinero, junto com peças de Dumas e Sardou. Por sua vez, a imprensa condescendeu com dar resumos detalhados do enredo dessas novas produções. *La Gioconda* de D'Annunzio, que abriu a temporada, foi muito menos bem recebida, tendo sido tratada por um crítico de "uma brincadeira de mau gosto"; seu didaticismo tedioso e o uso excessivo de símbolos e alegorias careciam de dimensão humana. O crítico teatral de *O Dia* observava que a mistificação, suprimindo qualquer mistério na obra, deixou a platéia fria e desdenhosa, mas prestou um tributo especial a Duse, "que conseguiu de certa forma infundir vida à estrutura marmórea da peça e extraiu toques de gênio de seu labirinto de artifícios". Duse concluiu sua temporada em Lisboa com um programa duplo, que compreendia *Cavalleria Rusticana* e *La Femme de Claude.* Muito embora estivesse com febre alta, deu conta comovedoramente de ambos os papéis.

Cada nova turnê ampliava seu círculo de admiradores e conhecidos, trazendo-lhe, de quando em vez, algumas novas amizades significativas. Uma dessas amizades foi contraída em Lisboa com dona Maria Luísa Domingos de Sousa Holstein, a duquesa de Palmela, uma personalidade influente e de impecável posição social. A duquesa de Palmela vivera em Londres, Paris e Roma; era uma lingüista talentosa, escultora consumada, que expusera em salões de Paris, e anfitriã jovial. Como dama de honor da rainha Amélia de Portugal, foi muito útil para apresentar Duse à corte. Apesar da considerável diferença de idade e de origem social, uma amizade íntima, baseada numa profunda afinidade espiritual, surgiu entre as duas mulheres. Eles se corresponderam regularmente em francês de 1899 a 1909, quando a duquesa faleceu. Mulher de profundas convicções religiosas, que trabalhou incansavelmente para várias obras de caridade, a duquesa de Palmela demonstrou um interesse materno pela atriz, partilhando seus anseios e seus pesares. Suas cartas a Duse eram invariavelmente assinadas "*Maman*". Um precioso colar de pérolas dado a Eleonora pela duquesa como mostra de sua estima e afeição iria salvar a atriz da penúria depois da Primeira Guerra Mundial.

17. Duse como a trágica Marguerite Gautier em *La Dame aux Camélias* de Dumas Filho. O papel tornou-se seu cavalo-de-batalha e foi esta a peça com que ela abriu com freqüência suas temporadas no exterior. Verdi ficou tão impressionado com sua atuação no ato final da peça que observou: "Se eu tivesse visto a sua Marguerite antes de compor *La Traviata*... Que esplêndido final eu poderia ter criado, se tivesse ouvido aquela invocação crescente de Armand, que Duse logrou simplesmente deixando sua alma extravasar".

(Cortesia do Museo Civico, Asolo)

Outra grande amizade desse período foi a de Emma Calvé, a soprano francesa cuja interpretação da *Carmen* de Bizet deu-lhe fama mundial. As duas mulheres foram provavelmente apresentadas pelo conde Primoli em Paris e por volta de 1898 estavam se correspondendo. Calvé viu Duse representar na capital francesa e ficou intrigada com a "sinceridade... sobriedade de gesticulação e a comovente presença cênica" de Duse, e em suas memórias confidencia que a influência da atriz sobre sua carreira era incalculável. Elas se viram socialmente em Veneza em setembro de 1898 e, no ano seguinte, Calvé, depois de um caso amoroso traumático, foi ao encontro de Duse em Veneza, por insistência da última. Os conselhos de Eleonora a Calvé durante esse período de tensão emocional eram baseados em sua própria e amarga experiência: "Trabalhe! Lembre-se de seu lema: *Qui chante, son mal enchante* ['Quem canta seus males espanta']."

É interessante notar que D'Annunzio persuadiu Duse a participar do turbilhão social de Veneza e Roma, ao contrário de Boito, que insistira em que o caso entre os dois deveria ser escondido dos conhecidos mútuos. Nenhuma das duas situações parece ter sido muito do agrado de Eleonora. Agora, ela se achava mergulhada num mundo de intrigas e de escândalos, que até então ela aprendera a menosprezar e a zelosamente evitar.

De fins de janeiro ao início de fevereiro de 1901, Duse apresentou-se em Nice e Cannes, antes de negociar com Zacconi uma turnê italiana de *La Città Morta*, essa malfadada produção que lhe custara tantas ansiedades e dores de cabeça. Assumindo os papéis principais da peça, Duse e Zacconi estrearam no Teatro Lírico de Milão em 20 de março de 1901 e prosseguiram, dando espetáculos em Gênova, Bolonha, Florença, Roma e Veneza. Depois de uma acolhida discorde, a ovação no Teatro Rossini em Veneza trouxe algum consolo. Ao ser chamada à cena, a atriz estava visivelmente comovida. D'Annunzio estava presente para compartilhar a ovação; iria ser um dos seus mais felizes momentos juntos.

Até mesmo os críticos italianos que mostraram algum interesse pela corajosa tentativa de D'Annunzio de reviver a antiga tragédia com personagens modernos tinham dúvidas quanto ao produto dessa interessante experiência. Os resultados eram decididamente desiguais. Considerados objetivamente, os personagens de *La Città Morta*, conquanto animados pelas paixões sobre-humanas dos antigos semideuses, eram modernos. A concepção d'annunziana de drama era grandiosa, mas não comovente. A insistência do poeta no "puro lirismo" afetava adversamente a psicologia dos personagens. Seus exaltados monólogos não conseguiam veicular nenhum sentido de verdade humana. D'Annunzio simplesmente recusava-se a reconhecer que o "gênio lírico" algumas vezes pode ser incompatível com a "força dramática".

Pelos padrões modernos, a peça parecia irreal. A força de antigas paixões em personagens modernos era considerada um tanto anacrônica e aborreceu os críticos. D'Annunzio, como de costume, retorquiu que estava perseguindo um ideal artístico que apenas uma elite intelectual era capaz de apreciar. Escrevendo a seu tradutor francês, Hérelle, comentava: "a questão teatral – no sentido popular dessa expressão hoje em dia... é de importância secundária... Eu gostaria de escrever o drama de acordo com meu ideal – isto é, como ele deve ser, e não o que agrada ao público". Entretanto, no papel da cega Anna, Duse era universalmente admirada. Nas palavras de Luigi Rasi: "Ocorria um milagre de resignação poética, um milagre de suave pesar naqueles olhos que permaneciam belos e puros – tão luminosos como se o sono não tivesse sido nada mais que um borrifo de orvalho". Sua dicção nunca pareceu mais musical e cada momento daquelas mãos notáveis era cheio de poesia e significado.

Arthur Symons, que traduziu o texto de *La Città Morta* para o inglês, viu Duse representar o papel de Anna em Zurique. Os defeitos da peça tornaram-se ainda mais aparentes para Symons quando a viu montada no palco. Escreveu:

> Em *La Città Morta*, D'Annunzio nem aceitou a forma convencional do drama, nem, como Maeterlinck, criou uma forma nova e satisfatória. Ele transplantou o romance para o palco e, pela simples força da emoção, deu um interesse absorvente àquelas conversações, mesmo quando não eram propriamente dramáticas... *La Città Morta* é quase mais um poema do que uma peça e há nela uma beleza que não pode ser encontrada na obra de nenhum dramaturgo contemporâneo, com exceção de Maurice Maeterlinck e W. B. Yeats. E essa beleza é de um tipo inteiramente individual, uma poética da sensação, ou uma emoção feita de uma apreensão espiritual das coisas dos sentidos.

Mas era precisamente isso que Duse pedia.

O próprio Symons ficou impressionado com as milagrosas transformações que ela realizava, dando a cada frase nobreza e qualidade intelectual. Ele reconheceu quão facilmente a atriz adaptou-se às exigências do lirismo de D'Annunzio:

> Em *La Città Morta*, Duse tem um papel à altura da sua natureza; um papel que ela pode preencher com sua própria natureza, sem extravasá-lo ou destruí-lo. Ela não tem nada mais que belas palavras a falar, belos quadros a compor, belos estados de espírito a transmitir; nada mais que ser ela mesma: descansar da energia destruidora da imitação.

Essa afirmação de Symons ajudará a explicar por que o público italiano ouvia as peças de D'Annunzio como se estivesse ouvindo uma sinfonia orquestral. Ele percebia muito pouco o enredo ou a caracterização.

1901-1904 – O ROMPIMENTO FINAL

Em setembro de 1901, Duse e D'Annunzio passaram uns dias juntos nos Colli Euganei, perto de Pádua. Depois, o poeta voltou para Settignano, a fim de terminar uma nova peça, *Francesca da Rimini*, de que fez uma leitura privada no dia 10 de outubro, para um pequeno grupo de amigos e os atores contratados para a *première*. O precioso manuscrito foi posto num atril todo ornamentado. Duse estava sentada perto do autor e uma cadeira foi deixada vazia – reservada para o espírito de Dante. *Francesca da Rimini* deveria ser a primeira parte de uma trilogia – *I Malatesti* –, devendo seguir-se *Sigismondo* (que nunca foi escrita) e *Parisina* (publicada em 1913).

O enredo de *Francesca da Rimini* vem de um famoso episódio do canto quinto do *Inferno* de Dante, um dos mais vibrantes dessa obra-prima e explorado por vários dramaturgos e compositores, com variados graus de sucesso. A *Francesca da Rimini* de Silvio Pellico, escrita em 1815 como tentativa precoce de drama romântico na Itália, proporcionou a Adelaide Ristori, no papel-título, um de seus maiores sucessos. A versão de George Henry Boker do episódio de Paolo e Francesca foi representada em Nova York em 1855; e a *Francesca da Rimini* de Francis Marion Crawford, escrita em 1902, foi aclamada pelos críticos americanos como, indiscutivelmente, a melhor obra dramática do período. No mesmo ano, *Paolo e Francesca* de Stephen Phillips, foi apresentada em Londres, havendo sido estabelecidas algumas semelhanças com o tratamento dado por D'Annunzio ao enredo. O poeta italiano dera seu colorido pessoal a essa pungente história de adultério, que ele definia como *un poème de sang et de luxure* [um poema de sangue e luxúria].

Duse, que estudou o texto com sua costumeira minúcia, analisou e discutiu cada frase em detalhe com o autor. Seu compromisso sincero não terminou aí: ela gastou, ao que se informa, 400.000 liras na produção – uma pequena fortuna, na virada do século. Pois não foram poupados gastos para recriar o esplendor visual da vida cortesã na Itália medieval. D'Annunzio e seus colaboradores fizeram uma ampla pesquisa na Romanha dos tempos de Dante. Todo aspecto possível da história política e social foi abarcado; a busca da "veracidade histórica" tornou-se uma obsessão de todos os que estavam envolvidos na peça. Em conseqüência, a confusão reinou até a última hora. E os próprios ensaios tornaram-se tão laboriosos e cansativos, que a estréia teve de ser adiada várias vezes. As cartas de Duse à escritora Olga Ossani falam de "ensaios fragmentados" e de um elenco "perdido no alto-mar, sem saber como manobrar as velas".

D'Annunzio supervisionou pessoalmente cada aspecto da produção. Para a cenografia, contratou originalmente Mariano Fortuny, conhecido por muitos de seus ilustres contemporâneos como o "Mago de Veneza". O artista compartilhava apaixonadamente o interesse de D'Annunzio pela reforma do teatro: o conceito de Fortuny de um "teatro ideal" coincidia sem dúvida com os planos do poeta de um teatro festivo às margens do Lago Albano. Essa colaboração em *Francesca da Rimini* prometia ser fecunda, mas Fortuny iria retirar-se do projeto antes de completar sua tarefa. Os detalhes dessa colaboração fracassada revelam muito sobre o comportamento de D'Annunzio como autor-produtor.

Quando D'Annunzio e Eleonora Duse entraram inicialmente em contato com Fortuny e pediram-lhe para preparar os cenários de *Francesca da Rimini*, ele aceitou com entusiasmo e começou a trabalhar de imediato. Depois de discutir vários detalhes com o poeta, Fortuny preparou uns esboços e construiu maquetes, que introduziam um novo sistema de iluminação indireta. Tudo parecia estar correndo bem, quando Fortuny de repente pediu para ser substituído no projeto. O artista tivera a impressão de que tudo o que D'Annunzio queria dele eram esboços e maquetes, ao passo que o poeta esperava que Fortuny se encarregasse não apenas dos desenhos preliminares, mas também da construção e pintura dos cenários, da confecção dos figurinos e da instalação da iluminação.

Foi nesse ponto que Fortuny começou a reconsiderar a questão. Ele se sentia incapaz de assumir a enorme responsabilidade de preparar todos os aspectos da peça; não tinha nem a organização, nem os meios para tão vasto e custoso empreendimento. Quando exprimiu essas dúvidas, D'Annunzio encarregou Masotti, um cenógrafo de Bolonha, de ir a Veneza ajudar Fortuny no trabalho. Isso foi um erro tático por parte de D'Annunzio. A parceria revelou-se desastrosa, e Fortuny escreveu ao poeta informando-o da decisão de retirar-se do projeto, mas oferecendo-se a ceder-lhe todos os seus esboços e maquetes. Fortuny tinha horror de intermediários e era avesso a depender de outros para a realização de seus projetos. D'Annunzio implorou-lhe que mudasse de idéia. Sua carta mostra o poeta em seu veio mais persuasivo:

> Seu abandono chocou a mim, seu irmão, mais profundamente do que a traição de Paolo Malatesta... Compus minha tragédia, linha a linha, com imagens da sua arte diante dos meus olhos. Para você, eu descobri algo de tão extraordinária beleza que, quando você vir, ficará atarantado com sua força... Concebi um mundo de formas e cores, ao qual você precisa dar vida visível e tangível... Minha obra, sem a sua colaboração, permanece incompleta.

Também lembrou Fortuny de que "a promessa de um artista, em espírito, é mais solene e sagrada do que qualquer contrato comercial ou legal". Não só os planos e sonhos do poeta estavam sendo destruídos, mas a decisão de Fortuny comprometeria as vastas somas de dinheiro já despendidas por Duse no arrendamento do teatro e na formação da companhia. "Deixe-me comunicar-lhe a dor que está me causando", protestou D'Annunzio. O "Mago de Veneza" permaneceu impassível ante as lisonjas e o pedido do poeta.

No dia 13 de setembro de 1901, nove dias depois de escrever a Fortuny, D'Annunzio chegou a Veneza, acompanhado de Eleonora. Renovaram as discussões com Fortuny sobre a montagem de *Francesca da Rimini*, mas nem mesmo a Duse teve êxito em fazer o artista mudar de idéia. Agora estava claro que seria necessário uma equipe de especialistas para enfrentar as complexidades dessa ambiciosa produção. Para o lugar de Fortuny, D'Annunzio contratou o cenógrafo Odoardo Antonio Rovescalli para pintar o cenário. Os figurinos e a cenografia foram confiados a Adolfo de Carolis, que se tornaria um dos mais capazes colaboradores de D'Annunzio, tendo como assistente Andrea Baccetti, escultor e gravador florentino. Uma carta de D'Annunzio a De Carolis, datada de 21 de novembro de 1901, dá meticulosas instruções sobre as cores e os materiais para cada figurino, bem como para o estilo e a ornamentação apropriados dos acessórios e adereços. As observações pessoais de Duse também foram transmitidas ao cenógrafo e figurinista, a quem recomendam que logre autenticidade em cada detalhe do seu trabalho. Foram contratados outros profissionais para completar a equipe: um especialista supervisionou a vasta coleção de armaduras requeridas para a produção; Luigi Rasi coreografou as cenas de multidões; foi importado de Paris um confeccionador de perucas. As fotos dos cenários e figurinos da produção sugerem que a concepção original de Fortuny influenciou os desenhos de Rovescalli e De Carolis.

Após intermináveis e ansiosos ensaios, a peça estreou no Teatro Costanzi em Roma, no dia 9 de dezembro de 1901. A interpretação que Duse deu da condenada Francesca foi muito realçada pela qualidade espiritual que ela trouxe ao papel, muito embora fosse consenso geral que a calma intensidade da sua atuação pouca relação tinha com o flamejante desempenho de Gustavo Salvini como Paolo. Gustavo, filho do grande trágico Tommaso Salvini, era um ator competente e experiente, mas, embora coetâneo de Eleonora, representava no estilo de uma geração mais velha. Ele se baseava quase inteiramente na "voz estentórea e na pomposa presença cênica".

Visualmente, a produção causou impressão favorável com seus cenários e figurinos magníficos, inspirados em pinturas do *Trecento* italiano. O crítico Domenico Oliva, que não era um grande admirador de D'Annunzio como autor teatral, achou a montagem de *Francesca da Rimini* "uma verdadeira obra de arte – cada cena evocando um ar de perfeição estética". Julgando a peça, alguns críticos admitiram uma maior inteligência da estrutura e do movimento dramático, mas os inimigos do poeta estavam sedentos de sangue e uma claque hostil garantiu apupos e assobios entre os bravos e os aplausos. A cena da batalha no ato II era tão realista que os atores não podiam ser ouvidos contra o fundo sonoro de ruídos. A fumaça enchia o teatro e alguns dos cenários desabaram – incidentes que deleitaram a galeria e aumentaram a excitação da noite.

As resenhas do dia seguinte mostravam-se divididas em sua apreciação dos méritos da obra. Para a maioria dos críticos, Duse foi impecável em sua interpretação de Francesca. No entanto, uma voz dissidente sugeria que a personalidade cênica única da Duse pode ter sido a maior falha do espetáculo daquela noite – comentário que lhe causou grande mágoa e provocou iradas altercações na imprensa. Ela trabalhara incansavelmente para corresponder ao que o autor pedia. D'Annunzio exprimira sua gratidão dedicando a obra à "divina Eleonora Duse", mas o que ela desejava mais que qualquer outra coisa era o reconhecimento público dos esforços conjuntos de ambos para mudar a fisionomia do teatro na Itália.

Numa carta a Annibale Tenneroni, bibliotecário da Fundação Vittorio Emanuele em Roma e amigo íntimo de D'Annunzio, ela exprimia sua disposição de desistir do papel, se tivesse a certeza de que essa decisão aplacaria os detratores do poeta. Tomando por base algumas observações construtivas nas resenhas da imprensa, D'Annunzio fez certo número de cortes para acelerar a ação antes de a produção iniciar sua turnê pela Itália. Depois de Roma, a peça foi vista em Florença, Turim, Bolonha, Gênova, Milão e Veneza.

Francesca seria o último grande papel de Duse numa peça de D'Annunzio. Em particular, já havia tensões e cenas de ciúmes. Eterno adolescente, D'Annunzio ansiava por novos prazeres e vínculos emocionais. Sua liberdade era sacrossanta, e era inevitável que a natureza possessiva da atriz acabaria por fim afastando-o. Tendo encontrado o poeta que podia dar à sua carreira um sentido nobre e válido, Duse estava preparada para sacrificar tudo a seu alcance para garantir o sucesso de D'Annunzio.

Por seu lado, o poeta endossou a imagem de mulher que se punha em segundo plano – e havia um sem-número de mulheres prontas para satisfazer seu ilimitado egoísmo. Pelo seu, Duse aferrava-se à crença de que a colaboração artística salvaria a relação dos dois. Cometera esse mesmo erro com Boito. Agora, achava-se sem forças para evitar o mesmo equívoco com D'Annunzio. Seu sofrimento íntimo parece ter afetado seu desempenho nesse período. Para os que seguiram sua carreira, a presença física da Duse no palco estava banhada por uma nova reserva, uma nova profundidade. Até as fotos e retratos datados desses anos traem uma expressão mais branda e introspectiva.

Alguns críticos estavam dispostos a sustentar que, como atriz, ela se enriquecera com seu envolvimento nas obras de D'Annunzio; no entanto, a maioria deles insistia em que seu compromisso genérico de escolher experiências duvidosas empanou sua imagem e anuviou seu juízo. Ambos os argumentos têm sua validez, como a própria Duse acabou reconhecendo: "Sempre fui e parece que vou continuar sendo minha melhor inimiga e minha melhor aliada", refletiu. "O que quer que outros possam dizer é conversa fiada!" Infelizmente, como mulher, ela era julgada pela frívola sociedade que D'Annunzio freqüentava, e os escritores românticos e colunistas mexeriqueiros guiavam-se pelas reminiscências e indiscrições dos íntimos do poeta. Portanto, não foi surpresa descobrir um escritor como D. H. Lawrence comentar numa carta datada de 1916: "Penso com freqüência na Duse com seus amantes, em como eles eram excitações vivazes e devoradoras para ela, mas, na verdade, apenas incidentes destrutivos, inclusive D'Annunzio". Essa observação inconseqüente resume a notoriedade do caso entre a atriz e o poeta. O mundo em geral aceitou o relato ficcional dado do caso por D'Annunzio e acrescentou novas distorções. A relutância de Eleonora em defender-se publicamente significa que as duas pessoas envolvidas revelavam pouca ou nenhuma compreensão de seu verdadeiro significado. Magoada e humilhada com as infidelidades do poeta, Duse encontrou algum consolo no trabalho, confiante em que, inclusive nesse último estágio, a parceria dos dois podia dar origem a um verdadeiro teatro nacional.

Em fins de março de 1902, ela retomou suas viagens ao exterior com um repertório inteiramente formado por peças de D'Annunzio, a despeito dos receios dos empresários e administradores que cuidavam de seus interesses. De 28 de março a 5 de maio, ela tinha contratos a cumprir na Áustria e na Alemanha. "Quatro apresentações de *La Gioconda* ou *nada*", ela insistia em seu telegrama ao agente que estava finalizando seu programa em Berlim. Sua coragem foi recompensada, e a peça foi bem recebida, tanto em Berlim como em Viena. Uma visita a Trieste ao retornar, no dia 18 de maio, onde teve uma calorosa acolhida, animou-a a acreditar que a maré estava mudando e que o gênio de D'Annunzio como dramaturgo logo ficaria demonstrado.

As peças de D'Annunzio também dominaram o repertório da terceira turnê de Duse na América do Norte, que se estendeu de meados de outubro de 1902 a 29 de janeiro do ano seguinte. Alternando apresentações de *La Gioconda*, *La Città Morta* e *Francesca da Rimini*, ela estreou em Boston em 21 de outubro, antes de representar em Nova York, Baltimore, Washington, Filadélfia, Chicago e St. Louis. Uma enxurrada de bilhetes e telegramas aos agentes teatrais Siebler e Tyler, da Broadway, revelam quão exasperante Duse podia ser do ponto de vista dos empresários – precisa e intransigente quanto à escolha e à ordem das peças num momento, e enfurecedoramente vaga e indecisa no momento seguinte. Agora estava livre de qualquer obrigação contratual com Schurmann e determinada a ter maior controle sobre a escolha das peças de seu repertório. Esperando que D'Annunzio pudesse acompanhá-la à América do Norte, tentara persuadir seus agentes a organizar uma turnê de conferências para o dramaturgo que dominava seu repertório. As turnês de conferências de celebridades européias estavam muito em voga nos Estados Unidos na virada do século, mas Siebler e Tyler sentiram corretamente que as reações do público americano ao poeta podiam ser inamistosas e reduzir as platéias das próprias apresentações de Duse.

O pequeno público ao longo da turnê confirmou os piores temores dos empresários quanto à viabilidade comercial do repertório d'annunziano. Duse simulou indiferença ante esse preocupante estado de coisas, e os direitos do autor eram enviados a ele com escrupulosa regularidade, como se ela estivesse representando para casas cheias. O público americano ficava francamente perplexo com o "sadismo místico" de D'Annunzio, embora Duse continuasse a deixar a crítica atônita com a força e a individualidade de seu desempenho. Acharam-na visivelmente envelhecida desde a última visita. A relutância de Eleonora em utilizar qualquer maquiagem parecia acentuar as linhas de sua face, mas os críticos concordavam em que sua atuação parecia ainda mais expressiva e descontraída do que antes.

O presidente Roosevelt recebeu-a na Casa Branca, as anfitriãs da alta sociedade tentavam atraí-la às suas festas e a imprensa a seguia aonde quer que fosse. Um artigo publicado na *Nuova Antologia* em janeiro de 1903, comentando sua recepção na América do Norte, citava uma afirmação da atriz a um jornalista nova-iorquino, confirmando sua intenção de dedicar-se, daí em diante, exclusivamente às obras de D'Annunzio. O crítico teatral da *Nuova Antologia* prosseguiu exprimindo a esperança de que "a sra. Duse aproveitar-se-á do privilégio concedido a seu sexo e logo mudará de idéia... pois, concentrando todas as suas energias nas peças de um só dramaturgo provavelmente imporá sérias limitações à sua arte". E o crítico teatral do *The New York Tribune* resumiu sua turnê pela América do Norte como sendo de "sucesso desigual, com algumas das piores peças já vistas em qualquer palco".

Uma vez de volta à Europa, retornou a Viena para novos compromissos. Física e mentalmente exausta com o trabalho e as viagens incessantes, agora estava livre para retirar-se nas tranqüilas cercanias da Villa Borghese, entre Anzio e Nettuno. Lá ela se juntou a D'Annunzio. Mas as visitas encontraram uma constrangida atmosfera na casa e presenciaram situações embaraçosas, quando irrompiam cenas de ciúmes. A filha de D'Annunzio, Renata, que Duse adorava, mais tarde recordaria a Duse daqueles dias: "Tensa, carregada, chorando com freqüência na privacidade de seu quarto e até condescendendo com o poeta, de um jeito maternal." D'Annunzio, em contraste, estava "tão alegre e vivo que parecia muito mais jovem do que a atriz". Era esse o cenário em que o poeta comporia sua peça de maior sucesso, *La Figlia di Iorio*, escrita em notável velocidade

18. Depois de um início vacilante, a temporada parisiense da Duse em 1897 recebeu comentários arrebatados. Para mostrar seu apreço, os atores da Comédie Française organizaram uma recepção em sua honra no Pavillon d'Armenonville, no Bois de Boulogne. O influente crítico francês Francisque Sarcey, superando seu ceticismo inicial, escreveu em *Le Temps*: "La Duse deixa-nos em triunfo... ela nos seduziu com a verdade pura do seu teatro".

(Cortesia da Biblioteca Teatrale del Burcardo, Roma)

e virtualmente completada em vinte e oito dias. Com renovado zelo, Duse se interessou pelo esboço do texto e pelos desenhos e maquetes sugeridos. Esse drama pastoril assinalava uma inesperada direção na escrita de D'Annunzio para o teatro. Depois de sua bem-sucedida interpretação de Santuzza, Duse tendera a evitar obras com acentuado cunho regionalista, e é de suspeitar que ela teria recusado o papel de Mila di Codra se a peça tivesse sido escrita por outro que não D'Annunzio.

Para evitar as dificuldades que encontrara na montagem de *La Città Morta*, Duse concordara com que a produção de *La Figlia di Iorio* fosse entregue à confiável companhia teatral encabeçada por Virgilio Talli, Irma Gramatica e Oreste Calabresi. Durante as negociações iniciais com Talli, en Settignano, no mês de setembro de 1903, ficou decidido que Duse representaria o papel de Mila di Codra nas primeiras semanas, com apresentações em Milão e Florença. Em apresentações posteriores, Irma Gramatica, que tinha de ser contentada como atriz principal da companhia que era, assumiria o papel. Em suas memórias, Talli deixou um vívido relato dos contratempos que ocorreram desde quase o início e criaram uma guerra de nervos que afetou a todos os envolvidos na produção. D'Annunzio começou a sentir que pesava alguma maldição sobre o projeto: "Duse doente, Michetti doente, Ferraguti rolou escada abaixo etc. etc. *Libera nos Domine!*" escreveu a De Carolis em 16 de fevereiro de 1904. E o filho do poeta, que assistiu aos intermináveis ensaios, achou que os membros do elenco estavam se tornando tão explosivos quanto os personagens da peça.

À medida que os preparativos progrediam, Talli e D'Annunzio pareciam alimentar dúvidas sobre a capacidade da Duse para interpretar a rude Mila di Codra. A qualidade espiritual que ela pusera na interpretação de Francesca da Rimini ficaria irremediavelmente deslocada nesta nova obra, com sua rústica simplicidade e suas forças primitivas. Irma Gramatica, por outro lado, parecia fisicamente adequada ao papel. Talli teve até um motivo maior de preocupação quando D'Annunzio começou a insistir para que o papel de Aligi fosse dado a um jovem estudante de advocacia de Ferrara, Gualtiero Tumiati, que o impressionara numa produção amadora de *Parisina*, com música de Vittoro Veneziani. A voz atraente de Gualtiero e uma bela aparência convenceram o poeta de que encontrara o "ator virgem" de seus sonhos; Talli, no entanto, insistia em que o jovem não tinha nem talento comprovado, nem experiência. Felizmente para todos, a crise foi evitada por meios sutis. D'Annunzio foi amavelmente persuadido a ouvir Ruggero Ruggeri no teste para o papel de Aligi e, enfim, admitiu que ele era a escolha mais segura. A veterana Giacinta Pezzana, provavelmente por instigação de Duse, foi sondada para o papel de Candia della Leonessa, mas pediu o cachê diário de 400 liras, o que pôs fim às negociações, e o papel foi dado à promissora Teresa Franchini.

Para complicar ainda mais as coisas, Duse tinha compromissos no estrangeiro do início de setembro de 1903 até fins de janeiro de 1904, com apresentações programadas na Suíça, Alemanha, Inglaterra e França. Em Londres, ela se apresentou no Adelphi Theatre, de 30 de setembro a 10 de dezembro. *La Città Morta* foi anunciada no repertório previsto para 1º de novembro, mas no último minuto o *Examiner of Plays* (Censor) proibiu a apresentação. Uma nota no *Sunday Times* de 4 de outubro de 1903 confirmava que a licença para *La Città Morta* fora negada por razões de ordem moral. Duse ficou profundamente desapontada com esse inesperado contratempo, e D'Annunzio, quando soube da proibição, ficou furioso.

Para essa temporada londrina, Duse preparara um repertório variado de velhas e novas peças. Sua produção de *The Second Mrs. Tanqueray* de Pinero foi muito admirada. Carlo Rosaspina como Aubrey Tanqueray foi elogiado pelos críticos por "um desempenho genuinamente superior", que detectaram uma sutil veia satírica no "humor meio desesperado" de Duse como Paula. O real interesse da sua visita, porém, centrava-se nas duas peças restantes de D'Annunzio que constavam do repertório.

As resenhas de *La Gioconda* descobriram "alguns momentos dramáticos na obra, mas alguns quartos de hora tediosos". A própria Duse continuava a surpreender com sua "inimitável delicadeza e fascínio" e aquela fisionomia notável, "que mistura o mistério de uma máscara trágica com o olhar claro, arregalado, de uma criança".

O crítico teatral do *The Times* reconheceu toques de genialidade na *Francesca da Rimini* de D'Annunzio. Ele julgou o episódio extraído da imortal obra-prima de Dante praticamente intratável em termos teatrais, mas aplaudiu a solução de D'Annunzio para alguns problemas inerentes ao texto. No papel-título, Duse – "uma criatura de nervos palpitantes" – disse as falas com uma amplitude de entonação "semelhante a uma refinada música". No entanto, foi mais a beleza do que o drama da peça que ela teve êxito em apreender e sentiu-se, em geral, que estava menos satisfatória nas passagens que requeriam força dramática.

A impressão final da companhia não foi desfavorável. Fazendo um balanço da temporada, o crítico teatral do *Sunday Times* escreveu acerca dos coadjuvantes: "Em conjunto, um belo exemplar de uma companhia itinerante italiana, com uma liberdade e uma variedade de gestos que, neste nosso país rígido e imperturbável, é uma festa presenciar".

À medida que o inverno avançava, a saúde da Duse começava a sofrer. Ao longo de dezembro, ela convalesceu na Itália e restabeleceu-se o suficiente para cumprir seus compromissos na Riviera francesa, no mês de janeiro.

A estréia de *La Figlia di Iorio* fora arranjada para o dia 2 de março, no Teatro Lirico de Milão, mas como sua saúde começou a se deteriorar rapidamente ao chegar à França, pediu a Talli e D'Annunzio para recuarem a data. Para seu pesar e consternação, D'Annunzio se recusou e decidiu que a estréia se daria conforme programado, com Irma Gramatica no papel-título. Em seu estado de exaustão física e grave depressão, Duse ficou ainda mais abalada pela atitude insensata de D'Annunzio nessa ocasião; reprimindo suas emoções secretas com certa dificuldade, ela passou seus trajes para a substituta e desejou-lhe boa sorte. Duse escreveu de Cannes para o poeta em 9 de janeiro de 1904, exprimindo sua prontidão em satisfazer seus desejos: "Com essa renúncia, terei sacrificado tudo para o seu sucesso – e se meu coração está quebrado... assim seja!" Chegou a Gênova no fim de janeiro num estado de saúde crítico. Um diagnóstico médico do professor Ferrari, da Universidade de Gênova, confirmou uma grave infecção dos brônquios, e ela teve de ficar em repouso várias semanas. Duse telegrafou a D'Annunzio, pedindo-lhe para esperar sua recuperação, mas ele ignorou seu pedido.

La Figlia di Iorio estreou, conforme planejado, no dia 2 de março e D'Annunzio obteve seu primeiro sucesso verdadeiro como dramaturgo. D'Annunzio tirara a inspiração inicial de uma pintura do mesmo título de seu amigo Francesco Paolo Michetti. Mais uma vez, a autenticidade deveria ser um fator da maior importância. Numa carta a Michetti datada de 31 de agosto de 1903, especificava: "É essencial *evitar qualquer sinal de falsa teatralidade*: precisamos encontrar trajes, adornos e utensílios que tenham o cunho da vida real nos Abruzos". Michetti e seu aprendiz, Arnaldo Ferraguti, levaram um mês inteiro procurando na região adereços que ajudariam a recriar a atmosfera "remota, selvagem, arcaica" do drama de D'Annunzio. Situada nos arredores campestres dos Abruzos, a região nativa do poeta, a peça representa vigorosos camponeses com violentas paixões e instintos brutais. O personagem central, Mila di Codra, é uma prostituta do lugar – filha do feiticeiro Iorio – e sua presença sedutora estimula o apetite de luxúria dos camponeses, trazendo a calamidade para os que sucumbem a seus encantos.

A cortina se ergue mostrando as celebrações do casamento de Aligi, filho do rico Lazaro di Roio. A súbita aparição de Mila, perseguida por um bando de segadores, transtorna a atmosfera feliz. Aligi é vencido pelo misterioso encantamento da moça. Abandona a noiva e sai, para conduzir seu rebanho às montanhas, onde Mila vai ter com ele. Os dois ficam perdidamente apaixonados e ele se recusa a voltar para casa. A súbita chegada de Lazaro precipita o drama. Impelido pelo desejo, Lazaro veio para possuir Mila, que o repele. Aligi, desesperado, ataca seu pai com um machado e mata-o brutalmente. É julgado e condenado à morte. Mila, que todos criam morta, aparece de repente e se acusa do crime, na esperança de salvar a vida de Aligi. Convence-o de que estava enfeitiçado por ela quando atacou Lazaro. Aligi acredita nela e amaldiçoa seus poderes malévolos. Feliz por ter salvo a vida do amado e remida da infâmia por seu inabalável amor a Aligi, Mila se lança nas chamas gritando em triunfo: "*La fiamma è bella! La fiamma è bella!*" ["A chama é bela! A chama é bela!"]. O drama, com seus elementos pastoris e primitivos, tem uma qualidade mítica. Os temas interligados de sensualidade, incesto e assassinato são ingredientes familiares, mas a rápida seqüência dos acontecimentos e a fusão de elementos simbólicos e realistas conferem maior unidade dramática a essa obra do que a qualquer outra peça de D'Annunzio.

Irma Gramatica e Ruggero Ruggeri, que ensaiaram seus papéis sob a supervisão pessoal do poeta, mais tarde recordariam o impressionante domínio que ele tinha de cada frase e inflexão e sua insistência na "gesticulação sóbria" e na "harmonia interior". A hábil direção do poeta deu ao elenco enorme segurança em seus esforços para agradar a esse exigente perfeccionista. Matilde Serao, que fora a Gênova para ajudar nos cuidados com a Duse na suíte que ela ocupava no Hotel Eden, testemunhou os traumas daquelas semanas, que agravaram as condições da atriz. Confinada à cama, ela era presa da febre e do delírio; de vez em quando, pegava o texto da peça e recitava aleatoriamente alguns trechos, em especial os que eram falados por Mila di Codra. "A peça era minha e eles a tiraram de mim", chorava ela, inconsolável. Esse ato final da traição deixou-a espiritualmente arrasada.

No fim de fevereiro ela se recuperou o suficiente para viajar a Roma, onde ficou sabendo, pelos relatos da imprensa, da triunfal estréia de D'Annunzio em Milão. Recebeu um punhado de amigos íntimos em seu apartamento no Hotel Bristol, na Piazza Barberini, mas se recusou a encontrar os jornalistas ou a fazer qualquer declaração pública sobre sua retirada de último minuto da peça. Queria o destino que à mulher que dissipara tanto tempo, tanto esforço e tanto dinheiro com o poeta seria negada a participação em seu momento de triunfo. Leal até o fim, telegrafou de Roma à amiga Emma Garzes, mulher do ator Francesco Garzes, comunicando-lhe as notícias do sucesso de D'Annunzio: "Uma merecida vitória que traz algum consolo... a satisfação de sucesso imediato... que era o que se esperava". No fim de março, ela foi a Capri para uma nova convalescença e, ao retornar a Roma em meados de abril, juntou coragem e foi assistir a uma apresentação de *La Figlia di Iorio*.

Ela desempenhara seu papel ao ajudar D'Annunzio a perseverar como dramaturgo diante da incompreensão e do ridículo. Agora, tendo provado sua valia como autor teatral, ele não precisava mais dela. O sonho que partilharam, de construir um teatro deles em Albano como monumento a seus ideais comuns, acabara. Num nível mais íntimo, Eleonora logo seria suplantada pela bela marquesa Alessandra di Rudinì, cuja posição na sociedade permitiria que o poeta satisfizesse sua frivolidade e seu esnobismo. Há angústia, mas também dignidade nas cartas que Duse trocou com D'Annunzio no verão de 1904, quando sua separação tornou-se iminente:

> Se eu tento certificar-me da verdade, se eu me forço a entender *sua lei* – aviso-lhe que não deforme a minha – peço-lhe – deixe estar!... Não tente se defender, meu filho, porque não o estou acusando: – Não é assim – E assim seja – Fomos unidos para sermos divididos – O mundo é cheio de tantas misérias! – Não me fale do domínio, da *lei* da sua "*vida carnal*", da sua sede de uma "existência alegre". – Estou cansada de ouvir essas palavras. – Ouvi-o repeti-las faz anos, agora: não posso concordar inteiramente com sua filosofia, nem entendê-la inteiramente... Pois como pode um amor que vive apenas para o prazer ser válido ou profundo?

É certamente este o contraste fatal na natureza de ambos, que o próprio poeta revelava em *Il Fuoco*.

No entanto, D'Annunzio continuava a insistir em que precisava de um vasto círculo de amigos sofisticados para estimular seu interesse, e Duse predisse a dissipação de seu talento entre esses "personagens de papelão sem um grão de sentimento humano". Após uma amarga discussão, quando Eleonora descobriu a evidência da presença de outra mulher na casa de campo do poeta, a atriz e ele separaram-se de vez. Sob a influência de Eleonora, ele escrevera seus melhores poemas e suas peças mais famosas. Com a partida da atriz, D'Annunzio passou menos horas à sua escrivaninha e descambou de novo em seus velhos hábitos extravagantes.

A aura franciscana de La Porziuncola, onde ela experimentara as maiores alegrias e as maiores tristezas, agora se desfizera. Ela não mais veria os pequenos canteiros cheios de rosas, os interiores caiados com sua mobília rústica, o quarto parecido a uma cela de convento, com seu retrato de John Keats que trazia a inscrição de seu túmulo: *Aqui jaz um homem cujo nome foi escrito na água*. Esse interlúdio da sua vida acabara para sempre.

Consciente dos mexericos e das maledicências que seu rompimento com D'Annunzio provavelmente provocaria, ela voltou-se para Boito. Numa carta expedida de Viena, em 29 de outubro de 1904, ela tentava explicar-lhe suas emoções contraditórias:

> Durante quase os últimos seis anos, *trabalhei* por uma só iniciativa que acreditava, e continuo acreditando, merecer a vitória. Durante seis anos dei meu nome a essa iniciativa única... sacrifiquei minha vida – talvez até minha morte – por seu sucesso. Dei e mantive *minha palavra* e gastei a última moeda que possuía... pedi que me permitisse estrear *La Figlia di Iorio* em Milão, pelo menos nas primeiras apresentações – e nos meses de preparativos fiquei doente... Se

minha dedicação, minha lealdade e o infortúnio de cair doente foram deturpados por outros – só eu sei o que minha alma prometera – o que eu teria cumprido – o que poderia durar e o que tinha de morrer. Absolva-me, Arrigo, absolva-me de quaisquer pesares passados...

A absolvição foi claramente dada, pois um mês depois ela iria agradecê-lo por sua compreensão: "Obrigada, Arrigo; suas amáveis palavras reacenderam a chama da vida".

8. "ESPLÊNDIDOS FEITOS DE FORÇA"

É sempre necessário ouvir e ler.
E.D.

Depois do sucesso de *La Figlia di Iorio*, o público italiano começou a ver a contribuição de D'Annunzio para o teatro moderno com maior respeito. A fé de Eleonora em seu gênio literário fora vingada, mas o preço que ela pagou foi alto. Sua situação financeira era mais precária do que nunca e sua carreira futura estava em perigo. Um repertório mais variado precisava ser ideado a fim de tranqüilizar os empresários, que se recusavam a assumir novos riscos financeiros com as obras de D'Annunzio. No que concernia ao público do estrangeiro, as peças de D'Annunzio representavam uma novidade passageira, uma experiência rara que poucos se interessavam em repetir.

A opinião permanece dividida sobre o valor das inovações artísticas que o poeta e a atriz perseguiam. Para inteirar-se dos princípios estéticos de D'Annunzio como dramaturgo, bastava referir-se ao credo artístico exposto em *Il Fuoco*:

> Por intermédio da música, da dança e da canção lírica, eu crio em torno dos meus heróis uma atmosfera ideal, em que toda a vida da Natureza vibra, de modo que parecem convergir em todas as suas ações não só as forças de seus destinos preestabelecidos, mas também os mais obscuros desejos de tudo a seu redor... Eu quero que meus heróis, como os de Ésquilo, transmitam algo dos mitos naturais de que emergiram; que meus personagens possam ser ouvidos

pulsando na torrente de suas forças selvagens; que eles sofram ao entrar em contato com a terra e se unir ao ar, à água e ao fogo, às montanhas e aos céus, em sua luta patética contra o Destino, que precisa ser vencido, de modo que toda a Natureza em torno deles se possa parecer com a Natureza vista pelos antigos pais.

Aqui está a essência da "sensualidade dinâmica e heróica" de D'Annunzio, que explica por que seus personagens se definem e se descrevem mais do que existem de modo espontâneo. Suas peças são inundadas de uma aura densa e langorosa, que tende a se tornar monótona. Simplesmente lidas, as peças de D'Annunzio revelam um refinado sentido formal, mas, uma vez encenadas, torna-se evidente que seus textos são, em primeiro lugar, literatura e, num distante segundo lugar, drama. Seus homens e mulheres são contemporâneos: almas neuróticas, mórbidas, febris – infelizmente, também são desprovidas de humor. "Estático, prolixo e vazio" eram três adjetivos que os críticos empregavam para exprobar a propensão do poeta por um crescendo de frases musicais que sufocam toda e qualquer ação. Quando muito, ele consuma passagens de beleza etérea, mas estas com freqüência escorregam num diálogo desenxabido.

Suas reformas eram oportunas, na medida em que visavam a restaurar um lirismo e uma alegoria elevados no teatro da Itália moderna. Eram sublimes na medida em que visavam a criar misteriosos protagonistas distantes do ramerrão da vida real; mas, no fim das contas, esses personagens continuavam sendo muito mais grandiosos mitos do que interpretações palpáveis de almas.

Luigi Pirandello, que tinha pouca estima pelos escritos de D'Annunzio para o palco, via a influência do poeta sobre a Duse como extremamente prejudicial. O dramaturgo siciliano afirma, inequivocamente:

> Na minha opinião, a atmosfera do teatro de D'Annunzio faz mais mal do que bem a Eleonora Duse... A arte de D'Annunzio é puramente externa. Ela se baseia numa suntuosa exibição de elementos formais, num formidável arranjo de um vocabulário opulento. É uma arte verdadeiramente milagrosa, mas é essencialmente superficial, pois tudo o que é expresso é mais notável por sua engenhosidade do que por uma profundidade de significado. A arte de D'Annunzio é urdida quase inteiramente de sensações, infladas com imagens elaboradas...
>
> Em contraste, a arte de Eleonora Duse age a partir de recursos interiores. Em sua arte, tudo é simples, austero e quase nu... um mundo interior que repugna qualquer sugestão de artifício.

Duse estava bastante familiarizada com esses argumentos, mas manteve sua opinião e nada lamentou. Tinha de recomeçar, mas precisava de tempo para recuperar seu auto-domínio. Fisicamente desgastada, sentia ter chegado próximo da morte; pedia aos amigos que tentavam consolá-la que lhe dessem tempo para descansar e pensar, antes de embarcar numa nova aventura.

As cartas a Boito sugerem que estava ansiosa por reatar a confiança que partilhavam antes de D'Annunzio entrar em sua vida. Suas cartas fornecem detalhes dos muitos problemas que ocupavam seu espírito – a necessidade de montar uma nova casa em algum lugar, a iminente disputa judicial em Londres para contestar uma ação movida pelo empresário Görlitz, a falta de qualquer oportunidade na Itália para sua companhia, problemas com a formação de um elenco e de um repertório adequado, mais exigências financeiras de Checchi e novas ansiedades com a filha, que era agora uma jovem de vinte e poucos anos. Escreveu a Boito: "Enrichetta quer vir juntar-se a mim imediatamente. A vida está começando para ela – e ela já está começando a aprender o que significa sofrer". Um novo capítulo estava para se iniciar na vida da moça, quando Duse incentivou-a a matricular-se num colégio inglês de horticultura em Kent. Começariam aí os vínculos de Enrichetta com a Inglaterra, onde mais tarde iria se casar e se instalar.

Pouco a pouco, Duse enfrentou os problemas e decidiu ir à luta: "O melhor apoio de todos é aquele que *nós mesmos proporcionamos*", recordaria aos outros, e era esse o conselho que ela própria seguia. Confortando um amigo que experimentara uma grande dor, ela aconselhava: "As palavras *mais uma vez* são as palavras de que mais precisamos *na vida*, porque elas implicam tantas coisas; *mais uma vez* significa paciência; *mais uma vez* significa coragem; *mais uma vez* significa luta; *mais uma vez* significa perdão; elas significam amor e resignação". Estava consciente de que *mais uma vez* teria de repetir seus passos para sobreviver. Posta à prova, sua força de vontade era formidável. Nunca nenhuma atriz se revelara mais capaz de enfrentar a direção de uma grande companhia teatral sem um patrocínio substancial ou alguma colaboração que assegurasse uma divisão de responsabilidades. "Renovar-se ou morrer", sempre fora seu lema, "porque permanecer parada em sua arte é regredir."

Ela continuava a observar com agudo interesse todas as novas tendências nas artes nacionais e estrangeiras que pudessem ter alguma influência sobre o teatro – novos conceitos de representar e produzir, novos métodos de encenação e iluminação. Sua busca de novas peças a colocou em contato com a obra de todos os autores europeus em voga: peças de Wilde, Hofmannsthal, Maeterlinck, Tolstói, Ibsen e Tchekov, bem como com os versos de Rimbaud, Verlaine, Mallarmé e Rilke. Ela exprimira sua admiração por Shelley e instava os amigos a ler sua lírica: "Um poeta cujo nome evoca luz e que adorava a vida sem distorcer sua verdade!" Lia os clássicos gregos e os simbolistas franceses, e persuadiu o poeta e dramaturgo Adolfo de Bosis, que traduzira várias obras de Shelley com considerável sucesso, a traduzir *Monna Vanna* de Maeterlinck para seu repertório. Ela seguia avidamente os progressos dele na tradução e mandava-lhe bilhetes quase todos os dias, oferecendo novas idéias e sugestões. Seu humor alternava entre um renovado otimismo e momentos de desespero, à medida que começava lentamente a fazer planos para o futuro. Tranqüilizou De Bosis: "*Estou apaixonada pela vida*. Continua-se trabalhando e quer-se querer – *isso* é o que importa". No entanto, vários meses depois, estava escrevendo a Boito: "O *sexto* ato de nossa vida também é longo e doloroso".

De 3 de a 17 de maio de 1904, apresentou-se no Teatro Lírico de Milão em três obras fortemente contrastantes: *La Dame aux Camélias*, *Casa de Bonecas* e *Monna Vanna*. Agora que passara dos quarenta, sua interpretação de Marguerite adquiria nova elegância e nova graça. Isso se devia em parte às qualidades que ela desenvolvia com experiência e, em parte, à orientação profissional do costureiro francês Jean-Philippe Worth. Fora apresentada a Worth durante sua primeira temporada em Paris, e a correspondência que sobreviveu confirma que se tornaram bons amigos. Worth tinha um profundo domínio de todos os aspectos do desenho de figurinos e da maquiagem e, embora respeitando a insistência de Duse em cores sutis e austeridade das linhas, ele explicava em detalhe como se podia obter elegância sem nenhum artifício. Worth desenhou e fez seus trajes para *Monna Vanna* e vários de seus papéis ibsenianos. Tamanha era sua confiança nos conselhos de Worth que ela ficou cliente de sua casa de modas até os últimos anos de sua vida.

Os críticos observaram que sua concepção de papéis familiares se aprofundou com a experiência. Sua interpretação da Nora de Ibsen era perceptivelmente mais segura, e as transições emocionais da alegria à tristeza eram mais refinadamente matizadas. Com *Monna Vanna* de Maeterlinck, ela obteve um triunfo pessoal, apesar das sérias reservas à peça, que fracassara em Paris quando produzida com Georgette Leblanc no papel-título. Era previsível, talvez, que Duse estabeleceria uma relação imediata com a teoria de Maeterlinck de um "teatro estático" e com a sua insistência no "diálogo interior da alma com a alma". Duse estava consciente da influência de Maeterlinck sobre D'Annunzio e encontrou na obra do dramaturgo belga aquelas mesmas qualidades de mistério e musicalidade. Como peça, *Monna Vanna* evocava um período e uma civilização que ela conhecia intimamente, depois da demorada preparação de *Francesca da Rimini*.

Produzido pela primeira vez em 1902, o drama de Maeterlinck situa-se na Itália do século XV. Prinzivalle, um general florentino cujo exército está sitiando Pisa, prometeu aos cidadãos alimentos e munições em troca do prazer de passar uma noite com Monna Vanna, mulher do comandante de Pisa, Guido Colonna. O ultrajado Colonna recusa esse pedido despropositado, mas Vanna se declara disposta a fazer esse sacrifício para

19. Duse no papel título de *Francesca da Rimini* de D'Annunzio, drama baseado no episódio do quinto canto do *Inferno* de Dante. Geralmente considerada uma das melhores peças de D'Annunzio, *Francesca da Rimini* era dedicada à "divina Eleonora Duse". Essa luxuosa produção, segundo se relatou, teria custado à atriz cerca de 400.000 liras. A estréia se deu no espaçoso Teatro Costanzi em Roma, no dia 9 de dezembro de 1901, com um forte elenco encabeçado por Duse e Gustavo Salvini como Paolo. O sucesso da peça assegurou-lhe uma turnê pelas principais cidades italianas, antes de a produção viajar para a Alemanha, Áustria e Estados Unidos.

(A foto é cortesia do Museu do Teatro alla Scala, Milão)

salvar a cidade. Descobre-se, porém, que Prinzivalle era um amigo de infância que sempre amara Vanna. Ele a deixa imaculada e manda o auxílio à cidade assediada. Mais tarde, Vanna recompensa o magnânimo comportamento de Prinzivalle dando-lhe asilo quando ele estava fugindo da vingança florentina. No entanto, Guido recusa-se a acreditar na inocência da mulher e prende Prinzivalle. Profundamente magoada com essa falta de confiança, Vanna ajuda Prinzivalle a fugir e parte com ele. *Monna Vanna* era a única novidade a ser apreciada naquela temporada, e, apesar do apelo limitado, a peça permaneceria em seu repertório nos anos seguintes.

Novas obras de algum mérito ainda eram tão raras que Duse logo teve de resignar-se à reapresentação de antigos sucessos, a fim de garantir contratos no exterior. Em cidades como Berlim, Londres e, acima de tudo, Viena, os empresários estavam prontos a oferecer contratos. Ao mesmo tempo, mostravam-se cada vez mais cautelosos quanto ao repertório e à sua possibilidade de sucesso comercial.

No início de outubro, Duse empreendeu outra turnê pelo Norte da Europa. A companhia iniciou-a em Viena, no atraente Theater an der Wien, onde representaram para platéias entusiasmadas. Na última noite, a cortina caiu para uma ovação de pé e uma verdadeira chuva de camélias brancas. De Viena rumaram para Budapeste. Aí Duse escreveu uma carta para Emma Garzes: "*Eu viajo* com o vento, como alguém *que conhece* seu caminho, muito embora, no fundo do coração, eu esteja simplesmente respondendo a algum ritmo interior que me leva *sempre para a frente.* – O que descobrirei ao cabo dessa longa trilha cheia de vento?" Depois de outras apresentações em Viena, a companhia estreou em Berlim, onde representaram com boa receptividade numa temporada de duas semanas. O jornalista italiano Ugo Ojetti cobriu essa turnê nas colunas de *L'Illustrazione Italiana*, com uma descrição perspicaz de Eleonora em sua idade madura – descrição corroborada pelas fotos da atriz durante esse período. Ojetti observava:

> Já há bastante prata em seus cabelos negros, mas em seus olhos talvez haja maior calor. Seu rosto está mais pálido, mas em sua voz se detecta maior fervor. A vida cobrou-lhe seu tributo e apurou-lhe o espírito. Hoje em dia, sua arte pode alcançar nosso coração como o gume de uma lâmina. O céu ao ocaso é mais profundo do que na alvorada, transmitindo ao espectador uma preocupação quase religiosa. Utilizei a palavra "religiosa". Quem não tiver ouvido um estrangeiro falar de Duse não pode entender a devoção quase fanática denotada por algumas platéias para com essa mulher milagrosa. Na Itália, admiramo-la e amamo-la. Temos orgulho dela, como se tem orgulho de uma voz ou de um rosto que, durante vinte anos, revelou ao mundo a melhor parte de nossa alma; aquela paixão espontânea e mortal, aquele sorriso radiante entre as lágrimas,

aquele olhar inesquecível de silêncio torturado. Duse nos fala e, em seu nome, a Itália foi aclamada...

Mas Ojetti prossegue exprimindo seu pesar de que a verdadeira grandeza de Eleonora era mais plenamente reconhecida no exterior do que em sua terra natal e de que a indiferença do público mantivera a maior artista da época em permanente exílio:

> No auge da sua força, ela não tem nem uma casa permanente, nem uma companhia em seu próprio país. Cada vez que a ele retorna, precisa arrendar um teatro e conquistar um novo público. Qualquer atriz de sua estatura no exterior é uma figura consagrada, com um teatro e uma companhia residente própria e leais admiradores... Não há quem a iguale na Itália, mas está condenada a uma existência nômade sem esperança de repouso.

Outros críticos, como Ferdinando Martini, ao declarar seu desdém por D'Annunzio como dramaturgo, estavam prontos para questionar o desenvolvimento de Duse como atriz. O implicante Martini escreveu a Giuseppe Giacosa, exprimindo suas dúvidas:

> Pode-se por acaso dizer que a Duse é de fato uma grande atriz?... Pessoalmente, acho-a invariavelmente a mesma: a mesma gesticulação, o mesmo murmurar de frases, os mesmos movimentos frenéticos, como alguém que tivesse sido atacado por uma tarântula. Posso compreender que, no que concerne aos diálogos de *La Gioconda*, a menos que se esteja sofrendo de severa indigestão, quanto maior quantidade deles for engolida, melhor sabor eles têm; e não é preciso ser humano para representar os super-homens e supermulheres de D'Annunzio no palco...

Aqui, a antipatia de Martini para com o autor influenciara claramente seu juízo da intérprete. Para a maioria dos críticos ela nunca perdeu seu dom de transformar misteriosamente o material mais insípido em algo meritório e, quaisquer que sejam as deficiências de D'Annunzio como autor teatral, nunca poderia ser acusado de insípido.

As poucas vozes dissidentes em sua Itália natal eram contrabalançadas pelos elogios feitos no exterior por críticos e intelectuais mais afinados com seus ideais. Seu círculo de amigos entre artistas e escritores crescera, com o correr dos anos, em Viena e em Berlim. Uma dessas relações era o influente Hermann Bahr, crítico e dramaturgo austríaco que se tornou diretor do Deutsches Theater em Berlim e, mais tarde, diretor do Burgtheater de Viena. Como ambos admiravam as obras teatrais de Maeterlinck e eram partidários do misticismo e do simbolismo no teatro contemporâneo, não é surpreendente que Bahr e Duse se tornaram firmes amigos, que se correspondiam regularmente e intercambiavam suas teorias e idéias.

Escrevendo num misto de francês e italiano, sua cartas a Bahr nos últimos meses de 1904 eram revigorantemente otimistas e até alegres: "Aqui estou, passando mais uma vez por Viena. Na noite passada, que multidão, que espetáculo; arte e profissão – sonho e realidade; 'verdade e poesia'... e, esta noite, partimos".

As longas jornadas de trem entre uma cidade e outra, que podiam ser exaustivas, eram vistas agora como uma valiosa oportunidade para uma tranqüila meditação – horas de anonimato em que ninguém podia perturbar sua solidão:

> Outro dia, durante a viagem de Budapeste a Viena, houve alguns momentos de sossego...
> A campina era uma orgia de cores... tão doce – e tão profunda...
> Desfrutei quatro horas de agradável meditação, enquanto olhava pela janelinha do trem – comecei a meditar e, de repente, entendi tantas coisas...

Mesmo em criança, a atriz experimentara uma estranha comunhão com a natureza; essa comunhão tornou-se mais forte sob a influência das *Laudes Creaturarum* de São Francisco de Assis, com sua exaltação do mundo criado. Meditação e enriquecimento da vida interior tornaram-se cada vez mais importantes para Eleonora. E agora que o tumulto emocional por que passara, primeiro com Boito, depois com D'Annunzio, estava começando a se aplacar, já era tempo de fazer o balanço da sua situação e preparar-se para o próximo capítulo.

1905 – Um Compromisso com a Autenticidade

Em março de 1905, Duse voltou a Paris, tendo aceito um convite de Aurélien Lugné-Poe, o ator-empresário francês, para se apresentar com sua companhia no experimental Théâtre de l'Oeuvre. A visita lhe proporcionaria uma excelente oportunidade de estudar o repertório de Lugné-Poe e seu conceito de representação conjunta. O ator-empresário francês estava às voltas com os preparativos da primeira apresentação em francês de *Les Bas-fonds* [*Ralé*] de Máximo Górki no Nouveau Théâtre. Ele fora instado a encenar a obra por Duse depois que esta vira a produção de Virgilio Talli da peça em Milão naquele mesmo ano. A força do drama de Górki expondo a injustiça social causara-lhe profunda impressão. Duse assistiu aos ensaios para a estréia francesa e, após alguma persuasão, concordou em fazer o papel de Vassilissa por uma só noite, durante a seqüência das apresentações. Talvez por não confiar em seu domínio da língua francesa, Duse pediu para atuar em italiano, enquanto o resto do elenco falaria em francês. Lugné-Poe não estava com disposição para discutir.

Sua insistência com um repertório de vanguarda significava assumir sérios riscos financeiros, e essa produção não era exceção. Com Duse como Vassilissa e sua mulher Suzanne Desprès como Natasha, Lugné-Poe confiava num êxito de bilheteria. Perdeu a aposta.

Conforme o esperado, uma ilustre plêiade de personalidades do teatro encheu a casa para observar o desempenho de Duse. No entanto, a peça em si provocou pequeno impacto. Tanto o público quanto a crítica acharam impossível avaliar o diálogo entre uma Vassilissa falando italiano e, de outro lado, todo um elenco francês. Mais aborrecedor ainda, havia um nítido conflito entre o estilo de representar de Duse e o dos demais. Nessa ocasião, Duse tirou mais proveito da experiência do que qualquer outro.

Junto com Antoine e Gémier, Lugné-Poe era um dos principais pioneiros do teatro de vanguarda em Paris, na época entre o Théâtre Libre (1887-1894) e o período imediatamente anterior à Primeira Guerra Mundial. No início, destacou-se como ator na companhia teatral de Antoine, antes de desligar-se desta para desenvolver suas teorias pessoais com seu Théâtre de l'Oeuvre. Lugné-Poe era responsável pela montagem da primeira produção de *Pelléas et Mélisande* de Maeterlinck, *Rosmersholm* e *Peer Gynt* de Ibsen, e *Salome* de Oscar Wilde. Nos dez anos seguintes, iria encenar obras de Jarry, Claudel, Marinetti, Strindberg, Shaw e Maugham, junto com uma impressionante lista de novas peças de jovens aspirantes a dramaturgo. Dotado de um faro genuíno para promover aventuras teatrais, percorreu com sucesso a Europa e as Américas com sua companhia. Logo iria se tornar um valioso colaborador de Eleonora Duse, seja como diretor, seja como empresário. George Bernard Shaw, que admirava os objetivos de Lugné-Poe, descreveu suas produções de Maeterlinck e Ibsen como "artisticamente de primeira categoria" e o próprio Lugné-Poe como um homem de gênio.

Duse parecia incansável durante sua volta à capital francesa. Seu programa diário de trabalho era espantoso para uma mulher tão frágil. Seu repertório para essa segunda visita era verdadeiramente europeu, com peças de Goldoni, Dumas Filho, Sardou, Ibsen, Sudermann e Pinero. D'Annunzio era a única omissão notável. Adolphe Brisson, que sucedera a Francisque Sarcey como decano dos críticos franceses, escreveu uma longa apreciação em *Le Temps*, louvando a "arte universal" de Eleonora. Para Brisson, ela combinava uma rara personalidade com uma técnica inigualável. Quando não estava ensaiando ou representando, passava grande parte do tempo com Lugné-Poe e Suzanne Desprès, analisando e discutindo obras de Ibsen. Não podia haver dúvidas de que Duse estava contando apresentar-se com maior freqüência na França, agora que conquistara o público e a imprensa. Entrevistas eram arranjadas e projetos eram ventilados com todos os principais empresários e diretores teatrais de Paris: Porel do Théâtre du Vaudeville, Guitry do Théâtre de la Renaissance, Samuel do Théâtre des Variétés e Antoine do Théâtre Antoine.

Inspirada no trabalho de Lugné-Poe e seus pares, Eleonora Duse continuava esperando que uma nova geração de dramaturgos italianos revelaria o mesmo espírito reformador. Sua influência como atriz era, agora, tão grande em toda a Europa que ela se sentia animada a emprestar seu nome a qualquer iniciativa artística que julgasse válida. O que a deixava triste e aborrecida era ver o teatro estagnar-se na Itália, enquanto na França e na Alemanha homens de visão estavam explorando novas e instigantes possibilidades para dramaturgos e atores. Duse exortou seus contatos nos círculos literários e jornalísticos italianos a dar publicidade a esses desenvolvimentos no estrangeiro e a ajudar a criar uma atmosfera de inovação semelhante. Quando os editores do jornal turinense *La Stampa* lançaram, naquele mesmo ano, um concurso com um prêmio de 10.000 liras para a melhor peça inédita, Duse não perdeu tempo para contribuir com outras 5.000 liras para o prêmio.

O espírito de aventura e de renovação que ela encontrou nos círculos teatrais na capital francesa reavivaram sua crença num futuro mais brilhante para o teatro. Sob a orientação de Lugné-Poe, melhorou rapidamente sua compreensão dos textos de Ibsen e estudou os detalhes das produções do Théâtre de l'Oeuvre para *Rosmersholm* e *Quando Nós Mortos Despertarmos* com grande interesse. Uma vez familiarizada com o texto francês de *Rosmersholm*, começou a fazer planos para uma tradução italiana. Em Paris, também reatou contato com velhos amigos, especialmente entre a *coterie* de Primoli, e fez bom número de novos conhecimentos nos círculos literários e artísticos. Inflamada de entusiasmo e confiante em ser capaz de enfrentar novos desafios nos meses vindouros, Duse chegou a Londres no dia 18 de maio para uma temporada no Waldorf Theatre. Esse compromisso também significava estar junto de Enrichetta, que agora vivia na Inglaterra.

O panorama teatral em Londres no verão de 1905 era dominado pela música e pelos músicos. Patti, Maurel, Clara Butt e o violinista húngaro Franz Meiser estavam, todos, dando recitais; Caruso, Destinn e Scotti foram contratados para a primeira apresentação londrina de *Madame Butterfly* de Puccini na Royal Opera House. No Waldorf Theatre, as próprias apresentações de Duse alternavam com noites de ópera italiana. Seu repertório era semelhante ao oferecido em Paris alguns meses antes.

O crítico teatral do *Sunday Times* achou a "Signora Duse demasiado superior à sua companhia e a seu repertório". Seu maior sucessso na temporada era sua Marguerite, "um perfeito instrumento de música e movimento", e sua cintilante Mirandolina. Mas o mesmo crítico achou que Eleonora desperdiçava seu talento em *The Second Mrs Tanqueray* de Pinero e seu desempenho nessa peça, como nas outras, era tristemente estorvado pelo "sem graça e vulgar Rosaspina".

A única peça de D'Annunzio nessa ocasião era *La Gioconda*, que foi recebida de maneira não de todo desfavorável. Como o resenhista do *The Times* relatou:

> Não é uma peça para o gosto de todos. Alguns vêem uma superabundância de conversa nos dois primeiros atos; outros vêem um intolerável excesso de dor nos dois últimos. Nenhum desses pontos de vista me empolga. Como o Dr. Johnson dizia que empadão de vitela e ameixas nunca lhe eram em excesso, também podemos dizer que nunca tivemos indigestão da melodiosa prosa de D'Annunzio.

Ao mesmo tempo, o resenhista admite que, às vezes, "a prosa existe mais para a melodia do que para o significado". Quanto ao desempenho de Duse como Silvia Settala, o mesmo crítico julgava sua interpretação "a mais elevada realização de puro *pathos*".

O teatro de Ibsen agora suplantava o de D'Annunzio em sua incansável busca de "uma forma mais elevada de arte dramática". Sua intensidade e sua inteligência fizeram dela a intérprete perfeita de heroínas como Nora, Rebecca, Hedda e Ellida. Ela interpretava essas criaturas feitas de escrúpulo e traumas interiores à perfeição. O cerne de rebeldia existente em sua natureza ajudava-a a identificar-se com o conflito dessas personagens entre coragem e covardia, com sua luta para reconciliar alguns objetivos divinos com tentações e perversidades destruidoras. Essas mulheres complexas exercem um curioso fascínio que Duse nunca vivenciara, com as triviais heroínas de Sardou e Dumas Filho. Os problemas de interpretação colocados pela concepção ibseniana do dever e da moral ofereceram o desafio que Duse havia estado buscando intuitivamente. Seu sucesso ao enfrentar tal desafio foi confirmado pelo biógrafo norueguês de Ibsen, Halvden Koht, quando este observou: "Talvez ninguém tenha alcançado tamanha vitória universal para ele [Ibsen] quanto a atriz italiana Eleonora Duse... Sua intensidade trágica e sua brilhante intuição fizeram as peças parecerem para sempre novas: Ibsen encontrara a intérprete perfeita de todos os seus mais profundos pensamentos".

Na hora de encenar as peças de Ibsen, a atriz deparou-se com as mesmas dificuldades de conseguir um elenco adequado que encontrara antes para montar as peças de D'Annunzio. Os atores italianos, de um modo geral, não eram receptivos à idéia de ensaios sem fim e de um detalhado estudo do texto para dominar o mundo de duendes e forças sombrias do dramaturgo norueguês. Como a própria Duse iria comentar com sensibilidade: "Eles dizem gostar de Ibsen, mas *não sabem como gostar dele*". O público italiano, como o da Espanha e de Portugal, achava as peças de Ibsen "cerebrais e obscuras" e, como um crítico italiano observou sarcasticamente: "Ibsen não demorou a sair de moda na Itália, sem sequer ter entrado". Poucos atores-empresários partilharam os escrúpulos de Duse quanto ao respeito ao texto original ou às verdadeiras intenções do autor. As interpretações altamente extrovertidas de Oswald, dadas por Zacconi e Novelli em suas respectivas produções de *Os Espectros* – interpretações que deixaram Ibsen enfurecido – são um exemplo saliente das distorções que resultam de leituras idiossincráticas de textos já arruinados por más traduções.

Vale a pena lembrar que a aceitação de Ibsen como dramaturgo importante demorou a emergir, tanto em sua Escandinávia natal como no Norte de Europa. O biógrafo do dramaturgo, Michael Meyer, resumiu os pontos controvertidos ventilados pela crítica hostil: "Ibsen não é dramaturgo, poeta, filósofo, moralista, professor, reformador – é nada mais que uma compilação de excentricidades um tanto desagradáveis". Shaw, que partilhava o entusiasmo de Duse pelo teatro de Ibsen, reconhecia os aspectos desagradáveis de suas peças. Atribuía corretamente muita da frieza demonstrada pela crítica e pelo público às exigências intelectuais que Ibsen fazia aos espectadores que desejavam apenas um entretenimento passivo. Mesmo no Norte da Europa, o público não apreciava os enredos opressivos e o didatismo excessivo, e não conseguiu entender-se com suas ambigüidades e a chamada "dimensão religiosa". No entanto, eram precisamente estas as qualidades que empolgavam seus admiradores. Shaw celebrava Ibsen, junto com Wagner, como "os maiores espíritos da época", ao mesmo tempo que elegia Duse como a primeira atriz a provar-se à altura do novo estilo de interpretação imposto pelo teatro de Ibsen. Ao compará-lo com outros dramaturgos norte-europeus, Duse iria observar: "Ibsen nada promete na superfície... mas deixem-no inflar as velas". Se o público italiano iria repudiá-lo como rejeitara D'Annunzio, havia compensações no estrangeiro, na medida em que Duse triunfava nas peças de Ibsen numa capital européia depois da outra – Berlim, Viena, Londres, Amsterdã e Copenhague.

A relutância em assumir riscos, da parte de empresários e atores, exasperava Duse. Seu desprezo pelo teatro comercial com suas duvidosas prioridades aterrorizava-a cada vez mais. Suas cartas a Boito durante esse período externam sua indignação. Sua tão citada explosão, em que disse que gostaria de ver "todos os atores morrerem de praga para salvar o teatro" era cheia de convicção. Em seu espírito, ela fazia uma nítida distinção entre arte teatral e dramática, entre histrionismo e uma genuína compreensão do papel. Produções ordinárias de material inferior que requeriam pouca ou nenhuma preparação de parte do elenco não eram mais aceitáveis para a atriz. Ela estava sempre disposta a suprimir artistas da sua companhia, mesmo que isso significasse pagar-lhes indenizações, se eles não se mostrassem preparados para conformar-se a seu código de trabalho e de disciplina.

20. O ensaio com figurinos de *Antony and Cleopatra* de Shakespeare, no teatro Lessing, Berlim, em 1899. A caricatura foi feita e assinada pelo ator Ciro Galvani, um dos pilares da companhia da Duse.

Numa carta a D'Annunzio, Duse confidenciou: "Trabalhei febrilmente na preparação de Cleópatra e estava bela e nobre! – Você sabe que nem sempre alcanço o necessário estado de graça! – Mas nessa ocasião – alcancei-o plenamente. A arte, como o amor, é insaciável – e, por vezes, inconsolável."

(Cortesia da Bibioteca Teatrale del Burcardo, Roma)

Duse partiu de Londres no início de agosto e sentiu-se segura de que a crítica inglesa percebia seus ideais como atriz. Antes de sua partida, foi convidada a uma recepção organizada por sir Ernest Cassel em homenagem ao rei Eduardo VII. Ela representou o último ato de *Adrienne Lecouvreur* e recebeu o belo cachê de 500 libras.

A correspondência com Virgilio Talli ao longo de 1905 sugere que Eleonora teria visto com prazer uma associação permanente com esse talentoso e empreendedor ator-empresário. Talli tinha a visão e os recursos necessários para ajudá-la a montar novas obras interessantes. Os dois colaboraram numa produção de *Fernande* de Sardou e, quando voltou de Paris, Eleonora concordou em repetir o papel de Vassilissa na produção de Talli de *Ralé* (traduzida como *L'Albergo dei Poveri*). A companhia Talli-Gramatica-Calabresi encenara a primeira apresentação italiana da peça em 2 de janeiro de 1905, no Teatro Lírico de Milão, mas a reapresentação no mesmo teatro no dia 28 de outubro tinha como atração adicional a participação da Duse. Seu conhecimento direto da produção parisiense e suas consultas privadas ao tradutor francês de Górki habilitavam-na a contribuir com novas idéias, que Talli prontamente aceitou.

A determinação de Eleonora de buscar a autenticidade entusiasmou todo o elenco. Não medindo gastos, encomendou os trajes para seu papel a um costureiro moscovita. Incansável em seus esforços no sentido de burilar os menores detalhes, logo cansou a todos; um bilhete de desculpas dirigido a Talli deixa claro que havia momentos de atrito: "No ensaio desta manhã, não *entendi* o que você estava querendo e acabei cansando-o e irritando-o... Agora percebi o que você tem em vista para o *terceiro ato* e darei o melhor de mim para acompanhar sua concepção do enredo. Espero sinceramente que minhas horríveis explosões não lhe tenham causado muita dor".

Suas atuações na produção de Talli foram muito apreciadas em Milão. Duse estava ansiosa por trabalhar em harmonia com Talli, por quem tinha enorme respeito, e ansiava por convencê-lo de que podiam fazer milagres juntos. Ela insistia no tema: "Um dia juntaremos forças e criaremos um teatro de que poderemos nos orgulhar". Talli, pelo menos de início, exprimiu seu desejo de trabalhar com ela em bases mais permanentes. Respondendo a uma carta em que Duse recordava-lhe os projetos teatrais que haviam discutido em Settignano durante os preparativos para *La Figlia di Iorio*, Talli respondeu de Bolonha, no dia 17 de julho de 1905:

> Apresso-me a lhe assegurar que estou cada vez mais de acordo com *suas idéias*; que, ao formar minha futura companhia, tomei certas precauções ao escolher os atores, tendo em vista a natureza do projeto que contamos realizar; de modo que você pode confiar em mim e no elenco à minha disposição para qualquer plano futuro... Quando tiver decidido um projeto, poderemos discutir os detalhes da montagem em *particular*, sem envolver nossos respectivos agen-

tes... Estou pronto para atravessar a ponte que você construiu, pois tenho certeza de que há um novo e brilhante capítulo à frente.

Contudo, as circunstâncias dediciram de outro modo e, pouco tempo depois, Talli desfez sua companhia e entrou numa nova parceria com Ruggero Ruggeri e Emma Gramatica, irmã mais moça de Irma. Vendo suas esperanças de uma base permanente para a companhia na Itália mais uma vez baldadas, Duse resignou-se a novas peregrinações no estrangeiro. Talentos menores no teatro comercial estavam desfrutando de muito maior segurança e muito maior retorno financeiro do que Duse jamais obtivera em sua Itália natal.

1905 – A Comparação com Sarah Bernhardt

Quando foi anunciado em Paris que Eleonora Duse aceitara o convite de Lugné-Poe para apresentar-se no Théâtre de l'Oeuvre na primavera de 1905, Sarah Bernhardt insistiu com a atriz para que usasse seu teatro ao voltar à cidade. Duse escreveu a Bernhardt em 28 de fevereiro de 1905, declinando polida mas firmemente a proposta:

> Não há esquecimento em meu coração. Ao escrever estas poucas palavras para a senhora, Madame, quando da minha chegada a Paris, meu primeiro pensamento é de gratidão. Nunca esqueci sua hospitalidade, e jamais a esquecerei. Houve um tempo em que a senhora fez todo o possível para ser generosa e boa comigo. A senhora estimulou uma agradável intimidade que me incutiu uma profunda e respeitosa ternura. Ah, Madame, por que meu coração não consegue mais dirigir-se diretamente ao seu?
> Que atitude deveria adotar uma pessoa reta, grata e valorosa? Acho difícil ignorar a opinião que a senhora expressou sobre minha arte – não posso ignorar, esquecer ou perdoar aquela opinião, porque ela melindrou tudo o que me é mais precioso. Mas... a lembrança de seus comentários sobre a minha arte não me faz esquecer sua delicadeza anterior. Pois cada hora tem seu valor próprio na vida, e eu prefiro, neste momento, lembrar o tempo em que a senhora demonstrou para comigo grande delicadeza e afeto. Portanto – que fazer?
> Deixe-me repetir, Madame, aquelas palavras afetuosas: "Não há esquecimento em meu coração". A lembrança de sua hospitalidade e de seu afeto anteriores está sempre comigo.
> Portanto, rogo-lhe, Madame, tenha a certeza de minha irrestrita admiração e de minha infinita gratidão.

O que provocara essas palavras de contido ressentimento? Uma entrevista de Bernhardt publicada no ano anterior em Londres atribuíra à atriz francesa certas reservas acerca da arte da Duse:

Eleonora Duse é muito mais uma grande atriz do que uma grande artista; ela segue caminhos que já foram abandonados por outras. Na verdade, ela não imita outras atrizes, mas planta flores onde elas plantaram árvores, e árvores onde elas plantaram flores; contudo ela nunca criou, com sua arte, um personagem que seja inseparável de seu nome; nunca deu forma a uma visão ou personagem que nos faça pensar nela e somente nela.

Essas palavras permaneceram dolorosas no espírito de Eleonora e alguns anos depois ela comentava:

Recuso-me a ostentar minha habilidade como atriz; recuso-me a colocar meu sucesso pessoal antes do sucesso da própria peça; pois o intérprete de uma obra de arte tem de ser nada mais do que um colaborador confiável preocupado com transmitir as intenções do autor à platéia sem distorção alguma. Alguns alegaram que, em meu último repertório, não consegui criar nenhum personagem novo. Ninguém poderia ter-me feito maior elogio.

As observações de Bernhardt parecem menos danosas se se levar em conta que ela podia ser igualmente maliciosa quando falava de algumas de suas colegas francesas da Comédie Française. Ela definia Réjane como "a mais comediante das comediantes, e uma artista *quando ela deseja*", e resumia o internacionalmente famoso Coquelin como "um admirável comediante... mas *não* um artista". Chegou-se até a sugerir que Joseph Schurmann, que programara turnês tanto para Bernhardt como para Duse, achara proveitoso explorar toda alusão de rivalidade entre as duas atrizes, e outros empresários seguiram-lhe o exemplo. O que não pode ser negado é que a crítica sentia, em toda parte, um ímpeto irresistível de comparar essas duas extraordinárias personalidades. Quanto aos franceses mesmos, achavam Duse "mais comovente" como atriz e Bernhardt "mais elegante, aristocrática e refinada".

Giuseppe Giacosa, que perdera a confiança de Eleonora ao dar prioridade a Bernhardt para estrear *La Dame de Challant*, tentou justificar essa decisão argumentando:

Se eu quiser estar certo de que minha personagem, depois de apresentada em público, reproduzirá fielmente a voz e a gesticulação adquirida durante os ensaios, escolherei a Bernhardt. Se, por outro lado, quiser que minha personagem fale-me com aqueles impulsos da própria vida, que traem mudanças de ênfase de uma apresentação a outra, então escolherei a Duse.

O crítico italiano Giulio Piccini definia as duas atrizes como pólos à parte. Bernhardt encarna uma escola e uma tradição. Onde muitas atrizes iniciam, ela pára e começa a improvisar:

Ela nunca faz uma apresentação totalmente ruim, porque não tem de contar apenas com a inspiração. Duse, ao contrário, é ou transportada pelo instinto (exaltado e sempre eficaz), ou fica inteiramente insegura, por não ter formação em que se apoiar. Duse não tem uma "voz de ouro" como a de Sarah, mas a sua é colorida pela paixão e controlada pela inteligência, uma voz que, em certos momentos, parece provir diretamente do coração da atriz e passar diretamente ao coração de seus espectadores.

Na Inglaterra, Max Beerbohm recusou-se a se deixar submergir pela dusemania. Depois de assistir à sua atuação no Lyceum Theatre de Londres, escreveu: "Nunca houve uma influência tão aterrorizante quanto a Duse... O céu está fendido por superlativos... superlativos de ordem solene, quase religiosa". Beerbohm prossegue admitindo haver "poder e nobreza em seu rosto... encanto em sua voz... e movimento cheio de graça e vigor". Mas a sensação de uma "grande força egoísta" e, pior ainda, provinda de uma mulher, fazia Beerbohm sentir-se distintamente pouco à vontade e suspeitoso. Ocasionalmente, até mesmo James Agate ficava mal-impressionado com a apatia de Eleonora – "uma apatia inefável, se quiserem, mas ainda assim apatia". No entanto, para Bernard Shaw, Duse triunfava sobre todas as outras atrizes da época como mulher de "excepcional inteligência e sensibilidade".

A crítica voltaria a essas comparações nos anos 20. Ivor Brown em *Masques and Phases* observava que "as Bernhardts e os Irvings acendem fogueiras para iluminar um tema; contra eles, uma Duse e um Stanislávski preparam pacientemente seu banquete à luz de velas". Mais ou menos a mesma observação foi feita por Arthur Symons, quando comparou a "escola de bravura cênica" com a dos "quietistas". Observava ele:

A arte de Sarah Bernhardt sempre foi uma arte consciente... Representar como Duse representa, com uma arte que é a própria antítese do que chamamos de escrever, é, sem dúvida, falhar numa coisa menor para triunfar numa maior. Os maiores momentos dela são os momentos de mais intensa quietude; ela não faz um arrepio perpassar por toda a casa, como acontece com Sarah Bernhardt, tocando o nervo do público como um violino...

Foi essa arte externa, retórica, essa oratória dramatizada que sempre entendemos como representar, até Duse pisar no palco com novas idéias e um novo método. A retórica desapareceu de uma vez, com tudo o que é óbvio em sua perda, assim como o que é um pouco menos obviamente ganho por ela. Nisso, a arte da Duse é como a arte de Verlaine na poesia francesa; sempre sugestão, nunca afirmação, sempre uma renúncia.

Desmond MacCarthy, escrevendo no *The New Statesman* de 26 de abril de 1924, analisava sua preferência pela atriz italiana com maior profundidade. Afirmava:

De minha parte, preferia a arte da Duse à de Sarah Bernhardt. Era menos imponente, porém mais bonita; proporcionava-me emoções que eu apreciava mais. Ambas as atrizes não raro transcendiam, muito mais do que interpretavam, seus papéis, e o que acrescentavam muitas vezes era mais precioso do que o trabalho do autor. Porém, o meio mais rápido para sugerir a diferença entre seus talentos é dizer que a arte de Sarah Bernhardt primeiro tornava-nos conscientes da beleza de emoções e paixões, enquanto a da Duse era uma revelação da beleza do caráter humano. Sua arte era mais pessoal; seus efeitos dependiam mais de sutilezas e sinceridades...

Uma atuação da Duse era capaz de ser uma crítica devastadora da peça, pois sugeria muitas coisas mais pungentes e delicadas do que o dramaturgo pusera em suas situações. Quando seu papel carecia de profundidade, ela a dava, enquanto em outras interpretações ele permanecia, é claro, superficial. Sarah, por outro lado, pela energia e a habilidade com que atuava até os limites extremos de seu papel, freqüentemente redimia com a simples paixão uma opacidade do dramaturgo...

Pela natureza de seu talento, Duse estava livre dos erros mais comuns do ator: exagero, falsa ênfase. Ela era insuperável na reticência e na fidelidade escrupulosa; mas era sempre a reticência de uma natureza singularmente pensativa... sua fidelidade era sempre fidelidade a si mesma... Isso se devia sem dúvida ao fato de que seus papéis eram uma *parte* dela que ela mesma logo consumia.

Relatos de primeira mão também confirmam que, com o passar do tempo, a arte cênica de Bernhardt tornou-se perceptivelmente grosseira. Henry James detectou um "ceticismo e um cinismo" perniciosos na Bernhardt madura. William Archer, crítico teatral do *The World*, deplorava seu "virtuosismo vulgar" dos últimos anos, enquanto Bernard Shaw fulminava o "circo e o museu de cera" da atriz francesa. Por comparação, à medida que envelhecia, a arte da Duse ganhava nova profundidade e requinte.

O diretor de cinema Rouben Mamoulian registrou suas impressões de ambas as atrizes no final das respectivas carreiras:

Assisti à Bernhardt em *Daniel* de Louis Verneuil com extrema concentração. Eu não queria perder nada. Tinha dois sentimentos dominantes ao longo da apresentação: um era de ávida curiosidade, o outro uma sensação de que a lenda de Bernhardt pairava persistentemente no fundo da minha mente, a constante percepção de que eu estava vendo alguém que fora muito grande, muito glamourosa no passado... Ela parecia franzina e pequena. Estava velhíssima, pensei – muito mais velha do que eu esperava. A massa de cabelos louros e crespos parecia uma embaraçosa e incongruente apologia de uma mulher velha para a sua idade. O rosto parecia uma máscara de porcelana. Ela quase não podia sorrir, e tinha-se a sensação de que o sorriso machucava seu ressecado rosto rosado e branco. Ouvia sua voz, a famosa "voz de ouro" que encantara milhares. Agora já não havia encanto nela, salvo o encanto da glória passada, que também é forte e ao qual é difícil resistir. A voz era muito velha e um pouco áspera; a princípio, quase me assustou, porém, mais tarde, acostumei-me a ela e não tardou muito para que a achasse fascinante e atraente...

Ela não se movimentava muito, é claro, mas todos os gestos que fazia eram alertas e adequados. As falas eram ditas com precisão e espírito. Ela estava *fazendo uma apresentação*. Tinha-se consciência disso: o exterior era brilhante, mas faltava um pouco de substância... todos viam e ouviam com respeito, mas permaneciam indiferentes, distantes, à parte o instigante lembrete: "É Sarah Bernhardt, a grande Bernhardt. Ah, ela deve ter sido magnífica em sua época".

Pouco depois, Mamoulian viu Duse aos sessenta representar pela última vez em Londres *Così Sia* de Gallarati-Scotti:

Ouvíamos os atores como se ouve um preâmbulo sem importância; estávamos todos esperando a entrada da Duse em cena. Finalmente, bem no fundo do palco, uma pequena e frágil figura apareceu, trajando um vestido de camponesa, com um lenço colorido na cabeça. Dizer que ela efetuou uma entrada seria errado: ela apareceu, como se se tivesse materializado a partir do ar do palco, e agora estava se aproximando, flutuando lentamente até a boca de cena. Eu nem sabia quem era ela, até que uma vaga de aplausos empolgou, atrasada, o auditório. A figura parou no meio do palco, completamente imóvel, até o aplauso cessar.

Com que então aquela era a Duse! Fitei-a. Meu Deus! Uma mulher velha, velha! Tão franzina e frágil que você quase podia soprá-la para fora do palco, tão facilmente quanto se afastasse uma mariposa. Um rosto pálido, quase transparente – bonito, ah sim, bonito mesmo –, com enormes olhos negros e rugas. Tantas rugas! Profundas e precisas, bem desenhadas pelos anos de vida e sofrimento. E eram manifestas, nada envergonhadas – nem um pouco de maquiagem foi usado para cobri-las. O batom tampouco tocara aqueles lábios pálidos. Sob o lenço colorido em sua cabeça, vi seus cabelos. Eram brancos, cor-de-neve. Senti de repente uma pontada em meu coração, como se uns dedos de aço o houvessem espremido: recostei-me em minha poltrona, com as lágrimas anuviando meus olhos. A coragem daquela mulher! E a profunda, profunda tristeza dela! Quase desejei não estar ali.

O programa dizia que, no primeiro ato, Duse era uma jovem camponesa de vinte e três anos, mãe de uma criancinha, mulher de um marido bêbado; e que o segundo e terceiro atos aconteciam trinta anos mais tarde. Como poderia eu assistir ao espetáculo daquela velhinha representando uma jovem mãe e não morrer de embaraço e dor? Em poucos minutos descobri quão errado e quão covarde eu fora. Um milagre aconteceu, um desses que a gente nunca esquece, que se transforma numa inspiração duradoura. Através da mágica do gênio, a mesma Duse – com rugas, cabelos brancos e tudo o mais – tornou-se uma moça, vibrante, bonita, forte. Como isso aconteceu, não sei. Eu estava completamente inconsciente da mudança até ela ter sido consumada e eu subitamente percebê-la...

Bernhardt fez-me ficar consciente de seu grande e glamouroso passado; Duse tocou meu coração.

21. Fac-símile da escrita da Duse. Esse extrato é tirado de uma resposta a uma carta de D'Annunzio, datada de Marina di Pisa, 17 de julho de 1904, bem quando o caso dos dois chegava ao fim. Em sua resposta, Duse lançou no rosto do poeta seu pouco caso pela verdade e pela lealdade. A infidelidade e a promiscuidade desenfreada de D'Annunzio deixaram-na muito magoada e ela não podia mais ocultar seus verdadeiros sentimentos acerca de sua doutrina confessa do amor livre.

(Cortesia da Fundação Giorgio Cini, Vereza)

A essência de todas essas comparações foi resumida com limpidez por Willa Cather em *The Kingdom of Art*, quando concluiu:

> A atuação de Bernhardt é uma questão de excitação física, a da Duse, de exaltação espiritual... A arte é a dissipação de Bernhardt, uma espécie de orgia báquica. Ela é o devotamento de Duse, sua religião, seu martírio... Bernhardt deu-se de corpo e alma ao público, mas Duse manteve sua personalidade inteiramente livre; suas relações com o público são do caráter mais respeitoso e platônico. É essa a diferença entre as duas mulheres.

Claramente, o que a atuação de Bernhardt ganhou com uma técnica e uma arte cênica magníficas, a interpretação da Duse igualava mediante a intuição e a profundidade interior. As diferenças essenciais de temperamento entre as duas atrizes também refletiam as tradições opostas em que elas nutriram sua arte. O estilo de representação predominante na Itália na virada do século era notado por seu "realismo e paixão"; na França, as qualidades cultivadas eram uma técnica impecável e a pureza de estilo. Facções rivais discutiam incessantemente sobre seus méritos relativos, e a opinião está destinada a ficar dividida, segundo os critérios que cada um empregará para julgar a arte delas. Ellen Terry, que conheceu e admirou ambas as atrizes, observa sabiamente em suas memórias: "Quão fútil é fazer comparações! Muito melhor é agradecer ao céu por essas duas mulheres".

9. "QUERENDO O QUERER"

> *Talvez os que são capazes de esquecer sofram menos do que os que ficam se lembrando.*
>
> E.D.

1906 – O GÊNIO NÓRDICO

Quando se tornou claro que D'Annunzio certamente não escreveria nenhum novo papel para ela, Ibsen tornou-se "a força benéfica" da vida da atriz. Nas peças do dramaturgo norueguês, Duse descobriu uma filosofia de vida que a convenceu da necessidade de continuar buscando novos desafios e ampliar seu material. Ao longo de janeiro de 1906, ela cumpriu compromissos em Bruxelas e Amsterdã. Então, acompanhada por Lugné-Poe no duplo papel de conselheiro artístico e mentor, embarcou para uma turnê na Escandinávia.

Como tendia a acontecer com Duse, o ator-empresário tornara-se agora o colaborador *indispensável* durante essa nova fase da sua carreira. Ela escrevera a Boito no verão precedente, exprimindo sua confiança na perícia do diretor francês. Garantiu a Boito: "Vou pôr meu barco mais uma vez no mar, sob a guia de Lugné-Poe – Tenho certeza de que, com esse homem digno de confiança ao timão – um homem que possui um espírito e um coração – as coisas vão evoluir da melhor maneira". Dessa vez, o papel se adequava a Lugné-Poe. No entanto, seus problemas pessoais levá-lo-iam mais tarde a retornar a Paris.

Ao construir seu repertório ibseniano, Duse teve a sorte de contar com a assistência e o incentivo do empreendedor Lugné-Poe. Junto com Antoine, ele era um dos poucos diretores teatrais da Europa a ter uma real compreensão da substância escandinava e da alma norueguesa. Já em 1894, Lugné-Poe levara suas montagens de *Rosmersholm* e de *Solness, o Construtor* a Cristiânia. O reservado e taciturno Ibsen viu ambas. A encenação de *Rosmersholm* não era suficientemente "realista" para satisfazer o dramaturgo. Mas a desaprovação transformou-se em admiração quando ele viu a concepção da companhia francesa de *Solness, o Construtor* e o desempenho de Lugné-Poe como Solness. O entusiasmo de Ibsen era tamanho que ele recomendou que Lugné-Poe deveria receber uma medalha do rei Oscar II em reconhecimento pelos serviços prestados ao teatro norueguês.

Lugné-Poe passou meses ensaiando Duse em seus papéis ibsenianos. Ela anotava cuidadosamente em suas cópias dos textos de Ibsen as instruções de Lugné-Poe. Também podia tirar algum consolo das garantias, dadas por Lugné-Poe, de que aquele era um território onde Sarah Bernhardt nunca se aventuraria. A diva francesa fizera uma experiência como Ellida em *A Dama do Mar* em Sens, em 1904, mas resolveu que o papel não lhe convinha. Conversando com Lugné-Poe, Bernhardt repudiara as peças de Ibsen e Strindberg como "porcaria nórdica".

Lugné-Poe negociara a turnê de Duse em Copenhague, Vriatiânia (hoje Oslo) e Estocolmo, acreditando que um encontro entre a atriz e seu ídolo, Ibsen, seria capaz de reavivar seu ânimo e lhe dar vontade de continuar representando. Porém a má sorte parecia perseguir a turnê desde o início. Mal a companhia chegou à capital dinamarquesa, ouviu os sinos da igreja anunciar a morte do rei Cristiano IX; enquanto a corte se punha de luto, todos os espetáculos teatrais tiveram de ser adiados. A companhia viajou da tristeza de Copenhague para Cristiânia; a caminho, ficaram sabendo pela imprensa que Ibsen fora vitimado de paralisia. Duse não disse quase nada, mas de repente ficou doente e foi preciso chamar um médico. Ela reuniu forças suficientes para mandar uma carta e flores à residência de Ibsen, na esperança de que o encontro ainda fosse possível, mas o estado do ancião estava se deteriorando rapidamente e o pedido de Duse não foi atendido.

Lugné-Poe, em suas vívidas memórias, *Parade: Souvenirs de Théâtre*, descreveu como ficou na neve com Duse em frente da casa do dramaturgo, olhos fixos na janela do seu quarto, tentando entrever o inválido. Duse, silenciosa e pálida, estava inconsolável. Sua peregrinação em homenagem a um dramaturgo a quem ela tanto devia estava cruelmente frustrada. Ela sonhara tanto tempo com esse encontro com seu ídolo! A filosofia de vida e arte de Ibsen lhe dera um estímulo intelectual após um período de terrível aridez; seu conceito revolucionário do teatro reforçara a validade de seus próprios ideais. Suas personagens e situações iam ao âmago do conflito existencial. E, o mais importante de tudo, Ibsen expusera a superficialidade das paródias que passavam tranqüilamente por drama no teatro comercial. Isso explica sua gratidão e sua devoção para com essa venerável figura entre os dramaturgos contemporâneos. Chegou a Cristiânia ansiosa por discutir seu trabalho e para exprimir sua atitude e sua admiração, mas era tarde demais: Ibsen estava em seu leito de morte.

Desanimada e retraída nos ensaios, Duse representou como se estivesse em presença do próprio Mestre. Os outros membros do elenco sentiram uma indefinível qualidade em seu desempenho durante essa turnê. O programa na capital norueguesa incluía duas peças de Ibsen – *Hedda Gabler* e *Rosmersholm* – e *La Gioconda* de D'Annunzio. O público proporcionou à companhia uma ovação de pé. O compositor Grieg estava entre as celebridades que assistiam à apresentação da Duse. Não foi o primeiro músico a maravilhar-se com a *musicalidade* de suas atuações, tanto em termos de voz como de gestos. Quanto à imprensa, as críticas foram ardorosas, mas Eleonora permaneceu impassível, entristecida com a ausência de seu amado Ibsen.

Quando a visita terminou, uma multidão se agrupou na estação ferroviária para ver a companhia partir para Estocolmo, onde novos desapontamentos a aguardavam. A tensa situação política que então existia entre a Suécia e a Noruega tornava necessária a retirada das peças de Ibsen do repertório. Espiritualmente abatida por este último contratempo, Duse acabou por sucumbir à doença que estava ameaçando submergi-la durante aqueles meses de frio severo. Passou a maior parte do tempo de sua estada em Estocolmo confinada à cama. Nem mesmo a recepção dada em sua honra pelo rei da Suécia conseguiu tirar a atriz da sua melancolia. Em fins de maio, Ibsen estaria morto e, na opinião de Lugné-Poe, Duse nunca se recuperou totalmente desse golpe acabrunhante.

Durante esses meses conturbados, Lugné-Poe tentou consolá-la, vendo que os desapontamentos e as frustrações minavam sua confiança e afetavam sua saúde. Não tardou a identificar um traço inquieto, nômade, na natureza da atriz. Orgulhosa de seus antepassados venezianos, declararia com freqüência, quando provocada: "Em minhas veias corre um pouco do sangue dos corsários turcos". Seu estado de espírito oscilava entre um sentimento de solidão extrema e um grande ressentimento, se sentisse que amigos e colegas estavam lhe fazendo exigências importunas. Nesses momentos, ela se rebelava. "Se, pelo menos, eu pudesse chegar ao Himalaia e a seu céu!", exclamava, como se atraída pelos mistérios e mitos daquela remota civilização em que os "olhos maus" dos elefantes sagrados inspiravam pavor.

Talvez involuntariamente, Lugné-Poe retrata uma mulher presa da neurose, uma pessoa capaz de mudar de quarto de hotel nada menos que cinco vezes num só dia. Mesmo quando um quarto a seu gosto tivesse sido escolhido, os móveis e quadros tinham de ser modificados para adequar-se a suas exigências especiais. Sua cama tinha de estar sempre colocada de maneira que ela pudesse ficar com a luz às suas costas e certos objetos viajavam com ela para todos os lugares: suas gravuras de Rembrandt e Velázquez, sua efígie de gesso de Beethoven e citações emolduradas de Nietzsche e Maquiavel. Sua escrivaninha tinha de ser arrumada de maneira familiar, para que ela pudesse cuidar de sua vasta correspondência, e numa mesinha ela mantinha um suporte de prata com bandeirinhas navais que podiam revelar, com seus movimentos, as venturas dos dias por vir. Servida por suas secretárias e criadas, observava um rigoroso ritual de leitura e escrita antes de receber qualquer visita, e sua decisão final sobre a apresentação da noite era cuidadosamente adiada o mais possível. Para citar o espirituoso Lugné-Poe: "Ninguém ousava indagar o que ela representaria naquela noite. Isso era decidido por volta das cinco da tarde, depois de ela averiguar a sua temperatura, a da cidade e também – poder-se-ia acrescentar – a da bilheteria".

Freqüentemente perturbada por distúrbios nos brônquios, tomava intermináveis banhos quentes e inalava vapores de essência de pinho, ou bebia garrafa após garrafa de água de valeriana, recostando-se envolta em várias camadas de flanela branca. Seu estado de espírito era sempre imprevisível, e um ataque de nervos era razão suficiente para cancelar qualquer apresentação na última hora. Durante os anos de sua associação com Lugné-Poe, os cancelamentos tornaram-se mais freqüentes, em parte por causa de seu desencanto com o repertório à sua disposição, em parte por causa da sua obsessão com a perfeição, à medida que a legenda da Duse crescia. Mesmo Lugné-Poe achava difícil evitar o uso da palavra heroísmo quando via aquela frágil mulher lutar com uma programação puxada, tanto no palco quanto fora. Predisposta à febre e à anemia, ela dormia pouco e comia esparsamente, mas, quando posta à prova, mostrava ter uma capacidade de se recuperar das vicissitudes de uma turnê muito maior do que o mais jovem membro da companhia. Ator-empresário acostumado às intrigas e aos conflitos, Lugné-Poe ficava pasmo com a maneira astuciosa da Duse lidar com seu pessoal administrativo e seus atores. Longe do teatro, a leitura e a meditação pareciam ser seus únicos meios eficazes de enfrentar a persistente sensação de vazio. Quase não recebendo ninguém, salvo o ator-empresário francês, ela travava com ele longas discussões sobre os princípios essencias da filosofia de Ibsen, tal como era explorada em sua dramaturgia: "O culto da responsabilidade, a beleza do *querendo o querer*, o desdém da retórica pela retórica, a necessidade de satisfazer-se em espírito e em verdade". Esses ideais tornavam a dar um sentido à sua vida e reforçavam sua idéia de que "a menos que pessoas criativas estejam preparadas para ir em frente e assumir riscos, sua arte logo perecerá".

"Querendo o Querer"

O teatro de Ibsen, mais do que qualquer outro autor de seu repertório, saciava a necessidade instintiva que ela sentia de penetrar na *alma das coisas*. Max Beerbohm, que permaneceu imune ao fascínio da atriz, escreveu de sua Hedda Gabler: "[...] Neste, como em qualquer papel que representa, ela se comportou como um anjo da guarda meio adormecido em seu posto sobre a humanidade. Seu ar de apatia, nesse caso, por acaso funcionou; mas, de outro modo, ela não revelou a menor sombra de compreensão de seu papel". O crítico alemão Alfred Kerr, no entanto, estava satisfeito com sua interpretação: "Outras atrizes podem representar o papel de Hedda com maior precisão... mas ninguém alcança a grandeza da Duse nesse papel, não obstante a individualidade de sua interpretação". E, para a maior parte dos críticos, Duse estabeleceu uma relação quase incômoda com a solidão daquela mulher perturbada e não tinha dificuldade para entender a revolta de Hedda contra a sociedade convencional. *Compreensão* era a tônica, quando Duse estudava as heroínas ibsenianas. Como Nora e Hedda, Rebecca em *Rosmersholm* tornou-se outro espírito afim. Estreou nesse papel no Teatro Lírico de Milão, no dia 11 de dezembro de 1905 e, ao pedir a Virgilio Talli que viesse ver a montagem quando suas companhias se encontraram em Turim, ela enfatizou o esforço que pusera no papel: "Como trabalhei para entender essa Rebecca assim como se entende outra pessoa!" Também confidenciou a Talli: "Neste último ano, acredito que dei tudo o que tenho para oferecer à minha arte".

Um ator que confirmaria essa pretensão foi Ciro Galvani. Ele adorava Duse e durante muitos anos foi como um esteio nas turnês de sua companhia. Galvani tinha um caderno em que registrava fielmente suas impressões dos métodos duseanos de direção dos outros atores. Nos ensaios, ela era sempre a última a chegar e imediatamente certificava-se de que todos haviam obedecido às suas instruções anteriores para aquele dia. Quando começava a falar ao grupo, o silêncio era religiosamente observado. Ocasionalmente, se aborrecida ou insatisfeita com certas passagens do diálogo, ela lia a sua parte; os outros, fascinados com as modulações da sua voz, ouviam com atenção. Era mais comum suas falas serem ditas pelo ponto, enquanto ela interrompia os outros atores com sugestões e modificações de último minuto. Quando estava trabalhando o texto, essa mulher vigorosa pouca semelhança guardava com a inválida presa a uma cama de hotel algumas horas antes. Seu vigor físico e sua concentração mental eram extraordinários e, ao cabo de cada ensaio, por mais longo e difícil que tivesse sido, Duse saía com o aspecto de alguém que fora revigorado, enquanto o resto dos atores definhava de exaustão. Durante o ensaio ou a apresentação, nada escapava a seus olhos vigilantes. Qualquer ator infeliz, ou temerário o bastante para estar despreparado para seu papel, era submetido a furiosas diatribes, carregadas de desdém e injúrias.

Uma página do caderno de Galvani é reveladora:

Um ensaio de *Hedda Gabler*. Antes de começar, Duse diz que tem um livro para mim, que ela gostaria que eu lesse antes da apresentação daquela noite. "Se você prestar bastante atenção à análise penetrante do caráter de Herbert, você vai ter um desempenho muito melhor do papel esta noite", me diz. Vai para o camarim e volta com o livro, com as passagens importantes assinaladas. Seu título é *Les Révoltés Scandinaves*, de Maurice Bigeon. Pega os óculos e começa a ler em voz alta vários trechos. Depois, o ensaio começa. Durante uma pausa, ela observa: "Para interpretar com êxito os personagens de Ibsen, é preciso ser infeliz. Galvani é jovem, saudável e bem-sucedido – um homem de sorte, sem preocupações... Posso fazer bem esses papéis porque sou consumida pelas mágoas. Galvani precisa sair em busca de mágoas". A Signora aperta os seios enquanto profere essas palavras e seus olhos enchem-se de lágrimas. Gradualmente, recobra sua compostura e dá prosseguimento ao ensaio. Tendo tratado das cenas finais, chega até onde estou sentado e enfia o livro num dos meus bolsos. Repete: "Evite desperdiçar seu tempo em algum café hoje. Tem de ler este livro e voltar ao teatro esta noite inspirado por essas deliciosas confissões escandinavas".

A enxurrada de bilhetes e cartas trocadas com Lugné-Poe durante aqueles meses ansiosos revelam a batalha cotidiana de Eleonora com a incômoda depressão e a saúde ruim. Ela invoca a "coragem" e a "paciência", como se penosamente consciente do enorme esforço que essas virtudes requerem.

As viagens incessantes continuaram ao longo da primavera de 1906: Cap Martin, Menton, Avignon, Marselha, Gênova, Milão, Lucerna, Basiléia, Bordeaux, Biarritz. Passando por Paris a caminho de Biarritz em fins de maio, ela viu Suzanne Desprès representar Nora em *Casa de Bonecas*. A mulher de Lugné-Poe logo se estabeleceria como a maior expoente dos dramas de Ibsen na França, e Duse ficou muito impressionada. Era tal a sua admiração pelo desempenho da atriz francesa que, cedendo a um impulso, mandou-lhe uma carta de congratulações, junto com seu próprio traje de Nora, pedindo à atriz francesa que o usasse, pois ela mesma nunca mais representaria o papel, tendo testemunhado a interpretação definitiva de Desprès. Uma carta datada de 29 de maio de 1906 a seu amigo Adolfo Orvieto, que fundara e editava junto com o irmão Angiolo a revista de artes *Marzocco*, reafirma as instáveis emoções daqueles meses. Escreve ela:

> Todos os dias recebo alguma pequena mensagem, carta ou telegrama de Ellen Terry, e o simples fato de sentir que sou útil tira-me um pouco, *mas só muito pouco*, desse *negro, negro* estado de melancolia...

22. Arrigo Boito trabalhando em seu escritório com o retrato de seu mentor e amigo, o compositor Giuseppe Verdi, na parede às suas costas. Quando foi visitar Boito doente, cerca de dez anos depois de seu rompimento final com D'Annunzio, Duse registrou suas impressões desse encontro comovente: "Ficamos calados, o quarto e a rua estavam tranqüilos e a luz era suave – O retrato de uma jovem mulher (eu) tirado há cerca de trinta anos, à sua direita, e o retrato de Verdi – na sua escrivaninha, é tudo – e alguns livros, livros por toda parte".
(Cortesia da Biblioteca Teatrale del Burcardo, Roma)

Cheguei a Paris sexta-feira e, vendo *Casa de Bonecas* anunciada nos tapumes, escondi-me num hotel do Quai d'Orsay e, naquela mesma noite, sem *dizer nada*, nem a Suzanne, nem a Lugné-Poe, fui a seu teatro. Assim vi sua produção, que é um trabalho de força, disciplina, arte e determinação. Depois da apresentação, mandei um bilhete a Suzanne e a querida mulher ficou deliciada.

Mas, na manhã seguinte, a mesma melancolia tomou conta de mim, inclusive em Paris, de modo que fiz as malas e parti.

Ai! Se Ibsen não está mais conosco, se não há mais possibilidade de ver o Gigante ressuscitar, se a esperança que eu acalentava de *voltar para baixo daquela janela que vi iluminada* em Cristiânia... como um sinal de aquiescência.. bem, então, para que continuar? pergunto-me... Para *quem* – e *onde* ainda posso trabalhar?

Ela continuou procurando avidamente por algum novo dramaturgo promissor na Itália e examinava os manuscritos de jovens autores como Enrico Annibale Butti e Enrico Corradini, mas de algum modo ao trabalho deles faltava a poesia e o mistério evocados por Maeterlinck e Ibsen. Uns poucos críticos esclarecidos da Itália, como Roberto Bracco, Edoardo Boutet e Enrico Panzacchi compartilhavam sua preocupação e distinguiam Duse como o único espírito pioneiro da época, mas tão forte era a influência de Sardou e Dumas Filho, que qualquer inovação no teatro italiano de então ainda era superficial. O crítico teatral Giuseppe Antonio Borgese fez eco às palavras de Pirandello, quando este sugeria, num ensaio sensível, que Duse nunca encontrara o dramaturgo que ela almejava, a despeito de sua enorme dívida para com D'Annunzio e Ibsen. Resumindo seus argumentos, Borgese concluía:

Por mais de uma década, Duse debateu-se entre D'Annunzio e Ibsen. O que era excessivo no primeiro era deficiente no último. D'Annunzio era demasiado aparatoso e eloqüente, sem momentos de silêncio e reserva. Ibsen, por outro lado, estava encerrado em sua invencível timidez e reticência, um gênio enfezado. Mas a Ibsen e a D'Annunzio a Duse deveu as oportunidades que ditaram o estilo de sua última fase como atriz, um estilo criado a partir de sugestões progressivas, persuasões hipnóticas e explorações tenteantes, muito embora não encontrasse em nenhum dramaturgo uma obra capaz de realizar seu verdadeiro potencial. Oscilando entre um conceito de tragédia não mais atual e um novo conceito de tragédia que não conseguia emergir – entre peças que a inflamaram na juventude e novas peças que pacientemente esperava fossem escritas logo – Duse permaneceu uma sublime desajustada.

Era muito mais a determinação interna do que o vigor físico que mantinha Duse de pé nessa fase crítica. Qualquer distração breve ou qualquer momento de reanimação vinham de fontes fora da Itália – seus amigos Robert e Giulietta Mendelssohn, que viviam em Berlim, o círculo de amigos de Lugné-Poe em Paris e colegas como Ellen Terry, Emma

Calvé e Yvette Guilbert. No entanto, a amizade mais notável desse período era, indubitavelmente, a que unia Duse à flamejante Isadora Duncan.

Foi na luxuosa vila dos Mendelssohn em Berlim que Duse conheceu a dançarina Isadora Duncan, o que, por sua vez, levou-a a conhecer o amante de Duncan, o ator e cenógrafo inglês Gordon Craig. Duse ficou fascinada com a energia criadora daquele jovem e talentoso casal. Seu encontro casual com eles resultou numa estimulante colaboração, que passou para os anais da história do teatro.

1906-1907 – UMA COLABORAÇÃO INVEROSSÍMIL

Quando Duse encontrou esse extraordinário casal em Berlim, Gordon Craig estava com trinta anos e Isadora Duncan com vinte e poucos. Ambos já haviam causado agitação nos círculos artísticos da Europa, Duncan com seu estilo único de dançar e Craig com suas teorias revolucionárias sobre a produção teatral.

Craig era filho de Ellen Terry e do arquiteto e cenógrafo Edward Godwin. No início da sua carreira teatral, fora geralmente tido como um ator juvenil promissor, mas, enfastiado com a moda do realismo no teatro de sua época, decidiu abandonar os palcos em 1897, quando ainda estava na casa dos vinte.

Em seu famoso, embora não muito original tratado *The Art of the Theatre*, publicado em 1905, Craig tentava esclarecer sua meta de substituir a representação teatral realista pela revelação através do simbolismo. O diretor teatral do futuro "emularia o poeta, criando quadros cênicos em que toda a beleza da vida poderia ser exposta, não só a beleza externa do mundo, mas a beleza interna e o sentido da vida". A arte do teatro não é

nem a representação, nem a peça, não é nem encenação, nem dança, mas consiste em todos os elementos de que essas coisas são compostas: ação, que é o verdadeiro espírito da representação; palavras, que são o verdadeiro coração da encenação; ritmo, que é a verdadeira essência da dança... um equilíbrio de ações, palavras, dança e encenação.

Essas idéias já haviam sido formuladas por Craig quando ele conheceu Duse melhor na casa dos Mendelssohn. Em 1903, ele montara uma produção de *Os Vikings* de Ibsen, com Ellen Terry, no Imperial Theatre de Londres. Depois, passou dois anos na Alemanha, adquirindo maior experiência em técnicas de produção. É bastante duvidoso que Duse tivesse um conhecimento efetivo das inovações de Craig. No entanto, esse encontro providencial convenceu-a de que em Duncan e em Craig ela encontrara espíritos afins. Craig via as coisas de maneira diferente. Ele recordou: "Eu falava com ela como que a uma Divindade, como se quisesse saber o que ela desejava que eu fizesse. Eu sentia não ser ninguém e que ela era uma espécie de sonho". Com a ajuda de intérpretes (pois não tinham uma linguagem comum através da qual pudessem se comunicar), trocaram idéias sobre o teatro contemporâneo e discutiram a possibilidade de trabalhar juntos. Craig afirmava ter visto Duse atuar quando ele tinha perto de vinte anos e ter-se convencido de que ela era muito melhor atriz do que Sarah Bernhardt. Através da mãe, fora brevemente apresentado a Eleonora em Londres. Craig era demasiado tímido, então, para causar alguma impressão, mas se lembrava de Duse como "muitíssimo prática e amável".

Infelizmente, Craig não falava nem italiano, nem francês, e Duse não falava inglês. Isadora Duncan afirma em sua autobiografia que serviu de intérprete na casa dos Mendelssohn, que freqüentava bastante e onde dançava com seus alunos para convidados ilustres. Já Craig, em seu relato do encontro, sugere que foi a filha de Duse, Enrichetta, e não Isadora, quem o persuadiu a colaborar com Duse. Enrichetta pedira: "Oh, ajude minha mãe... ela não tem ninguém para ajudá-la", e Craig foi vencido por aquelas "palavras sérias e simples". Duse sugerira primeiramente que ele poderia desenhar os cenários e os figurinos para a *Electra* de Hofmannsthal. Como atriz, Duse encarnava toda as qualidades estéticas e místicas celebradas pelo poeta e dramaturgo austríaco em sua busca do "drama lírico". Hofmannsthal queria muito que ela representasse Electra e Jocasta em seu *Édipo e a Esfinge*. Infelizmente esses projetos não se concretizaram e os desenhos de Craig para *Electra* nunca foram utilizados. Para compensar esse desapontamento, Duse convidou-o mais tarde para desenhar os cenários de *Rosmersholm* de Ibsen.

Craig chegou em Florença em outubro, para começar a trabalhar na cenografia, e os problemas surgiram quase de imediato. Seu *Index to the Story of My Days* inclui algumas observações nada lisonjeiras sobre Eleonora, provocadas por seu sentimento geral de frustração. Um trecho do diário diz:

> Fui com Isadora à Itália, a fim de preparar a cenografia de *Rosmersholm* para Eleonora Duse, principalmente em consideração a Isadora. Tempo perdido, por causa da incapacidade de Duse cooperar comigo – e ela na Itália, e uma italiana, e a rainha do teatro italiano...
> Quão triviais são essas *grandes* mulheres e como elas valorizam uns pelintras de Montmartre e Trastevere, que sabem como elas são frívolas e indefesas, e que as tapeiam fazendo mal à mais sagrada das coisas, seu teatro.

Sua irritação é compreensível porque, a despeito das afirmações em contrário, Craig chegou a Florença para descobrir que teria de conseguir seus próprios operários. Não havia na cidade nenhum pintor profissional de cenários que o ajudasse a terminar o trabalho numa semana. O próprio Craig trabalhou vinte e quatro horas por dia, esquecido das maravilhas da cidade. Recorda-se: "Mal dei uma olhada no Arno, em suas pontes, nas colinas e palácios, e nada senti da milagrosa vida do lugar. Seu sol, nenhum dos seus sons chegaram até mim. Absorvi-me exclusivamente em meu trabalho".

Os efeitos de luz especiais imaginados por Craig foram concluídos mais prontamente graças à habilidade dos técnicos do Teatro della Pergola, tendo Duse sido convidada mais tarde para inspecionar os resultados finais. O condescendente relato de Craig das reações da atriz aos estranhos cenários que ele criara para *Rosmersholm* merece ser citado por inteiro, como prova de sua fanfarronice e da astuta diplomacia de Eleonora:

> Ela foi admirável. Viu num só olhar que eu estava louco. Disse consigo mesma: "Isso não é um cenário para uma peça de Ibsen, é um cenário para algo maior, mas não é Ibsen, porque Ibsen eu conheço". E, nisso, sua boca ficou um nada contraída. Mas com surpreendente bom senso, ela se controlou e fez o papel de uma grande atriz que está tratando com um louco e que percebe ser inútil protestar. "Está maravilhoso!", disse. Como algo mais banal poderia ter sido dito?
>
> Duse era uma pessoa notável. Merecia ser primeira-ministra da Itália – era feita para tanto por seu gênio, se quiserem assim qualificá-lo. Eu o chamaria de muito bom senso.

O próprio Craig escreveu as notas para o programa da peça, que teve uma única apresentação no Teatro della Pergola, em 5 de dezembro de 1906. O jovem ator Guido Noccioli, que entrara para a companhia de Duse no mês precedente, descreveu o cenário em seu diário, e esse seu relato permite-nos avaliar um pouco da preocupação de Craig com os efeitos fortes e a enorme importância que dava à cor, à luz e ao movimento. O registro de Noccioli na véspera da apresentação exprime suas apreensões:

> É um negócio estranho, todo verde e iluminado por dez refletores. O mobiliário também é verde e revestido do mesmo material usado nas cortinas; no fundo do palco, uma grande porta de vidro dá para uma paisagem que lembra estranhamente o cenário de *Isola dei Morti* [*A Ilha dos Mortos*, de Arnold Böcklin]. Outra grande porta é coberta por um véu azul. Há outros véus em cada lado do palco. Um sonho, talvez? Será que o público vai gostar? A Signora está impressionada com os cenários de Craig.

De fato, após sua surpresa inicial, Duse logo se entusiasmou com a arbitrária concepção de Craig do mundo de Ibsen.

Já os críticos foram quase unânimes em desancar os cenários, que acharam demasiado opressores e desnecessariamente complicados. Antecipando os protestos de atores e críticos teatrais, Craig se dera o trabalho de esclarecer suas intenções nas notas do programa. Invariavelmente polêmico como teórico, Craig iluminara sua mensagem aqui e ali com uma ponta de espirituosa extravagância. Explanava:

> O acentuado horror de Ibsen pelo Realismo é mais aparente nas peças *Romsersholm* e *Espectros* do que em qualquer outra... Há uma poderosa impressão de forças invisíveis rondando o lugar: ouvimos continuamente a longa nota da trompa da morte. Ela é ouvida no início e mistura-se aos gritos no fim.
> Aqui e ali precipita-se a figura da Vida, não apenas uma pequena figura fotográfica de Rebecca West – nem mesmo uma mulher –, mas a verdadeira figura da própria Vida, e o tempo todo ouvimos o suave crescendo da Trompa da Morte, à medida que seu executante se aproxima. Portanto, os que se preparam para servir a Ibsen, para colaborar na encenação de sua peça, têm de abordar a obra não num espírito fotográfico, todos têm de abordá-la como artistas.
> O Realismo proclamou-se há muito tempo um meio desprezível de sugerir as coisas da vida e da morte, os dois temas dos mestres. Realismo é apenas Exposição, enquanto a arte é Revelação; portanto, na montagem desta peça eu tentei evitar todo Realismo. Não estamos numa casa do século XIX ou XX construída pelo Arquiteto Fulano, ou pelo Engenheiro Beltrano, e decorada com móveis de desenho escandinavo...
> Assim, considere sem importância a moda e as roupas, lembre apenas a cor que corre nas veias da vida, vermelha ou cinzenta, conforme o sol ou a lua desejem, escura ou bela conforme desejemos. Portanto, olhe para o que está diante de você, com seus olhos, e não através de furinhos feitos com alfinete ou de binóculos de ópera, por que assim nada verá... Você acha que está vendo um quadro triste e sombrio? Pois olhe de novo. Vai deparar com uma visão estupendamente alegre. Você verá a vida representada por Rebecca West, a vontade de fazer, livre até o fim. Que em si é inspiração sem limites...
> Não conheço onde, salvo em Ibsen, podemos encontrar hoje tal fidelidade ao velho credo ou igual advogado da individualidade da Fama.

A correspondência de Isadora Duncan deixa claro que ela não partilhava o mesmo entusiasmo por Ibsen, mas sua crença no gênio de Craig era infinita.

A platéia da primeira noite foi entusiasta; entre os que lideravam os aplausos estava o grande ator italiano Tommaso Salvini. Na excitação do momento, Duse e Craig anunciaram sua intenção de trabalhar juntos de novo. Para garantir-se da sinceridade de Craig, Duse não esperou para exprimir sua gratidão:

Obrigada –
São estas as minhas primeiras palavras esta manhã.

Ontem à noite eu *trabalhei* como num sonho – e distante de tudo – Você trabalhou, nas condições *mais aflitivas*, portanto um *MUITO OBRIGADA* muito especial.
 – Ontem à noite eu apreciei plenamente *sua colaboração* – e *sua força* – Mais uma vez:
 MUITO OBRIGADA
 Espero que *nós* voltemos a trabalhar juntos, com *Liberdade e Alegria*. –
    E.D.

Craig exultou. Numa carta a seu amigo, o músico Martin Shaw, conta: "Foi e é um sucesso – Duse estava magnífica – ela jogou suas minúcias ao vento e foi em frente. Tem a coragem de 25! Ela, Ibsen e eu representamos nosso pequeno trio e voltamos felizes para casa".

A despeito da curiosidade e do entusiasmo gerados pela concepção de Craig da peça, a direção da companhia decidiu não realizar outras apresentações da obra em Florença. Animado por esse sucesso, Craig ficou ansioso por definir os detalhes de novas colaborações com a Duse, e peças como *A Dama do Mar* e *John Gabriel Borkman*, de Ibsen, e *La Mort de Tintagiles*, de Maeterlinck, foram discutidas, mas sem resultados concretos.

Por enquanto, Duse tinha outros problemas mais urgentes a ocupar-lhe o espírito. *Rosmersholm* não era a única novidade no repertório da companhia durante essa breve temporada em Florença, que se estendeu de 27 de novembro a 19 de dezembro de 1906. Depois de muitos ensaios frenéticos durante os quais cenas inteiras eram modificadas diariamente, a companhia encenou a primeira apresentação de *Maria Salvestri*, de Enrico Corradini, um estrepitoso fracasso. Desde o início, o elenco depositou pouca fé no sucesso da peça, uma fé que diminuía cada vez mais à medida que testemunhavam a prontidão de Corradini a aceitar qualquer mudança que Duse resolvesse fazer durante os ensaios. Quando a peça finalmente estreou no dia 8 de dezembro, as coisas logo se deterioraram, depois de um respeitável ato inicial. A platéia aborreceu-se, ficou inquieta e uma Duse irritada não se deixou amolecer nem um pouco por seu sucesso pessoal no papel-título. O registro no diário de Noccioli é bastante explícito:

As coisas vão de mal a pior! As vaias tornam-se ensurdecedoras. Numa palavra: um completo fiasco! No teatro, os comentários são inúmeros e variados. La Duse está irritada. Ela observa: "As platéias em Florença são sempre as mesmas – um bando de grosseirões!" E, tomando fôlego: "Pelo menos, deviam mostrar algum respeito pelo autor e por mim mesma. Afinal de contas, eu sou *a* Eleonora Duse que fez mais do que ninguém para elevar a reputação do teatro italiano pelo mundo afora!" Pura verdade! Mas o público bem poderia retorquir: "Nem mesmo La Duse tem o direito de arrastar-nos ao teatro para assistir a uma porcaria assim!"

Ao sair do teatro, La Duse diz a Orvieto, que a estava acompanhando: "Achava que a época de D'Annunzio havia terminado. Agora percebo que as coisas sempre serão iguais...!"

A terceira novidade da temporada – *Monna Vanna*, de Maeterlinck – foi apresentada seis dias depois. A estréia teve uma acolhida entusiástica, tanto do público como da crítica, a despeito do sentimento geral dos outros atores de que o temperamento da Duse não era adequado ao papel. Tendo em mente os cuidados prodigalizados às peças de D'Annunzio com uma cenografia medieval, Duse não mediu despesas na produção. Os figurinos em branco e dourado desenhados para ela por Fortuny estavam entre os mais admiráveis já criados para o palco.

Agora parecia inevitável que Eleonora empreendesse uma segunda turnê pela América do Sul. Suas intenções eram outras, mas as considerações financeiras forçaram-na a vencer suas apreensões e a aceitar. Pediu a Isadora Duncan que explicasse sua difícil situação ao petulante Craig, que registrou seu aborrecimento para a posteridade:

Quando, tendo visto meu trabalho para *Romersholm*, ela me pediu para ajudá-la em todas aquelas peças... eu decerto senti-me feliz, porque eu estava de fato sendo totalmente tapeado – ela fazia aquilo com tamanha naturalidade! Depois, quando começou a me mandar telegramas, cancelando esta peça, e novos telagramas, cancelando aquela... eu decerto me senti muito infeliz. E me ouviriam dizer: "No trabalho, as mulheres são todas iguais – um bando de caprichosas: primeiro *sim*, depois *não*. Sozinhas, trabalham maravilhosamente; trabalhar com elas é uma verdadeira tortura".

Mas o pior estava por vir nessa relação delicada.

Durante os meses inteiros de janeiro e de fevereiro de 1907, a companhia estava contratada para uma turnê na Riviera francesa, aperfeiçoando o repertório a ser apresentado na América do Sul mais tarde naquele mesmo ano. Os cenários de Craig para *Rosmersholm* seriam utilizados com algumas modificações. Craig deixou um registro escrito do infortunado episódio de Nice, em que as coisas são vistas de outro modo:

Desenhei meus cenários para *Rosmersholm* para serem usados sem móveis... as cadeiras e mesas eram pintadas no cenário... Eleonora Duse dissera: "Oh, deixe-me ter *un petit cabinet*... um sofazinho..." ela queria fazer negócios ou coisa assim... *Un petit cabinet* foi arranjado... na manhã seguinte, passei pelo teatro e qual não foi minha surpresa ao vê-los serrando toda a parte de baixo do meu cenário, porque era alto demais ou coisa assim... Eu não podia acreditar... quem podia ser tão tolo... as cadeiras e mesas que eu pintara pareciam idiotas... não tinham mais pernas, ou quase... Corri para o hotel da Duse – ficava bem em frente ao teatro – e mandei uma mensagem urgente para ela... "Venha depressa, urgente, estão arruinando meu cenário..." Recebi uma resposta... "Senhor, o que estão fazendo com seu cenário agora... estiveram fazendo com a minha arte minha vida inteira..." Aquilo não era resposta... ela devia ter descido e mandado eles pararem... eu estava furioso... estava mais que furioso – estava amargamente desapontado... não podia ficar... não podia mais suportar ver aquilo... parti para Florença, parando em Gênova, de onde escrevi para Eleonora Duse uma longa carta. Temo que ela contivesse toda a minha mágoa... eu não podia entender a maneira como minha obra fora tratada... não podia entender que a Imperatriz do teatro nada fizera para salvá-la. Escrevi... "Madame – o teatro do mundo está hoje sofrendo, como a senhora sabe, o egoísmo inato e a inveja extrema das pessoas que nele trabalham" – depois acrescentei... "e de todos a senhora é a pior infratora..." Postei-a e sem dúvida senti-me melhor... Eu era jovem então... muito jovem... foi em 1907, quando eu estava lutando para dar o melhor de mim no trabalho, e não lutando para agarrar todo o dinheiro em que eu pudesse deitar a mão... A carta sem dúvida foi recebida, mas não tive resposta... Eu estava bastante satisfeito... mas queria esquecer... Em Florença, pouco depois, comecei a trabalhar em algumas gravuras para a Cena I – fiz doze... Achei que eram a melhor e mais importante coisa que eu fizera até então para nosso amado teatro. Tirei uma cópia de cada, montei-as e mandei-as a Eleonora, que soube estar morando nas colinas sobre Florença... o portador era uma senhora holandesa, que cozinhava para mim e meus amigos, que estavam trabalhando na revista *The Mask*... A senhora holandesa voltou... com as gravuras... Madame Duse em lágrimas... nada daquilo parecia próprio de uma Imperatriz... sim, repito, Imperatriz com ministros à sua disposição... os anos passaram e eu não vi nem ouvi falar de Eleonora Duse, até aquela vez em Nice, quando bateram à minha porta e ouvi sua voz dizer: "Oh, ele não vai me mandar embora, vai?"... Claro que não mandei.

O relato que Isadora Duncan faz desse infortunado episódio é igualmente revelador, e ela consegue atribuir a si um papel central neste pequeno drama. Em sua autobiografia, escrita em 1927, alguns meses antes de sua morte em Nice, escreveu:

Vi-me entre aqueles dois grandes gênios, forças que, estranhamente, desde o início pareciam em oposição uma à outra. Eu só esperava tornar cada um feliz e agradar a ambos. Logrei isso graças a um pouco de má representação. Espero que algumas mentiras possam me ser perdoadas, porque foram ditas por uma causa boa... Eu estava sempre à mão para desempenhar o importante papel de intérprete pacificador. Minha saúde estava se arruinando. Aquelas entrevistas desgastantes transformaram meu período de convalescência num momento verdadeiramente penoso. Mas, diante do grande acontecimento artístico que estava por se realizar, a produção de *Rosmersholm*, com Craig criando os cenários para Eleonora Duse, senti que nenhum sacrifício de minha parte era excessivo.

O explosivo Craig insistira em que Duse devia ser mantida sossegada até que os cenários estivessem prontos. O estado de espírito dele oscilava

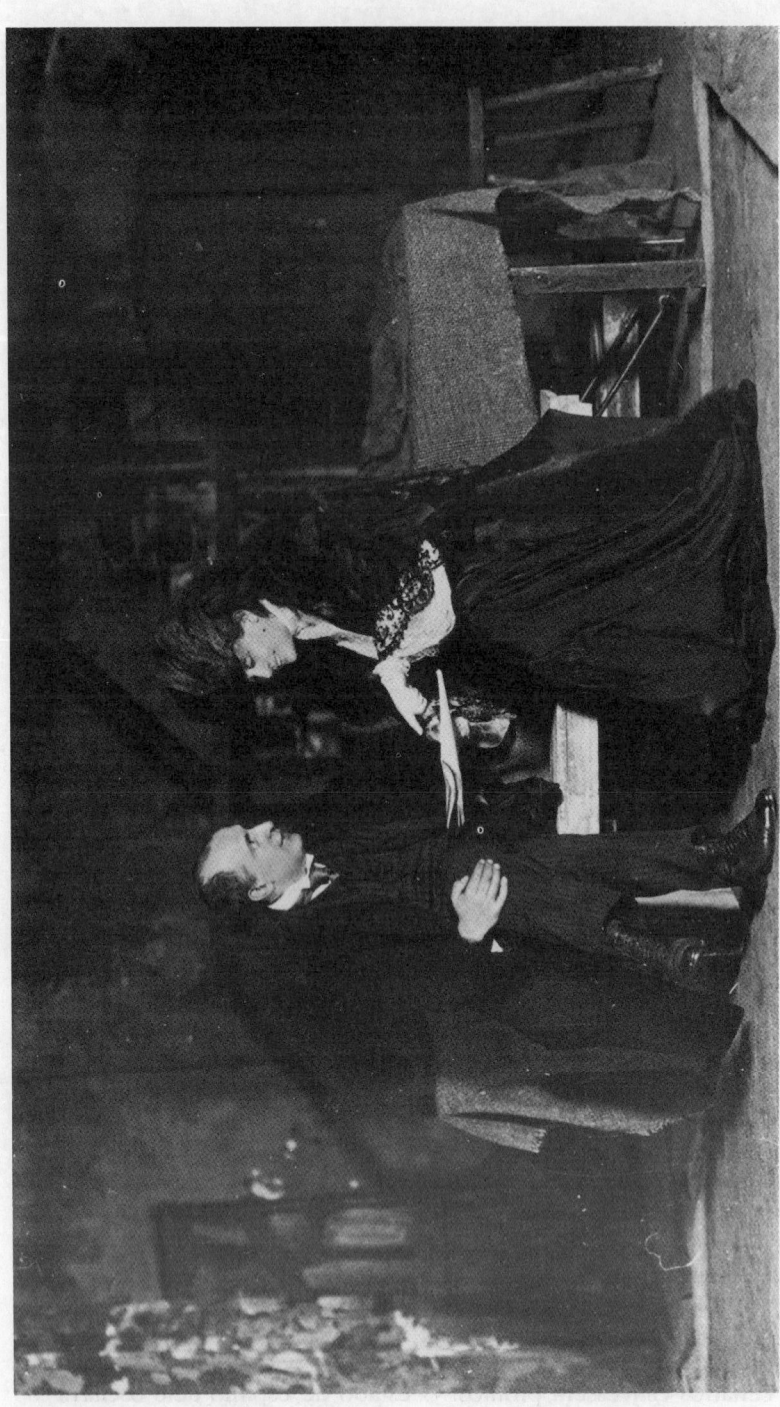

23. Duse com o ator-empresário francês Aurélien Lugné-Poe durante os ensaios para a estréia parisiense de *Ralé* de Máximo Górki, em 1905. Duse não estava em termos suficientemente íntimos com Lugné-Poe e sua mulher, a atriz Suzanne Desprès, para fazer sugestões francas no sentido de melhorar a montagem no Théâtre de l'Oeuvre. A simples aparição de Eleonora como atriz convidada no papel de Vassilissa encheu a casa e permitiu que a companhia de Lugné-Poe saldasse dívidas prementes.

Em fins de outubro do mesmo ano, Duse apareceu numa produção italiana da peça em Milão, ao lado de Ruggiero Ruggeri e sob a direção de Virgilio Talli.

(Cortesia da Biblioteca Teatrale del Burcardo, Roma)

entre iracundas explosões e uma selvagem animação, e a natureza ultra-sensível de Eleonora não ajudava em nada. Isadora Duncan, cuja amizade com Duse sobreviveu a esse difícil capítulo, costumava passear no jardim Boboli com a atriz na esperança de distraí-la e restabelecer alguma calma. Ela fez um interessante retrato de Duse na meia-idade:

> Nunca esquecerei a visão da Duse caminhando por aquele jardim. Ela não parecia uma mulher deste mundo, mas antes alguma divina imagem de Petrarca ou Dante, que, por algum azar, se achava na esfera terrestre... Seus olhos eram tristes, mas, quando aquele rosto se iluminava de entusiasmo, eu nunca vi uma expressão mais beatífica de alegria em nenhum rosto humano, nem em nenhuma obra de arte.

Finalmente, chegou o momento de mostrar a Duse o resultado. Ambas as mulheres choraram de emoção e a atriz instou o elenco a saudar seu último protegido: "Foi meu destino ter encontrado este grande gênio, Gordon Craig. Agora pretendo passar o resto da minha carreira dedicando-me apenas a mostrar ao mundo sua grande obra". Na opinião de Duncan, somente Duse conseguia identificar-se com a atmosfera dos cenários de Craig. "Parecendo menos Rebecca West do que uma sibila délfica", o desempenho de Duse se harmonizava com a majestade da encenação, enquanto os outros atores pareciam perplexos e perdidos.

O mais objetivo e interessante relato da rixa de Nice, no entanto, é encontrado nos pertinentes registros do diário de Guido Noccioli:

Nice, 8 de fevereiro de 1907
Amanhã à noite, vamos representar *Rosmersholm*. O pintor Gordon Craig está em Nice para supervisionar a montagem dos cenários. Não é preciso dizer que ele os acha malmontados... assim, cenas iradas sucederam-se com o técnico, o eletricista, o diretor de cena, o contra-regra e a administração. O mais pavoroso caos, à medida que os insultos eram trocados num charivari de variadas línguas e dialetos. O inglês falado por Gordon Craig tem certas estranhas analogias com o puro dialeto bolonhês do técnico Pompeo Giordani, mas por certo não está em harmonia com o dialeto florentino do diretor de cena, com o italiano do administrador do teatro, com o dialeto francês local do eletricista ou o dialeto milanês do contra-regra. Sai cada fagulha! Finalmente, o pintor sai de cena, apenas para voltar com a filha da Signora. Uma nova *mise-en-scène!* Gordon Craig fala em inglês com a jovem senhora, que fala em francês com o administrador, que fala em italiano com o técnico, que impreca em dialeto bolonhês. A certa altura desses procedimentos, o diretor de cena desaparece. Decisão heróica! Não sei como o episódio terminou.

Nice, 9 de fevereiro de 1907
Já que nenhuma apresentação de *Rosmersholm* está programada para aplacar os nervos da Signora, a noite está mais tempestuosa do que de costume, inclusive por causa do pandemônio de ontem. Gordon Craig havia escrito uma carta furiosa para a Signora, acusando os italianos de incompetentes etc.; a Sig-

nora, zangada com a sua carta, descarregou sua raiva no técnico, que rebateu vigorosamente as acusações, e no administrador que... não podia se importar menos...

Nice, 11 de fevereiro de 1907
O desempenho em Beausoleil foi adiado por causa da doença da Signora. O técnico Giordani foi demitido e recebeu a devida indenização. A razão? Gordon Craig, é claro, e seus malditos cenários!

Duas cartas escritas por Craig antes da sua chegada a Nice confirmam que ele estava planejando levar sua produção de *Rosmersholm* a outras cidades européias. Uma carta a uma agência teatral da Holanda, datada de 5 de fevereiro de 1907, esclarece suas intenções, na medida que exprimem sua impaciência com o empresário que representava os interesses da Duse:

Caro sr. Stumpff,
O senhor será amável o bastante para me mandar o nome da agência de recortes de jornal da Holanda. Estou a caminho de Nice, onde espero persuadir a senhora Duse a vir a Amsterdã com *Rosmersholm*. Ela recusou minha primeira oferta, mas vou falar com seu empresário.
Será que o senhor poderia arranjar 6 ou 8 apresentações, se pudéssemos garantir levar *Rosmersholm* e *A Dama do Mar*, ambas sob a minha direção, em algum momento de abril? Eu acredito realmente que os negócios dela são tão mal-administrados que cada florim seria usado para cobrir suas despesas pessoais.
Talvez o senhor me mande uma carta dizendo qual considera a melhor maneira de persuadir os agentes dela a aceitar a oferta.
Atenciosamente,
Gordon Craig.

E uma carta não-datada, enviada por Craig da Holanda à própria atriz, propõe termos específicos:

A senhora quer fazer três apresentações de *Rosmersholm*, na Holanda, em março ou abril? Eu ficaria muito feliz. A senhora aceitaria 12.000 liras pelas três noites? Encarrego-me do palco para a senhora.
Gordon Craig.

Infelizmente, depois das cenas tempestuosas de Nice, esses planos foram por água abaixo. A futura carreira de Craig como cenógrafo revelar-se-ia esporádica. Trabalhou obsessivamente em vários projetos, mas sentia-se coibido pelas políticas do teatro comercial. Além disso, seus métodos idiossincráticos de trabalho faziam exigências impossíveis, tanto aos atores como à equipe técnica, que achavam difícil entender ou interpretar suas concepções.

Duse ficou sinceramente abalada com o fato de que aquela colaboração promissora fracassasse daquela maneira. Ela estava furiosa com a mostra pública de maus modos de Craig e expulsou-o do teatro, mas, depois de recuperar sua compostura, enviou-lhe uma curta nota pedindo desculpas.

Quando Craig pediu que omitissem seu nome do programa, conforme desejava para dissociar-se da produção, Duse mandou-lhe uma resposta curta mas firme: "Mortifica-me profundamente pensar que o magoei... Seu nome certamente aparecerá no programa. – E.D."

Frustrado em suas ambições, Craig rabiscou no verso do telegrama: "Duse boa como ouro; mas cega como ouro". No entanto, mais tarde ele reconheceria a injustiça desses juízos apressados. Num tributo publicado anos depois da morte da atriz, escreveu: "À parte o fato de que era excepcionalmente dotada e, possivelmente, a mais *perfeita* atriz da sua idade, ela era uma grande figura na Europa... comparados com sua arte, meus cenários nada mais são que caixas de fósforos".

1907 – VOLTA À AMÉRICA DO SUL

Um registro intrigante dos acontecimentos dessa segunda turnê à América do Sul foi preservado nos diários de Guido Noccioli. As publicações italianas que cobrem esse período da história teatral do país não fazem menção alguma a Noccioli, à parte a referência à sua breve associação com a companhia da Duse. Pode-se imaginar, sem grande risco de erro, que ele logo abandonou a carreira de ator por algum outro aspecto do mundo teatral, ou seguiu outra profissão. A nítida imagem que emerge do autor dos diários é a de um sujeito inteligente e de bom caráter, apaixonado por museus e galerias de arte, com uma predileção pelos mestres do Renascimento italiano. Com uma percepção pouco comum na sua idade, Noccioli, em suas observações sobre o mundo do teatro e suas personalidades, revela todo o entusiasmo e a generosidade da juventude.

Nascido em Florença no dia 27 de maio de 1883, tinha pois vinte e poucos anos quando ingressou na companhia da Duse. Sua formação teatral realizou-se sob a direção do respeitadíssimo Luigi Rasi na Academia de Arte Dramática de Florença; foi lá que conheceu sua futura mulher e fez amizade com o ator Giuseppe Masi, que mais tarde o recomendou a Eleonora.

Um punhado de cartas escritas por Noccioli a seu professor e mentor, Rasi, sugere que o diário foi escrito a pedido deste último. O próprio Rasi, eterno admirador da Duse, com certeza instruiu Noccioli a mantê-lo a par das venturas e desventuras da companhia durante a segunda turnê sul-americana da atriz.

O jovem ator oferece-nos um comovente relato do seu primeiro encontro com a grande Eleonora Duse no Grand Hotel de Florença. Fascinado pelo teatro e muito sensível, ele foi completamente subjugado pela aura de beleza e mistério da Duse. Sua admiração pela arte da atriz transparece em cada página, e sua lealdade e enorme respeito devem ter-lhe conquistado a sua simpatia.

O diário cobre o período de 24 de novembro de 1906 a 7 de novembro de 1907. O longo perído de intensa preparação levou a companhia de Florença a Milão e Gênova, seguindo-se curtas temporadas na Riviera francesa, Viena, Hungria e Romênia, antes de zarpar de Gênova, no *Umbria*, em 30 de maio de 1907 e finalmente chegar ao Rio de Janeiro duas semanas depois, no dia 14 de junho.

Uma carta de Noccioli a Rasi escrita de Gênova em 23 de dezembro de 1906 comenta a apresentação de *Romersholm* de Ibsen no Teatro Paganini. Ela trai as incertezas e tensões daquelas longas semanas em que a companhia acertava o passo:

> Aqui, navega-se na escuridão total. Ninguém sabe onde estaremos amanhã, nem, aliás, onde estaremos esta noite. A Signora Duse ainda não apareceu. O teatro está com a lotação esgotada para a apresentação desta noite, com os ingressos a um preço exorbitante. Mando-lhe as resenhas da imprensa local amanhã.

Embora o diário seja dominado pela personalidade da própria Duse, outros membros da companhia vêm à luz à medida que Noccioli se familiariza com suas características individuais e suas idiossincrasias: o tirânico administrador da companhia e ator principal, Orlandini; a atraente e volúvel Signorina Rossi, a languidamente ridícula Signorina Scalambretti, o injustiçado Almirante e o malicioso Beltramo. Noccioli tem um olho aguçado para as pequenas intrigas e as vãs pretensões que caracterizam qualquer companhia teatral em turnê, o que ele registra com fineza de espírito e muita franqueza.

Num tom mais sério, dá ciência ao leitor do esforço extremado e do árduo trabalho que essas turnês da virada do século implicavam. As condições de viagem podiam ser penosas e imprevisíveis. Os atores precisavam ser de sólida constituição e ter enormes reservas físicas e muita resistência mental para suportar as longas jornadas, os climas exasperantes, os teatros inadequados, um extenuante repertório de cerca de vinte peças e todas as outras vicissitudes dos ambientes estranhos. Os momentos de relaxamento, inclusive para um ator secundário, como Noccioli, parece terem sido raros.

A correspondência de Noccioli com Rasi enviada do Rio de Janeiro e de Buenos Aires expressam a queixa generalizada de que a companhia estava trabalhando num ritmo desesperador. Escreve: "Sexta-feira passada, fizemos *dois* espetáculos. Domingo que vem, *dois* espetáculos... E esses ensaios sem fim!"

O ator Armando Lavaggi, escrevendo do Rio de Janeiro, dá um relato ainda mais desalentador dos sacrifícios da turnê e, ao contrário de Noccioli, está mais impressionado com a esqualidez do que com a beleza pitoresca da capital brasileira. Escreve a um amigo na Itália:

> La Duse, acostumada com sucessos estrondosos e casas repletas, viu-se representando no Rio de Janeiro ante um público hostil e relativamente escasso. A direção da companhia tem sido acusada de cobrar preços excessivamente altos para os ingressos (o que, provavelmente, é verdade); por outro lado, Consigli explicou-me que, por causa do seguro elevadíssimo pago para a cobertura da Duse (10.000 liras por apresentação), é impossível vender os ingressos a preços mais baixos. Todos nos ressentimos com essa situação, porque as qualidades intelectuais e a refinada arte da nossa maior atriz merecem uma recepção muito melhor. A gente daqui é um tanto bárbara, incivilizada e, por certo, incapaz de apreciar La Duse. Os espetáculos que fazem sucesso aqui são *vaudevilles*, acróbatas e atrizes do calibre de Clara della Guardia... Isso bastará para lhe dizer o que penso dos brasileiros... O Rio de Janeiro é uma grande cidade, mas suja, quente, abafada; mil poluições e mil inconvenientes, um clima pavoroso; um povo molambento, inculto e mal-educado. Um antro de putas e cafetões – mal posso esperar a partida para Buenos Aires: lá, as coisas devem ser muito melhores.

Os atores-empresários tinham um sem-número de dores de cabeça ao tratar com empresários e com as administrações teatrais estrangeiras, ao lidar com a imprensa e se adaptar às condições e costumes locais, ao mesmo tempo que competiam com as companhias européias rivais, que ofereciam de tudo um pouco, da grande ópera ao cabaré. O retorno financeiro de Buenos Aires teve de compensar as perdas sofridas em Rosário; as homenagens e presentes de presidentes e aristocratas locais tiveram de servir de contrapeso às críticas hostis, às ameaças de grupos de pressão estudantis e à malignidade de um maluco anônimo que acusou Eleonora Duse de ser uma impostora.

Com muita relutância, ela estava empreendendo essa segunda visita à América do Sul, após uma ausência de uns vinte anos. Sua correspondência revela que só depois de muita persuasão é que finalmente concordou com assinar um contrato, e não há dúvida de que os penosos acontecimentos de sua primeira turnê sul-americana, em 1885, deixaram sua marca. Quando a possibilidade de voltar à América do Sul foi aventada, ela se recusou a considerar o assunto. Numa carta datada de 26 de junho de 1906 à cantora francesa Yvette Guilbert, a quem confiava todos os seus problemas íntimos, Eleonora afirma com toda a franqueza: "Minha querida Yvette... Sinto que devo contar-lhe de uma vez que, por motivos inteiramente pessoais – simplesmente não posso fazer uma turnê pela

América do Sul. Após muitos anos, por causa dessas circunstâncias pessoais, vi-me obrigada a rejeitar essa oferta – daqui a um ano, quem sabe, as coisas serão diferentes". A atriz talvez estivesse se referindo à delicada situação legal, com sérias implicações financeiras, que a faziam continuar desconfiando de Checchi.

Uma troca de correspondência com o administrador da companhia, Ettore Mazzanti, exprimia a mesma relutância em aceder às insistentes alegações de Lugné-Poe no sentido de que ela não podia desperdiçar aquela oportunidade de ganhar um bom dinheiro. Ela hesitava entre possibilidades opostas, porém o que mais desejava era um ano de completo descanso longe do teatro e de suas pressões crescentes. Mazzanti, homem de total confiança, deixou de trabalhar com ela após uma longa e amistosa associação que durou de 1887 a 1907. Ele havia representado papéis característicos na companhia Duse-Andò. Suas maneiras polidas e um certo jeito para a contabilidade bastaram para convencer a atriz de que seria um secretário e administrador ideal. Sua confiança foi plenamente recompensada, e Mazzanti mostrou-se um modelo de tato e diplomacia nas mais melindrosas situações.

A saída de Mazzanti assinala o fim de uma era nas vicissitudes da companhia. Com Lugné-Poe agora ao timão, a política artística desta sofreu novas mudanças. Uma vez assinado o contrato para a América do Sul, Duse reuniu toda a sua coragem e procurou ser filosófica. Ela confiara a Suzanne Desprès em outubro de 1906: "Se eu ainda fosse jovem, poderia me desfazer em lágrimas; agora, posso assumir uma atitude diferente, enfrentando o destino e dizendo *sim*". Em março de 1907, antes de partir para a Hungria e a Romênia, escreveu a Adolfo Orvieto em Florença: "Vou trabalhar, trabalhar e trabalhar. Preciso viajar para longe e procurarei não me abater e não esgotar minhas forças... pois pretendo voltar e encontrar um cantinho ao sol perto do Arno – inclusive para provar aos que amo que adoro a vida".

Na primavera de 1907, Duse estava cansada e seriamente enferma. O interlúdio d'annunziano e a morte de Ibsen haviam impresso suas cicatrizes. Quando Lugné-Poe, que a acompanhou até o Brasil, viu-se obrigado a voltar para a Europa, deixando Eleonora às voltas com o empresário português Faustino da Rosa e seu sócio italiano, em quem ela não tinha a menor confiança, a atriz ficou crescentemente irritada e deprimida.

A nova visita de Eleonora à América do Sul recebeu a maior publicidade. Jornais importantes como *O Estado de S. Paulo* e *La Prensa* e *La Nación*, de Buenos Aires, publicaram tributos, resenhas e reportagens especiais, cobrindo a turnê quase diariamente. Longos ensaios sobre as obras européias de seu repertório analisavam a bagagem cultural de seus autores em grande detalhe. As peças de Ibsen, Sudermann, Pinero e Maeterlinck revelar-se-iam demasiado cerebrais e estranhas para a maior parte das platéias sul-americanas, mas uma minoria esclarecida em todas as cidades incluídas no itinerário da atriz aproveitou a oportunidade para expor o significado dessa obras pouco familiares, em proveito do público médio. O dramaturgo brasileiro Arthur Azevedo, por exemplo, organizou uma leitura pública de *Monna Vanna* de Maeterlinck, antes da primeira apresentação da obra naquela turnê, o que estabeleceu um proveitoso precedente. No entanto, o público sul-americano ficou tão perplexo quanto as platéias européias em suas primeiras reações a Maeterlinck e Ibsen.

Monna Vanna de Materlinck foi destacada por seu "admirável diálogo" e *The Second Mrs. Tanqueray* de Pinero, embora não fosse considerada uma obra-prima, foi descrita como uma *peça sedutora* que prendia a platéia do "tom contido do seu primeiro ato ao crescendo das cenas finais". Como era de se esperar, os controvertidos problemas expressos nas peças de Ibsen suscitaram as mais ferozes discussões.

Ao longo da turnê, Duse era recebida como uma celebridade internacional: davam-se numerosas recepções, espetáculos de gala e apresentações oficiais, inauguravam-se solenemente placas comemorativas em sua honra. Os estudantes de teatro do Brasil e da Argentina eram particularmente ativos em prestar-lhe homenagens; suas demonstrações de afeto e entusiasmo comoveram profundamente Eleonora. Não só o presidente brasileiro Affonso Pena assistiu a numerosas apresentações suas no Rio de Janeiro, como as numerosas comunidades de imigrantes italianos proporcionaram-lhe um séquito barulhento e entusiasta. Infelizmente, os altos preços cobrados pela direção, a que Lavaggi referiu-se em sua carta, provocaram algumas iradas manifestações na imprensa. Arthur Azevedo exprimiu sua preocupação com o fato de que somente os ricos poderiam pagar ingressos tão caros, ao passo que os que se interessavam genuinamente por teatro ver-se-iam privados do privilégio de ver a maior atriz européia atuar em obras pouco conhecidas.

Algumas vezes, o furor gerado por sua presença lembrava Duse da publicidade inoportuna que sofrera em turnê pela América do Norte. Mais uma vez ela pediu aos jornalistas que respeitasem sua privacidade: "Para ser o que sou no palco, preciso viver em solidão. Meu trabalho é estafante. Como esperar que eu seja capaz de suportar a fadiga adicional dos compromissos sociais? Por favor, expliquem a seus leitores que, se preservo minha privacidade, é só porque não tenho outra escolha".

Frivolidade e ostentação, coisas alheias a seu caráter, eram qualidades que ela deplorava em outras atrizes. Por serem a sobriedade e a simplicidade no vestir e no comportamento quase uma religião para a Duse, as afetações de membros mais novos do elenco eram intoleráveis para ela. Discrição, aplicação e autodisciplina eram as qualidades que exigia dos atores de sua companhia em todos os tempos. Quem transgredisse as regras corria o risco de ser admoestado em público e até mesmo no palco, durante uma apresentação.

Os empresários Paradossi e Consigli não ficaram de todo satisfeitos com as explicações da Duse para não aceitar atividades sociais. Mas Lugné-Poe, antes de voltar para a Europa no meio da turnê, procurou fazer o que podia para conquistar a imprensa. Apaziguou vários jornalistas dando demoradas entrevistas, em especial acerca dos controvertidos dramas de Ibsen. As sutilezas de peças como *Hedda Gabler* e *Rosmersholm* não conseguiam interessar o público em geral da América do Sul; nem mesmo a soberba atuação da Duse conseguiu arrancar mais que aplausos polidos. Lugné-Poe comenta:

> Para os críticos de Ibsen, o "Shakespeare norueguês" é ou o grande sol do hemisfério Norte – o reformador moral de uma sociedade corrupta e degradada, o poderoso propulsor da energia individual e da força de vontade, o criador de um novo Adão e de uma cativante nova Eva, de homens livres e mulheres livres, cônscios de sua força e capazes de fundar a Nova Família e a Nova Sociedade com uma filosofia franca que uma dedicada fã sua resumiu com as seguintes palavras: *"Possuir-se para se dar"* –, ou é um dramaturgo misterioso e singular que ninguém entende, nem o próprio Ibsen, nem os que o traduzem; nem o Shakespeare que o inspirou, nem Deus, nem o Diabo!"

O sucesso mediano da companhia no Brasil e na Argentina, que culminou num fiasco comercial em Rosário, trouxe novos desapontamentos. Todos esses fatores contribuíram para a atmosfera geral de conflito e tensão ao longo da turnê. As notícias do áspero desentendimento de Eleonora com o administrador da sua companhia, Orlandini, chegou a Rasi numa nota escrita por Noccioli no Clube Italiano de Buenos Aires, datada de 4 de setembro de 1907: "A última sensação! Orlandini é vítima da fúria da Signora! Um verdadeiro drama! Contar-lhe-ei tudo de viva voz". As sérias conseqüências dessa infortunada ruptura e as incômodas situações que ela criou para os demais membros da companhia quando foi além, implicando com o resto do elenco, são minuciosamente registradas no diário com imparcialidade e compreensão. O profundo respeito de Noccioli pela Duse não lhe fechava os olhos para o fato de que ela podia ser absurda e perversamente injusta em momentos de estresse.

A imprensa sul-americana exprimira o temor de que Eleonora Duse, em sua meia-idade, não seria nada mais do que "uma bela e majestosa ruína do passado", mas ela logo cativou até mesmo o mais cético dos críticos com sua arte refinada. Sua atuação versátil numa ampla gama de papéis, tanto novos como conhecidos, levaram os críticos a desfazer-se nos clichês e superlativos costumeiros. Sua Monna Vanna foi considerada "eloqüente... sincera... sublime"; como Césarine e Lydia de Dumas Filho, foi considerada "absolutamente perfeita", como Hedda Gabler, "incomparável"; "gloriosa", como Paula em *The Second Mrs. Tanqueray*; e, como Marguerite, "inexprimivelmente comovente". O que é mais significativo, Duse foi vista como uma inovadora radical. Um artigo na *Revista Melodramática Argentina*, publicado em 29 de agosto de 1907, observava:

> O assombroso talento dessa grande atriz italiana só foi apreciado, na primeira apresentação, por uma pequena minoria de espectadores que freqüentavam o teatro para ouvir e meditar, para saborear as alegrias da arte, para se deixar absorver completamente pela peça e se identificar com a protagonista em cena... Infelizmente, havia muita gente acostumada com o teatro espanhol, que é cheio de pompa e bravura, e com o teatro francês, que é puramente declamatório, para apreciar plenamente o teatro italiano – em especial o teatro da Duse, que não pisa no palco negligentemente para reunir convencionalismos que mais divertem do que convencem, mas sim para oferecer um reflexo fidedigno da vida... Daí resulta que o espectador não se vê simplesmente confrontado com um belo personagem que permanece estranho a ele, mas também com um espelho de sua própria natureza que nos convida a ouvir a máxima de Pope quando aconselha "conhece-te a ti mesmo". Neste sentido, Duse não é italiana: é universal.

A crítica apreciou menos o elenco de apoio e notou que atrizes menores como Tina di Lorenzo viajavam com um conjunto que lhes era bem superior. A observação não parece ser de todo injustificada. Ellen Terry, que tinha Eleonora em alta estima, sentiu-se levada a comentar: "Sempre lamentei que Duse representasse em geral com uma companhia tão medíocre e que fosse aparentemente tão indiferente em relação aos que a rodeavam".

Mais perto de casa, a mesma crítica era feita. Uma breve nota no *Almanacco del Teatro Italiano* de 1907 afirma abertamente:

> Com a temporada da quaresma de 1906, um novo triênio teve início no teatro. Numerosas novas companhias teatrais foram formadas, e a maioria das parcerias anteriores foram virtualmente eliminadas. Eleonora Duse contratou Leo Orlandini para ator principal e reconstituiu sua companhia. *No entanto, no conjunto, sua companhia revelou-se uma coleção de mediocridades.*

Essa afirmação genérica e prejudicial requer uma precisão. A companhia de Eleonora diminuíra perceptivelmente em número com o correr dos anos, em parte por motivos de economia, em parte por causa de uma radical mudança de repertório. Contudo, uma companhia menor exigia mais de cada membro do elenco. Resistência e versatilidade eram as qualidades essenciais.

Leo Orlandini, Alfredo Robert, Giuseppe Masi e sua esposa Elisa Berti Masi eram considerados atores experientes e competentes, que haviam trabalhado com todas as companhias notáveis de teatro do período. Andrea Beltramo, Mario Almirante, Laura Tessero Bozzo (irmã da famosa Adelaide Tessero), Margherita Orlandini e Carlo Delfini (primo da Duse) foram atores e atrizes bem-sucedidos, com uma grande experiência adquirida nas companhias de alguns dos mais influentes atores-empresários da época. Pouca ou nenhuma informação verdadeira existe acerca de alguns dos membros mais jovens da companhia de Eleonora Duse, mas fica claro por intermédio do testemunho de Noccioli que eles eram cuidadosamente escolhidos com base na recomendação pessoal. Muito embora um bom casamento (ou um talento precoce não-consumado) sempre pudessem truncar uma carreira que parecia promissora, parece altamente improvável que Duse fosse gastar tanto do seu precioso tempo ensinando a um punhado de mediocridades os pontos mais refinados de interpretação. Sem exceção, sua busca de perfeição tornou-a inflexível nessas questões. Como Noccioli observa mais de uma vez em seu diário, a companhia por vezes era trabalhada *in loco* para alcançar os padrões que Duse esperava de seus atores. Vários de seus protegidos levaram adiante carreiras de sucesso por conta própria, como é, notadamente, o caso da argentina Angelina Pagano, que foi muito admirada na Itália e na Argentina e que mais tarde formou sua própria companhia.

Um extrato do diário de Noccioli datado de São Paulo, 4 de agosto de 1907, revela outro aspecto do problema:

> Hoje estive com Orlandini, que, no decorrer da conversa, me contou, entre outras coisas, que no momento em que voltássemos à Itália ela iria dissolver a companhia. Estava descontente com todos os atores. Ela diz que nos tornamos frouxos e insubordinados, que não representamos mais com convicção ou entusiasmo e que já não parecemos apreciar o grande privilégio de atuar ao lado de uma das maiores atrizes do mundo.
>
> Para ser franco, isso simplesmente não é verdade. Se os atores já não parecem conformar-se aos padrões de atuação requeridos pela Signora, isso se deve quase inteiramente a seu comportamento caprichoso. Seu nervosismo provocou mais de uma crise nos últimos meses e deixou os nervos de todos os demais à flor da pele. A tensão que ela gera no palco paralisa qualquer um, velhos e moços, veteranos e novatos, bons e medíocres... Qualquer sugestão traz uma reprimenda áspera sussurrada entre os dentes, um olhar funesto ou algum gesto de desespero. E o ator a quem são dirigidos acaba perdendo o controle. Só resta esperar que as coisas se arranjem por si mesmas.

Apesar de toda a sua juventude e inexperiência, Noccioli reconhecia que nem tudo ia bem com a Duse e que momentos de trauma durante a turnê já apontavam para a profunda crise que levaria a atriz a abandonar o palco dois anos depois. Nesse sentido, o diário de Noccioli oferece um retrato convincente de Duse nesse ponto crucial da sua carreira. Não obstante as limitações da forma diário, o jovem ator conseguiu criar um retrato humano e revelador.

Quando a companhia chegou a Buenos Aires, as coisas estavam, de fato, melhores. Nos últimos anos, Enrichetta, que agora era uma mulher feita e atraente, passou as férias com a mãe, com tanta freqüência quanto seus respectivos compromissos permitiam. Enrichetta esteve com a mãe pouco antes de a companhia viajar para a América do Sul e foi ter com ela em Buenos Aires no final da turnê. Provou ser uma influência tranqüilizadora. Os vínculos entre Duse e Enrichetta se fortaleceram com o passar dos anos. Duse tinha orgulho da filha à qual prodigalizara tanto amor; estava determinada a que Enrichetta desfrutasse de todos os prazeres normais da adolescência que ela própria renegara. A perspectiva de uma reunião, ainda que breve, dava a ambas um enorme sentimento de apoio e satisfação mútuos. A persistente esperança que Duse depositava numa vida familiar estável não se realizara. Os longos períodos de separação forçada dos amigos mais próximos e, acima de todos, de Enrichetta continuavam a entristecê-la.

1907-1908 – As Sombras Avançam

Essa difícil e freqüentemente perturbada turnê pela América do Sul chega ao fim em meados de outubro de 1907. Após uma viagem dura e movimentada, os atores finalmente desembarcam em Gênova no dia 7 de novembro. Duse partira alguns dias antes do resto da companhia a bordo do *Cap Arcon*, com destino a Lisboa. Houve cenas emocionadas quando ela se despediu de todos e distribuiu gratificações ao pessoal técnico e administrativo. Ela prometera pagar ao elenco a metade do salário durante o período estipulado de licença – uma concessão generosa de sua parte. Pelos termos do contrato, os atores tinham dois meses de licença, mas para Eleonora a folga era breve.

Depois de várias semanas de descanso para recobrar as forças, partiu para a Alemanha e para a Áustria, onde fez várias apresentações em fins de novembro. Sua saúde, que continuava precária, fazia-lhe necessário insistir em menos espetáculos e períodos mais demorados de descanso entre as apresentações. Mesmo essas concessões, porém, pouco contribuíam para aliviar a ansiedade e a tensão de planejar a fase seguinte de atividade, se a companhia viesse a sobreviver. Ao retornar à Itália, Duse refugiou-se numa modesta vila em Fossa dell'Abate, na costa, perto de Viareggio, onde o clima, mesmo no inverno, era perceptivelmente mais ameno. Lá ela descansou sossegada, sem ser perturbada por jornalistas e por gente ligada ao teatro. A tranqüilidade desse balneário alheio à moda sempre melhorava sua saúde e restaurava um pouco de sua paz interior.

Os meses por vir prometiam exigir muito dela. No início de dezembro, tinha compromissos na Rússia, devendo apresentar um programa que incluía obras de Ibsen, D'Annunzio e Maeterlinck.

Desde a sua última visita cerca de doze anos antes, mudanças significativas haviam ocorrido no teatro russo. Os diretores e artistas como Ludwig Chronegk, Alexander Ostrovsky, Vladimir Ivanovich, Konstantin Stanislávski, Vladimir Nemirovitch-Danchenko, Alexander Tairov, Vsevolod Meyerhold e Eugene Vakhtangov criaram um fermento de novas idéias que levaram a métodos e teorias divergentes, todas elas cuidadosamente analisadas e avidamente discutidas. Em particular, as realizações do Teatro de Arte de Moscou, fundado por Stanislávski e Nemirovich-Danchenko em 1898, abriram novas possibilidades para companhias de vanguarda na Europa. O método Stanislávski era um sistema prático e maleável de formação de atores. Eles aprendiam como criar um personagem organicamente, examinando a ação global da peça. A vida no palco, de acordo com o método de Stanislávski, não tinha de ser apresentada tal como de fato é, mas como é vagamente percebida em sonhos e visões e em momentos de grande exaltação do espírito.

A abordagem de Stanislávski e Nemirovich-Danchenko trouxe consigo outras mudanças no Teatro de Arte de Moscou. O repertório foi bastante ampliado. Agora, ele abrangia desde peças de Tchekov e Górki a obras de Ibsen, Hauptmann, Maeterlinck e Shakespeare. Além disso, o diretor assumira muito maior importância nas questões de produção e escolha do elenco. Quanto aos atores principais, contava-se com que abrissem mão de todos os privilégios de que desfrutavam anteriormente no sistema baseado no estrelismo, a fim de se obter um conjunto genuíno. Pouco importava quão importantes ou experientes fossem os atores: todos tinham de observar o mesmo código de disciplina, como preparar-se para todos os papéis e trabalhos extras. Todas as ambições pessoais tinham de ser sacrificadas em prol da manutenção de uma companhia plenamente integrada.

A longa ausência de Eleonora, como logo se viu, não diminuíra a admiração que o povo russo sentia por ela. Em São Petersburgo, representou para platéias entusiastas de 2 de dezembro de 1907 até o fim de janeiro de 1908. No meado dessa turnê, o crítico teatral Yury Belyazhev, escrevendo no *Novoye Vremya* (*Novos Tempos*), em 10 de janeiro, comentava: "Os anos foram bondosos para com essa artista abençoada pela Providência... Seu realismo é o de Tolstói e Dostoiévski – simples, elevado, despretensioso e inteligente". Duse respondeu ao cumprimento. Quando chegou a Moscou em fins de janeiro de 1908, concedeu uma entrevista a um jornalista moscovita e declarou sua admiração pelas obras consagradas da literatura russa do século XIX. Acrescentou, então: "Seus dramaturgos, como Górki, Turgueniev, Tchekov e Andreiev, procuraram ex-

24. A atriz com a filha, Enrichetta, os Mendelssohn e os filhos destes durante um feriado em Rimini, 1905. Duse está com Eleonora, sua afilhada (que também se tornaria uma atriz de sucesso), Enrichetta está com Angelica no colo e Giulietta Gordigiani Mendelssohn está com as mãos postas em seu filho Francesco (que mais tarde escreveria suas reminiscências da Duse). A moça ao fundo é a babá das crianças e o senhor mais velho à direita, Signor Adami, um amigo dos Mendelssohn.
(Cortesia da Fundação Giorgio Cini, Veneza)

pressar algo novo... Ficaria mais que feliz se conseguisse acrescentar a meu repertório uma peça de um dramaturgo russo que a ele se adequasse, e prometo-lhe que me dedicarei a encenar a peça com a maior dedicação". Infelizmente, nenhum dramaturgo russo respondeu ao apelo e mesmo sua tentativa de montar uma produção das *Três Irmãs* de Tchekov fracassou.

Um artigo publicado em *Teatr* saudava o retorno da atriz à cena russa naquele momento crítico, quando o valor do ator principal em relação ao conjunto estava sendo seriamente questionado. Duse estava a par do debate e estudara as novas tendências com grande interesse. Como era uma atriz cuja personalidade dominava o palco, independentemente da obra que estivesse sendo representada, talvez fosse inevitável que partidários do teatro de equipe, como Vladimir Nemirovich-Danchenko, externassem reservas quanto à sua influência.

Eleonora assistiu a uma apresentação de *Brand* de Ibsen no Teatro de Arte de Moscou e saiu impressionada, tanto pela peça como pelo estilo da montagem. Já conhecia as teorias revolucionárias de Stanislávski, pois vira sua trupe apresentar-se alguns anos antes em Berlim. Seu entusiasmo foi tal, naquela ocasião, que mandou um telegrama para Stanislávski e Nemirovich-Danchenko, exprimindo a esperança de estabelecer algum tipo de colaboração entre o Teatro de Arte de Moscou e o Théâtre de l'Oeuvre de Lugné-Poe em Paris:

> Para que sua trupe admirável possa conquistar o sucesso que merece, recomendo-lhes vivamente, agora que estão a ponto de assinar um contrato em Paris, que, mesmo que decidam apresentar-se no teatro de Sarah Bernhardt, confiem a administração de sua excelente companhia a Monsieur Lugné-Poe. Ele garantirá um sucesso triunfal melhor que qualquer outra pessoa. Ele gostaria de oferecer seus serviços gratuitamente em troca do privilégio de apresentar suas admiráveis montagens ao público parisiense. Creiam em minha sinceridade como amiga, admiradora e colega. – Eleonora Duse.

Muitos anos depois, quando Stanislávski e Duse estavam se apresentando em Nova York, ela passou suas noites de folga assistindo às montagens do russo e, ao ser apresentada aos membros do elenco nas coxias, disse-lhes: "Quão privilegiados vocês são por trabalharem sob a direção de Stanislávski! Tenho certeza de que estão *conscientes* da sua sorte".

Stanislávski reconhecera seu débito para com artistas italianos como Ernesto Rossi e Tommaso Salvini, quando ideava seu método de representação. Ele achara aquelas celebridades internacionais persuasivas porque a verdade da sua atuação e seu hábil uso da dicção e da gesticulação davam a impressão de extrema simplicidade. "Aqueles grandes trágicos", escreveu, "lograram tão-somente por intuição aquele *estilo criativo* que o ator médio só consegue realizar graças a anos de prática". Apreciando a interpretação de Ernesto Rossi como Romeu, Stanislávski entusiasmava-se com que o ator italiano levara a "imagem interior da personagem à perfeição". As reações iniciais de Stanislávski a Duse eram mais ambivalentes. Seu sonho de se tornar um grande ator fracassara e, quando se dedicou a montar peças, passou a condenar o comportamento egocêntrico da maioria dos astros e estrelas, que tendiam a ignorar outros aspectos essenciais a uma montagem bem-sucedida. Os riscos do estrelismo tornaram-se uma obsessão para Stanislávski; ele nunca se cansava de dissuadir seus alunos de imitarem o comportamento egocêntrico "daqueles monstros sagrados".

Ironicamente, muito mais do que qualquer outro artista eminente da época, era Duse que mais correspondia ao conceito stanislavskiano de "comunicação interior", que ele considerava indispensável ao processo de criar e transmitir a vida do *espírito humano* no palco. Ampliando esse princípio básico de seu método de representar, ele observava:

Muita gente é da opinião de que os movimentos exteriores das mãos, dos pés e do tronco, que são visíveis aos olhos, são uma expressão de atividade, ao passo que as ações interiores de comunicação espiritual são invisíveis aos olhos, são inativas. É um erro, e dos mais molestos, porque, em nossa arte, que cria a vida do espírito humano do passado, toda expressão de ação interior é da mais elevada importância e valor.

É difícil afirmar com certeza se Duse chegou a ler esse tratado, mas, observando a atuação do Teatro de Arte de Moscou, ela reconheceu de saída a eficácia dos objetivos da companhia. Mandou vários telegramas a Stanislávski, exprimindo sua admiração e apoio aos objetivos da sua trupe. Esses sentimentos foram reiterados numa carta datada de 16 de fevereiro de 1908, assegurando a Stanislávski que, não fossem seus compromissos profissionais, não perderia uma só apresentação da sua companhia. Escreveu:

Ontem, em *seu teatro*, a *Verdade* e a *Poesia* revelaram-se a mim. A *Poesia* e a *Verdade* – eis dois *móveis profundos* que nutrem a alma da nossa arte e os artistas... Acredite, por favor acredite que eu *entendi*, que sou capaz de entender seu trabalho. Todos *esses ideais* que estão sendo propagados graças ao seu trabalho.

Quão *encantada* estou por ter entendido. Quão gratificante é saber que posso voltar para admirar sua companhia muitas vezes mais e experimentar a mesma alegria pura e profunda. – Eleonora Duse.

Mais tarde, Stanislávski modificou suas idéias acerca do valor essencial do ator, e suas reminiscências pessoais da Duse foram muito mais positivas. Rememorando as apresentações da atriz como *La Dame aux Camélias*, asseverou que todas as facetas da sua interpretação formavam uma unidade harmoniosa como uma gema lapidada. Nada em sua experiência jamais igualara a famosa cena da carta representada por Duse, com prolongados silêncios que teriam sido desastrosos para qualquer outra atriz. Parece incongruente ver Stanislávski admirando Duse num papel que sintetiza o *demi-monde* de Dumas Filho e seus contemporâneos: um drama romântico que servia de veículo perfeito para uma estrela. Mas, como homem de teatro experiente, Stanislávski provavelmente teria concordado com George Bernard Shaw, quando este observou:

> A velha escola triunfa onde quer que seus expoentes possam atuar: os que menosprezam isso costumam ser pessoas que, não sendo fortes ou suficientemente hábeis para tanto, fazem da sua fraqueza virtude e encobrem seus defeitos com a morbidez de peças que tratam de falsos problemas ou com a estranheza e a novidade de Ibsen e Maeterlinck.

Mesmo Duse, uma vez digeridos esses sentimentos irreverentes sobre seus amados Ibsen e Maeterlinck, poderia reconhecer o extraordinário bom senso da observação de Shaw.

Profundamente comovida com a acolhida que teve na "Santa Rússia", Duse, após uma breve temporada no Teatro Verdi e no Teatro Lírico de Milão, viajou para Viena, onde seu repertório consistiu em grande parte em peças de D'Annunzio e Ibsen. Os meses de verão de 1908 passou-os no campo toscano, refazendo suas forças antes de embarcar para outra turnê pelo Norte da Europa, em setembro e outubro.

Sua programação de outono incluía apresentações em Bruxelas, Berlim, Frankfurt, Munique, Mogúncia, Stuttgart, Elberfeld e Essen. A nova montagem no repertório dessa turnê era *John Gabriel Borkman* de Ibsen, com cenários de Pietro Stoppa, um conhecido cenógrafo de ópera e teatro. Em Stuttgart, onde concedeu uma entrevista ao crítico teatral do *Giornale d'Italia*, Duse respondeu em detalhe a uma pergunta sobre sua óbvia predileção pelas obras do dramaturgo norueguês. Explicou: "Amo e adoro Ibsen. A Alemanha é o país em que mais gosto de representar Ibsen, porque este é o país em que o descobri. Entendi-o primeiro vendo atores alemães, e com eles aprendi como amá-lo". Mas em Viena, além de seu amado Ibsen de *John Gabriel Borkmann* e de *A Dama do Mar*, apresentou duas velhas favoritas do público: *La Dame aux Camélias* e, num espetáculo em benefício das vítimas de recentes terremotos em Reggio di Calabria e na Sicília, *La Locandiera*.

Enquanto ia de Bruxelas a Viena, seus triunfos eram extensamente reportados na imprensa italiana. Acompanhando essas notícias, também aparecia, de quando em quando, uma palavra acerca dos preparativos de

D'Annunzio para a estréia da sua última tragédia, *Fedra*, no Teatro Lírico de Milão, em fevereiro de 1909, com Teresa Franchini e seu filho Gabriellino D'Annunzio encabeçando o elenco. A *Gazzetta d'Arte* também difundiu o boato de que a própria Duse estrelaria uma nova peça de D'Annunzio intitulada *Amaranta* na primavera de 1909, mas a obra, por algum motivo, foi posta de lado e nunca foi concluída.

Anteriormente, uma coluna de *La Maschera* especulara sobre os projetos futuros da atriz e referiu um boato segundo o qual ela estaria prestes a montar *The Duchess of Padua* de Oscar Wilde, uma tragédia em versos brancos escrita para a atriz americana Mary Anderson por volta de 1883. De fato, Duse encomendara uma tradução italiana da peça, que fora completada em tempo recorde por Ferdinando Fontana e Mario Borsa. Contudo, mal ficou pronta, a atriz abandonou a idéia – sem dúvida uma sábia decisão, se se considerar a desconfiança do próprio Wilde acerca dos méritos da peça e sua fria acolhida na Alemanha e nos Estados Unidos.

Uma vez terminada sua turnê de outono, Eleonora fez uma visita privada a Paris em novembro. Uma carta remetida de lá à mulher de Angiolo Orvieto, Laura, anunciava seus planos para a temporada por vir como se ela estivesse embarcando numa nova e grande aventura. "Persigo um sonho... uma meta artística que, embora incerta, ilumina minha alma e meu trabalho". De fato, suas últimas semanas de palco no começo de 1909 iriam ser dominadas por sua imersão no estranho e decantado mundo do seu gênio norueguês. A crescente concentração de Eleonora, tanto no palco como fora dele, nos conflitos interiores das heroínas de Ibsen – Nora, Rebecca, Ellida, Hedda, Ella – estava se tornando demasiado aparente para os que a conheciam bem. Ela confiou à amiga e futura biógrafa Olga Signorelli: "Numa noite em que eu representava Rebecca e gritava as palavras: *'Os espíritos dos Rosmer enobrecem a alma, mas destroem toda felicidade'*, essas palavras adquiriram um significado especial e, naquele momento, dei adeus ao palco em meu coração". As sombras estavam começando a envolvê-la.

Duse definiria *John Gabriel Borkmann* como uma peça que evitava em sua estrutura e em seu diálogo um claro-escuro que penetrava a própria alma de Ella – muito embora abundasse em claros-escuros e em reminiscências das pinturas de Rembrandt. A despeito dessas palavras de aprovação, há uma nítida evidência de que Duse logo perdeu interesse na peça e de que a interpretação de Ella era o menos bem-sucedido de seus papéis ibsenianos. Suas notas sobre *A Dama do Mar*, por outro lado, não apenas esclarecem sua preferência por este, que é o mais poético dos dramas de Ibsen, mas também explicam por que Duse se identificava tão intimamente com o conflito espiritual encarnado na personalidade de Ellida:

= Ibsen =
peça *A Dama do Mar*
papel Ellida
= = A LIBERDADE da alma.
...
é esta a encenação, no que concerne aos personagens, que são todos criaturas que parecem pertencer a outro mundo e que falam uma linguagem mística cheia de subentendidos.
    unidade e harmonia
    Não há NADA de *malsão* em Ellida; ao contrário, *uma grande personalidade*
    Ela não pode *reconciliar*
    seu passado com seu presente
    = É casada
    mas amou outro antes do casamento
    = Acredita em seu juramento
      feito a *outro*
    = a solene promessa de *nunca* se casar
      este o ponto crucial do seu dilema –
    Ela sente saudades do mar
    onde nasceu... onde amou
      A estranha tentação
do desconhecido, sua misteriosa influência sobre certas almas, especialmente sobre as mulheres inteligentes.
Ibsen nunca se mostrou mais *lógico*.
Ellida contraiu um casamento do espírito, a fim de conquistar sua liberdade como mulher.

Vários anos depois, da solidão de um modesto quarto de hotel em Roma, ela afirmava a Yvette Guilbert: "Meu consolo em momentos de angústia espiritual é *A Dama do Mar*. Ela é bela e reconfortante – sempre mudando, como o próprio mar, e seu nome revela tudo aos que são capazes de entendê-la".

10. TEMPO PARA REFLEXÃO

> *O ator passa sem deixar nenhum vestígio. Portanto, ele tem de trabalhar para a renovação da sua arte, única maneira de garantir que a sua contribuição não seja fútil e efêmera.*
>
> E.D.

1908-1909 – DUSEMANIA

No dia 3 de outubro de 1908, quando se apresentava em Berlim, Eleonora Duse celebrou seu qüinquagésimo aniversário. A ocasião não passou despercebida; meses antes do acontecimento, amigos e conhecidos discutiram a possibilidade de alguma celebração oficial, mas a atriz desencorajou repetidamente qualquer idéia do gênero. Quando se sugeriu que ela podia pensar em escrever uma autobiografia, recusou-se sem um instante de hesitação. "Fora do teatro sou senhora de mim", insistia. Numa carta ao escritor e crítico Onorato Roux foi até mais enfática: "Detesto biografias, autobiografias, comemorações, jubileus, centenários e coisas assim. Queira Deus que eu seja capaz de continuar trabalhando até o derradeiro minuto. O resto não tem interesse – e, menos que tudo, a história da minha vida".

Relatos romanceados da sua carreira já circulavam. Ironicamente, alguns de seus piores detratores eram autores que admiravam genuinamente sua arte. A escritora Anna Radius Zuccari (pseudônimo: Neera) fazia o retrato irresistível de uma misteriosa criatura "em busca de algum sonho de amor – de uma mulher atormentada numa busca nostálgica de renovação espiritual, lamentando uma juventude irrecuperável e momentos de felicidade inapagáveis".

Esta é uma visão da atriz em sua meia-idade. No entanto, numa entrevista ao dramaturgo e crítico argentino José León Pagano, publicada em *La Nación* durante a turnê sul-americana de 1907, Duse revelou um lado de sua natureza muito mais positivo. Quando indagada sobre suas impressões de Buenos Aires após tão longa ausência, respondeu de maneira inesperada: "Cheguei à República Argentina como se fosse um país completamente novo e desconhecido para mim. Prefiro não viver no passado, porque ninguém pode sustentar-se com memórias. Vivo no presente, olhando firmemente para o futuro".

Outros escritores viam-na como "a grande neurótica" e o símbolo do mal-estar contemporâneo – irrequieta, perturbada, insatisfeita –, com os vestígios do sofrimento humano impressos em seus olhos e em seus lábios. Este é o retrato que sobreviveu da Duse e que foi freqüentemente explorado para sustentar um mito, embora não seja justo para com a sua complexa personalidade.

Empresários como Schurmann e Lugné-Poe, talvez de forma compreensível, preferem recordar os momentos espinhosos – a prima-dona que defendia suas extravagâncias e caprichos em nome da arte e as estratégias calculadas para manter o público à distância. Esses relatos predispostos ignoram, porém, o caráter prático da Duse, que muitas vezes dizia aos amigos: "Como gostaria de ter nascido mulher de fazendeiro e vivido uma simples vidinha interiorana!" Ninguém, é claro, levava a sério sua observação, e Eleonora menos que todos, mas a tentação de escapar das luzes da fama para redescobrir sua identidade como ser humano estava sempre presente. A trágica que "forjava espíritos perturbados" era apenas um aspecto de um ser humano caloroso e sensível que apreciava as coisas simples. Umas poucas horas de descontração entre amigos ou um dia no campo bastavam para restaurar um estado de paz e contentamento. Mulheres e homens que lhe eram próximos, como os Mendelssohn, Lawrence Alma Tadema, Angiolo e Laura Orvieto, Yvette Guilbert e os Signorelli, viam um lado mais alegre da natureza de Duse. Uma vez longe do teatro e instalada num ambiente que lhe agradasse, ela se transformava. Sua expressão perturbada desaparecia gradativamente. Sua conversa se tornava animada, exprimindo esperança e otimismo. Uma Duse sorridente, como as fotografias confirmam, irradiava juventude e vitalidade. Colegas seus também, como Luigi Rasi, Ciro Galvani, Enif Robert e Guido Noccioli, lembravam quão generosa, afetuosa e engraçada ela podia ser quando as pressões do trabalho cessavam.

O crítico Giulio Piccini, que realizou um estudo detalhado da atuação da Duse ao longo de vários anos, criticava abertamente essas distorções. Ele insistia:

La Duse só representa bem quando *não* está nervosa e quando, em virtude de sua arte, consegue controlar seus nervos... Gostaria que os críticos parassem de falar de suas neuroses e fossem mais justos com a sua inteligência... A grandeza da Duse explica-se menos por seus nervos do que por suas raras qualidades de estudo e reflexão.

Uma análise um pouco mais completa, empreendida por Pirandello, deslinda os enigmas que cercam a personalidade única de Eleonora. Num ensaio intitulado "Eleonora Duse: Atriz Suprema", publicado em *The Century Magazine*, ele estabelece com a maior clareza o delicado equilíbrio entre sua sensibilidade inata e sua persona teatral. Escreve Pirandello:

Em Duse, encontramos a suprema renúncia de si... uma criatividade espiritual do mais raro tipo... Duse é o exato oposto da atriz profissional, pois, se exagera sua interpretação em algum sentido, é porque tem a determinação de descobrir significados mais elevados numa peça, muito além de qualquer *experiência* que pudesse ter dos papéis que criou ou está para criar. Ela tende a favorecer obras que são significantes de um ponto de vista intelectual e moral, mais do que simplesmente artístico... E, tendo esses critérios morais e intelectuais se desenvolvido gradativamente, seu repertório tornou-se proporcionalmente mais restrito.

Eleonora Duse trouxe para o teatro todas as riquezas da sua alma, que parecia ter sido criada para o objetivo expresso de revelar não tanto as ansiedades do espírito, como os tormentos e tumultos das paixões: uma sensibilidade apuradamente feminina, capaz de exprimir com uma franqueza desarmante o estado de espírito de um personagem e iluminá-lo com uma luz que brilha em cada movimento, em cada gesto – seus músculos vibrando, seus nervos tensos, sua expressão facial mudando em uníssono com as genuínas transformações da sua alma... O espírito da Duse pedia algo mais; algo menos banal e prosaico, algo mais heróico e nobre.

Um artigo postado em São Petersburgo e publicado no *Piccolo di Trieste* em janeiro de 1908 comentava a popularidade da Duse na Rússia. O autor, não identificado, começava com uma questão fundamental: "Eu me perguntava, enquanto o público continuava aplaudindo sem parar e as lágrimas brilhavam nos olhos de todos, se Eleonora Duse, testemunhando seus triunfos, alguma vez indaga a causa real desse entusiasmo e desse frenesi apaixonado que ela nunca deixa de despertar em suas platéias". Se Duse sabia a resposta, nunca a revelou.

O carisma que ela transmitia do palco inspirava não apenas o público em geral, mas também atores, cantores, bailarinos, músicos, poetas e pintores. Nenhum artista, famoso ou desconhecido, jamais estudou a maneira de representar de Eleonora Duse sem aprender alguma coisa. Ellen Terry sentia-se subjugada pela força pura de sua presença cênica. A grande Modejska, em suas *Memórias*, recorda a intensidade com que Duse se entregava aos sentimentos e aos sofrimentos da personagem que estava representando, fazendo com que os que assistiam esquecessem tudo em volta; você não podia mais perceber que estava no teatro, que havia ali uma atriz em cena; você parava de analisar; você sentia apenas que estava em presença de sofrimentos terríveis, do desespero e da agonia... uma voz cheia e cristalina, o jogo de suas feições maravilhosas, expressivas, e a expressão de seus olhos gloriosos, cintilantes.

Artistas tão diferentes como Emma Calvé, Alexander Moissi, Yvette Guilbert, Adolf Sonnenthal, Suzanne Desprès, Max Reinhardt, Cécile Sorel, Eva Le Galliene, Isadora Duncan e Ruth Draper atestaram a profunda influência que ela exerceu sobre a sua arte. Para eles, Duse era uma grande artista, porque era a mais verdadeira. Calvé, que assistiu a algumas das suas últimas apresentações, nunca pôde esquecer "a incomparável beleza, a compaixão humana, a eterna arte" desta "trágica mensageira".

Ellen Terry e Gordon Craig acharam, ambos, mais fácil aferir sua personalidade única analisando-a mais como mulher do que como atriz, e o crítico Giulio Piccini ampliou essa observação num ensaio publicado em 1917. Após defender o insistente silêncio de Duse acerca de si, "uma virtude que poucos grandes artistas conseguiram preservar", prossegue, comentando:

A arte da Duse não é uma questão de técnica, mas o resultado de uma personalidade altamente desenvolvida... Vendo-a representar, você nunca tem certeza do que mais o atrai, se seu gênio ou suas fraquezas. Ela pode emocioná-lo ou irritá-lo, mas nunca o deixará ficar indiferente. Era tão impossível não adorá-la, como estabelecer motivos definidos para desaprová-la. Ela era a única atriz da sua época cuja atuação tinha o aspecto da naturalidade sem afetação... Ela rompeu com todas as tradições do teatro; era perturbadora, excitante, original e, acima de tudo, uma pioneira dentre os pioneiros. Era uma pessoa à parte, mas de muitas facetas. Não era bonita, mas possuía uma estranha beleza própria. Duse era admirada por suas desigualdades, seu nervosismo, sua falta de controle, tanto quanto por sua inteligência. O delicado equilíbrio que ela mantinha entre as forças e as irregularidades do seu desempenho talvez fosse sua maior realização. Ela sabia como atrair seu público sempre, porque ninguém conseguia compreendê-la inteiramente.

O crítico austríaco Hugo Whitmann, resenhando seu sucesso em Viena, onde Duse sentia que seus ideais eram melhor entendidos e apreciados, publicou um longo ensaio na *Neue Freie Presse*. Esse ensaio oferece um relato eloqüente do magnetismo que cativava os vienenses desde a sua primeira visita à cidade, em 1892, até sua última apresentação, em 1923:

25. Duse como Rebecca em *Rosmersholm* de Ibsen. O dramaturgo norueguês tornara-se "a força benéfica" de sua conturbada existência. Como atriz e mulher, ela identificou-se prontamente com as heroínas trágicas de Ibsen. Examinando a significação de *Rosmersholm*, Duse comentou: "Os espíritos dos Rosmer podem enobrecer o espírito, mas destroem qualquer esperança de felicidade".

(Cortesia da Bibioteca Teatrale del Burcardo, Roma)

Sua forma etérea, delgada, não era notavelmente bela, de acordo com os padrões vienenses correntes; seu estilo não era brilhante, sua voz não possuía nenhum poder extraordinário. Em momentos de extrema emoção, ela era forçada a recorrer a peculiares sons de garganta, embora estes, é indubitável, parecessem manar das entranhas da sua alma, como de uma profunda fonte de sentimento e paixão. Ela não tinha a menor sombra de afetação. Tudo nela era genuíno, concebido e representado de maneira genuína, em espírito e ação – uma arte requintada, incomumente sutil, mas forte e poderosa.

Duse possuía uma qualidade peculiar – quase diria fisiológica – que nunca pude explicar. Quando tinha de produzir um efeito supremo – por exemplo, terror, loucura, mudo desespero –, baixava uma espécie de véu nebuloso sobre suas feições, e parecia que seus cabelos ficavam em pé e seu rosto era obscurecido pelas brumas de sua emoção interior. Deus sabe como ela conseguia fazer isso, mas o efeito ali estava. Era uma coisa que transcendia a arte; não era estudado, mas absolutamente natural – uma descoberta, não uma intenção –, uma dádiva histriônica do Céu, que ela disciplinara e desenvolvera por meio de uma prática incessante e que fazia corresponder à perfeição ao estado de espírito que desejava exprimir e a toda nuance de sentimento, até ser um perfeito instrumento em suas mãos.

Sim, era arte moderna, um produto da "energia vital" infinitamente diferenciada de uma alma purificada no cadinho incandescente da nossa era. Atrás de todas as nuances de temperamento que esta atriz italiana representava para nós, podia-se detectar a mulher, nascida para suportar a dor e o sofrimento, um cordeiro sacrificado no altar de seu próprio gênio – "a eterna vítima", como definida por Michelet –, cujo pobre coração é sempre torturado por pelo menos duas ou três das sete penas da Mãe de Deus.

Era, de fato, moderna, mas inteiramente isenta de todo e qualquer modernismo – o último e mais desesperançado refúgio dos que não têm talento. Quem procura ser moderno – meramente moderno – deixa de ser um indivíduo e, com certeza, deixa de ser artista.

Wittmann também dava grande importância à existência nômade da atriz italiana, acreditando que "representar é, por sua natureza mesma, uma busca itinerante", e citava aqui as palavras de uma trágica alemã anônima, que se lamentava: "Desde que nossos atores se tornaram cidadãos estabelecidos, deixaram de ser grandes artistas".

Agora que seu repertório consistia amplamente em obras de Ibsen, não é de se surpreender que sua temporada de 1908-1909 devesse confinar-se à Europa do Norte. No mundo teatral de Viena e Berlim, ela podia contar com condições de trabalho adequadas, platéias receptivas e críticos bem-informados. Mas nem tudo estava bem. As exigências da sua profissão pareciam maiores que nunca. As compensações financeiras proporcionadas pelas turnês no estrangeiro ainda eram magras, uma vez deduzidos os custos de produção e as despesas da companhia. Como estrela e atriz-empresária, Duse carregava a maioria desses fardos sozinha.

Mazzanti e Lugné-Poe já não estavam ali para auxiliá-la. As negociações com Virgilio Talli, como colaborador em potencial, deram em nada. E qualquer esperança de estabelecer uma companhia residente na Itália se havia desde muito dissipado. O futuro parecia decididamente cinzento. Duse sentia-se fisicamente esgotada, e o futuro da companhia era mais incerto que nunca.

Fez uma breve aparição em Viena, em meados de janeiro de 1909, antes de viajar para Berlim. A companhia estreou no Kammerspielen dessa cidade no dia 20 de janeiro, com a nova montagem de *John Gabriel Borkman*. Dois dias depois, apresentaram *La Gioconda* de D'Annunzio e, nos dias 23 e 25 de janeiro, Duse recebeu uma ovação arrebatada em *A Dama do Mar*. Uma nova apresentação de *La Gioconda* estava programada para o dia 26 de janeiro, mas foi cancelada na última hora. Notas coladas no programa do teatro anunciavam: "Devido a uma indisposição da Senhora Duse, esta apresentação de *La Gioconda* foi cancelada". Ninguém que lesse aquela nota poderia imaginar que Duse não apareceria mais nos palcos até sua volta, cerca de doze anos depois, em Turim.

1909 – Uma Arte Teatral Impalpável

Muito embora abundem relatos ardentes sobre o magnetismo da Duse, relativamente poucas avaliações da sua técnica teatral ficaram registradas para a posteridade. Incapazes de definir suas características individuais como atriz, muitos críticos estavam sempre demasiado prontos a lançar mão das palavras "neurose" e "introspecção psicológica", mas esses termos não têm sentido, a menos que sejam especificados. Afirmações fortuitas acerca da sua voz, das suas expressões faciais e de seus gestos tendem a ser contraditórias, o que faz ainda mais necessário voltar-se para críticos contemporâneos que tivessem um conhecimento aprofundado da arte da interpretação e que pudessem dizer ter visto Duse representar uma vasta gama de papéis.

De início, deve-se deixar claro que Eleonora dava grande importância a uma leitura fiel do texto. Más traduções de obras estrangeiras muitas vezes tornavam seus esforços infrutíferos, mas, uma vez que dominava um texto, ela não fazia modificações, a menos que estas fossem aprovadas pelo autor, ou que ela estivesse absolutamente convencida de que essas modificações ajudavam a tornar mais claras suas intenções.

Já ficou estabelecido que a atuação da Duse, como a de qualquer outro ator, variava perceptivelmente de uma apresentação a outra. Não havia programação ou sistema de interpretação evidente, mas, antes, o que o conde Primoli definiu como "uma atriz inspirada... com um talento criativo... sempre variada e sempre nova".

Em sua Itália natal, Duse não conseguiu conquistar os que estavam à procura de uma atriz de moldes clássicos, com uma voz e gestos imponentes. Seus efeitos vinham do extremo oposto do espectro e davam a impressão de um solilóquio íntimo dentro de sua alma, ou de alguém conversando com espíritos invisíveis. Todavia, ela representava infalivelmente com todos os recursos à sua disposição, e a impressão de facilidade e naturalidade que transmitia era fruto de uma cuidadosa preparação. A sinceridade e a verdade das suas interpretações apresentavam as heroínas que retratava sob uma nova luz. Onde outras atrizes apenas sugeriam, Duse explorava e revelava novas dimensões.

A análise mais penetrante de seus poderes vocais foi realizada por Giulio Piccini, que notou uma qualidade nasal reminiscente dos grandes atores franceses da época, mas usada com tal efeito que nunca dava sinal da menor monotonia. Se à sua voz faltava a sonoridade associada à maioria dos atores italianos, isso era compensado por uma variedade de cores e de entoação – "sutis meios tons e súbitos saltos vocais". Era aqui, na opinião de Piccini, que Duse levava vantagem sobre as suas contemporâneas italianas. Um domínio completo do texto permitia-lhe virtualmente ignorar o ponto e dizer seu papel com a maior espontaneidade, alterando o ritmo para alcançar seus objetivos.

Pirandello também atestou esse uso sutil de seus recursos vocais. Disse ele:

[Ela tinha] uma voz que nunca será ouvida de novo no palco – uma voz milagrosa, não tanto por sua qualidade musical quanto por sua plasticidade, sua sensibilidade espontânea a qualquer nuance sutil de pensamento ou sentimento. A atuação de Duse era, em cada momento, como a superfície de águas profundas e calmas, momentaneamente respondentes aos menores tremores de luzes e sombras. E com tamanha variedade de tons – da paixão heróica de Marguerite Gauthier à perfídia de Césarine; da alegria de Mirandolina ao desespero de Fédora; da frivolidade de Gilberte à exasperada humilhação de Santuzza; da obstinação rancorosa e desafiadora de Francillon ao capricho de Cyprienne em *Divorçons*.

Yvette Guilbert também teceu comentários sobre aquela voz obsedante. Recordou: "Da primeira vez que vi Eleonora Duse, atribuí aquelas estranhas e variadas modulações da sua voz à língua italiana, mas, quando nos tornamos boas amigas, percebi que, quando ela falava francês, podia fazer, se quisesse, o mesmo uso enfeitiçado da sua voz". O silêncio era explorado para o mesmo efeito, e o crítico Arthur Symons não era o único a notar a eloqüência das pausas que ela introduzia no diálogo, muita vez para desconforto dos outros atores em cena: "Seus maiores momentos", escreveu Symons, "são momentos da mais intensa quietude... Quando ela está calada, seu rosto tem um mistério que é mais significativo do que qualquer coisa que ela possa dizer". Ivor Brown reitera esse ponto de vista ao afirmar que "o nome de Duse perduraria como o resumo supremo da delicadeza... uma atriz que, com o mais ínfimo gesto, podia encantar ou aterrorizar... que, com o mais delicado movimento das mãos, entrava no coração dos que a viam atuar".

Ao extraordinário alcance da dicção correspondia a notável mobilidade da expressão facial: cada momento de seus olhos e de seus lábios iluminava alguma mudança de humor e de ênfase. Ellen Terry declara que nunca havia visto nada igual àquele rosto em palco algum, e Yvette Guilbert fala de "um rosto nobre – a beleza brilhando através do seu martírio – um encanto interno irradiando suas inflexões como artista". Luigi Rasi nota o uso inteligente daquelas feições irregulares, capazes de transmitir uma impressão de extrema feiúra num momento e de extrema beleza no outro, toda a sua personalidade transformada por uma sobrancelha erguida, um súbito baixar de olhos ou um estreitar dos lábios. Seus gestos e movimentos agiam em perfeita harmonia com sua voz, fazendo Rasi lembrar-se das palavras de Lucio Settala a Cosimo Dalbo em *La Gioconda*: "Ela é sempre diferente... todo o seu corpo tão movediço quanto seu olhar". Pirandello recorda as "mãos divinas, que pareciam falar... acrescentando tanto às palavras de fato ditas", e Hofmannstahl situava-a ao lado de Nijinsky como "o maior gênio da mímica".

Os críticos podem discrepar em suas reações aos gestos irregulares e imprevisíveis empregados pela Duse, apenas para concluir em uníssono que esses gestos eram absolutamente "certos" e que os maiores efeitos eram alcançados com os meios mais simples.

As roupas e os figurinos desenhados para Eleonora por estilistas como Fortuny, Worth, Babani e Gallenga traem uma linha simples, permitindo a maior liberdade de movimento. Este era o aspecto da sua presença cênica que Ellen Terry melhor recordava. Assim escreveu ela em sua autobiografia: "O andar da Duse é o andar da camponesa, bonito e livre. Ela tem o porte soberbo da cabeça que acompanha o destemido movimento dos lábios". Caminhava com passos ágeis e rápidos, capazes de levá-la ao centro do palco sem que ninguém na platéia a tivesse visto entrar, e esses passos eram cuidadosamente alternados com movimentos lentos e graciosos, conforme o estado de espírito da personagem exigisse. Também aqui, efeitos formidáveis eram obtidos com meios não-ortodoxos. Entradas e saídas discretas e o freqüente posicionamento no fundo do palco tornavam o espectador, de certo modo, ainda mais consciente da sua presença marcante, e uma das suas maiores descobertas foi a de que as emoções fortes podem ser traduzidas muito melhor mantendo o mais absoluto silêncio.

As apreciações de sua arte teatral publicadas pouco depois da sua morte sugerem que ela não perdera o domínio da técnica, nem mesmo depois de uma longa ausência do palco. Richard Jennings, num tributo publicado em *The Spectator* de 26 de abril de 1924, fala de uma grande atriz que suportava o peso de um repertório errado e cujo desempenho desigual era quase uma prova da sua frustração com o material inadequado – muito embora, mesmo em seus momentos de maior fraqueza, ela sempre triunfasse sobre o quase fracasso.

Para Jennings, o modo de representar da Duse era descrito mais apropriadamente como uma abstração:

> Era intensamente pessoal, apesar de elementar. Ao realizar *uma* individualidade, ele alcançava a individualidade subjacente às sensações e emoções humanas comuns... Duse nunca tentou ser norueguesa com Ibsen, inglesa com Pinero, alemã com Sudermann. Ter representado essas peças, *datadas* pelos costumes de suas épocas, teria sido, para ela, um anacronismo. É verdade que, quando se pôs sob a influência de D'Annunzio, ele tentou deformar sua arte proporcionando-lhe uma montagem arqueológica elaborada, como em *Francesca da Rimini*. Para mim, devo confessar, o resultado foi um fracasso. O gênio de D'Annunzio era demasiado retórico – ou, se preferirem, demasiado lírico – para se adaptar ao método da Duse. Sua Francesca vagava pela peça como um fantasma. Sua Cleópatra italiana caminhava pouco à vontade sob uma coroa egípcia. O drama romântico nunca mostrou o melhor dela. Ela era uma realista cuja perfeita sinceridade de sentimentos podia transformar a realidade em "sublime"...
>
> É óbvio que uma arte tão pessoal tem seus limites. Duse ignorou constantemente aspectos inteiros das personagens que encarnava. E era uma atriz desigual, de modo que era preciso vê-la muitas vezes para ter certeza de vê-la no melhor de si. Vi-a representar de maneira apática, insatisfatória, desprezando deliberadamente a oportunidade oferecida. Mas, em sua melhor forma, parecia recriar toda a arte de representar com efeitos que ninguém imaginaria possíveis no palco.

Para o autor anônimo de um artigo publicado em *The Outlook*, em Nova York, alguns dias depois, a verdade da sua atuação silenciava toda e qualquer dúvida acerca da validade da sua técnica. O crítico escreveu:

> Nada havia de rutilante na arte de Eleonora Duse – ela selecionava precisamente os papéis que exigiriam menos esforços físicos seus, mas dava com generosidade o mais íntimo de si. Seus gestos tinham a mesma exatidão dos anos passados, sua voz, a mesma vibração, seu andar era o indício certeiro de um estado interior. Não se podia procurar acessórios em Duse; quando ela pisava no palco, havia algo penetrante nela, e nada de elétrico. Não dizemos que ela repudiava a técnica da sua arte. Ninguém sabia melhor do que ela o que estava fazendo; a arte não seria arte se não contivesse artifícios divinos que mostrassem a segurança de uma artista. Mas a grandeza da arte de um ator não depende meramente de uma qualidade pitoresca, como a que marcava muito da interpretação teatral do passado. Ela é medida pela veracidade da concepção e pela

simplicidade com que essa concepção é mantida de forma correta em cada momento. Em cada momento, Duse dava a impressão de estar sendo correta em sua arte. Em *A Dama do Mar* e em *Espectros*, ela criava "a ilusão de ser infinita em variedade de belas posturas e movimentos".

Tributos semelhantes continuaram a aparecer na imprensa do mundo inteiro depois da sua morte, mas o trecho seguinte de um escrito intitulado "O Gênio da Duse", de autor não-identificado, publicado em *The Nation* de 7 de maio de 1924, talvez ajude a explicar por que os atores, jovens e velhos, estavam tão em evidência nas últimas apresentações de Eleonora na cena nova-iorquina. O autor observa:

> Para os atores, ela ainda tinha outro significado: o significado da maravilhosa fluidez de seus movimenos – fluidez e inevitabilidade, também. Sua maneira de estar de pé, de sentar-se, de segurar uma coisa simples como uma sombrinha; de manejar algum pano simples, como um pequeno xale – às vezes, um xalezinho pobre e pardo –, essas coisas eram e serão pensadas e estudadas na memória. Ela não era bonita. Mas todas as linhas que criava eram bonitas – a linha de um gesto, de uma postura, de um passo, de um sentar-se, de um movimento de cabeça...
>
> Essas apresentações finais de Eleonora Duse na América foram elegíacas mais do que num sentido pessoal. Elas marcaram sua passagem; marcaram também a passagem de uma idade e de uma arte.

As avaliações profissionais da arte da Duse são corroboradas pelos aficionados comuns do teatro, que tiveram a fortuna de vê-la representar em sua juventude. Sem exceção, eles atestam que o mais simples movimento ou gesto da atriz dava a surpreendente impressão de que se testemunhava algo inteiramente novo e inesperado.

1909 – UMA VIDA REFEITA

Várias explicações foram dadas para a súbita retirada do teatro em fins de janeiro de 1909. Agora cinqüentona, sentia-se velha e cansada. O fardo de dirigir uma companhia sozinha parecia mais pesado do que nunca. Não havia novos desafios à vista e, a despeito da sua reputação internacional, ainda não havia ofertas de uma base permanente para a sua companhia na Itália. A luta pela sobrevivência parecia sem fim, e Duse começou seriamente a questionar sua capacidade de continuar representando nas mesmas circunstâncias precárias. Ela falara com freqüência de escapar dos grilhões da sua profissão, mas, bem no fundo, percebia que era tarde demais. O que Eleonora pensava precisamente quando interrompeu de repente seu programa em Berlim permanece obscuro. O certo é que nunca fez uma afirmação formal da sua intenção de se retirar dos palcos. De fato, em seu panorama geral das companhias teatrais italianas e seus itinerários, a *Gazzetta d'Arte* continuou a incluir a companhia da Duse com a explicação: *"riposo – Firenze"* ("descanso – Florença").

Um extenso período de descanso parece ser a explicação mais plausível. O lucro proporcionado pela turnê sul-americana de 1907 é estimado em oito mil soberanos de ouro ingleses. Pela primeira vez em muitos anos, Duse podia contar com reservas financeiras suficientes, depois de saldadas as despesas da companhia. Essa boa sorte veio a calhar por outro motivo também: ela permitia dar a Enrichetta um generoso dote e confiar o saldo a seu amigo, o banqueiro Robert Mendelssohn, para investi-lo na Alemanha.

Em fevereiro de 1908, Enrichetta conhecera Edward Bullough, um jovem inglês, quando ambos estudavam na Alemanha. Tendo ele sido nomeado, pouco tempo depois, professor da cadeira de línguas modernas da Universidade, o jovem par decidiu casar-se e estabelecer-se em Cambridge. Foi um momento de profunda satisfação para Eleonora. Descrevendo o novo papel de Enrichetta com uma imagem bíblica, escreveu a Laura Orvieto: "Dá-me mesmo maior paz de espírito pensar em minha filha agora estabelecida naquela Grande Ilha e *lavrando o solo*". Enrichetta estava agora em via de desfrutar a estabilidade doméstica e o ambiente intelectual que a própria Duse nunca conhecera em jovem. E foi com grande alegria que Eleonora escreveu para sua querida amiga Yvette Guilbert, cujas interpretações estilizadas de canções populares francesas tanto prazer haviam proporcionado a ela e Enrichetta no passado: "Minha filha está longe, longe. Está feliz e tem outro *nome* – agora está casada. E assim, nós, *mães* – encontramo-nos sozinhas um dia – como se nada tivesse acontecido".

A casa dos Bullough logo seria animada pela presença de duas crianças, Halley Edward, nascido em maio de 1910, e Eleonora Ilaria, nascida em outubro, dois anos mais tarde. Duse sentia-se orgulhosa com seu novo papel de avó e várias e felizes reuniões familiares iriam realizar-se em Cambridge, mas ela resistia a qualquer sugestão de estabelecer-se permanentemente na Inglaterra. O clima era por demais severo para alguém como ela, cuja saúde precária requeria um clima temperado. Ademais, após uma vida inteira de viagens constantes, ela desenvolvera uma rotina pessoal que era dificilmente compatível com a de uma casa de família convencional.

Não obstante os longos períodos de separação, os vínculos entre mãe e filha se fortaleceram depois do casamento de Enrichetta. As cartas que trocaram, com freqüência escritas numa mistura de francês e italiano, constituem um diálogo íntimo entre duas mulheres inteligentes que partilham um forte senso de finalidade na vida e dão enorme importância às virtudes da verdade e da lealdade. A despeito de óbvias diferenças de idade e pontos de vista, as duas revelam a mesma atitude questionadora em relação ao mundo à sua volta, a mesma busca de valores mais profundos. Porém, o que mais impressiona é a delicadeza e o tato com que mãe e filha discutem seus problemas pessoais. Sempre atenciosa e solícita, Duse guiou sua filha ao longo da adolescência com compreensão e bom senso. Aos dezoito anos, Enrichetta passou por uma crise espiritual e, em resposta à sua angustiada pergunta: "Mãe, mãe, em que devo crer? Quero crer no que você crê", Duse tranqüilizou-a:

Minha querida, a fé em Deus, que é comumente conhecida como religião, é uma necessidade espiritual sentida por todos. Muita gente a vê como uma coisa formal... como um ato de confissão... Pessoalmente, nunca senti a necessidade de uma religião formal, mas, se você reconhece claramente ter essa necessidade, escolha alguma religião ortodoxa. Há muitas religiões boas: leia, estude, encontre a que melhor lhe convier...

Quanto a si, Eleonora aderia firmemente ao conceito de que "religião é a meditação das coisas eternas", e seu interesse em problemas espirituais se aprofundara consideravelmente com o passar dos anos. Tranqüilizada pelo conselho da mãe, Enrichetta voltou-se para a prática do catolicismo romano depois do casamento e tornou-se devota da Ordem Terceira Dominicana.

Entrementes, a piora do estado de saúde de Eleonora não podia mais ser ignorada. Os vários especialistas que ela continuava a consultar de tempo em tempo finalmente persuadiram-na a reduzir suas atividades. Os anos de viagens incessantes e as crescentes pressões que implicavam a administração de uma companhia teatral e a perpetuação da legenda da Duse como uma das maiores atrizes do mundo por fim fizeram-se sentir. A solução óbvia era, como ela mesma pensava, encontrar algum novo rumo e estabelecer raízes mais permanentes em sua Itália natal. Cartas após cartas referem-se a essa necessidade de "descansar, refletir e descobrir-se de novo como ser humano, longe das luzes da publicidade". Seus ideais estavam tão firmes quanto sempre, não obstante suas forças declinantes.

O senso de futilidade tornara-se intolerável. Confidenciou a Virgilio Talli:

Estou tão cansada com esse *entourage* que me serve com cega devoção – digo *cega* seja quanto àqueles à minha volta que são *incapazes* de entender (como entendo) as criações da minha Arte, seja quanto àqueles com quem eu poderia optar por viver minha vida cotidiana (com um custo não muito grande). Numa palavra, os atores à minha volta são incapazes de *apreciar*... tanto a *realidade* como o *sonho* de minha existência.

Deutsches Theater

Kammerspiele

Schumannstraße 14
Direktion: Max Reinhardt

Montag, den 25. Januar 1909

Gastspiel

Eleonora DUSE

(Impresario A. Braff, London)

La donna del Mare

Commedia in 5 atti di **Enrico Ibsen**.
Personaggi:

Ellida Wangel, seconda moglie di	**Eleonora Duse**
Il Dottor Wangel	Dante Capelli
Bolette } Figlie del 1o letto	Vittorina Verani
Ilda }	Annita Granozio
Lingstand	Armando Lavaggi
Ballested	Vittore Capellaro
Uno Straniero	Alfredo Robert
Il Prof. Arnholm	Ciro Galvani

Giovani e ragazze del paese, turisti, villeggianti
D'estate, in una piccola città di bagni in riva al Fjord, sulla costa
settentrionale della Norvegia
Eine grössere Pause findet nach dem 2. Akte statt

Anfang **8** Uhr   Ende gegen 10½ Uhr   Anfang **8** Uhr

Dienstag, 26. Januar: Letztes Gastspiel von Eleonora Duse: La Gioconda
(Erhöhte Preise)

Mittwoch, den 27. Januar: Der Graf von Gleichen
Donnerstag, den 28. Januar: Elektra
Freitag, den 29. Januar: Der Arzt am Scheideweg
Sonnabend, den 30. Januar: Der Arzt am Scheideweg
Sonntag, den 31. Januar: Der Graf von Gleichen
Montag, den 1. Februar: Der Arzt am Scheideweg

Kammermusik in den Kammerspielen
Walter Lampe (Klavier), Irma Saenger-Sethe (Violine), Otto Urack
4. Konzert Sonnabend, den 6. Februar, um ¼5 Uhr

Preise der Plätze: Sessel 1.—2. Reihe M. 30.—, 3.—14. Reihe M. 20.—, 15.—20. Reihe M. 15.—, 21.—22. Reihe M. 10.—
Loge M. 20.— (Im Vorverkauf für jedes Billet 50 Pf. Zuschlag.)
Der Vorverkauf findet täglich von 10 bis 2 Uhr im Deutschen Theater statt. — Die Abendkasse wird eine Stunde vor Beginn der betr. Vorstellung geöffnet. — Telephonische Billetbestellungen können nicht angenommen werden.
Vorverkaufsstellen außerhalb des Theaters: Warenhäuser A. Wertheim, Leipzigerstr. 132, Rosenthalerstr. 29, Oranienstr. 52 und deren Billetverkaufsfilialen: Kantstr. 3, Schickerstr. 4, Pflugerstr. 24 und Rathenowerstr. 5.

Druck von Nauck & Hartmann, Berlin C, Kurstr. 49.

26-27. Cartaz anunciando a apresentação de Duse em *A Dama do Mar* de Ibsen, em Berlim, no dia 25 de janeiro de 1909. Ninguém poderia imaginar que aquela seria a última aparição da atriz, até voltar aos palcos na mesma peça, em maio de 1921. De todos os papéis de Ibsen interpretados por Duse, Ellida em *A Dama do Mar* foi aquele em que ela excedeu. A misteriosa e atormentada alma de Ellida ressaltava todas as qualidades espirituais que iriam caracterizar o estilo de interpretação da Duse na última fase da sua carreira.

A apresentação de *La Gioconda* anunciada para o dia seguinte no Deutsches Theater Kammerspiele foi cancelada no último minuto por doença.

(Cortesia da Biblioteca Nacional, Berlim)

Esses sentimentos sombrios são característicos da atriz nessa época. Em busca de um objetivo sempre impalpável, ela se sentia cada vez mais isolada. Nesses momentos, suas explosões de impaciência contra o mundo em geral começaram a soar como uma mania de perseguição.

Especulando sobre seus planos futuros, os críticos teatrais recusaram-se a conceder que ela dera para sempre as costas ao palco. As notícias da imprensa sugeriam um período estratégico de convalescência e meditação antes de voltar à cena. Em particular, Duse continuava sua busca de algo "desconhecido e belo". Novas idéias eram discutidas com críticos que exerciam alguma influência nos círculos teatrais, enquanto suas incansáveis peregrinações entre Roma, Florença e Veneza, suas breves estadas nos retiros de campo de alguns amigos íntimos e suas rápidas visitas às capitais da Europa assumiam muito mais o caráter de uma missão especial do que de viagens sem objetivo de uma mulher ociosa.

As cartas da atriz revelam suas hesitações entre a necessidade de encontrar um refúgio onde possa permanecer anônima e esquecer sua fama e a incômoda consciência de que não podia esperar sobreviver sem representar. Eleonora torturava-se ante as opções à sua frente, apenas para concluir: "Sempre se deve ter fé em alguém ou em alguma coisa para encontrar a força de viver. Quando não for mais capaz de acreditar na arte, voltar-me-ei para Deus, que me ajudará a morrer bem". O tom da sua correspondência durante esse período atesta seu interesse cada vez maior por obras de natureza filosófica. Sua leitura do tratado espiritual de Maurice Blondel, *Action* (1893), fortaleceu sua convicção de que "a consciência individual, quer o saibamos, quer não, é uma consciência universal" e de que "o espírito divino não pode ser encontrado, a menos que já esteja carregado na alma". O filósofo francês também confirmava sua intuição de que "todo empenho humano é um eco do infinito – uma inspiração proveniente de um plano mais elevado, ao qual deve por fim retornar".

Depois de longas meditações solitárias, Duse achou que as realidades começavam a adquirir uma nova perspectiva. Ela podia afirmar com convicção: "Agora sei que gênio, glória, existência, amor e morte têm com freqüência o mesmo ritmo".

Sempre a atraíra nos outros a energia criadora e a capacidade de sofrer, e essas qualidades tornaram-se a condição *sine qua non* de qualquer amizade duradoura. Agora uma personalidade consagrada que experimentara as maiores alegrias e adversidades, ela tornou-se confidente e conselheira de uma geração mais nova de artistas e intelectuais italianos. As cartas que trocava com uma nova geração de críticos revelam quão avidamente ela seguia seus esforços no sentido de disseminar pela Itália idéias de reformas culturais de natureza radical. Adorava as energias vitais da juventude e, sempre que considerava promissor algum aspirante a artista ou a escritor, dava-lhe o maior incentivo. Seu conselho era infalivelmente seguro e prático. Assim escreveu a um de seus colaboradores, Riccardo Artuffo, cujo drama *L'Isola* (*A Ilha*) causou-lhe profunda impressão e induziu-a a pedir-lhe que preparasse um roteiro para ela filmar *A Dama do Mar* de Ibsen:

Aprenda a ser paciente: eu sei quão *atroz* é este mundo para os jovens. Sei bem demais. E sinto-me envergonhada por ter de repetir isso. Mas estamos todos metidos no mesmo barco. Querido rapaz, evite *a amargura* da dor. Eu sei que você sofre e combate, mas Deus lhe deu talento. Não permita que a infelicidade o envenene... Tenha fé em si mesmo e a metade dos fantasmas que o assombram desaparecerá.

O testemunho de Isadora Duncan também é interessante nesse contexto. Depois da trágica morte de seus filhos Patrick e Deirdre, em 19 de abril de 1913, Isadora ficou inconsolável. O motor do carro em que as crianças viajavam com a babá morreu num dique do Sena; o motorista cometeu o erro de deixar o carro engrenado ao descer para fazê-lo pegar à manivela e, antes que pudesse pular de volta nele, o motor pegou e o carro caiu no rio. Deirdre e a babá afogaram-se e Patrick morreu pouco depois de ser internado no Hospital Americano, ali perto. Foi dada ampla publicidade à tragédia e todas as mães ficaram profundamente comovidas com o desespero de Isadora. Inúmeras cartas, telegramas, mensagens e testemunhos de condolência foram enviados à dançarina, inclusive uma carta teatral de Gordon Craig, de quem se separara. Esta carta terminava com as seguintes palavras: "*Quero estar com você* – e isso foi só para dizer que escrevo demais essas palavras... Não nos deixemos abater por nada – ou onde iremos parar? Você e eu estamos sós – só isso. E pouco importa quantos vieram – ou possam vir – você e eu precisamos estar sós – este é o nosso segredo. Beijo seu coração".

Depois da tragédia, Isadora viajou para o estrangeiro a fim de se distrair e, quando Duse soube que ela estava na Itália, mandou-lhe um telegrama, convidando-a a vir ter consigo na Riviera italiana: "Isadora, eu sei que você está passeando pela Itália. Rogo-lhe, venha me ver. Farei o possível para confortá-la". Em sua autobiografia, Isadora comenta: "Nunca fiquei sabendo como ela descobriu onde eu estava para mandar o telegrama, mas, quando li o nome mágico, entendi que Eleonora Duse era a única pessoa que eu podia desejar ver". De certa forma, era uma aliança inverossímil. A vida inteira, Eleonora distanciou-se de mulheres que se entregavam a gestos exuberantes e a uma teatralidade excessiva. Duas notáveis exceções: a atriz francesa Cécile Sorel e a audaciosa Isadora Duncan. Isadora tinha um encanto especial aos olhos de Eleonora. Ela admirava a individualidade absoluta da arte da dançarina e a coragem com que lutara pelo reconhecimento como inovadora. Sentia-se atraída também pela criatura torturada que se encontrava por trás daquela fachada peremptória. Ambas as mulheres tinham uma grande capacidade de amor e sofrimento. Por isso, talvez fosse inevitável que as duas, que passaram a vida inteira mostrando um interesse materno pelos problemas dos outros, se atraíssem reciprocamente nos momentos de aflição. Duse incentivou Isadora a desafogar sua dor sem medo ou repressão. Pediu que ela lhe contasse tudo sobre Deirdre e Patrick, repetisse suas conversas infantis, descrevesse suas danças e brincadeiras, mostrasse suas fotografias e suas coisas. Eleonora chorou com Isadora e, pela primeira vez desde a morte dos filhos, a dançarina sentiu algum alívio.

Reunida a Duse em Fosse dell'Abate, Isadora recorda:

> A partir de então, vivi em Vilareggio, encontrando coragem no brilho dos olhos de Eleonora. Ela costumava embalar-me em seus braços, consolando minha dor, mas não apenas consolando, pois parecia puxar meu sofrimento para seu próprio peito, e percebi que, se eu não conseguira suportar a companhia de outras pessoas, era porque todas elas representavam a comédia de dar-me ânimo.

As duas mulheres deram longas caminhadas pela praia e, com indisfarçada admiração e amor, Isadora observava cada movimento, cada gesto de Eleonora e escutava encantada cada inflexão daquela voz notável. Apontando para o cimo distante do monte Pisanino, Duse recordou a Isadora: "Assim é a vida do artista: escura, sombria e trágica, mas produzindo o mármore branco em que os ideais do homem são gravados e se tornam imortais".

Sincera admiradora da arte de Isadora, Duse procurou convencer a dançarina de que somente em seu trabalho ela encontraria uma paz duradoura. À noite, juntava-se freqüentemente a elas o amigo de Isadora, o músico Hener Skener, que tocava obras de Beethoven, Chopin, Schumann e Schubert ao piano. Então, certa noite, Isadora levantou-se e dançou para Eleonora o adagio da *Sonata Patética* de Beethoven – o primeiro sinal de animação que revelara em muitos meses. Quando terminou, a atriz beijou-a e, fitando-a nos olhos, repetiu sua advertência: "Você precisa voltar à sua arte. É sua única salvação... Se soubesse quão breve é a vida e quão longos podem ser os anos de *tédio*, *tédio* – nada mais que *tédio*! Fuja da tristeza e do *tédio* – fuja!"

Duse tinha algumas dúvidas quanto à última ligação da dançarina com um promíscuo jovem escultor e, quando Isadora confessou que estava grávida, a atriz, ocultando mal sua emoção, censurou-a: "Isadora, pare de buscar a felicidade. A marca da predestinada está escrita em sua fronte. O que você sofreu é apenas o começo. Não provoque mais o destino..."

Palavras proféticas, que Duse percebeu seriam ignoradas. Como escreveu mais tarde a Lugné-Poe:

> Não posso entender como essa mulher ousa desejar *refazer* sua vida!... Nada que é irreparável é entendido por essa magnífica e perigosa criatura! Sua generosidade é tão grande quanto seu juízo errôneo das coisas... Perdoe minha pequenez, pois não entendo nada *desse desejo*, dessa loucura, dessa suprema sabedoria. Isadora Duncan tem a seu lado a Força Suprema – maior que a própria vida.

Esses comentários revelam quantos transtornos Duse estava preparada a enfrentar para entender a natureza interior de homens e mulheres que admirava genuinamente. Também sugeriam que ela subestimava seu notável poder de autodeterminação.

A conversa entre a atriz e a dançarina muitas vezes passou de problemas de natureza mais íntima a uma troca de idéias acerca de seus futuros projetos como artistas. Por algum tempo, Isadora acariciou a idéia de um Templo da Dança do Futuro e, talvez, até mesmo de um centro artístico em que Duse e o ator francês Mounet-Sully representariam e em que personalidades eminentes do mundo da música, do drama e das artes visuais se encontrariam e colaborariam. Entusiasmada, Isadora começou a discutir os detalhes das produções que tinha em mente. Entre vários projetos que cogitava, Isadora sugeriu uma montagem das *Bacantes* de Eurípides, com direção de Stanislávski, com Duse no papel de Agave e Isadora e seus alunos dançando o coro. Infelizmente esse projeto fascinante, como tantos outros, não se materializou e foi logo esquecido.

1910-1913 – EXÍLIO AUTO-IMPOSTO

Os contatos de Eleonora com as personalidades teatrais durante esse período tendiam a ser poucos e seletivos. Uma exceção notável era o bem-sucedido ator-empresário Ermete Zacconi. Uma carta de Zacconi no inverno de 1910 pede que ela considere seriamente apresentar-se com sua companhia. Zacconi e sua mulher, Ines, tinham uma profunda afeição pela atriz e estavam ansiosos por oferecer toda assistência. Zacconi garantiu-lhe que ela acharia seus atores competentes e ansiosos por agradar. Como Duse, Zacconi conquistara o respeito das platéias da Itália e do exterior, numa vasta gama de obras nacionais e estrangeiras. Também ele assumira riscos com peças de Hauptmann, Ibsen, Maeterlinck, Pirandello e Strindberg. Mas, ao contrário de Duse, sabia da importância do compromisso com empresários e com o gosto popular. Usando toda a diplomacia que podia reunir, o ator pedia que ela fosse menos exigente consigo mesma e com os outros e voltasse o mais rápido possível ao teatro, a que ela pertencia. Zacconi estava convencido de que não eram tanto a saúde precária ou as platéias pouco receptivas que estavam impedindo Duse de retornar ao palco, mas, antes, sua insistência num repertório de apelo muito limitado. Procurava tranqüilizá-la: "Você pode fazer o que quiser no palco que o público ficará deliciado com assistir. Em vez de buscar a perfeição até extremos perigosos, pense no público do teatro, que tanto necessita da sua arte".

Uma visita da célebre atriz francesa Cécile Sorel, que estava se apresentando na Itália, suscitou inevitavelmente o mesmo e espinhoso dilema. A atriz pediu-lhe: "Permaneça no teatro... mesmo a risco de morrer no palco; continue representando". Refletindo sobre os papéis que interpretara, Duse comentou tristemente: "Aquelas personagens são como filhas que me abandonaram, filhas que sou demasiado orgulhosa para chamar de volta. Eu as criei, as formei, insuflei-lhes vida e dei-lhes meu sangue. Elas foram modeladas com minha própria carne; mas, quando cresceram, me abandonaram".

No entanto, o ímpeto de representar de novo voltava com insistência. Ela continuava a visitar esporadicamente os teatros, tomando o cuidado de sentar no fundo do camarote, de maneira a não ser vista. Certa noite, em 1911, num teatro de Ravenna, ela olhou inadvertidamente para a platéia embaixo, e um espectador a reconheceu. Ergueram-se gritos de "*Viva Eleonora Duse!*" e a casa inteira pôs-se de pé. Comovida por essa inesperada ovação, ela mandou no dia seguinte um telegrama para um agente teatral, instruindo-o: "Quero voltar ao teatro. Forme uma companhia imediatamente". Por alguma razão, essa súbita decisão resultou em nada. E outras possibilidades, como o convite feito pela administração do Teatro Argentina de Roma, de uma maneira ou de outra se esvaneceram.

No verão seguinte, outro projeto interessante foi aventado, quando o ator austríaco Alexander Moissi, então no início da carreira, e o diretor do Deutsches Theater de Berlim, Max Reinhardt, chamaram a atriz a Veneza, para discutirem alguma colaboração futura. Uma nota escrita por Duse depois do encontro sugere que as discussões foram menos que construtivas. Escreve ela: "O Congresso de Berlim terminou! Ugh!!! Falamos e falamos até ficarmos sem fôlego – Ah! O que é preciso suportar para perseguir um ideal!" Reinhardt e Moissi parecem não ter sido nada habilidosos para conquistar a confiança de Eleonora. Algo no narcisista Moissi irritou-a além do suportável.

Como os diários de Noccioli revelaram, Duse não era de agüentar tolos alegremente e seu espírito, quando provocado, podia ser extremamente azedo. Em Buenos Aires, um influente crítico foi apresentado à atriz e começou a chateá-la com um interminável discurso que deixou os nervos dela à flor da pele. A certa altura, tentando ser galante, brincou: "Sou como um gatinho", ao que uma Duse impassível retorquiu: "Com certeza o senhor quer dizer um chimpanzé!" O crítico partiu abruptamente.

O poeta Rainer Maria Rilke, que cooperara para arranjar o encontro com Moissi e Reinhardt, lançou alguma luz sobre o que saiu errado durante as conversas destes com Eleonora. Numa carta, ele comenta: "Céus, como Moissi ficou 'ator'! A vida real é tão diferente da que ele sente!... Ele arremetia, intrometia-se, forçava passagem; de início, achei que era seu *tempo* natural, mas temo que seja apenas o tempo das montagens de Reinhardt". Qualquer ator dado a poses, por mais talentoso que fosse, não podia esperar ir muito longe com a Duse, que desprezava qualquer forma de vaidade e pretensão, em especial nos jovens.

A correspondência de Rilke com sua amiga e benfeitora, a princesa Marie von Thurn und Taxis-Hohenlohe lança mais luz nos acontecimentos do verão de 1912. A veneração que Rilke tinha pela Duse desenvolvera-se alguns anos antes. Mesmo antes de vê-la representar, o poeta revisou o texto da sua peça, *A Princesa Branca*, tendo Duse em mente, e o manuscrito foi dedicado a ela. Em novembro de 1906, Rilke a vira interpretar Rebecca em *Rosmersholm* – experiência que lhe inspirou a composição de seu tão citado soneto "Retrato", e cometeu outro tributo em *Malte Laurids Brigge*. Duse era e continuou sendo sempre para Rilke uma das maiores personalidades da época. O fato de nenhum dramaturgo ou empreendimento teatral saber como explorar plenamente o gênio da atriz o afligia: tal negligência, sentia ele, era um triste sinal dos tempos. O poeta e a atriz se conheceram em Veneza, através dos bons ofícios de Carlo Placci, cujo papel como patrono das artes em Florença era semelhante ao do conde Primoli em Roma. A Duse que Rilke viu quase diariamente durante umas três semanas era uma mulher estranha e perturbadora, ansiosamente em busca de alguma nova abertura. O poeta achou-a uma mulher de humores contraditórios, fisicamente alterada para pior, cheia de vitalidade num momento, sombria e frágil no momento seguinte – amargurada e desiludida, mas lutando para encontrar algum novo objetivo.

Rilke estava residindo no *mezzanino* da princesa Marie, no Palazzo Volmarena, em San Vio. Em seu diário, nos dá uma vívida descrição do *palazzo* em que ele e Duse conversavam diariamente: "Os aposentos não são grandes, a mobília é meio Império, meio Biedermeier – um cravo, guarda-louças brilhantemente lustrados e gabinetes com potes de chocolate dourados e pequenas estatuetas vienenses antigas dentro deles, além de algumas miniaturas acima do leve sofá de cerejeira, com seu forro de seda azul-escuro e listras rosa antigo".

Como biógrafo de Rilke, E.M. Butler confirma: "Rilke era amigo de verdade da Duse, *in posse*, se não *in esse*; ele de fato a entendia, de fato sentia muito por ela, de fato mortificava-se com sua sorte". Rilke via o encontro em Veneza dos dois como um ato da Providência. Confiou à princesa Marie:

> Vejo La Duse com freqüência, como amigo: certamente, certamente, não houve sombra do acaso no fato de nos termos conhecido justo agora, ambos de certa forma num estado de transição, esperando, quase hesitando – talvez, talvez (quem ousa dizer?) já querendo com nossa força de vontade anterior. Para mim, isso tudo tem um grande significado, e ela diz que, por enquanto, eu sou uma espécie de socorro para ela; em todo caso, como vejo que ela precisa desse socorro, faço tudo para oferecê-lo, mesmo da mais ínfima maneira, preparado para perceber, entender e quase antever tudo pelo que ela está passando.

Boa parte do estresse daquelas semanas era atribuído por Rilke à presença de outra daquelas jovens talentosas que se ligavam de alguma maneira à Duse e não raro acabavam esgotando-a emocionalmente. Cordula Poletti (chamada pelos íntimos de Lina) era uma aspirante a escritora de potencial considerável, que estava trabalhando furiosamente numa nova versão do tema de Ariadne para Duse. Na opinião de Rilke, Poletti tinha em sua natureza um traço calculista que combinava mal com o temperamento de Eleonora. O próprio Rilke leu o manuscrito e considerou-o uma obra poderosa com fragmentos de grandeza, mas considerou Poletti "uma jovem determinada, forte e um tanto dura". Poletti estava na casa dos vinte, era lésbica declarada e feminista ardente. É bem provável que estivesse fisicamente atraída por Eleonora, muito embora não haja indícios a sugerir que Duse correspondesse a esses sentimentos. Após dois anos de amizade íntima, as relações entre as duas mulheres tornaram-se tensas. Rilke considerava Poletti uma dramaturga frustrada, "lutando consigo mesma e com La Duse". O que prometera ser uma colaboração proveitosa deteriorou-se rapidamente numa guerra de desgaste, no modelo familiar da relação amor-ódio – "críticas e amargura, tristeza e desamparo surgindo entre elas, paralisando crescentemente e entristecendo ambas, lançando uma sombra sobre o que elas haviam esperado receber, tão generosa e alegremente, uma da outra, diminuindo-o e pondo ambas em perigo". Em sua necessidade de companhia e alguma forma de diálogo com mulheres inteligentes e criativas, Duse subestimou com freqüência o perigo de enredar-se irremediavelmente nos problemas delas. Quando finalmente se via pega na teia dessas amizades, mostrava uma paciência infinita, mas, no fim das contas, tinha de reconhecer a derrota. O episódio com Cordula Poletti muito a fez sofrer e ela se culpou pelo triste desenlace. Entretanto, as simpatias de Rilke foram todas para Duse. Ele tentara mediar entre as duas mulheres e só piorou as coisas.

O caso Poletti finalmente terminou em cenas tempestuosas, com ambas as mulheres seguindo caminhos separados: Poletti começando vida nova em Roma, Duse indo para junto da condessa Sophie Drechsel em Tegernsee. O projeto Ariadne foi enterrado para sempre. Mal ocultando sua antipatia por La Poletti, Rilke resume pesarosamente seus sentimentos a respeito do caso:

> Poletti é uma jovem não desprovida de algum talento, mas sem flexibilidade inclusive em seu talento, instruída porque aprende com facilidade, dotada de um propósito, mas apenas com uma meta definida, com mais energia do que vocação: o feliz interesse que Duse mostrou por suas peças transformou-se numa promessa irrevogável, numa espécie de dever...
> O certo é que La Duse sofreu muito por causa dela e precisará de algum tempo para se recobrar daquela companheira.
> Eu ajudaria muito se pudesse inspirar em La Duse um pensamento feliz, se pudesse trazê-la para o início de uma nova esperança, mas vejo que preciso ter cuidado... La Duse – se é que agora não é tarde demais – só encarnaria algo perfeito, uns poucos estados de exaltação com transições puras de um ao outro. Mas onde encontrar essa obra e como evitar que se arruíne antecipadamente por ela? Agora ela se está desgastando, estragando o habitáculo de seu corpo, ela, que não tem onde repousar a cabeça.

Rilke parece ter ignorado o leve toque de morbidez em seu apego a Eleonora. A veia lírica e o misticismo estético eram forças irresistíveis nas vidas daqueles dois hipersensíveis. Rilke não exagerava ao afirmar:

> Éramos como dois atores num velho mistério, falando baixinho os papéis que a lenda nos destina... Éramos como duas taças, uma sobre a outra, formando uma fonte, e só mostrávamos um ao outro quanto estava se esvaindo de nós. No entanto, dificilmente poderia ter sido evitado que comunicássemos de algum modo um ao outro a glória de sermos tão excessivamente cheios, e talvez estivéssemos pensando, no mesmo momento, sobre o jato vivo e vertical que ainda continuava a erguer-se, a cair sobre nós e a encher-nos...

Mas nem tudo eram trevas durante aquelas semanas em Veneza. Duse tinha acesso a um jardim privado que dava para a laguna onde ela e Rilke muitas vezes se refugiavam e conversavam sem que ninguém os perturbasse. Rilke deixara uma vívida descrição desse oásis:

> [Era] um jardim fantástico com gramados e relva cortada, como os parques do Norte, mas também com vinhas, loendros, loureiros e ciprestes... Eu podia entender por que o inquieto coração de Duse procurara a paz nesse jardim maravilhoso. A luz do sol estendia-se sobre a água; era raro ver uma ondulação; o mar estava dormindo, um espelho azul, como o que se estendia diante do banco em que tantas vezes nos sentamos em Duino... Nós nos sentávamos, olhando para a distante ilha de San Michele, aonde os mortos de Veneza eram levados outrora para seu derradeiro repouso. As lembranças despertavam... aqui,

neste jardim, escrevi uma carta em nome da Duse, impelido pelo inquieto desejo de manter algum teatro aberto para ela, caso ela fosse capaz de representar de novo. Afligia-me seu desejo de atuar, *une seule fois, bien armée, mais tranquille* [só uma vez, bem-preparada, mas tranqüila], como ela disse.

O poeta e a atriz discutiram suas obras favoritas, inclusive uma peça relgiosa do século XV, *Le Vrai Mystère de la Passion* [*O Verdadeiro Mistério da Paixão*] de Arnoul Gréban, pois Rilke estava convencido de que Duse seria uma perfeita Mater Dolorosa. Essa idéia também se perdeu e nos dois anos seguintes Rilke tentava em vão encontrar meios de ajudar Duse a retomar sua carreira. Concluiu tristemente: "Não há poeta no vasto mundo para dizer suas preces, e ela está passando". Pedidos a amigos ricos e patronos das artes que poderiam proporcionar os meios para ela estabelecer um teatro próprio foram ignorados. Rilke tornou-se cada vez mais inconsolável. O tom das suas cartas mostra uma tendência doentia a ver Duse como um espelho de sua alma torturada, muito embora o dilema da atriz fosse bastante real.

O texto de uma conferência de Edoardo Boutet, pronunciada no *foyer* do Teatro Argentina de Roma de 16 de maio de 1908, confirma que o teatro italiano em geral estava passando por uma fase de crise. Boutet, em sua análise dos problemas, descreve uma situação de clamorosa "ignorância e prática inescrupulosa" no teatro comercial, que tornava toda e qualquer busca da excelência artística totalmente vã – e o panorama imediato era sombrio tanto para dramaturgos como para atores. Duse conhecera por muito tempo esse triste estado de coisas. Sua experiência dos desenvolvimentos do teatro no exterior tornaram-na cada vez mais firmemente consciente das condições desfavoráveis na Itália para uma atriz do seu calibre. Comentando as celebrações do jubileu de Ellen Terry em 1906, escrevera a Liliana de Bosis: "Para compor uma *manifestação de amor* como a que presenciei ontem, é necessário o caráter dos ingleses. Ai, na Itália *não há raízes* para tal flor!"

Duse continuou a procurar em todas as direções possíveis alguma nova abertura, mas, à medida que os meses passavam, ela começou a questionar se seria de novo capaz de reunir coragem para retomar sua carreira. Essas dúvidas eram confiadas ao escritor e dramaturgo francês Édouard Schneider, que estava trabalhando num roteiro de *Le Dieu d'Argile* [*O Deus de Barro*], tendo Duse em mente. Embora tocada por sua delicadeza, Duse deixou claro que precisava de tempo para refletir. Referências ocasionais em sua correspondência sugerem que ela preferia esperar por alguma nova abertura na própria Itália. Falou em voltar ao palco em colaboração com novos talentos, como Ruggero Ruggeri, que criara o papel de Aligi em *La Figlia di Iorio*, de D'Annunzio, mas por uma ou outra razão essas negociações nunca se concretizaram.

A chegada de Yvette Guilbert à Itália, em 1913, para cumprir uma série de compromissos, reavivou suas esperanças. Elas eram amigas por quase vinte anos e havia uma profunda afinidade e confiança entre as duas. Duse escreveu a Guilbert: "Amo e admiro seu notável vigor – sua confiança – sua honestidade". Muito embora seus encontros fossem breves e pouco freqüentes, Duse e Guilbert tornaram-se tão próximas quanto duas irmãs. Duse sempre podia confiar na compreensão e na generosidade de Guilbert. E quando esta ficou doente e viu-se em apuros financeiros, Eleonora respondeu incontinenti a seu pedido de ajuda.

A cantora francesa era popularíssima entre o público italiano. Durante a turnê de Guilbert em 1913 pelas principais cidades italianas, Duse e ela viram-se várias vezes. A presença da amiga reavivou as esperanças da atriz de encontrar algum meio para retomar sua carreira. Eleonora invejava sua bem-amada Yvette, que podia dizer suas alegrias e tristezas, ao passo que ela tinha de sofrer em silêncio. Por sua vez, Yvette Guilbert partilhava a opinião de Cécile Sorel e outros, que afirmavam que Duse só recuperaria sua saúde e sua paz de espírito voltando ao teatro. Guilbert e Duse até chegaram a discutir a possibilidade de viajarem juntas. Podendo contar com o apoio de Guilbert, um novo começo parecia possível:

Tenho dentro de mim uma vida que ainda não expirou. Murmuro-lhe: se contemplo a noite tão aprazível e tranqüila... tenho a impressão de tudo entender...

Agora, se você deseja olhar no coração de alguém que é cego, como fará? Estou morrendo. Estou morrendo aqui, mas não depressa o bastante; isto é tudo o que lhe posso contar. Pensei as coisas com muito cuidado; estou certa de que tudo é culpa minha, mas ninguém é culpado... Mas aqui estou, morrendo, morrendo, morrendo – já me sinto à beira da morte...

Não diga nada a ninguém, talvez eu nunca mais me recupere e nunca encontre coragem para atuar novamente....

Mas, com você, talvez eu reconquiste a minha confiança. Mas para mim, viajar para longe e sozinha, e ver-me condenada ao teatro mais uma vez – nunca! Não poderia enfrentar isso! Mas, com você como companheira e colega, talvez sua força redesperte a minha.

À medida que o tempo passava, a perspectiva de um compromisso adequado e a coragem de aceitá-lo pareciam cada vez mais remotas, mas Guilbert contestava esses argumentos com propostas específicas. Sugeria que elas podiam fazer três apresentações semanais em noites alternadas – de preferência nos Estados Unidos, onde havia universidades renomadas e um público estudantil garantido. Duse podia apresentar leituras de poesia italiana, usando uma estante, e essas poesias seriam escolhidas para harmonizar em espírito e tema com as canções do repertório de Guilbert. Duse também confiou seu interesse em montar uma nova produção de

A Dama do Mar de Ibsen, porque sentia que podia reclamar uma compreensão especial desse papel, e declarou-se insatisfeita com algumas das interpretações então correntes. As duas mulheres estavam animadas com a perspectiva de trabalharem juntas e discutiram seus planos em toda oportunidade possível. Duse confiava em que Guilbert tinha os contatos profissionais e o prestígio necessários para tornar esse sonho realidade. A atriz fez um esforço especial para assistir à apresentação final de Guilbert nessa turnê, em Nice. Então, de repente, uma séria recaída na ilusão: Duse perde a coragem e pede a Guilbert que adie novas negociações com os empresários, no que lhe concernia.

As incessantes viagens continuaram, de Fossa dell'Abate a Florença e de Florença a Roma. Seu apartamento no hotel Eden dava para os jardins da Villa Medici. Depois da partida de Yvette Guilbert, ela ficou amuada, abatida e voltou à vida de rigor monástico – lendo e refletindo, recebendo uns poucos amigos íntimos e evitando estudadamente gente ligada ao teatro. Durante esses meses de isolamento autoimposto, ela encontrou algum alívio mantendo uma correspondência regular com escritores e intelectuais. Seu último confidente era o poeta e escritor piemontês Giovanni Cena. Enquanto essa amizade prosperou, sua confiança no apoio moral de Cena tornou-se quase obsessiva. Ao contrário da maioria de seus amigos íntimos, Cena tentou dissuadir Duse da idéia de voltar ao teatro e, por um tempo, ela pareceu aceitar o conselho, mas, no fundo do coração, sentia-se vazia e inquieta. A Yvette Guilbert confessou: "Tenho medo... e não sei por quê..." Essas premonições logo se tornariam angústia, quando desastres imprevistos mergulharam a Itália no luto.

11. VIDA ENTRE SOMBRAS E RUÍNAS

> *Tédio, tédio: o perigo mais letal para qualquer artista.*
> E.D.

1913-1914 – Um Mundo em Mutação

Uma vez livre para organizar sua vida, Duse dedicou cada vez mais tempo para as atividades culturais. Continuava a cultivar amigos como os irmãos Orvieto, Edoardo Boutet e Adolfo e Liliana de Bosis, que podiam enriquecê-la intelectualmente e pô-la a par das tendências recentes da literatura e das artes em geral. Ela assistia a conferências, concertos, filmes e algumas peças, tomando todas as precauções para não ser reconhecida nem perturbada. Com a mesma falta de ostentação, contribuía para qualquer empreendimento cultural que atraísse sua fantasia. Pontuava com pedidos de livros as cartas aos amigos, cujo prazer em atendê-la fazia com que ela raramente viajasse sem um generoso suprimento de material de leitura.

O jornal de artes *Marzocco*, editado e publicado por Adolfo e Angiolo Orvieto, chegava a ela onde quer que estivesse, e suas impressões sobre o conteúdo de cada número eram fielmente enviadas a eles. O estímulo intelectual desse jornal a fez sentir-se parte do círculo de escritores e críticos de vanguarda, que contribuíam para suas colunas. Confiou a Angiolo Orvieto: "Quando estou só, refugio-me nos pensamentos dos outros e consola-me um sentimento de participação – o sentimento de que também eu pertenço a esse círculo privilegiado que ama *partilhar os mesmos pensamentos* – Porque, se eu não pudesse sentir a *vida do mundo*, não seria mais capaz de existir". Seu respeito pelo talento criador dos outros ajudou-a a manter vínculos com críticos e escritores muito tempo depois de um contato mais próximo ter-se desfeito. Mesmo D'Annunzio continuava a mandar-lhe, depois da separação, cópias assinadas de suas obras. Cópias de *La Nave* [*O Navio*] (1908), *Fedra* (1909), *Forse che Sî Forse che No* [*Talvez Sim, Talvez Não*] (1910) e *Contemplazione della morte* [*Contemplação da Morte*] (1912) lhe foram enviadas com afetuosas dedicatórias e assinadas com as iniciais dos nomes que eles usavam na intimidade, no auge de seu caso (G.-G.: Gabri-Ghisola). À medida que as penosas recordações daqueles anos se desvaneciam, Duse desenvolveu uma preocupação quase materna pelo extravagante D'Annunzio, cujos excessos, dívidas e senso de autopromoção mantinham-no freqüentemente nos jornais. Sua vila em Settignano fora confiscada pelos oficiais de justiça e despojada de seus tesouros artísticos em abril de 1910, quando o poeta fugiu para a França a fim de evitar seus credores. Somente a pronta intervenção de Adolfo de Bosis evitou a perda da valiosa coleção de livros e manuscritos do poeta.

Os anos imediatamente precedentes à Primeira Guerra Mundial foram anos de intensa atividade literária na Itália. A fama de poetas e escritores como Antonio Fogazzaro, Giovanni Pascoli, Arturo Graf e Luigi Capuana refluiu, à medida que novos nomes ganhavam força: Guido Gozzano publicara *I Colloqui* [*Os Colóquios*] em 1911, Aldo Palazzeschi seu *L'Incendiario* [*O Incendiário*] em 1913 e Clemente Rebora seus *Frammenti Lirici* [*Fragmentos Líricos*] em 1913. Novos poetas como Giuseppe Ungaretti e Umberto Saba estavam começando a atrair a atenção da crítica, enquanto Pirandello emergia como o mais significativo dramaturgo da sua geração. A mais feroz das controvérsias era provocada, sem dúvida, pelas momices dos futuristas e pela tática eficaz dos *Vociani*. O manifesto do futurismo italiano, publicado por Filippo Tommaso Marinetti no *Figaro* de 20 de fevereiro de 1909, abalara o *establishment* literário, com seu credo de heroísmo e bufonaria na arte e na vida. Marinetti e seus adeptos pregavam a religião do novo, do audacioso e do original. Dinamismo e velocidade seriam as marcas registradas das formas artísticas contemporâneas; coragem e revolta, as armas essenciais. A estética da vanguarda da idade da máquina, com sua declaração de guerra ao elitismo, à lógica e ao sentimento, logo alterou toda a face da poesia, do teatro, da pintura e da escultura.

Muitos desses ideais encontraram um suporte adicional no jornal de vanguarda *La Voce*, editado por Giuseppe Prezzolini e publicado em Florença de 1908 a 1916. O movimento intelectual que cresceu a partir da iniciativa de Prezzolini provocou um impacto significativo na cultura italiana do início do século. Escritores e críticos notáveis, dentre os quais

Benedetto Croce, Giovanni Gentile, Ardengo Soffici e Giovanni Papini, contribuíram para uma reavaliação fundamental da cultura e da sociedade italianas. Sua campanha militante em prol de novos critérios sociais e estéticos envolveu uma ampla gama de influências estrangeiras: as teorias filosóficas de Blondel e Bergson, a estética de Mallarmé e Apollinaire, os dramas moralizantes de Ibsen.

Durante esse período de lazer forçado, Duse despendeu muito do seu tempo em companhia de Olga Signorelli. Como com Yvette Guilbert, um sentimento de confiança e compreensão desenvolveu-se quase imediatamente entre ela e essa culta emigrante, e as duas permaneceram amigas íntimas até a morte da atriz, em 1924. Olga Signorelli era russa de nascimento, um traço que atraía Eleonora. Casara-se com um médico italiano e, uma vez estabelecida em Roma, transformou seu apartamento num centro cultural que atraía jovens músicos, poetas e artistas, entre eles o escultor Auguste Rodin. Duse tornou-se assídua freqüentadora da casa dos Signorelli, onde podia relaxar em boa companhia. Fragilizada e perturbada, a atriz continuava a dominar qualquer reunião, com sua expressão elevada, seus ouvidos atentos e suas palavras espontâneas. Matilde Serao, que conhecera Duse desde as primeiras peças em Nápoles, achava que as refinadas qualidades de caráter e espírito da atriz haviam adquirido uma nova vitalidade e um novo brilho na companhia dos jovens artistas e intelectuais que freqüentavam os saraus organizados por Olga Signorelli.

As mulheres também se destacavam nessa nova fase de atividade social – escritoras notáveis como Grazia Deledda, Sibilla Aleramo e Ada Negri, e críticas como Amalia Guglielminetti. Elas manifestavam um interesse agudo pelas realizações de cada uma e estabeleceram vínculos. A admiração de Eleonora pelos versos de Ada Negri levou a uma troca de correspondência em 1913 e, referindo-se a certas angústias pessoais sofridas por Negri, Duse deu-lhe o conselho que ela mesma sempre seguira em momentos de crise: "Querida amiga, se você não conseguir a força de ficar *só*, nunca encontrará consolo... se você puder se redescobrir, não sofrerá mais, ou, pelo menos, a ansiedade de que você fala não irá mais anuviar seus pensamentos".

As reformas liberais do governo encabeçado por Giovanni Giolitti testemunharam um interesse renovado pela questão do feminismo. Já estava sendo angariado o apoio para as discussões feministas que seriam objeto do Congresso Nacional Feminino, que deveria ser realizado no Teatro Argentina em Roma, em outubro de 1917. Mulheres destacadas de todas as categorias sociais eram convidadas a exprimir seus pontos de vista e prestar sua solidariedade. Ao longo da sua carreira, Duse conhecera as piores formas de machismo. Seu desprezo por homens como Giuseppe Giacosa refletia sua rebelião contra a dominação masculina na sociedade italiana. Amizades com mulheres como Lawrence Alma Tadema, Sibilla Aleramo, Alberta Alberti e Lina Poletti levaram-na a tomar consciência da causa feminista. Mas, quando foi finalmente instada a manifestar-se publicamente sobre o tema, Duse expressou sua desaprovação de palavras de ordem estridentes e táticas agressivas, por mais justos que fossem os motivos:

O erro do feminismo tal como foi cultivado e definido aqui na Itália, é ter levado o debate ao nível da competição e das recompensas materiais, o que serviu para criar a imagem dos sexos em guerra, de mulheres lutando com homens para ganhar a primazia. O problema só pode ser resolvido com base no respeito e na confiança, e fomentando as virtudes e atividades humanas em benefício de ambos os sexos... As mulheres que aspiram hoje a elevar seu papel em relação à família e à sociedade, como muitas fizeram antes em face das incontáveis batalhas e hostilidades... não são *feministas:* são mulheres, mulheres de verdade, todas elas mulheres...

Qualquer mulher que não consegue encontrar os meios para desenvolver seus talentos é desprovida de vida, pois ninguém pode viver sem ideais e satisfações... e nenhuma mulher se resignaria ao isolamento e à total negação de si... As mulheres precisam tentar entender que, mesmo fora da esfera do amor sexual, elas são capazes de criar para si e para outros uma nova fé e uma nova alegria, que também é uma forma mais elevada de amor.

Sua mensagem dificilmente podia ter sido mais positiva e construtiva, e seus pensamentos sobre esse delicado problema ajudam a explicar a áspera repreensão de Eleonora à escritora Sofia Bisi Albini, que a descreveu imprudentemente como uma trágica vítima da perfídia masculina. A referência tinha por alvo D'Annunzio, e Duse não pôde conter sua ira:

Peço-lhe que reconsidere a imagem que tem de mim. Permita-me recordar-lhe que sou uma pessoa que sempre concordou com uma lei da vida que oscila entre esperança e ação, coragem e silêncio. Se essa hora de silêncio me foi forçada pela doença, isso não é uma justificativa para me incluir "entre aquelas mulheres que sofrem por causa de algum *tormento secreto e abrasador*" – como você houve por bem definir. Reserve esse nicho para outras, que merecem mais tal destino. Quanto a mim, abraço a verdade da vida e devo recusar o manto que você deseja pôr em meus ombros. A vida é a vida: todos estamos familiarizados com ela, e a arte é a arte (para evitar palavras afetadas); e é bem raro alguém poder falar de vitória arrancada dessas duas forças. Se houve um tempo em que eu era capaz de perceber por um instante a harmonia entre a arte e a vida, por que estaria eu confrontada com esse importuno e voluntário chorar o passado? Que é esse injustificado revolvimento do meu passado; essas especulações acerca da verdadeira natureza da vida, como se a vida não fosse feita para a dispersão – mesmo quando se continua a amá-la e desejá-la sem nenhum pedido de compensação?

28. A atriz com a filha Enrichetta em Florença. Depois do casamento com Edward Bullough, um jovem professor de Cambridge, Enrichetta fixou residência na Inglaterra. Os longos períodos de separação forçada apenas fortaleceram a relação e a compreensão profundas entre a atriz e sua filha.

O texto dessa carta foi infelizmente ignorado ou menosprezado pelos biógrafos e romancistas românticos que exploraram a imagem da "trágica diva".

Na ausência de quaisquer planos definidos de volta ao teatro, Duse tentava ser útil de outras maneiras. Confessa a Enrichetta: "Sem um objetivo à frente, Roma não oferece consolo nesta monótona existência". Durante esse período de inatividade, ela concebeu a idéia de um centro cultural para atrizes em Roma, em que elas pudessem ler, estudar, descansar e pensar, ou, conforme colocou, em que elas pudessem refrescar-se "num oásis em que podiam encontrar um livro, uma flor, um momento de paz". Trabalhou incansavelmente para conseguir apoio para essa idéia, e suas cartas a Enrichetta na Inglaterra referem-se à venda de jóias e outras posses pessoais para financiar o projeto. Duse sempre afirmara que, sem a leitura e o estudo assíduos, nunca teria progredido muito como atriz. Também nunca esqueceu as oportunidades que lhe foram negadas, na adolescência, de ter uma educação formal e aprimorar sua mente. Como a maioria dos autodidatas, a atriz tinha um profundo respeito pela escolaridade, e deplorava a frivolidade e a superficialidade atribuídas à sua profissão.

Ela lutou a vida inteira para recuperar o tempo perdido dedicando cada momento de lazer à literatura séria. O autoaperfeiçoamento tinha sido uma palavra-chave em seu trato com os atores de sua companhia, pois ela não precisava de provas de que a arte teatral é "a menos espiritual de todas". Determinada a superar as desvantagens da sua profissão, impôs-se um regime de disciplina e trabalho duro, que não raro esgotavam e violentavam seus colegas. Sempre consciente das dificuldades e preconceitos experimentados pela gente de teatro, dava grande importância a uma conduta digna, no palco e fora dele. As atrizes principiantes de sua companhia tinham de observar regras inflexíveis de decoro, e quem quer que bancasse a coquete era logo posta em seu devido lugar. Isso não quer dizer que Eleonora fosse insensível às tentações com que atores e atrizes se deparavam. Como ela mesma observou: "Quando se aprende seu papel, o cérebro não funciona mais. Somente os nervos e a sensibilidade continuam a funcionar em busca da emoção. Esse o motivo por que tantos atores e atrizes são julgados estúpidos, imorais e vulgares".

A *Casa delle Atrici* [*Casa das Atrizes*] cogitada por Duse seria semelhante ao Theatre Club de Londres e a um centro para atores que visitara em Oslo. A atmosfera seria descontraída e agradável; não daria nenhuma sugestão de asilo ou de instituição de caridade. O projeto teve ampla publicidade, e logo surgiram facções para discutir a factibilidade dos planos de Eleonora. Um dos argumentos mais virulentos era o de se esse novo centro não prejudicaria a coleta de fundos para uma nova Casa de Repouso dos Atores, que seria inaugurada em breve em Roma. Os críticos do esquema da Duse argumentavam que, enquanto livros e flores podiam alimentar o espírito e a alma, também era preciso pensar nas necessidades materiais de artistas em dificuldades. O pão era mais vital do que os livros para quem estava enfrentando a pobreza. Não se deixando desalentar pelas vozes dissidentes, Duse levou adiante seus planos. A característica principal do centro cultural, que estabeleceria vínculos com as províncias, era ser uma biblioteca bem-provida e um centro de informações. Haveria também salas para conferências e concertos, de que eminentes intelectuais e artistas seriam convidados a participar.

Duse estava incerta acerca do nome mais apropriado para a nova instituição:

"A Biblioteca" – é como a chamo –, mas precisamos dar a esse centro cultural outro nome. Ele não se pode tornar um círculo fechado de artistas de teatro, pois isso significaria simplesmente uma regressão à situação presente. Haverá salas de leitura e de conferências, em que o mundo intelectual de Roma poderá reunir-se. Quero pôr nossos atores em estreito contato com gente erudita: conferências, sessões de leitura e saraus musicais ajudarão a melhorar a cabeça deles.

Também estava planejado que o centro teria acomodações para atrizes em visita a Roma.

Duse tirou partido de sua amizade com Enrico Polese para certificar-se de que o projeto estava bem assessorado. Como editor de *L'Arte Drammatica*, Polese esboçou o programa da futura *Casa delle Atrici*, que seria instalada numa casa alugada: a Villa Ricotti, na Via Pietralata, no distrito Nomentana de Roma. A escolha da localização fora ditada pela preferência que Eleonora tinha por esse bairro tranqüilo da cidade, com suas vilas aristocráticas, suas avenidas arborizadas e sua atmosfera suburbana. O jornal de Polese tratava das subscrições, e atrizes de destaque na época, como Tina di Lorenzo, Lyda Borelli, Maria Melato, Teresa Mariani e Dina Galli, prometeram seu apoio. Jornalistas com faro apurado para qualquer sinal de polêmica deram ampla cobertura também para as objeções levantadas por conhecidas atrizes, como Virginia Reiter e Emma Gramatica. Numa carta aberta publicada no *Giornale d'Italia*, Emma Gramatica resumia suas dúvidas numa única sentença: "Signora Duse, atrizes bem-sucedidas não farão uso do centro, porque não precisam de uma instituição como essa; as menos bem-sucedidas não a utilizarão, porque não têm nem tempo, nem inclinação". Recusando-se a deixar-se levar a bate-bocas inconvenientes, Duse permaneceu inabalável. "Não se trata nem de escola, nem de asilo", declarou, "mas de um refúgio intelectual para nossos atores e, acima de tudo, para nossas atrizes – um centro de cultura e descontração". Os jornalistas tinham uma grande ocasião para propalar as vantagens e desvantagens desse esquema, que possuía vários nomes: Biblioteca das Atrizes, Casa de Cultura, Casa do Teatro. Entrementes, gente interessada em Bolonha e em outras cidades da província elaboraram planos para estabelecer filiais que proporcionassem recursos semelhantes.

A inauguração oficial finalmente aconteceu às cinco da tarde do dia 27 de maio de 1914, na presença de Eleonora Duse e de sua mais destacada colaboradora, a atriz Tina di Lorenzo. Grazia Deledda e Marco Praga também se destacavam entre os convidados. Ministros do governo e influentes patronos das artes misturavam-se com escritores e atores. O empreendimento parecia ter plena possibilidade de sucesso, mas em alguns meses as dificuldades financeiras e o interesse decrescente logo mostraram que os críticos estavam certos em suas profecias sombrias; somente o início da guerra e a subseqüente mobilização dos recursos do país salvaram o centro de uma morte lenta e penosa. Em particular, Eleonora confessava que estava consternada e desanimada com as reações hostis da parte de certos críticos e colegas. Mais uma vez, ela concluiu com tristeza que os atores eram seus piores inimigos. A Enrichetta, confessou que "a biblioteca é um fracasso, e a melhor solução é oferecer os livros a professores empobrecidos de nossas escolas elementares".

1914-1918 – A Provação da Itália

Ao estourar a guerra na Europa, Duse foi envolvida na nervosa atmosfera de incerteza e prostração do país. A Itália não estava em condições financeiras de travar uma guerra. Sua declaração inicial foi de neutralidade. Entrementes, o comandante-em-chefe, general Luigi Cadorna, planejava secretamente uma ofensiva nas montanhas da fronteira com a Áustria. As ansiedades particulares de Eleonora Duse pareceram de repente sem importância, ante as potências européias se preparando para as hostilidades armadas. A Itália ainda estava em posição de neutralidade quando uma catástrofe natural atingiu a nação. Pouco antes do amanhecer do dia 13 de janeiro de 1915, um primeiro terremoto grave abalou o país de Roma a Nápoles. Toda a Itália se comoveu, à medida que o número de vítimas crescia e que eram publicados relatos sobre a extensão dos estragos. As cidades de Avezzano, Tagliacozzo e Sora foram arrasadas, e dos nove mil habitantes registrados em Avezzano menos de mil sobreviveram. O pânico só contribuía para aumentar a confusão, à medida que os tremores continuavam a pressagiar mais destruição nos dias seguintes aos abalos iniciais. Milhares de refugiados eram temporariamente realojados em Roma e o número de vítimas logo excedeu trinta mil mortos e dez mil feridos. Nada menos de sessenta cidades foram destruídas, e numerosos monumentos históricos, inclusive a fachada da catedral de Orvieto, foram severamente danificados.

O rei da Itália visitou as cenas de devastação nas províncias de Aquila e Roma; a própria rainha ajudou a organizar os socorros, que foram generosamente suplementados com ajuda estrangeira. Essa catástrofe inesperada mergulhou toda a nação italiana num estado de desespero. Por um momento, os problemas mais vastos da política e da guerra foram esquecidos.

Numa carta a Enrichetta datada de 21 de janeiro, Eleonora informava: "A Biblioteca das Atrizes foi fechada ontem". Poucos dias depois, ela se empenhava em doar o conteúdo do centro para os sem-casa: móveis, camas e quaisquer utensílios que sentia poder serem úteis. Os hospitais e casas de saúde de Roma estavam lotados, mas Duse, depois de ponderar se deveria oferecer todo um andar da Villa Ricotti aos refugiados, decidiu que seria um erro tirá-los de seu ambiente. Salientou esse ponto numa carta a Emma Garzes: "Que calamidade foi esse terremoto! Há uma necessidade urgente de ajuda e, mais importante ainda, de alguma forma de *organização* para a *reconstrução de casas...* esta deveria ser a primeira prioridade! *Não* a caridade!... mas um plano de reconstrução, por mais problemático que seja".

A tragédia, que absorveu todos os seus pensamentos, levou-a a mudar-se para um apartamento de propriedade de uns amigos, a fim de escapar dos hóspedes chiques do hotel Eden, cuja indiferença ante a situação dos refugiados deixava-a pasma e exasperada. Muito embora o regime de Eleonora tenha se tornado ainda mais austero, ela desfrutou seus raros momentos de descontração durante aquelas semanas difíceis de janeiro e fevereiro na casa dos Signorelli, onde ouviu quartetos de Beethoven e de Brahms, executados por um grupo de jovens músicos profissionais. Duse encontrou amigos leais em Olga Resvenic e seu marido, dr. Angelo Signorelli. Descreveu o último como tendo "um pouco de Pascoli e um pouco de Tolstói". A boa companhia que eles atraíam para seus saraus proporcionou uma oportuna distração das incessantes conversas sobre a guerra. As ruas de Roma no inverno cobriam-se de um ar de tristeza cada vez mais profunda; Duse já parecia sentir os horrores por vir. "Se pelo menos a primavera chegasse, em vez da guerra...", escreveu, "pois, se a guerra causa ansiedade, observe como a própria terra não parece mais capaz de suportar nosso peso". Nada podia tirá-la desse desalento, quando ela via o mundo "virar a si mesmo de cabeça para baixo". As relações da Itália com a Áustria, que nunca foram boas, deterioraram-se rapidamente. Os maus-tratos a que a Áustria submetia os súditos italianos em Trieste acarretaram protestos e manifestações, sem produzir nenhum resultado.

O sentimento antialemão também se fortalecera. O uso pelos alemães de gás venenoso em Ypres e o afundamento do paquete *Lusitania* por um torpedo alemão em maio de 1915, que resultou na morte de mais da metade dos dois mil passageiros e tripulantes a bordo, reverteram a opinião neutralista e provocaram manifestações antialemãs que beiravam a histeria.

No dia 26 de abril de 1915, um pacto secreto, conhecido como Tratado de Londres, foi assinado por sir Edward Grey e pelos embaixadores da Itália, Rússia e França. De acordo com seus termos, a Itália comprometia-se a travar a guerra com seus três novos aliados contra todos os seus inimigos. Em troca, foram prometidos à Itália o Trentino, o Tirol Cisalpino, a Ístria com Trieste, a Dalmácia, um pé na Albânia (Valona) e o Dodecaneso, que ela tomara recentemente da Turquia.

Um mês depois, no dia 24 de maio, a Itália declarou guerra à Áustria-Hungria – sua inimiga tradicional –, embora evitasse um rompimento aberto de relações com a Alemanha até agosto do ano seguinte. Do ponto de vista militar, a guerra, que se arrastou por três anos com a Áustria e dois com a Alemanha, ia se tornar uma guerra de desgaste estática. Duse escreveu a Enrichetta: "Minha filha, hoje é o primeiro dia de guerra, logo não há lugar para palavras vazias. Todos nós neste mundo estamos unidos pela mesma esperança, e cada um de nós cumprirá com seu dever". Imbuída de sentimentos de dever patriótico, Duse reconheceu que ninguém mais era livre de planejar seu destino enquanto aquela terrível guerra não passasse. Ela voltou-se para os escritos de Mazzini, essa figura de "luz e fé", a fim de juntar força e coragem para enfrentar os meses difíceis por vir.

A situação na Itália podia ser considerada favorável, na medida em que a Áustria-Hungria estivesse profundamente comprometida na guerra com a Rússia. Senão, o país estava totalmente despreparado. A guerra com a Turquia (1911-1912) esgotara os recursos italianos. O Tratado de Ouchy encerrava efetivamente as hostilidades e estabelecia a soberania italiana sobre a Líbia e o Dodecaneso. No entanto, logo ficou claro que a Líbia não era a terra prometida que muitos haviam imaginado. A empresa custou à Itália mais do que ganharia com ela. O material e provisões bélicos gastos na conquista da Líbia não foram repostos, e por volta de 1915 a Itália ainda estava sem fundos e fábricas para uma ação militar imediata onde quer que fosse. O Tesouro italiano fizera esforços consistentes para cortar as despesas militares e navais. Estrategicamente o panorama era ainda menos promissor. A longa fronteira com a Áustria era coberta por uma densa cadeia de montanhas alpinas.

As forças italianas, é verdade, haviam ganho experiência no trabalho de escolta e transporte durante a guerra com a Turquia, mas a guerra no deserto não era uma boa preparação para lutar nos Alpes. Quando entrou em guerra contra a Áustria, a Itália tinha cerca de 875.000 homens em suas forças armadas, ao passo que a força austríaca somava cerca de 100.000. O exército italiano era mal-equipado em munições e artilharia. Não tinha treino em assédio; não possuía armas pesadas e apenas 64 de calibre médio para cada corpo de exército, contra 144 no exército alemão, e apenas 600 metralhadoras ao todo. Os aliados da Itália estavam utilizando rapidamente seus recursos e não podiam vender à Itália armamentos suficientes para as necessidades desta. A má remuneração das forças armadas na Itália tivera como conseqüência um número excessivo de oficiais mais velhos e uma carência aguda de homens jovens. Nessas circunstâncias, o moral estava compreensivelmente baixo.

Durante o ano de 1915, os combates limitaram-se a uma série de ofensivas italianas. Cadorna dividira seus homens em quatro exércitos: o Exército do Trentino, que se estendia da Suíça ao Val Cismon, passando ao longo do Trentino; o Exército de Cadore, posicionado a norte e a leste dos Alpes Cárnicos; o Exército de Carnoa, compreendendo dezesseis batalhões alpinos; e o Exército de Isonzo, igual em tamanho aos três outros somados e que se estendia até o Adriático. Sete divisões eram mantidas em reserva. Mas o terreno difícil e a falta de suporte militar adequado tornavam impossível para qualquer um desses contingentes italianos fazer avanços notáveis. A infantaria italiana mostrou com freqüência grande bravura, mas sua insuficiência em força e organização ficava exposta à medida que a guerra progredia. As tropas italianas viram-se sob constante pressão dos austríacos, que estavam recebendo reforços substanciais do *front* russo. Em agosto de 1915, os italianos haviam perdido 60.000 homens, contra 45.000 baixas austríacas, e em dezembro esses números se elevaram a 117.000 italianos contra 72.000 do lado austríaco.

Duse seguia esses acontecimentos pela imprensa com consternação. Acreditava na justiça dos objetivos italianos, mas continuava a questionar os motivos dos políticos e dos fautores de guerra. Sincera em seu patriotismo e consciente do alto preço que os italianos pagavam por sua independência, Duse, não obstante, se recusava a descambar para qualquer tipo de xenofobia estridente ou de condenações indiscriminadas.

Deve ter sido penoso e embaraçoso para Eleonora ver D'Annunzio ressurgir como o profeta do nacionalismo desenfreado, celebrando as glórias da destruição e do derramamento de sangue. O poeta voltara à Itália, vindo da França, no início de maio e descobriu uma segunda juventude quando a guerra tornou-se iminente. D'Annunzio igualava a "vida heróica" às realizações artísticas. Com sua audácia característica, fez discursos inflamados em Gênova, diante do monumento a Garibaldi em Quarto, e mais tarde do balcão do Capitólio em Roma. O conteúdo desses discursos era mais forte em retórica do que em visão política. Fazendo-se de salvador da nação, D'Annunzio levava as multidões que se reuniam para ouvi-lo a um frenesi de fervor patriótico. Posando como "demônio do tumulto" e denunciando os neutralistas, o poeta encontrou uma nova vida como orador e soldado. Sua retórica atingia novos ápices de euforia: "Sou como o gênio do povo livre... Vejo meu Credo, afinal, no sangue e no espírito. Não estou mais intoxicado apenas comigo, mas com toda a minha raça... Estamos guerreando nossa guerra... Somos os últimos a entrar no combate e os primeiros a colher a glória". Atribuindo-se o papel de herói militar em moldes homéricos, transformou em culto a camaradagem na batalha. Suas descrições entusiastas dos jovens soldados com quem confraternizou na campanha trazem todos os sintomas da paixão irresponsável. Retrospectivamente, as pitorescas travessuras de D'Annunzio como piloto e *Comandante* recendem a excentricidade cabotina, mas, na época, era enorme sua influência na elevação do moral.

Embora Duse pudesse simpatizar com o sentimento nacional, ela via perigos no "sagrado egoísmo" do país. Se reconhecia a necessidade de proteger os interesses italianos em face das violações da Áustria e da Alemanha, deplorava, porém, os crescentes horrores de morte e destruição de todos os lados. Suas cartas a Enrichetta na Inglaterra traem seu profundo senso de envolvimento. Deixando de lado suas preocupações pessoais, aderiu ao Comitê de Mulheres Italianas, contribuindo para a ajuda aos soldados no fronte. A atriz doou roupas, livros e dinheiro. Também contribuiu generosamente para qualquer fundo de que tinha notícia. Escreveu aos soldados da ativa e entrou em contato com seus parentes e amigos, ainda que devesse fazer árduas viagens à própria custa.

Entre outras iniciativas, as autoridades italianas organizaram um grupo teatral conhecido como o Teatro del Fronte [Teatro do *Front*], comparável ao E.N.S.A [Entertainments National Service Association] da Grã-Bretanha durante a Segunda Guerra. Atores do calibre de Ermete Novelli, Tina di Lorenzo, Ermete Zacconi e Alfredo de Sanctis, entre outros, foram persuadidos a participar. Duse foi contatada pelo comitê de organização e pensou seriamente em oferecer seus préstimos. O esquema permitiu-lhe conhecer pessoalmente os perigos enfrentados pelas tropas italianas no *front*. Quando ela viu a miséria e as privações que os soldados tinham de suportar nessa campanha que parecia não ter fim, mudou de imediato de idéia acerca dos benefícios de um Teatro del Fronte. Confrontada com o desconforto físico e o moral baixo do exército italiano, sentiu-se subitamente envergonhada com toda aquela patacoada. Confessou ao crítico teatral Silvio d'Amico sua surpresa com que alguém tivesse acreditado ser possível distrair homens que enfrentavam a morte com um teatro improvisado:

Era grotesco e percebi a tormenta que se aproximava; o soldado no *front* estava compreensivelmente irado com a falta de sensibilidade da nação: ele se ressentia desse intrometimento dos atores e seus patrocinadores, que chegavam com a idéia absurda de que podiam diverti-los. Não havia contato real entre nós e as tropas, e víamos os disparates mais colossais sendo cometidos.

Confrontada com a realidade da guerra, a atriz dissociou-se da empresa e decidiu concentrar-se em formas mais práticas de ajuda, entre elas mensagens pessoais às tropas. Ao escrever cartas para os soldados, ela punha um tom materno exortando-os à coragem, à paciência, à tenacidade e à honra, e exaltava os sacrifícios que estavam fazendo em nome de todos os italianos. "A vitória final", tentava garantir-lhes, "será nossa; eu o sinto; tenho certeza... precisamos vencer, precisamos vencer!"

Os reveses sofridos pelos exércitos de Cadorna tendiam a sugerir o contrário. Na primavera de 1916, os austríacos lançaram sua primeira grande ofensiva no Trentino. Cadorna retaliou com um ataque no *front* de Isonzo e uma ofensiva lançada em agosto na região de Gorizia. A luta ao longo do verão de 1916 nas montanhas secas e pedregosas de Carso fora de alto custo para ambos os lados. Pior era continuar durante o severo inverno de 1916, que transformou a vida num pesadelo para as tropas italianas. O frio intenso das neves alpinas, a carência crescente de munições e suprimentos e os freqüentes deslizamentos de terra e avalanches aumentaram muito o número de baixas. As cartas de Eleonora transmitiam toda a ansiedade e o desespero dos que assistiam a esses ferozes acontecimentos de fora, incapazes de ajudar. Ela aconselha paciência e esperança. No entanto, o tom geral dessas cartas transmite sua crença no compromisso honroso que estava sendo expresso pelos advogados da paz.

Por volta de 1917, o curso da guerra parecia estar virando contra a Itália. O colapso da Rússia possibilitou que a Áustria concentrasse todos os seus recursos no *front* italiano. Uma ofensiva austríaca maciça em outubro no *front* de Isonzo foi empreendida com reforços alemães. A linha italiana ruiu. O resultado desastroso da batalha de Caporetto em 24 de outubro de 1917 chocou toda a Itália. A derrota parecia certa. Os milhares de refugiados sem casa, provenientes das áreas ocupadas, revelaram ao país a realidade da perigosa situação italiana. Cerca de um quarto de milhão de soldados italianos caíra nas mãos do inimigo. A Itália sentiu-se tomada por um novo sentimento de urgência. O general Cadorna foi prontamente substituído pelo general Armando Diaz. Os aliados, percebendo a dimensão da derrota italiana, acorreram em seu socorro. Seis divisões francesas e cinco britânicas foram mandadas sem mais tardar ao país, mas antes de chegarem ao *front* os próprios italianos haviam estabilizado a posição. Tenacidade e abnegação por fim triunfaram, e vinte e nove divisões italianas conseguiram deter cinqüenta divisões austro-alemãs, até finalmente chegarem os reforços franceses e britânicos para restaurar o equilíbrio.

Dirigindo-se a Luciano Nicastro, um jovem tenente que encontrara por acaso numa livraria milanesa, Duse insta-o a liderar pelo exemplo:

Ame seus soldados e trate-os com lealdade e como iguais, na verdade como homens melhores do que você, pois eles não precisam ser exaltados! Aja sem medo e transmita a seus homens essa energia exigente e cruel, mas essencial, que a guerra reclama. Ame-os e conforte-os... e diga-lhes quão orgulhosos nós, italianos, deveríamos ser por possuirmos um país como o nosso! Tenho confiança em que você lhes proporcionará uma guia firme... se tivéssemos pensado em instruir nossos soldados mais cedo! De fato, nós os deixamos entregues a seu destino, pairando entre a vida e a morte sem abrir seus olhos para as grandes verdades que constituem a vida...

Duse tomou-se de afeto por aqueles jovens separados das suas famílias, com o moral abalado por tantos de seus companheiros mutilados ou mortos. Prometeu-lhes: "Contem comigo para tudo". E suas ações eram tão valiosas quanto suas palavras. Depois da vitória de Piave em novembro, ela congratulou-se com Nicastro e seus companheiros: "Esta grande página da história que vocês escreveram com seu sangue e seu sacrifício está terminada: abençoados sejam os mortos e os vivos! Louvados sejam vocês, soldados da Itália! Eu gostaria de abraçar vocês todos, um a um... gloriosos sobreviventes!"

Testemunhando as conseqüências do assalto pelas divisões alemãs, Duse mudou de atitude quanto à percepção da guerra. As implicações morais perturbaram-na e os sentimentos vivazes que ela reservava a seus soldados eram muito menos evidentes em suas confidências a Enrichetta. Suas emoções contraditórias levam-na a citar as palavras do poeta Romain Rolland:

Oh, heróica juventude do mundo... sim, de fato! Oh, heróica juventude do mundo, de fato! – pois tudo o mais é nada... Gostaria de partir cada dia e cada manhã eu permaneço – detesto e adoro o mundo inteiro, gostaria de ver todo ser humano preparado para fazer qualquer sacrifício, mas gostaria de ver todo ser humano tranqüilo.

Em certos momentos, Duse achava impossível até mesmo tocar no tema da guerra: "O conflito do mundo está além das palavras". Em outros, a feroz realidade do conflito humano proporcionava-lhe visões terríveis. Observando o desenrolar dos acontecimentos, Duse lembrava-se de seu primeiro encontro, quando pequenina, com homens fardados, que traziam as marcas do conflito. Confidenciou a Enrichetta:

Lendo as reportagens – cada uma mais horrorosa que a outra – e discutindo apenas sobre a guerra – revivo todo o terror que senti garotinha, em 1866, certa noite enluarada em que minha mãe me levava nos braços e vimos um grupo de soldados passar, extenuados e macilentos, e, vendo-os nas sombras, não éramos capazes de dizer se eram nossos homens ou o inimigo!

Referindo-se às suas recentes experiências no *front* italiano, afiançou à filha: "Durante os primeiros dias, não vi nada mais que morte e destruição – e o terror moral e físico do holocausto".

A angústia mental, à medida que se deteriorava a situação italiana no *front*, começou a afetar a saúde de Eleonora, que foi atormentada pela febre e a asma durante os meses de crise. Observava com consternação como a guerra não estava custando apenas vidas, mas também mudando os valores e as atitudes dos envolvidos no holocausto. À medida que a guerra se prolongava, a nação e o Estado italianos também passavam por um processo de mudanças profundas. A Itália tornou-se um Estado muito mais autoritário, em que o poder executivo prevalecia sistematicamente sobre o legislativo. À medida que o Estado se tornava mais autoritário, também se tornava mais ineficiente, mais "coletivista" e mais vulnerável às pressões de poderosos interesses privados. Quanto mais sinistro se tornava o mundo, mais contrafeita Eleonora sentia-se com sua prolongada separação de Enrichetta.

Ao contrário de Isadora Duncan, Duse não sentia a tentação de ampliar sua missão e pontificar sobre economia, política e a guerra na Europa. Caracteristicamente, ela preferia manter-se retraída, mas, quando um manifesto em nome das mulheres de Roma foi dirigido às mulheres francesas afirmando a justiça da luta da Itália em nome da civilização, Duse prontamente acrescentou sua assinatura.

Esse gesto não passou despercebido em território inimigo. A *Deutsche Tageszeitung* acusou Duse de ingratidão e recordou-lhe que devia muito da sua fama e de seu sucesso como atriz ao público alemão. Duse esclareceu sua posição em particular a Enrichetta:

Sim, é verdade que a Alemanha deu-me trabalho, honras, amizade, e mostrou apreciar minha arte. Tudo isso significa muito para mim, quando me via viajando pelo vasto mundo para fazer fortuna – e é algo que nunca esquecerei. A Alemanha me deu tudo, com exceção de uma coisa, a que não posso renunciar em troca – *O amor da minha Terra Natal*... Melhor ser ingrata por algo recebido (o que, no fundo, eu não sou) do que hesitar em repelir o agressor.

Essas ironias penosas eram a conseqüência inevitável da guerra, e ninguém as sentia mais intensamente do que a Duse, que tinha grandes amigos espalhados por toda a Europa. Assim explicou a Enrichetta:

Leio todos os jornais, quaisquer que sejam suas simpatias políticas, e acho que todos estão certos e errados. A guerra é uma coisa cruel e absurda. As guerras deviam ser confinadas à mesa de negociações, de modo que os problemas das nações do mundo fossem resolvidos sem causar angústias nem ceifar vidas humanas. Não concordo com os que argumentam que "quem tem a força tem a razão", mas é infelizmente assim que o mundo pensa. As coisas mostram simplesmente como a espécie humana chafurda na impostura. Todo o mundo anda armado, mas protestando que não deseja combater.

A guerra era estranha a tudo em que Duse acreditava, embora, de certo modo, ela estivesse até mais chocada com a aparente indiferença dos que se distanciavam do tumulto a seu redor.

As companhias constantes da atriz durante esse período eram Désirée von Wertheimstein, a quem Duse referia-se afetuosamente como sua gansa, e a escrupulosa, mas um tanto taciturna, Maria Avogadro. Ambas foram recomendadas a Eleonora por amigos como boas companhias, sem nenhum laço ou compromisso premente, e estiveram com ela ao longo dos últimos anos de sua vida. Désirée von Wertheimstein mostrou-se uma amiga leal e extremamente dedicada, conquanto sua falta de interesse pelos problemas do mundo com freqüência irritassem Duse. Uma carta a Enrichetta confirma que Désirée estava trabalhando "como uma negra" em benefício dela, embora a boa mulher fosse tão indiferente à convulsão da Europa que discutir a campanha de Roma ou as delícias do lago de Como com ela era a mesmíssima coisa. As três, com suas notáveis diferenças de formação e temperamento, constituíam um trio inverossímil. Lendo-se nas entrelinhas da correspondência da Duse, sente-se certa dose de tensão doméstica. Mas o companheirismo e a lealdade dessas duas mulheres ajudaram-na muito a sobreviver aos deprimentes anos de guerra.

Como a maioria das pessoas que vive cada momento de sua vida com a máxima intensidade, Duse costumava esperar demasiado de mortais inferiores. Experiente em matéria de fraqueza humana, oscilava entre a compaixão e o desespero, à medida que o conflito se ampliava. Sua correspondência com Luciano Nicastro revela o desencanto crescente com as potências européias e sua condenação daquela "desordem louca e enorme que irá se repetir nos anos vindouros... porque a humanidade não tem uma verdadeira compreensão da vida". Ela deplorava a onda de imperialismo que estava suplantando rapidamente o patriotismo genuíno. A vingança da honra italiana veio com a batalha de Vittorio Veneto, em fins de outubro de 1918, mas não era a vitória que Duse esperava ver. Quando a guerra finalmente terminou com o colapso da Áustria e um armistício foi assinado no dia 4 de novembro, ela confidenciou:

29. Duse no *front* italiano em 1917. Inflamada de patriotismo, Duse esperou e rezou por uma vitória italiana. Depois de visitar as tropas na zona de perigo e testemunhar suas privações e frustrações, seu patriotismo transformou-se em pesar ante a idéia de tanto sofrimento humano e tanta destruição gratuita.
(Cortesia da Fundação Giorgio Cini, Veneza)

Sinto como se tivesse acabado de acordar de um pesadelo e acho impossível chegar a um acordo com o mundo à minha volta. Se pelo menos pudéssemos apagar esses anos de guerra! *Estávamos* e *continuamos* além da verdade! Eu acreditava de boa fé que a guerra era uma necessidade e um dever; agora, só quero esquecer tudo.

A vitória não resolveu nenhum dos problemas perenes da sociedade italiana. A fragilidade política e social foi simplesmente agravada e aumentada.

A guerra terminara, mas as sombras sobre a Europa persistiam. Um exultante D'Annunzio continuava a vomitar frases aparatosas, aclamando a "maravilhosa aventura" da Itália. Entrementes, uma Duse desanimada refletia: "Há um vento glacial soprando no corpo e na alma de todos, e ninguém sabe como reatar os fios da vida num mundo assim".

1914-1918 – Das Cinzas às Cinzas

Os anos de guerra criaram inevitavelmente novos problemas para os teatros. O público era escasso e muitos foram obrigados a fechar as portas. O *boom* emergente da indústria cinematográfica também vibrou um sério golpe no teatro autêntico. As chances de a Duse voltar ao palco pareciam mais remotas que nunca naquele cenário em mutação, e ela pensou seriamente se deveria voltar a atuar. Esporadicamente, um incidente ou outro iria recordar-lhe a significativa contribuição que dera ao teatro contemporâneo. Também aprendeu à sua custa que uma atriz famosa retirada é tão vulnerável nas mãos da imprensa quanto qualquer atriz em voga. Frustrada pelos anos de isolamento e inatividade, Duse tornara-se ainda mais sensível a qualquer palavra ou ação que considerasse uma ofensa pessoal. O fracasso de seu projeto de assistência às atrizes ainda a exasperava. E quando vários críticos foram ousados o bastante para sugerir que Duse devia abandonar essas cruzadas vãs e concentrar-se em seu trabalho de atriz, ela condenou vivamente sua falta de compreensão:

> Fui uma inválida nos últimos três anos. Três anos inteiros! Emergi dessa experiência mental e fisicamente exausta, não apenas por causa da minha doença, mas também por causa dos longos anos de trabalho implacável. A vida de um ator é uma vida de grande sofrimento, quando vivida com paixão. Nossa vida é consumida na ficção de outras vidas. Representei durante cerca de quarenta anos e adoro o teatro. Mas não posso mais suportar o fardo de representar e reluto em voltar ao palco com energias exauridas.

Qualquer senso de injustiça ou de exploração mesquinha deixava-a imediatamente exasperada. No começo da primavera de 1916, começaram a aparecer por toda parte cartazes com a foto de uma diva descrita como "a Duse do cinema". Eleonora ficou furiosa com que sua reputação como atriz fosse degradada dessa maneira e cogitou processar a companhia cinematográfica em questão. No entanto, sua insistência em que permaneceria anônima na ação tornou a idéia impraticável, e ela foi persuadida a não processar. Outro episódio irritante ocorreu em agosto do mesmo ano.

Um artigo, escrito pelo crítico teatral Enrico Polese e publicado em *L'Arte Drammatica*, resumia as concepções da Duse sobre a indumentária adequada para o ator contemporâneo. A idéia exposta era a de que os atores deviam adotar uma túnica de estilo uniforme, para uso tanto no palco como fora dele. Não havia ilustração desta, mas a descrição verbal sugeria uma roupa que seria clássica, funcional e discreta, a ponto de se tornar anônima. Essa túnica, afirmava-se, seria adequada a toda e qualquer peça, pouco importando sua época ou seu cenário. Embora seja difícil dizer quão acuradamente as idéias de Eleonora foram reportadas, é verdade que ela sempre fora a favor de vestimentas não-ostentatórias. O guarda-roupa que encomendava a estilistas como Worth para os papéis de Ibsen enfatizava sua preferência por linhas clássicas e cores sutis. A austeridade tornou-se a tônica em sua fase pós-d'annunziana. Mas relatos de primeira mão sobre as suas montagens deixam claro que seus figurinos eram invariavelmente de muito melhor qualidade do que os do elenco secundário. Seu guarda-roupa, apesar de austero, era sempre nitidamente individual. De resto, Duse tinha demasiada experiência das vaidades da sua profissão para acreditar que a maioria das atrizes renunciaria facilmente à sua imagem popular de deusas sexuais. No meio da sua carreira, ela mesma capitulara ao amor do público de teatro por espetáculos coloridos e efeitos cênicos elaborados.

Dando publicidade a essa teoria radical, Duse nunca imaginara o furor que provocaria nos círculos teatrais. Em deferência à sua posição de maior atriz da Itália, o influente crítico Renato Simoni estimulou o debate nas colunas do *Corriere della Sera*. Emma Gramatica, que se opusera anteriormente à idéia de um centro para atrizes, desta feita concedeu que a idéia era, ao mesmo tempo, "nobre e valiosa", mas duvidava que seria aceita pela maioria dos colegas. A noção de uniformidade e uma vestimenta padrão adequada a qualquer época ou ambiente privariam os artistas de um de seus bens mais valiosos e os estilistas de seu pão. O crítico Roberto Bracco viu algumas economias oportunas nesse esquema, mas, como Sabatino Lopez escreveu ironicamente: "Gostaria de acreditar que fosse possível, mas tenho minhas dúvidas". O ator Alfredo de Sanctis tocou no fator mais decisivo de todos quando questionou seriamente se o público iria pagar para ver montagens vazias de qualquer interesse visual. Depois de várias semanas de veementes debates na imprensa, a própria Duse pediu a Polese que não continuasse com o tema.

Havia algo muito mais urgente em sua mente naquele outono. Depois de muito ponderar, ela finalmente concordou com fazer um teste no cinema. Era a primeira e única vez que iria atuar na tela.

O interesse da Duse pelo mundo do cinema surgiu por volta de 1912, quando começou a freqüentar as salas de exibição menos chiques de Roma, onde corria menor risco de chamar a atenção. A nova mídia a fascinava e ela estudou cuidadosamente suas possibilidades do ponto de vista do ator. A romancista francesa Colette identificou-a uma vez na penumbra de um cine de Roma e lembrou-se por muito tempo "daquele rosto celebrado que agora se voltava para a direita e para a esquerda, seguindo atentamente os episódios de algum filme de terceira, com uma expressão de total inocência". Nessa ocasião, como Colette rememora, alguém reconheceu a atriz durante o intervalo e ela foi imediatamente cercada por admiradores.

A companhia cinematográfica que finalmente conseguiu assinar um contrato com a Duse foi a de Arturo Ambrosio. A companhia era sediada em Turim e seus impressionantes estúdios na Via Mantova atestavam seu prestígio e seu sucesso. Arturo Ambrosio começara produzindo comédias curtas em 1908. Outras companhias pioneiras, como Pasquali, Itala e Cines logo começaram a concorrer, e foram esses estúdios que dominaram a indústria cinematográfica italiana antes da guerra. A companhia de Ambrosio, tendo como estrelas dois artistas populares da época, Mary Cleo Tarlarini e Alberto Capozzi, produziu vários filmes conhecidos como Série de Ouro, que chegaram aos extremos do humor involuntário. As companhias cinematográficas italianas especializaram-se em filmes com temas históricos ou pseudo-históricos e os atores eram incentivados a entregar-se aos piores excessos do melodrama. Os estúdios Pasquali fizeram vários filmes sobre a Revolução Francesa. Film d'Arte, sediada em Roma, produziu grandiosos espetáculos extraídos da história antiga e da civilização clássica. Os temas mais extraordinários encontravam produtores e patrocínio; o esplendor pictórico e figurinos elaborados eram o critério principal. Por volta de 1914, as companhias italianas haviam proliferado e todo grande estúdio ostentava sua companhia própria de estrelas sob contrato anual. Atores como Emilio Ghione e Febo Mari dirigiram, representaram e até escreveram ensaios sobre o cinema italiano. Os astros e estrelas do cinema de Turim e Roma eram mais pretensiosos e exigentes do que jamais foram em Hollywood. Divas como Francesca Bertini, Hesperia e Pina Menicelli ganharam notoriedade por causa de suas explosões com produtores e diretores, explorando descaradamente seu sucesso de bilheteria e brigando umas com as outras. Os atores principais também alimentavam suas extravagâncias e rivalizavam uns com os outros para conseguir publicidade barata. Do ponto de vista da representação, todos esses astros e estrelas exibiam o mesmo estilo enfático, a mesma ingenuidade tocante, o mesmo uso excessivo de gestos e movimentos declamatórios. Mas, com um instinto seguro e notável iniciativa, os italianos conquistaram o mercado cinematográfico europeu. Os produtores franceses, seus rivais mais próximos, reconheciam a qualidade superior do cinema italiano.

Eleonora observava esses desenvolvimentos com grande interesse. Ela admitiu desde o início que um produtor cinematográfico de gênio podia produzir milagres muito além do alcance do maior diretor de teatro. Era inevitável que uma atriz da fama da Duse fosse sondada com ofertas de produtores da Itália e do estrangeiro. Embora tentada pelos resultados financeiros prometidos, ela estava insegura quanto à sua habilidade em dominar as técnicas requeridas para uma atriz de cinema. Inúmeros fatores podem ter levado Eleonora a mudar de idéia. Após sete anos de ausência do teatro, sua situação financeira cada vez mais precária era causa de ansiedade, especialmente quando todos os projetos discutidos para a sua volta ao palco não conseguiam se materializar. E, a despeito dos riscos envolvidos, um número cada vez maior de artistas estava se voltando para a nova mídia. Sarah Bernhardt estreara como atriz de cinema já em julho de 1912, em *La Reine Elisabeth [A Rainha Isabel]*, adaptado de uma peça de Émile Moreau e dirigido por Adolph Zukor; outras artistas eminentes da França e da Alemanha logo a imitaram.

As negociações da Duse com o Ambrosio Studios foram prolongadas e carregadas de incertezas. O roteiro tinha de ser adequado a essa estréia importante. Duse considerou várias obras de mérito literário, inclusive uma adaptação de uma peça da romancista sueca Selma Lagerlöf numa tradução francesa intitulada *Les Hiers Invisibles [Os Ontens Invisíveis]*, antes de decidir-se finalmente por *Cenere [Cinzas]*, um romance regional de Grazia Deledda, passado na Sardenha natal da autora. *Cenere* é dominado pela personagem de Rosalia (Olí, no filme), filha de um pobre cantoneiro de Fonni, na Sardenha. Para proteger o futuro de Anania, seu filho ilegítimo, consegue que ele seja adotado pela família de seu rico sedutor e, então, tenta desaparecer para sempre da vida da criança, resignando-se a uma existência de mendicância e vergonha. Anos depois, Anania, já crescido, volta à Sardenha, vindo da Itália, onde fora educado, e consegue achar a pista de Rosalia. Anania quer oferecer à mãe uma casa, mas sua noiva se recusa a concordar com semelhante proposta. Profundamente humilhada, Rosalia volta à sua existência vagabunda e, para não levar o filho a perder a jovem que ama, se suicida.

O romance fora bem recebido pela crítica italiana, não apenas por seu verismo, mas também pela riqueza de suas análises psicológicas. Duse comentou com entusiasmo: "Acho-o uma obra fascinante e estou trabalhando o texto com paixão genuína. Não posso imaginar como cheguei a perder o ânimo durante os últimos cinco anos". Escrevendo a Riccardo

Artuffo, um jovem escritor e dramaturgo que vivia em Turim, ela acrescentou: "Você pode pensar que estou obcecada por meus ideais, mas se não for essa obsessão não se pode realizar nada em arte". Duse sentia uma forte afinidade com a heroína do romance e seu enfoque do papel concentrava-se nas qualidades essenciais do sacrifício e da dor maternos. Seu entusiasmo com o trabalho era pontuado por momentos de apreensão. Uma nota a Artuffo revela seu estado de incerteza até o derradeiro minuto:

> Hoje não vai ser tanto uma assinatura de contrato, quanto uma *obrigação*, e, desde esta manhã, estive tomada pela angústia das mesmas velhas dúvidas e temores. Por que continuar lutando? *Voltar ao mundo* quando me esforcei por esquecer a própria palavra arte! Não posso dizer se seria mais difícil recusar do que continuar me iludindo com que tenho a força para continuar lutando. Hoje, sinto-me insignificante e perdida, e dói-me viver.

A torrente de bilhetes mandados a Artuffo revela os temores e ansiedades que a torturavam enquanto se preparava para esse desafio intimidante: "Ainda estou neste túnel escuro e não posso falar de nada. Levarei as obras de Ibsen comigo, pois é um escritor que lavra a terra tão bem..." Vários dias depois, ela lhe garante: "Estou contando os dias para voltar a trabalhar. Se houver sinceridade, clareza e concisão, a obra será um sucesso. Cada dia recobrarei um pouco mais de força".

As notas que ela rabiscava como novas idéias atestam sua necessidade de pensar bem as coisas, antes de se comprometer com uma abordagem específica. Trabalhou horas e horas os gestos muito mais lentos requeridos diante das câmeras. Também aqui encontramos a mesma busca de perfeição que tantas vezes exasperou seus colegas de teatro. O coprodutor do filme e ator principal era um bonito siciliano, Febo Mari. Ele atuara ao lado de atrizes como Virginia Reiter e Tina di Lorenzo e combinava com sucesso suas atividades no palco e na tela. Sua admiração pelo drama de D'Annunzio deve ter-lhe conquistado a simpatia de Eleonora. Junto com Riccardo Artuffo, Mari procurava confortá-la e tranqüilizá-la, enquanto ela lutava para se adaptar às técnicas nada familiares da produção cinematográfica. Os testes iniciais a desanimaram. Os resultados mostravam a imagem de uma mulher beirando os sessenta que envelhecera prematuramente.

Duse achou mais fácil confiar suas preocupações a Febo Mari do que a Arturo Ambrosio: sentia que Ambrosio era totalmente insensível a suas dificuldades pessoais, pouco receptivo a suas sugestões sobre a filmagem de certas cenas e por demais inclinado a colocar as considerações comerciais acima das questões de integridade artística. Ao mandar uma cópia do texto reduzido de *Cenere* a Febo Mari, ela observou:

VIDA ENTRE SOMBRAS E RUÍNAS

Aqui está a adaptação do romance. É a trama, mas... como será transformada, desbastada, depurada? Ainda não sei como. Quando penso nessa obra... fecho meus olhos e não consigo ouvir nada mais que uma *voz interior* distante (ainda distante). Conversaremos sobre tudo isso quando nos encontrarmos. Por enquanto, estou marcando números a lápis no texto. Cada número servirá como um livro a que me ater – um sinal (Sombra e luz)... Vou adiante, mas sinto que, em certo ponto, o halo invisível do espírito de uma pessoa não basta – e vou adiante, tentando definir o que desejo a partir de meros *lampejos de intuição*. Mas há algumas linhas de pensamento que rompem a síntese; o que devia vir com naturalidade, estando vivo em nosso subconsciente, torna-se ao contrário planejado e artificial.

Uma vez assinado o contrato, Duse preparou-se para uma estafante rotina, que teria deixado exausta qualquer atriz da sua idade. Não conseguindo dormir, levantava-se invariavelmente às quatro da madrugada para enfrentar outro dia de intermináveis sessões diante da câmera. As primeiras tomadas deixaram-na totalmente insatisfeita. Ela tinha a constante sensação de estar inteiramente à mercê dos caprichos do diretor. E seus temores de novos cortes arbitrários no texto também não eram infundados. Acostumada à distância estabelecida entre o palco e a platéia no teatro, achou as lentes das câmeras desconfortavelmente intrusas e a capacidade que tinham de revelar as menores irregularidades físicas bastante desconcertante. Com quase sessenta anos e avessa ao uso de maquiagem pesada, Duse certamente parecia velha demais para o papel de Rosalia, uma mulher de meia-idade. A insistência de Ambrosio nos *closes* aterrorizava-a. Duse confiou essas preocupações a Febo Mari, que tentou, em sua dupla posição de co-diretor e ator principal, dar-lhe todo apoio. As notas da atriz começavam a adquirir um tom de insistência e frustração:

> Estou profundamente perturbada, depois dos testes de ontem... todos os meus pensamentos e todos os detalhes que eu tinha *logo* de pôr em operação de repente me escapavam – como os passarinhos escapam ante o menor barulho numa floresta. Achei que estava tão bem-preparada... talvez fosse apenas o fruto e o erro da solidão. Mas vi-me nas sombras – na distância – longe, longe, como quando as crianças fecham os olhos para redescobrir um mundo de mentirinha.

Duse tinha uma nítida idéia dos efeitos que queria obter, mas achava difícil persuadir Arturo Ambrosio de que tinha razão. Estudara certas técnicas aperfeiçoadas pelo pioneiro D. W. Griffith, cuja obra-prima *O Nascimento de uma Nação* fora exibida no ano anterior e cativara sua imaginação. Estava convencida de que o uso feito por Griffith de sombras e perspectivas convir-lhe-iam admiravelmente, e uma carta a Enrichetta, escrita em fins de dezembro de 1915, confirma que Duse estava ansiosa por explorar a possibilidade de trabalhar com ele nos Estados Unidos.

Ela tentou entrar indiretamente em contato com o diretor americano, mas nada resultou dessas sondagens, porque Griffith logo estaria mergulhado na filmagem do ainda mais espetacular *Intolerância*.

Houve vários momentos tensos durante a realização de *Cenere*, em que parecia que a coragem de Eleonora iria faltar. Riccardo Artuffo foi persuadido a exercer sua influência e a ajudá-la a vencer suas dúvidas. A torrente de bilhetes e notas dela para Mari e Artuffo revela dificuldades genuínas para se ajustar às condições de filmagem. O zumbido da câmera a distraía além do suportável, e a presença dos técnicos perturbava sua concentração. Pediu a Mari:

Ajude-me se puder... Veja-me como sou... Filmar em plena luz do sol, ainda que só para um teste, não pode dar certo em meu caso... Os *closes* me aterrorizam. Preferiria voltar à minha solidão a ser sujeita a *closes*... Mantenha-me à distância, na sombra... Ser filmada em primeiro plano, confrontando a multidão... confrontando a besta feroz, é muito mais fácil para alguém com a sua coragem.

Mostrando uma infinita paciência, Febo Mari aplacou os temores da Duse e tentou refazer certo número de cenas, de modo que ela fosse filmada na sombra, ou à distância.

A versão final da adaptação cinematográfica do romance de Deledda concentrava-se nos capítulos finais. Os críticos de cinema deploraram essa redução selvagem do texto original; a inevitável perda de equilíbrio debilitava o impacto dramático da obra. A própria Duse se queixaria mais tarde de que os roteiristas haviam arruinado o texto e transformado o enredo num absurdo.

Não podendo ouvir sua voz nesse filme mudo, só temos uma noção fragmentária do desempenho da Duse, mas a dignidade e a eloqüência de suas expressões faciais e de seus gestos moderados fornecem um claro indício daquelas qualidades espirituais que comoveram as afortunadas platéias que a viram representar no teatro. Certas cenas de *Cenere* são memoráveis. Por exemplo, Rosalia bebendo num riacho ou caminhando com o filho na encosta da montanha rumo a Nuoro; o pungente momento de separação, em que ela empurra Anania para o portão da casa do pai; e, por fim, o dramático encontro com o filho adulto. Embora *Cenere* tenha sido filmado em várias locações em ou perto de Turim, não lhe falta a atmosfera, e o filme consegue evocar as áridas paisagens e os costumes primitivos da Sardenha.

O escritor Giovanni Papini, homem conhecido por sua reserva, ficou tão profundamente emocionado com a atuação de Duse em *Cenere* que sentiu-se compelido a enviar um buquê de rosas brancas à atriz depois de ver o filme. Certo de que a popularidade combinada de Grazia Deledda e Eleonora Duse asseguraria o sucesso do filme, Ambrosio Studios não poupou gastos para promover *Cenere*. Um número especial de *L'Arte Muta* publicou tributos escritos por Matilde Serao, Enrico Panzacchi, Roberto Bracco e Edoardo Boutet; e os jornais italianos deram ampla cobertura ao evento, vários meses antes e depois da primeira exibição do filme. Mas, do ponto de vista comercial, ele se revelou um fiasco. As críticas sérias eram reticentes e largamente negativas, e como disse um crítico: "Duse é Duse, e o cinema não é do seu tempo". Depois de breves exibições nas principais cidades italianas, o filme foi retirado de circulação.

Assim que *Cenere* foi enfim completado e editado para exibição, Duse ficou perplexa com os resultados. A mais grave falha do filme era o incômodo compromisso entre os desejos dos produtores do Ambrosio Studios, que queria "uma reprodução da vida", e a insistência da Duse por "uma transposição da vida". O problema de reconciliar essas duas abordagens bastante diferentes induziu-a a formular suas concepções pessoais sobre o cinema mudo. Observa numa carta: "O silêncio do cinema tem um sentido de infinito, e a palavra falada nem sempre corresponde ao ardor de alguém que está trilhando os caminhos da arte como os caminhos de um sonho. A palavra falada, de fato, é menos expressiva do que leve. Um dia, em breve, as mais notáveis transcrições humanas serão realizadas na tela!" Esse "mundo silencioso de valores interiores" que Duse tencionava criar constituía um objetivo bem diferente do que o perseguido por atrizes como Bernhardt e Réjane, que viam a arte cinematográfica como uma extensão dos gestos pictóricos que criavam no palco.

Além do mais, as intuições da Duse eram guiadas por uma apreciação honesta de suas próprias limitações ante a obra filmada, daí sua relutância em firmar um compromisso e em mexer no conceito de filme ideal que formara. Ela insistia em que os produtores deviam buscar a expressão lírica, em que as lentes da câmera deviam ser vistas como um instrumento capaz de *ver nas almas*, de amplificar cada movimento e de registrar as menores vibrações, que seriam perdidas no teatro. Em vez de pintar a realidade, Duse sentia que o cinema devia concentrar-se em revelar estados de espírito, sensações, atmosferas – ser mais o eco dos acontecimentos do que os acontecimentos em si.

Não há dúvida de que, com um produtor mais habilidoso e um roteiro diferente, Duse poderia ter dado uma valiosa e pioneira contribuição à "arte fílmica", como seria desenvolvida anos mais tarde. Uma atriz do calibre e da inteligência da Duse tinha todas as qualidades necessárias para realizar uma transição bem-sucedida do palco para a tela. Suas afirmações acerca desse veículo revelam a mesma perspicácia que ela punha em seu trabalho para o palco:

O cinema é um campo inteiramente novo e, na minha opinião, o primeiro erro que fizemos foi verter vinho velho em odres novos. A maioria dos atores é gente arruinada pelo teatro e acostumada a confiar na palavra falada... O cinema requer meios bem diferentes, mas apresenta possibilidades que o teatro não pode oferecer. O outro erro, na minha opinião, é continuar adaptando para o cinema obras escritas para o palco: são duas linguagens distintas e os produtores não devem confundir ambas. Essa confusão é nossa maior fraqueza... de nós, europeus. Estamos quebrando continuamente tradições e formando espaços vazios, e... *crash*! Tenho horror de espaços vazios. É por isso que sempre gostei dos orientais, com seu senso de tradição, seu estilo, sua harmonia... a liquidez sem fim da forma. Lamento já não ser jovem. Como eu me teria aplicado a aperfeiçoar esse novo veículo, e estou certa de que teria realizado algo que valeria a pena. Outros realizarão, e deixa-me triste pensar que não viverei para ver minhas esperanças serem consumadas. O cinema representará um papel importante no futuro, porque tem algo a dizer tanto ao homem civilizado como ao selvagem. Sua qualidade visual elimina todas as barreiras lingüísticas.

Quando se anunciou que *Cenere* seria exibido em Paris, alguns anos depois da morte de Eleonora, Yvette Guilbert sentiu-se obrigada a entrar em contato com o editor do jornal teatral francês *Comoedia*. Pediu-lhe que usasse da sua influência para retirar o filme de cartaz. Guilbert revelou que Duse a fizera prometer que ela não assistiria ao filme, se fosse exibido de novo. Guilbert cita a versão que a própria Duse deu do fiasco: "Meus desejos foram violados por um diretor artístico que usurpou minha autoridade e mandou-me (ligada que eu estava por um contrato legal) fazer coisas que eu desaprovava... Nesse filme, você não vai achar nada, ou quase nada, de mim". Na opinião de Guilbert, a história toda deixara a atriz ultrajada e amargurada.

O pedido de Guilbert de retirada do filme de cartaz não foi ouvido. Em compensação, não havia causa real de preocupação. *Cenere* já se tornara uma curiosidade para os conhecedores. Além do mais, a reação de Duse ao filme fora mais ambivalente do que Guilbert afirmava. Quando o filme há muito já se apagara da mente da maioria das pessoas, Duse costumava lembrar certos momentos de *Cenere* que haviam se aproximado da sua imagem do filme ideal. Seu valor histórico é inquestionável. Preservado nos arquivos cinematográficos do British Film Institute e do Museu de Arte Moderna de Nova York, *Cenere* atesta uma corajosa tentativa da Duse de forjar uma nova carreira. As circunstâncias e o tempo estavam contra ela.

Depois de muitos anos dirigindo seus próprios negócios e decidindo sobre todos os problemas relativos à política artística, talvez fosse inevitável que ela viesse a achar as convenções da produção cinematográfica intoleráveis. Enquanto um projeto depois do outro iam por água abaixo em suas negociações com os produtores, Duse defendia sua relutância em aceitar as exigências destes, insistindo em que, como atriz experiente,

30. Cartaz do filme *Cenere*, que foi lançado em 1916 e baseava-se num romance da escritora sarda Grazia Deledda (1871-1936). Escrevendo a Enrichetta acerca do projeto, Duse informava-a: "O enredo era uma mistura de *Rolla* de Musset e de *René* de Chateaubriand, assim como aquela sede de amor (e sofrimento) pode ser encontrada em Nietzsche".
(Cortesia dos Arquivos do Ambrosio Studio, Turim)

ela não podia abrir mão de certos direitos para nenhum produtor. "Insisto na franqueza em todas as negociações", protestava, "e, se estou preparada a dividir harmoniosamente meu dia entre são Francisco de Assis e um *Apache*, não tenho tempo para o ambiente do *Café Aragno*..." Os produtores, ela argumentava, deviam esforçar-se por criar "um drama de luz e sombra" e "um mundo de realidade abstrata". Romances sentimentais e épicos históricos eram tidos por ela como uma traição da verdadeira função do cinema. Isso explica seu grande interesse em encontrar apoio financeiro para a adaptação de *A Dama do Mar* de Ibsen, especialmente preparada para ela por Riccardo Artuffo, ou *A Vida de Catarina de Siena*, baseada num texto de Gemma Ferruggia, ou mesmo um roteiro inspirado nos versos de Baudelaire e Rimbaud.

Aqui também Duse olhava além de seu tempo. As companhias cinematográficas não entendiam nem apreciavam suas propostas. O "cinema de arte" era uma proposta demasiado arriscada para elas, interessadas que estavam num retorno rápido e lucrativo. Em sua frustração, Duse exprimia sua indignação na correspondência privada: "Minha arte pertence a mim e não a esses monstros", declarava, referindo-se a produtores que estavam ansiosos por explorar sua fama. "Eles andam à roda e zumbem com suas armadilhas para pegar moscas... mas não conseguem notar quando uma borboleta dourada passa... Estão tentando arrancar minhas asas, mas nunca conseguirão".

Os desapontamentos sofridos com *Cenere* não a dissuadiram de trabalhar novas idéias para novas aventuras. Mas filmar era um empreendimento ainda mais custoso do que o teatro autêntico, e os planos de Duse deram em nada. Anunciando sua decisão de abandonar o projeto Ibsen, explica a Artuffo:

> Não acho mais que o trabalho seja possível, porque o *estado de graça* necessário passou. As personagens de Ibsen desapareceram – quem sabe onde – e tudo o que resta entre nós é um livrinho, um panfleto, um sumário, que talvez um dia eu reclamarei a você... Quem sabe quando recuperarei a vontade de pegá-lo... Estou longe de me sentir bem – tanto de corpo como de espírito.

1914-1918 – Despedidas e Renovações

No outono de 1916, após vários anos de silêncio, Duse e Boito começaram a se corresponder de novo. Infelizmente, apenas poucas cartas trocadas entre eles durante esse período permaneceram. No entanto, elas revelam que os sentimentos profundos que haviam sentido um pelo outro sobreviveram aos anos de separação. Sua correspondência pode ter recomeçado quando Duse sugeriu a Enrichetta que mandasse a Boito fotos dos filhos. Em sua carta de agradecimento, ele tenta tranqüilizá-la sobre a situação material da mãe em Roma. Enrichetta, que estava aflita por causa da mãe, queria ajudá-la financeiramente. Mas Duse, recusando todas as ofertas da filha, insistia em que os compromissos de Enrichetta com os filhos eram mais importantes. Boito, que simpatizava com o ponto de vista da Duse, tentou aquietar o espírito de Enrichetta. Sabendo que Duse não mudaria de idéia, instou-a a aceitar a situação: "Aproveite o amor e a companhia de sua família e seja feliz (na medida em que a felicidade é possível nestes tempos terríveis em que vivemos)".

Enquanto Duse estava trabalhando em *Cenere* perto de Viareggio, o automóvel usado para transportá-la até e da locação do filme foi envolvido num acidente que poderia ter sido grave. Ela mandou uma breve nota a Boito para garantir-lhe que escapara sem nenhum ferimento sério. A carta, datada de Alassio, 22 de outubro de 1916, expressava sua preocupação com que ele pudesse estar alarmado com algum relato exagerado do incidente, na imprensa. Confiou então: "No momento de necessidade, permaneci em plena posse de minhas faculdades e saí do automóvel sem perder o controle de meus nervos. Caminhei a pé boa parte de um quilômetro antes de encontrar uma casa de fazenda, na qual algumas pessoas de bom coração cuidaram de mim".

Os anos de distanciamento entre eles deixaram suas marcas. Estas últimas cartas, ao mesmo tempo solícitas e afetuosas, revelam uma serenidade muito maior de Eleonora, agora que a paixão de outros tempos fora sublimada. É verdade, as pequenas confidências persistem, mas é uma Duse muito mais contida que fala, uma Duse cujas preocupações já não são tão intensamente pessoais. Ela conta a Boito, por exemplo, seus pensamentos, inspirados por uma paisagem rural à medida que a escuridão cai: "Comecei a pensar de quanta crueldade deliberada [a guerra] a raça humana é capaz e dessa crueldade muito maior e totalmente *inopinada* à minha volta, em contraste com a magnificente e consoladora *indiferença* da natureza".

Boito, agora um ancião, sofreu um sério ataque apoplético em dezembro de 1917, que o deixou parcialmente paralisado. Quando Duse teve notícias da doença, em Florença, correu para Milão a fim de ficar a seu lado na clínica da Via Filangieri, onde ele estava recebendo tratamento. O tom reticente da correspondência de Eleonora proveniente de Milão pode ser atribuído ao fato de que Boito estava sendo cuidado, durante a doença, por outra amiga íntima, Velleda Ferretti, que manteve Duse zelosamente informada sobre qualquer mudança na condição do poeta. Boito conhecia Velleda Ferretti desde a infância, mas Duse antipatizara e se ressentira com ela desde a primeira vez que se viram, em 1891. Na superfície, as duas eram cordiais uma com a outra, mas, numa carta a Enrichetta, Duse confidenciou que desconfiava *daquela mulher*, a quem considerava "estúpida e hipócrita" – um juízo um tanto rude, que sugere que Duse talvez não tivesse erradicado completamente o traço possessivo de sua natureza no que dizia respeito a Boito. Uma carta breve escrita a Boito na primavera seguinte trai seu dilema: "Nunca soube como exprimir meus sentimentos escrevendo, mas que importância tem, se você conhece minha alma!"

    Duse estava convencida de que essa guerra trágica ensinara uma importante lição à humanidade. Ninguém tinha mais o direito de viver apenas para si, indiferente aos sofrimentos dos outros. A correspondência desse período parece muito mais cuidadosamente pensada e expressa do que nas cartas de uma fase anterior. As frases impetuosas e as exclamações ousadas são menos comuns. Seus sentimentos são os de uma pessoa experimentada em relação à vida e à natureza humana. Em outras vezes, ela parece estar revivendo os vínculos emocionais de sua juventude; sua admiração e seu amor por Boito, a quem agora se refere como o "Santo", sublimavam-se claramente agora. Numa carta a Enrichetta, ela explicava: "Eu amei o Santo tão profundamente que continuo a amá-lo com leveza em minha alma – inclusive agora". Espiritualmente, o trio íntimo – ela mesma, Boito e Enrichetta –, pelo qual acalentara outrora tantas esperanças, sobrevivera. Sua filha tinha agora idade bastante para compreender os "mistérios do coração de uma mulher" e perceber como "toda criatura ama e age de acordo com suas próprias leis, dentro dessa grande roda da humanidade". Duse agora pode meditar sobre o passado sem se tornar lamurienta ou sem se enganar. Recordava a Enrichetta: "O *Santo* e eu somos meras sombras de nossos eus passados. Talvez o mais constante seja o que mais sofreu, mas quem pode dizer se sofri mais que o *Santo*! Tudo em minha vida permanece um mistério e todos respondem à sua própria verdade".

    Boito estava bem o bastante para escrever a Duse uma curta nota no dia 23 de abril de 1918, informando-a: "Ainda não me recuperei plenamente. Hoje estou fazendo as primeiras tentativas para pôr-me de pé. O tratamento levará mais um mês. Em compensação, continuo a fazer progressos". Uma nova carta de Boito a Duse, datada de Milão, 19 de maio, deixa claro que Enrichetta também estivera em contato. Ele pedia desculpas a ambas por seu prolongado silêncio. Os médicos ainda estavam incertos quanto ao melhor procedimento a seguir, porque os testes na clínica estavam sendo inconclusivos. Pedia a ambas que se mantivessem em contato com ele e esperava que o deixariam voltar para casa em meados de junho. Como se tivesse consciência da proximidade da morte, advertia Duse: "Você não vai me reconhecer, Lenor, quando me vir. Estes seis meses de doença puseram seis anos ou mais nas minhas costas".

    Uma longa réplica de Duse alguns dias depois exprimia um tom de remorso por sua conduta passada, enquanto continuava a esperar por alguma forma de união mais satisfatória depois da morte: "A esta pobre criatura que lhe escreve e que deixou de fazer qualquer coisa por você – que não sabe como ajudá-lo e que, em troca, não foi ajudada – resta uma só esperança na vida: *reconhecê-lo além* desta vida, em que ambos experimentamos tantas infelicidades". Ela o incentivava a não se deixar abater e garantia-lhe que logo ficaria bom. A penosa separação de Enrichetta, forçada pela guerra, agora estava quase acabada, e ela prometeu a Boito que logo estariam reunidas e que iriam visitá-lo juntas. A última comunicação que recebeu de Boito a informava: "Espero passar julho na Villa d'Este. Cumprimento-a, cumprimento-a com afeto, Arrigo!" No dia 10 de junho de 1918 ele morreu, sem sair da clínica.

Ao receber a notícia, Duse retirou-se em silêncio para o seu quarto e ali permaneceu nos três dias seguintes. Escrevendo várias semanas depois a Luciano Nicastro, ela parecia ter recobrado alguma tranqüilidade:

Perdi alguém a quem amava carinhosamente – uma dor remota que o tempo não curou. Talvez essa separação final tornará essa dor mais profunda e real – Não digamos nada e demo-nos a mão – todos nós que estamos vivos ou em guerra – formando uma grande corrente humana! Não sinto nada, senão um grande cansaço dentro de mim; meu espírito e minha alma já percebem algo do mundo *além*.

Houve outras perdas naqueles anos amargos que a levaram a pensar muito sobre a realidade da aproximação da morte. A morte de Robert Mendelssohn no outono do ano anterior também a angustiara e a fizera tomar penosamente consciência de que as coisas haviam mudado para si. Suas visitas passadas aos Mendelssohn em Berlim eram associadas a tempos mais felizes. Robi, como ela o chamava afetuosamente, fora um amigo leal e lhe proporcionara o tão necessário apoio e orientação em seus negócios financeiros. Compreender que ele não estava mais presente para ajudá-la foi um choque terrível. Era mais um elo quebrado com o passado. Escrevendo a Enrichetta para informá-la da morte de Mendelssohn, refletiu: "A generosidade, o afeto e a nobreza de Robi não mais existem, a não ser em nossos corações". As conseqüências dessa morte revelar-se-iam ainda mais penosas. Giulietta Mendelssohn, que ficara algo neurótica, acusava abertamente Eleonora de ter arruinado seu casamento. Essa acusação, embora infundada, entristeceu muito Duse. Robi Mendelssohn a amara e admirara sinceramente, e ela passara muitas horas felizes em companhia do banqueiro e de sua família. Duse tinha verdadeira paixão pelo casal e seus filhos. A explosão histérica de Giulietta e suas alegações desvairadas encerraram uma amizade que ela apreciara muito. Refletiu com pesar: "Neste mundo, o ódio muitas vezes se revela mais forte do que o amor *verdadeiro* ou *falso*".

Cinco meses depois da morte de Boito, Duse ficou sabendo que Tebaldo Checchi, que ainda era seu marido legal, morrera em Lisboa, onde assumira recentemente um posto no consulado argentino. Ele estava com mais de setenta anos e estivera seriamente doente por alguns anos. Ao dar suas condolências, as autoridades argentinas ofereceram a Duse uma pensão, mas ela achou que seria errado aceitá-la após quase quarenta anos de separação. Ficou comovida ao saber que Checchi deixara tudo o que possuía para ela e Enrichetta. As formalidades relativas a seu testamento arrastaram-se ao longo do mês de novembro e, em fins de dezembro, vários detalhes ainda precisavam ser resolvidos. Não havia ninguém a quem pudesse recorrer, agora que Robert Mendelssohn e Boito estavam mortos. Foi tomada de raiva e frustração vendo a herança minguando devido à incompetência dos advogados que cuidavam do testamento. O mundo à sua volta tinha algo de irreal e incontrolável, com as pessoas com quem estivera intimamente ligadas indo embora de repente, umas depois das outras. Também nos círculos teatrais, seus contemporâneos foram substituídos por uma nova geração de atores-empresários, e a morte em 1918 de Luigi Rasi, cujo trabalho pelo teatro ela admirara tanto, assinalou o fim de uma era.

Duse raramente conversava sobre seu passado ou sobre as circunstâncias que a tinham separado dos homens mais próximos de si: Cafiero, Checchi, Andò, depois Boito e, finalmente, D'Annunzio. Os últimos anos de Checchi foram amargurados pela solidão, e Eleonora ficava freqüentemente perturbada com a lembrança dos acontecimentos que haviam precipitado o fim de seu casamento e depois de tantos anos de ruptura. Suas cartas a Enrichetta durante a guerra nos dão uma valiosa visão íntima da atriz, na medida em que ela examina sua consciência e procura explicar certos lapsos passados, que podem ter confundido Enrichetta ou feito com que sofresse. A delicadeza e o tato dessas cartas revelam o respeito e o amor mútuos que ligam mãe e filha – duas mulheres notáveis que combinam sensibilidade e percepção aguda.

As cartas de Eleonora a Enrichetta durante a infância da última foram maternas e solícitas. Ela abria os olhos da filha para as maravilhas da existência, para a significação de acontecimentos cotidianos como o desabamento do campanário da praça São Marcos, em 1902 – "Esta Itália negligente que deixa tudo perecer!" Ela transmitia a Enrichetta suas impressões das cidades e das atrações turísticas vistas em suas viagens e pedia-lhe que estudasse e suportasse os sacrifícios da separação, para que ela pudesse proporcionar um futuro estável a ambas. À medida que Enrichetta crescia, Duse a fez saber das ansiedades e problemas ligados à sua condição de atriz profissional. Estava determinada a dar à filha uma boa educação e desejava que fosse poupada das privações que ela própria sofrera como órfã. Cumprindo honradamente as promessas feitas a Checchi quando se separaram, Eleonora tinha razões de sobra para orgulhar-se daquela jovem mulher realizada à qual prodigalizara tantos cuidados.

Quando Enrichetta esteve pronta para seguir seu caminho no mundo, Duse supriu-a de uma filosofia simples: "Faça da sua vida algo melhor do que fiz da minha. Pois a única coisa boa que lhe dei foi esse amor constante por outros seres humanos e pela própria vida – minha pobre vida de trabalho árduo foi meu único consolo! Obrigada pela sua compreensão!" Logo Enrichetta seria mãe, por sua vez, com filhos para cuidar e educar. Duse continuava a se preocupar com que pudesse não ter feito o suficiente por ela. Com tristeza, refletiu: "Depositei todas as minhas esperanças em você. Você sofreu, mas nem sempre compreendeu – abençôo sua existência e lhe desejo luz e paz – você não compreendeu e eu não compreendi – eu a abençôo".

Enrichetta iria transmitir esse mesmo amor profundo a seus filhos; e Duse, sempre recordando sua querida mãe, lembra a Enrichetta: "Ninguém tem os olhos de uma mãe". Ela se alegrava com as notícias da vida familiar de Enrichetta em Huntingdon Road, em Cambridge. Falava com profunda satisfação dos netos, Halley Edward e Eleonora Ilaria, e pedia notícias de seus progressos. Suas fotografias e primeiras tentativas de desenhar e escrever foram mostradas a todos os amigos com enorme orgulho.

A correspondência de Enrichetta a sustentou durante a guerra. Enrichetta ansiava por que sua mãe viesse para junto dela na Inglaterra o mais cedo posível e permanecesse indefinidamente em Cambridge, mas o clima do país e sua necessidade de independência dissuadiram-na de aceitar. Respondendo aos pedidos de Enrichetta, ela explicou: "Deixar minha terra natal seria por demais penoso". A imagem dos filhos de Enrichetta reavivava as lembranças de sua infância e, em agosto de 1915, ela voltou a visitar Bagni di Lucca para procurar um lugar que se lembrava ter visitado com a mãe, quando garotinha. Descreveu-o para Enrichetta: "A natureza é constante... Redescobri o rio que corre há séculos e permaneci ali uma hora, rezando... Vi minha mãe de novo naquele lugar e, mais uma vez, senti o mesmo amor com que minha mãe me amava e eu a amava, pois 'o bem desfrutado pelas mães nunca é perdido' ".

A natureza sempre representou um papel importante em sua vida. Ela evocava lembranças de oportunas escapadas do teatro, do lufa-lufa e do barulho das grandes cidades, de breves reuniões com Enrichetta durante as férias escolares e, bem mais tarde, de um retiro de paz e meditação. As palavras de Mallarmé estavam com freqüência em seus lábios: "Oh, solidão – bela solidão da minha juventude, como ainda a amo!"

Quando começou a se corresponder de novo com Boito por volta de 1915, Enrichetta foi a primeira a saber. Duse vira-o em Roma e relatou:

"Ele envelheceu bastante, como eu mesma – e sua amabilidade, seu desligamento da vida – são tão admiráveis!" Como nos velhos tempos, Duse tinha uma ponta contra as pessoas próximas dele e, após visitá-lo em Milão, em outubro de 1917, confidenciou a Enrichetta: "Ontem também pedi o perdão do Santo... isto é – não seu perdão – entre ele e eu não há palavras tão solenes, mas – ficamos de mãos dadas, sem dizer nada um ao outro, diante de um pequeno retrato de você, descoberto depois destes anos todos em sua escrivaninha". Quando Boito morreu no ano seguinte, Duse não foi capaz de escrever sobre os últimos momentos do poeta. Sua mensagem a Enrichetta foi breve: "O *Santo* – partiu – sim – ah – depois de tanto tempo – eu sabia – e ele também – e – ele sofreu tanto". Definhou de tristeza meses a fio após a sua morte e recebeu poucas visitas. No outono de 1918, pôde garantir a Enrichetta que, embora a tristeza ainda permanecesse, aprendera após uma vida inteira de separações a suportar a dor: "A luz do coração não se apagou – e um dia saberei como explicar isso". Em seu testamento, Boito deixou para ela um abajur e o retrato dela pelo pintor alemão Lenbach, ambos os quais sempre mantivera em sua escrivaninha. Transtornava-a pensar em outras pessoas manuseando as coisas de Boito e a deixava alarmada pensar que a correspondência entre eles pudesse cair em mãos incautas – temores que se revelariam justificados na plenitude dos tempos.

Ao longo da infância de Enrichetta, Duse evitara conversar com ela sobre o mundo do teatro. Checchi e ela concordavam com que a filha devia ser protegida contra as banalidades e os perigos de seus círculos profissionais. Nenhuma despesa foi poupada para garantir uma boa e segura educação. Ver Enrichetta bem casada e pronta para seguir seu caminho era uma excelente recompensa por todos aqueles anos de planejamento ansioso e sacrifícios pessoais.

Agora que estava livre das pressões e das intrigas da profissão, Duse tinha tempo para desenvolver seu espírito e refletir sobre o futuro. Seu interesse pela literatura séria se desenvolvera ao longo dos anos num programa de leituras disciplinado. Tinha um gosto universal, mas revelava uma preferência por obras que nutrissem o espírito: "Tento ler para me distrair", comentaria, e, em suas cartas, fragmentos de Musset, Chateaubriand, Nietzsche, a Bíblia, Kipling, Henri Bergson, Benedetto Croce, Paul Claudel e James Joyce eram citados. Quando Enrichetta começou a ajudar o marido a compilar uma *Antologia da Literatura Italiana,* Duse deu-lhe valiosos conselhos sobre os autores que considerava dignos de serem incluídos, sem procurar influenciar a seleção final. Dizia a Enrichetta para confiar em seu próprio juízo à luz do gosto moderno e acentuava a importância da espontaneidade ao apreciar os valores literários.

Para Duse, ler naqueles anos não era um simples passatempo. À medida que a guerra se aproximava do fim, ela começou a cogitar na possibilidade de voltar a representar. Suas leituras convenceram-na de que havia um rico filão de material não-aproveitado a partir do qual ela poderia desenvolver bom número de idéias interessantes, contanto que conseguisse persuadir algum produtor a cooperar. Sua correspondência com Enrichetta sugere que ela tinha mais esperanças de encontrar um roteiro cinematográfico adequado do que uma peça. Ela exprimia a crença de que os filmes feitos na Itália tinham maior mérito artístico do que os produzidos na França, mas até então nenhum dos enredos que os produtores continuavam a lhe enviar interessara-a muito. A companhia Cines, que lhe sugerira filmar a vida de George Sand, granjeou seu mais vivo desprezo. Numa carta a Enrichetta, ironiza: "Você pode me imaginar com o cabelo penteado de lado, à moda de 1840, sentada entre Alfred de Musset e Frédéric Chopin – aqueles monstruosos... palermas!" Infelizmente, não havia ninguém na Itália com o gênio de Griffith para satisfazer suas necessidades especiais. Novas propostas de Paul Claudel, que tentava persuadi-la de que um tema religioso seria o mais apropriado, não conseguiram convencê-la. Mas a necessidade de trabalhar estava se tornando imperiosa. Eleonora informou a filha de que pretendia recomeçar a trabalhar assim que uma boa oportunidade se apresentasse: "O trabalho tem sido o pão e o sal da minha vida". Quando o bom roteiro aparecesse e ela começasse a trabalhar, sentia que seus outros problemas iriam de novo amainar.

Entrementes, novas ofertas vinham-lhe da França. Atores-empresários populares e experientes, como Lucien Guitry, Lugné-Poe e Jacques Copeau tentaram persuadi-la a se apresentar como atriz convidada com suas companhias em Paris, mas estava se tornando cada vez mais difícil convencer Duse de que as condições eram boas. No fundo, ela estava aterrorizada com um súbito fiasco e sentia-se totalmente incapaz, quando recordava a resistência física e a força de vontade requerida às estrelas. Sua correspondência com Olga Ossani, datada de 1917, alongava-se sobre esse ponto. Deixava claro que, sem uma genuína conformidade de ideais, ela não estava preparada para colaborar com ninguém. Não pedia nem desejava um tratamento de estrela, ou um ambiente cheio de *glamour*. Tudo o que pedia eram negociações honestas e uma atmosfera de disciplina e lealdade. Essas mesmas cartas revelam momentos de saudades do passado. Eleonora confessa:

> Hoje de manhã chegou de Florença uma pequena mala, com um vestido, uma capa, uma touca e sandálias – 'os restos mortais', por assim dizer, de Ellida Wangel. Estou sentada aqui examinando essa mala, que vi pela última vez quando abandonei o palco, há sete anos. Estou fechando a tampa do esquife (na falta de palavra melhor), em vez de tentar visualizar aqueles fiordes nórdicos.

Cartas, quadros e *souvenirs* – tudo trazia de volta recordações de seus triunfos passados. Depois que as restrições às viagens foram suspensas, após a guerra, ela se viu rememorando certos episódios da sua vida, ao começar a revisitar várias cidades italianas. Estava momentaneamente revivendo o passado, mas a ilusão era fugaz. Os tempos haviam mudado. Os lugares e as pessoas traziam o estigma da guerra. E era necessário mudar de rumo e olhar adiante.

12. ENTRANDO DE NOVO NO "CÍRCULO DE FOGO"

> *Esta é uma vida cruel – em que a gente fere e, por sua vez, é ferida.*
> E.D.

1918-1920 – Tempo de Auto-Avaliação

O período do pós-guerra na Itália foi de desordem e confusão. As amargas hostilidades tornaram a existência humana tão cruel e absurda que Duse ficou profundamente chocada com o sério declínio dos valores morais e sociais. Ela discutiu longamente esses problemas com o escritor Giovanni Papini, um ardente defensor das tradições autênticas e do patrimônio cultural da nação. Duse admirava o espírito rebelde de Papini e seu corajoso ataque à estagnação e à complacência dos círculos culturais italianos. Sua crítica aberta ao *establishment* literário granjeou-lhe poucos amigos. Duse insistia, porém, em que por trás da aparência agressiva ela reconhecia um homem sensível e vulnerável. Cada vez mais retirada e inquieta, Duse estava irritada com a estupidez e a cupidez do mundo. Désirée von Wertheimstein e Maria Avogadro estavam sempre presentes e se encarregavam de seu conforto material, mas ela ansiava por um estímulo intelectual. Um sentimento de frustração e o combate constante com a saúde ruim tornaram-na irritadiça e impaciente. Qualquer deslealdade de parte de amigos era agudamente censurada. Quando sua amiga de toda a vida, Emma Garzes, cometia uma ou outra indiscrição, Duse não procurava esconder sua raiva. Confiou a Enrichetta: "Chamo-a de *trombeteira*, porque sua vida interior não existe". Mesmo homens de letras respeitados como Piero Giacosa (irmão do dramaturgo Giuseppe Giacosa), cujas opiniões liberais acerca da liberdade sexual chocaram tanto Duse quanto Enrichetta, obtiveram sua desaprovação: "Estou cansada dessa roda pretensiosa e presunçosa". Palavras duras, de fato, mas ditas com seriedade. Na verdade, ela nunca se interessara muito pelos irmãos Giacosa. Giuseppe Giacosa, que ela nunca perdoou por ter dado a Sarah Bernhardt prioridade na montagem de *La Dame de Challant*, era desprezado por Duse como "um homem de pouco coração ou talento e insuportavelmente burguês"; seu irmão Piero, o era como "um tagarela pavorosamente chato".

Intolerante com gente que considerasse trivial ou frívola, Eleonora fazia uma nítida distinção entre a fácil jovialidade e a verdadeira generosidade de espírito, entre *sentimentalidade* e *sensibilidade*. Muito pouca gente, em sua vivência, correspondia a esses ideais: "prefiro a mais completa solidão ao amargor de amizades instáveis", insistia. "Amor e amizade é *conhecer* um ao outro... os mundos que viajei na alma do Santo [Boito] – não mais os encontrarei em outras pessoas – Amém."

No entanto, seria errado imaginar que Duse estava completamente privada de companhias adequadas naqueles meses de frustração, enquanto aguardava que algo acontecesse. As mulheres proeminentes em círculos artísticos, como Olga Signorelli, Antonietta Pisa, a extraordinariamente bela Olga Ossani Lodi, a jovem viúva Maria Osti, a escultora americana Etta Macy, que fez um molde das mãos da Duse e que residira no Palazzo Vendramin em Veneza, onde Wagner morreu, Piero e Lucia Casale, que viviam em Asolo, e Liliana de Bosis, mulher do eminente advogado romano e tradutor Adolfo de Bosis, eram amigos firmes que lhe ofereciam hospitalidade sempre que ela tinha necessidade de descanso e privacidade. Esses homens e mulheres tinham várias características em comum. Adoravam a atriz e ela, por sua vez, os admirava. Podia confiar em que eles seriam discretos e eram personalidades interessantes. Respeitavam sua necessidade de privacidade e repouso entre os compromissos e, mais importante ainda, aceitavam-na como ela era. A correspondência esporádica que Duse mantinha com esses amigos sugere que, por mais imprevisível que fosse, ela necessitava desse círculo de íntimos a quem podia apelar à vontade. Tem seu significado o fato de que ela raramente apresentava uns aos outros.

De Cambridge, Enrichetta mandara à mãe uma tábua cinzelada por um artista japonês residente na Inglaterra. Trazia a inscrição: "Atrás de ti o mar, diante de ti a montanha", provavelmente traduzida de algum texto japonês. Duse ficou encantada com o presente, e aquelas palavras de incentivo eram tempestivas, no momento em que ela lutava para livrar-se do desalento e recomeçar. Como desejava reunir-se a Enrichetta e sua família, agora que a guerra terminara! A volta a uma existência normal era lenta para a maioria das pessoas e, numa carta aos Bullough datada de 6 de novembro de 1918, Duse falava das lições que ela mesma aprendera com aquele amargo interlúdio:

A luz volta! Cada um de nós ganhou um conhecimento mais profundo de nossos direitos e responsabilidades! A despeito dos gritos de *vitória*, há muita dor por toda parte. A vitória depende inteiramente da vontade de consegui-la. Nunca de sua real consecução! Somos responsáveis por tantas coisas! Temos tantas promessas a cumprir! Há tantos desafios à nossa frente! Ainda há tanto por fazer! Nossos jovens – os que morreram, os que avançam e os que suportam o sofrimento – abriram as portas, mas ainda há muito o que defender! Oh! eu pediria a todos que se abstivessem de berrar, de gritar palavras vazias e de fazer discursos fúteis!

Essa sensação prolongada de "navegar em águas paradas" a perturbava profundamente.

Ela descobriu dois refúgios tranqüilos onde encontrou algum consolo durante os últimos meses da guerra. Um era a Villa del Quintiliolo, perto de Tivoli, onde era freqüentemente convidada por Maria Osti Giambruni; o outro era a pitoresca cidade de Asolo, situada nas montanhas ao norte de Pádua. Esse lugar encantador, com seu castelo e sua Loggia del Capitano, é de caráter medieval e foi bem descrito como "a cidade de mil horizontes". Asolo foi dada por Veneza à rainha Catarina Cornaro, em troca do domínio de Chipre, no fim do século XV. Mais tarde, foi associada a poetas, artistas e músicos, que eram atraídos pela beleza e pelo clima da região. Duse visitou com freqüência a cidade. Às vezes, ela reservava seu quarto favorito no Albergo del Sole; outras vezes, ficava na Villa Belvedere com Piero e Lucia Casale, dois excelentes músicos que organizavam saraus musicais para seu deleite. Ficou tão apegada à cidade que decidiu alugar uma casa na esquina da Porta Santa Catarina. Era uma casa cheia de encanto, com uma entrada imponente e uma longa sacada acima, de ferro batido. A varanda, nos fundos, voltada para oeste, dava para um pequeno vale que se estendia até a planície abaixo e descortinava uma vegetação luxuriante com vilas pitorescas aninhadas entre pinheiros. Descrevendo sua casa nova a um amigo, escreveu: "Quando abro as venezianas de meu quarto, pela manhã, vejo o monte Grappa como se estivesse emoldurado. Ponho dois vasos de flores no parapeito e ali fica sendo meu altar. Contemplando a vista diante de mim, sinto um súbito desejo de acender uma vela e orar". Era ali que ela gostaria de receber Enrichetta e família para celebrar a Páscoa, na primavera de 1919, mas, por algum motivo, esses planos tiveram de ser abandonados.

Em maio, ela renovou o passaporte em Florença e finalmente foi ter com os Bullough em Cambridge, onde permaneceu do início de junho até meados de agosto. Há pouca evidência de uma correspondência durante esses meses, o que sugere que Eleonora estava completamente envolvida pela vida doméstica dos Bullough. Fotografias da atriz com os netos no jardim de Huntingdon Road mostram uma Duse sorridente e descontraída, gozando de uma tão necessária mudança de cenário. A guerra também significara grandes sacrifícios para Enrichetta. Não só ela ficara separada da mãe, como também do marido, durante o tempo em que ele fez o serviço militar, de modo que esta era uma reunião de família no verdadeiro sentido da palavra. Mas depois de quase dois meses na Inglaterra, Duse começou a sentir saudades de casa e vontade de voltar à Itália antes do outono. O inverno fora rigoroso e, durante boa parte dele, Duse ficara de cama com uma infecção nos brônquios. Em Asolo, ela encontrou a atmosfera perfeita para a convalescência. Seus dias eram dedicados à leitura e à correspondência, a visitas à igreja local de Sant'Anna e a agradáveis passeios pelo campo, quando sua saúde permitia. Sua coleção de livros em Asolo (hoje abrigados no Museo Civico da cidade) atesta um interesse crescente por obras relativas à religião e à teologia. Junto com obras de literatura e manuscritos de peças, podemos encontrar *As Epístolas de São Paulo*, *Catarina de Siena*, a *Vida de São Francisco de Assis*, os *Pensamentos* de Pascal e escritos filosóficos de Antonio Rosmini, do cardeal Mercier e de Maurice Blondel.

A *História de Cristo* de Giovanni Papini impressionou-na profundamente e, embora permanecesse inabalável em sua relutância em abraçar qualquer religião ortodoxa, era, em suas próprias palavras, uma deísta ardente. Confiou a Silvio d'Amico: "Ainda não sou uma católica praticante, mas sou uma crente. Retornarei a Deus a meu modo". E assim definiu a seu amigo, o escritor e dramaturgo Édouard Schneider, sua imagem pessoal desse Deus que não precisava de intermediários: "Sempre amei a religião encontrada na simplicidade de Jesus. Depois, São Pedro não é Jesus". A dedicação a seu trabalho de atriz também contribuiu para esse processo de realização espiritual. Lamentando seu fracasso em conseguir um trabalho, ela refletia: "Não estou produzindo nada e não há salvação quando não se ganha a própria vida".

Uma vez terminada a guerra, ela pôde reatar contatos regulares com Yvette Guilbert, que fixara residência nos Estados Unidos. A carreira de Guilbert também sofrera durante a guerra, mas ela encontrara uma solução temporária abrindo sua academia. As duas mulheres corresponderam-se extensamente durante o ano de 1920, e Duse pediu que Guilbert tentasse encontrar um empresário que pudesse se interessar por arranjar algumas apresentações nos Estados Unidos. Ela estava preparada para viajar com duas montagens e fazer dez espetáculos de cada peça em abril ou maio. A guerra transformara Duse num dos "novos pobres", fato que ela não escondia de sua íntima amiga Guilbert. Não havia segredos entre elas, e ninguém era mais capaz de entender seu dilema do que Guilbert. Ambas haviam enfrentado súbitos reveses de fortuna em sua vida privada e profissional e ambas mostraram uma surpreendente capacidade de suportar infortúnios. A cantora francesa fez tudo o que pôde para ajudar Duse em sua busca de "uma promessa de trabalho e de luz". Guilbert conhecia as vicissitudes da profissão e Eleonora tinha certeza de que ela faria o possível para garantir as melhores condições, antes de comprometê-la em qualquer contrato. Numa volumosa correspondência, Duse recordava à amiga que não estava preparada para uma volta a qualquer preço, mas insistia: "Liberdade, boa vontade... a eterna verdade a que chamamos Arte".

Esse retorno a Nova York começava a parecer certo quando um casal americano, que era amigo de amigos, ofereceu-se para acompanhar Eleonora na viagem. Preços de passagens e datas de partida foram levantados, mas, no fim, o casal viajou sem ela. Duse ficou amargamente desapontada e, numa carta a Guilbert escrita em 10 de julho de 1920, seus motivos para adiar a viagem ficaram claros:

Ainda não estou *certa* de ser capaz de ir – pois Enrichetta não quer que eu viaje tão longe assim. Mas minha filha também é minha amiga mais querida e a irmã de minha alma. Ela sabe como eu ficaria feliz em ver mais uma vez você – como eu ficaria feliz em encontrar algo (digamos) de *Arte*. Portanto, é bem provável que eu consiga persuadir a querida menina a *deixar-me* viajar, se conseguir encontrar bons companheiros de viagem.

Enrichetta estava muito apreensiva quanto à saúde da mãe e temia que a longa viagem marítima viesse a precipitar uma nova crise. Mas não foi este o único problema que levou Eleonora a mudar de idéia. A taxa de câmbio do dólar era muito desfavorável, tanto que, quando ela calculou com cuidado as despesas de viagem, logo percebeu que corria o sério risco de gastar o pouco dinheiro que possuía. A chance de alcançar "uma realidade na palavra *sonho*" mais uma vez lhe fugira. Um bilhete sucinto a Guilbert, em que ela resumia sua triste situação – "sem dinheiro, sem saúde, sem cultura" –, pôs na gaveta quaisquer outros projetos para o presente.

Outra personalidade do mundo do teatro que veio em seu auxílio em 1920 foi o dramatrugo Marco Praga. A amizade entre Duse e Praga datava de 1890, mas durante muitos anos não houve contatos regulares. Ela admirara os esforços de Praga no sentido de criar um "teatro poético" e, nos anos 90, obtivera um sucesso pessoal com as peças de Praga *L'Innamorata [A Namorada]* e *La Moglie Ideale [A Mulher Ideal]*. Agora, após anos de silêncio, cedeu ao impulso de chamá-lo, na esperança de que ele pudesse querer ajudá-la: "Gostaria de vê-lo. Por favor, venha logo". Praga respondeu imediatamente e foi ter com ela em Asolo. Eleonora explicou seu dilema. Seus recursos financeiros estavam quase esgotados, ela não tinha outra alternativa além de voltar ao teatro. Praga ficou angustiado ao ver como ela havia mudado desde seu último encontro. Achando-a abatida e deprimida, prometeu ver o que podia fazer para ajudá-la. Mas as dúvidas quanto a si mesma e seus temores haviam-na tornado obsessivamente ansiosa. Seria capaz de representar de novo, após tão longa ausência do palco? Teria condições de trabalho satisfatórias? Como poderia ter certeza de que empresários e administradores não iriam tirar proveito da sua situação? Praga tentou tranqüilizá-la e prometeu que usaria de sua influência para conseguir uma oportunidade adequada.

O dramaturgo remeteu-lhe algumas obras suas e ficou agradavelmente surpreso quando ela exprimiu interesse por *La Porta Chiusa [A Porta Fechada]*, montada pela primeira vez em 1914. Duse começou a bombardeá-lo com cartas e bilhetes, à medida que novas idéias lhe ocorriam sobre os papéis que ela podia fazer, agora que já não era jovem. Por mais que gostasse de Asolo, o sufocante sentimento de futilidade a estava esgotando espiritualmente. Confessou a Praga: "Sinto-me com freqüência como um *fantasma* neste mundo despedaçado!" A oferta de um contrato no Teatro Real de Amsterdã fortaleceu sua disposição de voltar à cena, mas parecia prudente adiar qualquer compromisso no exterior enquanto não tivesse esgotado as possibilidades na Itália. Praga procurou ser o mais construtivo possível e cumpriu sua promessa de sondar com afinco para ela. Mas quando sugeriu uma reapresentação de *La Dame aux Camélias*, Duse deixou claro que não tinha a intenção de fazer como Sarah Bernhardt, representando papéis glamourosos já velha. As heroínas de Sardou e Dumas Filho pertenciam ao passado e, como explicou, "não posso mais evocar a personagem de Marguerite Gautier... e esse papel não é mais possível aos sessenta e um anos de idade – Paz – não falemos mais nisso".

O primeiro anúncio público de que Duse poderia retornar ao teatro apareceu no número de outubro de 1920 de *Comoedia*:

> Vários meses atrás, algumas proeminentes figuras dos círculos teatrais e literários contataram a grande Eleonora Duse para persuadi-la a voltar à cena. As negociações estão quase concluídas agora e esta artista única concordou em se apresentar com a companhia Ars Italica sob a direção de Virgilio Talli. As primeiras apresentações serão dadas no Teatro Argentina, em Roma. Seguir-se-á uma curta temporada em Turim e, depois, outra temporada em janeiro, no Teatro Manzoni, em Milão. Aparentemente, Duse concordou em fazer duas apresentações semanais em montagens por ela escolhidas. Ao que tudo indica, portanto, em breve veremos esta incomparável atriz representar de novo no Teatro Lírico de Milão. Seu repertório deverá consistir em *The Second Mrs. Tanqueray* de Pinero,

31. Duse com os netos Halley Edward e Eleonora Ilaria, no jardim da residência dos Bullough em Cambridge. Depois de ter ficado separada de Enrichetta e sua família durante a guerra, Duse viajou à Inglaterra no verão de 1919. Ficou quase dois meses na casa de Huttington Road, Cambridge, onde passou muitas horas felizes com seus netos. (Cortesia da Fundação Giorgio Cini, Veneza)

La Moglie Ideale de Praga, *La Gioconda* de D'Annunzio e *Ralé* de Górki. Nada foi definitivamente estabelecido, porém, e esses planos podem ser modificados. Não obstante, será um verdadeiro prazer receber de novo essa memorável artista, cujo desempenho conquistou a admiração de todos os que tiveram a sorte de vê-la atuar.

Esse anúncio prematuro foi o bastante para despertar o interesse do público, mas as especulações acerca de seu repertório revelaram-se, no fim das contas, redondamente ilusórias.

1920-1921 – O Obstáculo Final

A simples especulação sobre a volta da Duse cedeu lugar à certeza, quando Ermete Zacconi ofereceu generosamente colocar sua companhia à disposição da atriz para uma nova montagem de *A Dama do Mar* de Ibsen. Ator-empresário estabelecido, Zacconi era popular e bem-sucedido. Sua colaboração de outrora com Duse na promoção das peças de D'Annunzio fora menos que satisfatória. No entanto, havia vários fatores tranqüilizadores. Amigo de confiança, podia contar com ele para lidar com os problemas administrativos e para salvaguardar seus interesses. Uma vez segura de que todas as suas condições seriam respeitadas, Duse trabalhou noite e dia no esforço conjunto dos dois; as cartas trocadas entre a atriz e Zacconi refletem o entusiasmo e a boa vontade de ambos. Nelas, exprimiu a Zacconi sua profunda gratidão:

> Nestes dias de paixão, humildade e sonhos, sempre estive consciente da sua generosidade – meu querido e grande Zacconi, e antes de entrar de novo no *círculo de fogo* (na falta de uma expressão melhor) a seu lado, quero agradecer-lhe... Quero que saiba que a disciplina e a paixão de minha arte *não me separam* – ao contrário, unem-me – a todos os que estão preparados para me ouvir.

Na mesma carta, escrita em 22 de março de 1921, ela fala de certas frases e pontos de ênfase que ainda gostaria de modificar no importante diálogo entre Ellida e Wangel no segundo ato. Ao mesmo tempo, garante a Zacconi que ambos se iluminariam antes da noite de estréia.

Muito embora Eleonora não conseguisse reprimir totalmente suas dúvidas angustiantes à medida que os ensaios progrediam, nunca duvidou de que Zacconi era o homem certo para orientá-la nessa fase crucial. Estava profundamente comovida com a solicitude e a generosidade dele naquelas longas semanas de preparativos, bem como com a disposição dos atores de sua companhia para corresponder às suas idéias e dar o melhor de si. Artistas dedicados, Duse e Zacconi tinham muitos ideais em comum. No entanto, em seus métodos de representar, continuavam a ser mundos à parte. Em seus papéis ibsenianos, Zacconi era freqüentemente censurado por sua confiança no que ele chamava de "verdade material". Os críticos hostis preferiam chamá-la de "canastrice". Representar com alguém como a Duse, cujas interpretações dependiam de um menor número de meios tangíveis, forçava Zacconi a reconsiderar sua própria técnica de interpretação.

Entrementes, a imprensa continuava a publicar reportagens indiscretas e inexatas sobre os planos futuros da atriz, que podem ter incentivado empresários da Itália e do estrangeiro a fazer-lhe novas ofertas. Durante o mês de março de 1921, ela entabulou discussões acerca de várias peças que gostaria de encenar. Entre elas, estavam uma nova montagem de *John Gabriel Borkman* e uma adaptação teatral de *Ressurreição*, de Tolstói. Entrou em contato com Renato Simoni, crítico teatral do *Corriere della Sera*, para lhe pedir que a orientasse na procura de estudos críticos do drama de Ibsen. Ela voltou aos textos do dramaturgo norueguês como se os descobrisse pela primeira vez, e os frutos de suas leituras eram comunicados a Zacconi e outros membros do elenco. Nada devia ser deixado ao acaso ou a improvisações de última hora. Os resultados dessa empresa tinham de convencer tanto a crítica quanto o público de que Duse não era uma relíquia do passado, mas uma artista consumada, que merecia seus honorários. O crítico e dramaturgo Gino Rocca resumia as expectativas dos admiradores da atriz, ao comentar: "Se uma voz ainda pode operar milagres, não deve permanecer silenciosa".

Após meses de preparação intensiva, a estréia da Duse em *A Dama do Mar* foi finalmente marcada para 5 de maio de 1921, no Teatro Balbo, de Turim. Era a cidade em que, quatro décadas antes, ela alcançara a fama pela primeira vez, como atriz principal de Cesare Rossi. Amigos e colegas foram ficando apreensivos à medida que se aproximava esse compromisso vital, de que tanta coisa dependia. Dominando os nervos, Eleonora lembrou-lhes: "Todas os sofrimentos são suportáveis... enquanto não se tiver morrido antes de morrer de fato!"

Era o grande momento por que ela tanto esperara e pedira. Já fazia anos, agora, que vinha prometendo transformar sua visão pessoal da mais misteriosa peça de Ibsen numa "divina aventura". Preocupada com a autenticidade, consultou cenógrafos em que sentia poder confiar para executar suas idéias. Os cenários evocando o campo norueguês dos anos 1860 ficaram por conta do pintor Pietro Stroppa, cujo trabalho para o teatro fora muito admirado, e o guarda-roupa, de vários figurinistas, inclusive a casa Worth.

Já em fevereiro de 1921 ela escrevera à estilista Natalia Gotcharova, que conhecera em Roma, dando as especificações de dois vestidos para seu papel de Ellida: "Dois vestidos que lembrem o mar. Estabilidade! Harmonia!... O mar, com suas cores e reflexos – azul- escuro – roxo profundo... um toque de branco – aqui e ali – e um colar de pérolas num dos vestidos". Não há provas, porém, de que Gontcharova tenha realizado a encomenda da Duse. Os figurinos dessa montagem que chegaram até nós foram confeccionados por Jean Worth, de Paris, e Mariano Fortuny, de Veneza; em cor e desenho, conformavam-se bastante às especificações da Duse.

Afinal, a tão esperada noite chegou. Um relato completo apareceu no dia seguinte em *La Stampa*, assinado pelo crítico teatral do jornal, Gigi Micheletti:

A apresentação começou às 9. A fila para lugares não-reservados se formara desde a manhã cedo. Na platéia, muitos escritores eminentes, críticos, atores e astros do cinema, e a presença do filho de D'Annunzio, Gabriellino, não passou despercebida. Todo o teatro estava engalanado com flores. Um tributo pessoal de Ermete Zacconi estava à mostra no *foyer*: uma valiosa efígie de uma musa em marfim e ouro, com a inscrição: "A Eleonora Duse – que carrega a tocha da Arte – 5 de maio de 1921". Ao levantar o pano, havia uma atmosfera tensa no auditório. A entrada de Ermete Zacconi foi saudada com aplausos calorosos; ele fez um Wangel convincente. Então, veio de fora do palco o grito de Ellida, antes de entrar: "Wangel, você está no jardim?", que causou uma ovação ensurdecedora. Duse inclinou a cabeça, como se sufocada pelos aplausos. Gritos de "Viva a Duse!" e "Bem-vinda de volta!" soaram em todo o teatro. Ela foi até Zacconi e segurou suas mãos, como se tentasse reunir forças para continuar. Sua roupa consistia numa túnica branca sobre um vestido verde, seus cabelos estavam trançados e brancos como neve. Era inequivocamente a mesma Duse – tensa e vibrante na expressão e nos gestos –, a mesma voz divina que, após anos de silêncio, não perdera nada de seu poder e de sua musicalidade. A platéia ficou fascinada, e o pano baixou para um aplauso crescente. "É a Duse! A mesma velha Duse!", gritava o público, tranqüilizado e feliz.

No segundo ato, ela trajava um vestido azul. O público seguiu o diálogo entre Zacconi e Duse com atenção. A confissão de Ellida a Wangel, dita pela Duse, tornou-se "um milagre de simplicidade e graça". Ela tinha se tornado um pouco a dama do mar de Ibsen, com todos os seus sofrimentos, ansiedades e terrores.

Cada ato era saudado com a mesma aclamação retumbante. Uma jovem ofereceu a Duse um buquê de rosas de parte de Gabriele D'Annunzio. Gritos de "Viva a Itália!" ecoavam pelo teatro, e o sempre galante Ermete Zacconi ficou nos bastidores, enquanto Duse era repetidas vezes chamada à cena. Renato Simoni, que já se tornara um dos mais influentes críticos teatrais da Itália, escreveu uma análise perspicaz da sua arte. Ele enfatizava o fato de que seu modo de representar era "não tanto revolucionário quanto livre, individual e sem precedentes... sua abordagem não era tanto uma imitação de verdades externas quanto uma incansável busca de conhecimento interior". Simoni também fazia questão de ressaltar que Duse não conquistava sua audiência subjugando-a com seu magnetismo. Sua maior realização era criar um sentimento de solidariedade com seu público, enquanto o convidava a "redescobrir por si mesmo a beleza e a luz que cada ser humano é capaz de possuir".

O crítico e dramaturgo Édouard Schneider também aplaudiu sua coragem e a sabedoria da sua escolha. Ela representava aquela "personagem de sofrimento e liberdade" à perfeição e seu reaparecimento no palco não podia ter sido mais tempestivo: "A grande artista estava certa ao pôr fim à sua solidão. Sua volta ao palco produziu um som profético".

Outro desempenho notado pelos críticos naquela noite no Teatro Balbo foi o do jovem Memo Benassi, no papel do estrangeiro. Benassi iria ser o último dos protegidos de Eleonora, que ficou encantada com a reação favorável da crítica. Desde o início, Benassi revelou uma personalidade um tanto impetuosa e imprevisível. Fragmentos de correspondência revelam que Duse teve de recordar-lhe a disciplina da companhia em mais de uma ocasião, mas ele adorava a atriz e, mais tarde, quando se tornara um dos principais atores italianos, prestou-lhe um tributo como à mais dedicada artista que jamais conhecera.

Uma vez vencido este primeiro obstáculo, Duse recobrou confiança em si. Novas apresentações foram arranjadas em Milão, onde acrescentou *La Porta Chiusa* de Marco Praga ao repertório, antes de partir para Gênova e, finalmente, para Roma. As mesmas cenas de entusiasmo e aclamação acolheram seu desempenho no Teatro Manzoni, em Milão. Todos os dias recebia telegramas e cartas de congratulações, enquanto as igrejas e hospitais da cidade recebiam uma provisão aparentemente infindável de tributos florais. Uma nova geração de críticos escrevia extensas resenhas, procurando definir as qualidades únicas que haviam enfeitiçado as platéias de ambos os lados do Atlântico desde a virada do século.

Renato Simoni analisou e comparou seu desempenho em ambas as peças, e comentou: "Se, em *A Dama do Mar*, Eleonora Duse deu voz ao misterioso silêncio de uma alma que se esforçava por se conhecer, em *La Porta Chiusa* ela atenua gradativamente o peso trágico do silêncio que paira sobre o sofrimento desesperado de uma mãe".

A peça de Praga não era uma obra muito significativa. *La Porta Chiusa* estreara em 1913 com Tina di Lorenzo no papel principal. Classificada como um drama de tese, a peça era comprometida por insinuações impregnadas de farisaísmo e de preconceitos burgueses sobre honestidade e virtude. Sua mensagem era mais sentimental do que edificante. A trama conta como o protagonista masculino Giulio Querceta descobre que não é filho do homem de quem tem o nome, mas sim filho ilegítimo de Decio Piccardi, que fora amante de sua mãe e que, por muitos anos, tinha sido o mais íntimo e leal amigo dela. No segundo ato, Giulio confronta a mãe com sua culpa secreta; no terceiro, prepara-se para sair de casa e nunca mais voltar. Duse teve tanto êxito em transformar esse enredo fácil num estudo complexo das emoções maternas que, no fim da sessão, todos os espectadores partilhavam a dor daquela mãe. Não era a primeira vez em que um material de segunda mão se transformava num camafeu de verdade e poesia nas mãos da Duse.

À medida que as notícias de sua bem-sucedida volta se espalhavam, reabriam-se também as discussões sobre o estabelecimento de um teatro permanente em homenagem a essa artista corajosa, cujos esforços para reformar o teatro contemporâneo nunca foram plenamente apreciados ou recompensados em sua terra natal. Riccardo Artuffo a persuadira de que um Teatro de Arte poderia ser estabelecido na Itália mediante um cuidadoso planejamento e um suporte financeiro adequado. De Paris, homens de teatro como Édouard Schneider apoiaram um pedido de fundos governamentais que capacitariam Duse a dedicar suas energias a um "teatro poético", livre das injunções comerciais. O projeto começou a mostrar-se muito mais viável quando o amigo e confidente de D'Annunzio, Salvatore Lauro, ao visitar Eleonora em sua suíte no Albergo Reale, em Roma, trouxe-lhe uma carta e uma cópia autografada do *Notturno* do poeta. Não era esta a única razão da visita de Lauro. D'Annunzio estava decidido a fundar um teatro jovem a ser conhecido como Teatro Goliardico e estava ansioso por que Duse o ajudasse a inaugurar essa nova e entusiasmante aventura. Ela concordou sem hesitação, autorizando Lauro a informar D'Annunzio, agora conhecido como "Comandante", de sua disposição a participar. Esse projeto também se revelaria mais um dos estéreis sonhos de D'Annunzio. O crítico e ensaísta Silvio d'Amico, que conheceu bem Eleonora nesse período, recorda uma atriz "submersa num tumulto de aspirações confusas e contraditórias".

As notícias de jornal sobre seus planos imediatos agora tornavam-se vagas e enganosas. Parecia certo que a atriz dispunha-se a criar uma nova companhia sua, mas a natureza e o alcance de seu repertório e o itinerário exato para a temporada de 1921-1922 estavam longe de ser claros.

Seu interesse por novos escritores e talentos era autêntico. Ela acompanhava qualquer novo desenvolvimento no mundo da arte e da literatura e incentivava os aspirantes a dramaturgo a lhe mandarem seus manuscritos. Era também a primeira a defendê-los, quando suas peças eram castigadas pelos críticos. Textos de novas peças de Massimo Bontempelli, Federico Ratti, Gino Rocca, Riccardo Bacchelli, Lauro de Bosis e Luigi Pirandello estavam entre os papéis que ela deixou em Asolo. Sua mensagem a esses aspirantes a dramaturgo era significativa. Ela observava: "Nós, pobres atores, muitas vezes não vemos além das aparências... Na minha opinião, a obra de um dramaturgo pertence ao teatro, e somente o tempo e o público têm o direito e os meios de julgar seus méritos".

Pirandello, em particular, ficou desapontado com que as circunstâncias fizessem que a atriz não representasse uma só de suas peças. Sua controvertida obra-prima *Sei Personaggi in Cerca d'Autore [Seis Personagens à Procura de um Autor]* estreara no Teatro Valle de Roma, em 10 de maio de 1921, tendo sido saudada pelos críticos de visão como uma obra de "rara engenhosidade e mestria técnica". Pirandello nunca escondeu suas reservas acerca de D'Annunzio e de seus imitadores em dramaturgia. Deplorava as tendências inauguradas pelo poeta, cujas obras para o teatro considerava "escritas muito mais de maneira bonita do que bem". Também mantinha uma posição crítica em relação às espalhafatosas inconsistências das caracterizações de D'Annunzio e àqueles acabrunhantes efeitos cênicos que custaram à Duse uma fortuna. Certo de ser capaz de escrever uma peça mais adequada ao temperamento da Duse, compôs *La Vita che ti Diedi [A Vida que te Dei]*, com seu ídolo em mente, e convenceu Silvio d'Amico a contatar Duse em seu nome. O crítico fez-lhe esse favor e Duse concordou em ler o texto.

Sem dúvida, ela teria dado uma interpretação poderosa da personagem central de Pirandello – uma mãe que mantém viva a memória de seu filho, continuando a corresponder-se em nome dele com a mulher casada que ele amava espiritualmente. O confronto final entre a mãe do jovem morto e a mãe da infeliz esposa, que fugira para ir ao encontro dele, crendo-o ainda vivo, é um verdadeiro *tour de force* no autêntico estilo pirandelliano. Infelizmente, Duse hesitou em tomar uma decisão, a despeito das cartas do autor, que tinha a esperança de receber uma resposta favorável. É difícil dizer se ela desistiu por considerações morais, falta de fundos ou problema de elenco. Pirandello disse-lhe que escreveu a peça "com religiosa devoção", pensando constantemente nela e em como ela encarnaria a personagem da mãe com novos enfoques, mas Duse recusou-se a assumir um compromisso firme. Tentou consolá-lo mostrando que os dramaturgos têm uma importante vantagem sobre os atores: "Se eu sair deste inferno – não sei quando nem como – entrarei em contato com você, e talvez você não perca nada com essa dilação. Pois meu trabalho é *precário*, passageiro e não deixa vestígios; já o seu, em compensação, dura". Profundamente desapontado, Pirandello não viu muita esperança de a atriz mudar de idéia e sua peça estreou no Teatro Quirino, em Roma, no dia 12 de outubro de 1922, com Alda Borelli no papel destinado à Duse. *La Vita che ti Diedi* nunca foi considerada obra de grande mérito. Não obstante, teria sido interessante ver o que Duse teria podido fazer com uma personagem moldada por Pirandello; mais interessante ainda, seria ver como aquela parceria ter-se-ia desenvolvido.

Para a temporada de 1921-1922, Duse contratou Tullio Carminati como diretor artístico adjunto de sua nova companhia. Ela passou os meses de verão de 1921 em Cadore e Asolo, mas em setembro estava de volta a Veneza, entrevistando atores e técnicos. Os ensaios de *A Dama do Mar* e *John Gabriel Borkman* de Ibsen e *La Porta Chiusa* de Marco Praga estavam programados para começar em Roma em fins de setembro.

A imprensa anunciou que a nova companhia estrearia no Teatro Costanzi em fins de outubro, para uma temporada de quatro semanas com duas apresentações semanais. De Roma, a companhia iniciaria uma turnê nacional, com apresentações em Nápoles, Palermo e Veneza, ao longo dos meses de janeiro e fevereiro de 1922.

Carminati também fora contratado para criar o papel do filho na nova peça de Tommaso Gallarati Scotti *Così Sia* [*Assim Seja*], que deveria ser estreada no Teatro Costanzi, em Roma, no mês de dezembro de 1921. Gallarati Scotti conhecera Duse em Paris, em 1913, quando foram apresentados por um amigo comum. O poeta Rilke lera a peça e estava convencido de que ela seria o veículo perfeito para o estilo de interpretação da Duse.

As cartas trocadas entre Gallarati Scotti e Duse no outono de 1921 mostram que esta estava entusiasmada com a peça. Juntos, trabalharam os detalhes dos cenários e figurinos. Gallarati Scotti confiou-lhe suas idéias pessoais acerca das personagens da peça. Ao mesmo tempo, deu a Duse o direito de introduzir quaisquer detalhes que ela considerasse necessários para se identificar com o papel. Essas discussões dificilmente poderiam ter sido mais amistosas e a produção ficou pronta num tempo recorde.

Era outro papel materno, adequado à sua idade. A simples narrativa do sacrifício de uma mãe para salvar a vida do filho, por quem seria rejeitada anos mais tarde, tocou numa corda sensível da atriz. O aspecto psicológico do papel materno e a força espiritual derivada da fé popular eram temas que a atraíam. Com sua costumeira meticulosidade, ela discutiu sobre os adereços e os figurinos com o autor, e os dois fizeram uma pesquisa detalhada sobre a vida camponesa na Calábria. Gallarati Scotti ficou suficientemente impressionado com a compreensão que Eleonora mostrava de suas intenções para a deixar acertar sozinha os detalhes finais. Embora as mudanças que ela incorporou não fossem substanciais, serviram para fazê-la sentir-se mais à vontade no papel.

A peça teve uma grande publicidade prévia nos jornais, como a única nova obra a ser incluída no repertório da companhia naquela temporada. Como sempre, a platéia da primeira noite foi mais elegante do que inteligente. A sobriedade e a simplicidade de Duse no papel foram julgadas "admiráveis e comoventes". Ela proporcionou alguns momentos excelentes, e sua simplicidade extrema como a mãe injustiçada foi comovente. Apesar disso, a peça foi considerada um fiasco e as resenhas do dia seguinte foram muito desapontadoras. Lembrando-se das batalhas que travara com o público romano ao promover as peças de D'Annunzio, Eleonora teve dificuldades para controlar sua ira contra os "chacais da imprensa", que escarneceram daquele autointitulado mistério. Alguns anos depois da morte da Duse, quando Gallarati Scotti era embaixador da Itália na Inglaterra, Enrichetta presenteou-o com a cópia do texto de *Così Sia* que pertencera à sua mãe e que esta anotara cuidadosamente linha a linha.

Era natural que a preparação para esses papéis levasse Duse a refletir sobre os sofrimentos de sua mãe, que ela amara tão ternamente. Agradecendo a uma carta de Enrichetta com algumas palavras e desenhos a lápis dos filhos, acrescentou como pós-escrito: "Hoje é o aniversário da morte de minha mãe – toda a minha vida, meu amor por ela tem sido constante – a verdadeira solidariedade é a maior dádiva da vida". Também discutia as alegrias e sofrimentos da maternidade em sua correspondência com a poetisa Ada Negri, com quem não tardou a estabelecer uma relação especial. Duse lhe contara as lembranças recorrentes de sua infância e falara sobre a imagem insistente da presença da mãe. Ada Negri, que tentava confortá-la, escreveu num tom tranqüilizador: "Recebi sua carta, em que você fala de sua mãe com tanta ternura. Oh, creia-me! Ela a vê, a acompanha e a protege sempre". Vendo Duse atuar em *La Porta Chiusa*, acudiu à memória de Ada Negri uma música sublime: uma sinfonia de Beethoven. Todas as mulheres, ela sentia, tinham muito que aprender com essa atriz que atingia os extremos da sensibilidade feminina. À medida que a amizade entre as duas se aprofundava, Ada Negri percebia que fora um privilégio conquistar a confiança e o afeto de uma das mais inteligentes e corajosas mulheres da época.

1922-1923 – Despedida da Itália

Na primavera de 1922, Duse finalmente reuniu-se a Yvette Guilbert em Paris. Foi uma ocasião comovente para ambas, após anos de separação. Guilbert, que ficou chocada com a mudança física da amiga, anotou em seu diário: "Meu Deus! Que vejo! Vejo-a doente! Desfigurada e tossindo, expectorando, sem fôlego, mas como se estivesse queimando suas últimas brasas, drogada, intoxicada por seus triunfos recentes – e cismou que gostaria de ser aplaudida em Paris". Duse combinara uma série de entrevistas na capital francesa e fizera planos de se apresentar com Sacha Guitry. O dramaturgo francês Jacques Copeau também a convidou a se apresentar no recém-reinaugurado Théâtre du Vieux-Colombier, um teatro experimental com forte tendência para o teatro de equipe. Enrichetta viera da Inglaterra para estar com a mãe, que parecia descontraída e alegre. Yvette Guilbert recorda a presença radiante e a conversa animada da atriz durante um almoço no Foyet, depois o encontro com as personalidades teatrais da cidade.

A possibilidade de Eleonora fundar uma escola de teatro própria também foi discutida, mas ela exprimiu graves dúvidas acerca da sua capacidade de ensinar. Questionava detalhadamente Guilbert sobre os alunos desta: "Você pode lhes dar alma?", indagava. "Duvido. E eles podem entender a sua alma? Não! Portanto, por que você não dedica todas as suas energias completamente à sua arte?" Guilbert tentou persuadi-la de que aquelas *master classes* eram essenciais para os jovens artistas no início de suas carreiras, mas Duse não ficou convencida. "Então, eles são uns bobocas!", retorquiu. "Porque ver você atuando, Yvette, deve ser uma das experiências mais desanimadoras que se possa imaginar. Nossos talentos não podem ser passados para outros. Se alguém não tem 'Deus na pele', como um poeta notou certa vez, não há o que fazer".

Os artistas mais jovens pensavam claramente de outro modo, pois viajavam enormes distâncias para ver Duse representar. Ruth Draper foi à Itália para vê-la atuar e Eva Le Gallienne cruzou o Atlântico para assistir às suas últimas apresentações em Londres.

As circunstâncias também tornaram a pôr Eleonora em contato com D'Annunzio. Durante a guerra, ela seguiu seus gestos patrióticos pela imprensa. Chegara até a entrever o poeta fardado numa de suas visitas ao *front*, quando esteve em meio a um grupo de soldados na plataforma do trem, em Udine. Tornar a vê-lo depois de tantos anos deixou-a abatida e, naquela ocasião, preferiu voltar à sua cabine no trem a atrair sua atenção. A pedido dela, o poeta conseguira-lhe com as autoridades militares um salvo-conduto, graças ao qual ela pôde visitar a família de um jovem soldado em Veneza. Anzoleto Zaniol, um jovem recruta que trabalhara antes da guerra numa fábrica de cristais em Murano, era apenas um dos muitos jovens soldados que ela tomou sob suas asas. Mandava-lhes encomendas, despachava suas cartas, visitava seus parentes. Escrevendo para agradecer a D'Annunzio por sua ajuda, anexou uma sua desbotada fotografia, para lembrá-lo dos velhos tempos.

Um D'Annunzio mais velho e um tanto mais sensato viu-se refletindo sobre os anos que os dois passaram juntos. Agora percebia quanto ela significara para si e lamentava sua irreflexão e sua ingratidão. No dia 3 de junho de 1921 escreveu de Gardone del Garda à atriz:

Como é difícil arrancar as palavras do meu coração! Como é difícil, Ghisola, falar com você!... Na "cidade viva" [Fiume] sempre pensei em você em momentos sublimes de manobras patrióticas. Invocava a sua presença. E certas palavras remotas que você uma vez enunciou mais uma vez brilhavam em meu coração. Querida, querida Ghisola, nestes últimos poucos anos acaso não me mostrei digno da sua confiança? Lutei e sofri tanto e com tamanha pureza de intenção. Você se lembra do meu anseio de vida heróica? Uma vez, você me escreveu uma carta, dirigindo-se a mim como "Pobre, grande, atormentada alma!"

Não encontrei a paz... exceto em supremos momentos de heroísmo – momentos além da vida e da morte.

Ele acompanhara as reportagens sobre a bem-sucedida volta de Eleonora aos palcos, no mês anterior, mas não pôde reunir coragem para vê-la atuar de novo. As lembranças dos ideais artísticos e das amargas lutas que outrora partilharam continuavam a atormentá-lo e, ao mesmo tempo, a consolá-lo.

A correspondência intermitente dessa última fase revela uma tentativa sincera de exprimir seu remorso dos erros passados. Ele tentava persuadi-la a visitá-lo no lago de Garda, oferecendo-lhe sua hospitalidade numa casinha que possuía perto do Vittoriale. Em memória do tempo que passaram juntos em Settignano, batizara a casa de La Porziuncola. Duse declinou do convite. Seus sentimentos por D'Annunzio agora situavam-se em outro plano. Ela nunca perdera totalmente uma preocupação quase maternal com aquele eterno adolescente, mesmo quando censurava seu egocentrismo e suas quixotescas ambições políticas, que nunca deixavam de ser manchetes. Conversando em particular com Olga Signorelli, Duse comentava as fúteis evocações do passado feitas por D'Annunzio: no que a ela dizia respeito, o poeta estava brincando com sombras. Profissionalmente também, novos vínculos eram indiretamente estabelecidos. Duse era a única atriz (e a única mulher) convidada a integrar a Comissão do Teatro Experimental, fundada em Bolonha na primavera de 1922. Entre os outros membros da comissão, estavam D'Annunzio, Pirandello, Ermete Zacconi, Silvio d'Amico e Renato Simoni. Naquele mesmo outono, ela participou de uma apresentação beneficente no Teatro Comunale de Bolonha, em apoio ao projeto.

No dia 3 de agosto de 1922, Duse e D'Annunzio reuniram-se brevemente no Albergo Cavour, em Milão, após uma separação que durara quase vinte anos. O encontro se deu a pedido de Eleonora, porque ela planejava reintroduzir *La Città Morta* em seu repertório e desejava realizar certos cortes e modificações. O poeta ficou satisfeitíssimo com aquela ocasião para dar provas de sua boa vontade. No mesmo dia, ele falara a centenas de militantes fascistas do balcão do Palazzo Massimo, exortando à fraternidade e à virtude. À noite, numa recepção dada por Litta Modignani, pediu à anfitriã desculpas por seu silêncio, explicando: "Estou perturbado, porque hoje vi mais uma vez a mulher que mais amei, depois da minha mãe".

Dez dias depois, D'Annunzio caiu misteriosamente da janela de um quarto do segundo andar da sua vila do lago de Garda, onde estava vivendo com uma jovem pianista veneziana, Luisa Baccara. O médico chamado à vila diagnosticou uma fratura do crânio e o poeta ficou em coma vários dias. As notícias do acidente logo chegaram à Duse e, alarmadíssima, a atriz telefonou várias vezes para saber como passava. D'Annunzio, um sobrevivente por natureza, logo se recuperou, a despeito das sombrias previsões dos médicos, que temiam por um dano permanente do cérebro. Foi um D'Annunzio muito mais dócil que emergiu daquela estranha experiência, e nos anos seguintes tornou-se como um recluso em meio à carregada decoração e a vasta coleção de tesouros artísticos que faziam o interior de Il Vittoriale parecer muito mais um museu do que uma residência particular. Qualquer projeto para o seu Teatro Goliardico teria de ser deixado na gaveta, pelo menos por enquanto.

Em julho de 1922, foi anunciado em *Comoedia* que Duse iria cumprir uma série de compromissos no exterior, a partir de setembro. Suíça, Inglaterra, Bélgica e Holanda eram mencionadas como os países que visitaria. Tal como veio a público, esse anúncio era prematuro e inexato. Duse ainda tinha vários compromissos nas províncias italianas e, embora tivesse maiores esperanças de prosseguir sua carreira, os médicos tentaram dissuadi-la de assumir qualquer compromisso no exterior em seu presente estado de saúde. Mas uma carta a Enrichetta de agosto de 1922 tem um tom mais otimista:

> Nos últimos meses, percebi uma nova imagem da Itália: vigorosa, confiante e cheia de boa vontade! Os jornais falarão inevitavelmente de sangue e conflitos... mas já não é o ódio que anima esses jovens soldados, e sim uma busca renovada de *fé*, *amor* e *união*... Os jornais concentram-se nas aparências exteriores... mas posso dizer com a máxima confiança que a alma da juventude italiana foi lavada.

À medida que o inverno se aproximava, a saúde de Eleonora começou mais uma vez a piorar e seu ânimo a decair. Viajar pela Itália como estrela do teatro não era o ideal pelo qual trabalhara e lutara. Tullio Carminati estava se revelando um hábil diretor, mas rivalidades mesquinhas na companhia perturbaram a paz de espírito da atriz. Memo Benassi, que ameaçava entrar para outra companhia por um salário maior, recebeu a gentil mas firme reprimenda da Duse: "O mal maior é *isolar* nossos interesses e ações dos interesses e ações de outros. Pois toda ação (quer ela afete nosso trabalho ou algum outro aspecto de nossa vida) pertence a um tecido feito de muitos fios entrelaçados". Sua relação de trabalho com Tullio Carminati também estava ameaçada por mal-entendidos. Quando este lhe escreveu fazendo uma queixa, ela repreendeu-o rudemente: "Sua amargura, meu caro Signor Carminati, não leva em conta a amargura experimentada por outros".

Para agravar suas preocupações, as despesas da companhia estavam aumentando com tamanha rapidez, que a temporada em curso a deixaria com um enorme déficit. Seu precário estado de saúde acarretara freqüentes adiamentos e cancelamentos, e suas obrigações contratuais com os membros da companhia previam que ela pagaria seus salários por qualquer apresentação não-realizada. As dívidas estavam subindo numa proporção alarmante. Quando a romancista Sibilla Aleramo, que ela conhecia há anos, ofereceu-se para traduzir a peça *Exaltation* de Édouard Schneider, Duse sentiu-se obrigada a recusar. Depois de pedir desculpas, explicou: "As circunstâncias que me forçam a tomar essa decisão são demasiado complicadas para discuti-las numa carta. Minha amarga experiência com *Così Sia* tornou-me muito mais cautelosa. Não é de grandes atores que necessitamos agora, mas de um 'teatro poético', e esse teatro não existe na Itália". Confidenciou a Sibilla Aleramo que gastara 98.000 liras no cenário e nos figurinos de *A Dama do Mar*, 27.000 liras em *La Porta Chiusa* e 32.000 liras em *Così Sia*.

Não era a primeira vez que Duse entenderia que submeter a públicos tradicionais inovações radicais equivalia à ruína financeira. Já não era jovem nem imprudente, não estava mais pronta para arriscar os desastres a que se expusera por causa de D'Annunzio. A América, que, no passado, sempre achara estranha, agora parecia atraí-la como uma "nação forte e empreendedora". Só podemos conjeturar que Duse, percebendo que lhe faltava o vigor para conduzir seus negócios com tanta eficiência quanto outrora, sentia agora que uma poderosa administração americana conviria melhor a seus interesses. Ademais, suas negociações prévias com Griffith e Yvette Guilbert e, mais recentemente, com o dramaturgo norte-americano David Belasco, não produziram resultados.

D'Annunzio escreveu-lhe em várias ocasiões no mês de dezembro para insistir em que ainda podia ajudá-la a sair de suas dificuldades. No dia 9 de dezembro, escreveu: "Eu esperava que você fosse ficar livre de todos esses incômodos problemas. Sinto-me tão infeliz e preocupado com sua situação! Preciso falar com você e espero sinceramente que me permita agir por você. Tenho um plano e, talvez, até mesmo o poder de levá-lo a cabo". Alguns dias depois, ele garantiu que não assumiria nenhum compromisso sem o seu consentimento e pediu-lhe para aceitar um encontro em Milão, onde iria assistir à estréia de *Debora e Jaele* de Ildebrando Pizzetti, no Scala.

A *ajuda* e o *poder* a que D'Annunzio aludira esclareceram-se quando Duse recebeu uma visita de Mussolini em pessoa, em sua qualidade de presidente do Conselho de Ministros. O futuro Duce fora induzido a agir não só por D'Annunzio, mas também por Margherita Sarfatti, uma jornalista que escrevia para o jornal fascista *Il Popolo d'Italia*. Margherita Sarfatti era uma das mais ardentes admiradoras da atriz e escrevera vários artigos e tributos, quando Duse voltou ao palco. Por iniciativa própria, decidira que Duse deveria receber auxílio material de fundos governamentais. Tendo, ao que se dizia, relações emocionais com Mussolini, Sarfatti era indubitavelmente influente nos círculos fascistas. Informou à Duse: "Pleiteei a sua causa – que é a causa do teatro italiano – com fervor e convicção, mas meu pleito revelou-se desnecessário, pois o presidente aceitou minhas propostas com entusiasmo". Essas intervenções eram de fato eficazes.

A conversa de Mussolini com a atriz foi breve e incisiva. Ele expressou seu desejo de ajudar Duse a fundar uma companhia residente, de acordo com os próprios ideais da atriz, se ela quisesse apresentar propostas concretas. Era, por fim, o reconhecimento oficial de sua contribuição para o teatro na Itália, mas sua resposta imediata a essa generosa oferta não encerrava nenhum compromisso. Ela tivera tantos desapontamentos no passado, que precisava de tempo para considerar as implicações de uma subvenção do Estado. Nada resultou desse singular encontro, e Duse não se refere a Mussolini em parte alguma da sua correspondência.

A turnê do inverno de 1922-1923, conforme anunciada no número de setembro de *Comoedia*, devia incluir Trieste, Turim, Gênova, Milão e Nápoles. Pelos termos do contrato, Duse deveria fazer quarenta apresentações antes de 28 de fevereiro de 1922, mas por volta de 25 de janeiro fizera apenas doze. Duas sérias recaídas de brônquio-pneumonia quase a obrigaram a adiar indefinidamente os demais compromissos, mas na última hora ela se recuperou o suficiente para prosseguir.

Così Sia ainda era representada para casas semivazias e as reações dos críticos continuavam a ser prejudiciais. No entanto, esse fiasco foi compensado pelo considerável sucesso de uma nova montagem de *Espectros*, de Ibsen. Silvio d'Amico, que fez a resenha da peça quando a companhia se apresentou no Teatro Lírico de Milão, cumulou de elogios o luminoso desempenho da Duse como senhora Alving. Alguns críticos fizeram restrições à ênfase excessiva dada à senhora Alving, que, nessa montagem, passou a ter tanto destaque quanto Oswald. Mas d'Amico, escrevendo no *Corriere della Sera* de 19 de dezembro de 1922, argumentou que era este um pequeno preço a pagar por essa interpretação altamente individual que escrutava a própria alma de Helen Alving e a transformava numa personagem trágica de grande magnitude. Habilmente secundada pelo inteligente desempenho de Memo Benassi como Oswald e Calisto Bertramo como um excelente pastor Manders, Duse mostrava quanto podia ser expresso pelas sutilíssimas nuances de fala e gesto.

A escritora e atriz americana Ruth Draper também viu Duse representar em Milão naquele inverno. Elas se encontraram em particular não mais que quatro vezes, e Draper recitou para Duse em francês. Muito provavelmente, Eleonora estava interessada pelas representações solo de Draper dos chamados monodramas. Recordando suas impressões da atriz, Draper escreveu: "Nada poderia ter sido mais perfeito do que a simpatia e a concordância que senti com [Duse]... Ela disse coisas tão lindas para mim – e o simples fato de vê-la e sentir sua personalidade provoca algo muito estranho no coração. Nunca se viu semelhante sofrimento num rosto, nunca se sentiu com tanta força a presença de uma alma imortal". Vendo-a interpretar a senhora Alving em *Espectros* de Ibsen, Draper achou-a "inexprimivelmente linda – frágil – de cabelos brancos – mas sua graça, seu movimento e a linha da sua garganta – sua gesticulação e sua voz – e aquela tristeza obsedante... parecem pertencer à beleza imortal do mundo".

De Milão, Draper voltou para Paris, onde visitou Aurélien Lugné-Poe, que a ajudara a conseguir contratos em Paris e Madri. Uma carta de Draper a Duse, postada na Dinamarca no Natal de 1922, mostra Draper tentando atuar como mediadora entre Duse e o ator-empresário francês. Algumas "amargas loucuras", como Lugné-Poe definiu, haviam criado um desentendimento entre os dois. Agora, o ator estava ansioso por superá-lo e renovar seu contato profissional com Eleonora, arranjando compromissos para ela em Paris. Duse, ao que parece, não respondeu nem a Draper, nem a Lugné-Poe. Suas confidências a Enrichetta, no entanto, deixam claro que ela não tinha a menor intenção de reatar relações e que se indignava com a intromissão de Draper em seus assuntos.

Em janeiro de 1923, Eleonora estava em Nápoles, onde deveria fazer três apresentações; porém, mal chegou ao hotel, ficou seriamente enferma. As despesas da companhia atingiam agora cerca de 1.000 liras por dia e ela foi obrigada a levantar novo empréstimo para poder continuar. O futuro estava negro. Um certificado médico assinado por seu bom amigo, o doutor Angelo Signorelli, liberou-a de seus compromissos em Madri. Um sentimento de fracasso insinua-se em sua carta a Katherine Onslow, uma amiga e admiradora inglesa, informando-a do cancelamento: "Eu lhe prometi que teria a coragem de trabalhar novamente – mas quebrei minha promessa. *Força*, coragem – *inspiração* – me faltaram – e, por mais que tentasse, não fui capaz de partir para Madri... essa doença atingiu minha alma".

Entrementes, continuava a receber mensagens urgentes de D'Annunzio. No dia 26 de fevereiro de 1923, ele renovou o convite para vir a seu encontro no lago de Garda: "Porziuncola é sempre nossa". Depois, no início de março, escreveu com grande insistência: "Preciso vê-la de novo. Antes de você tomar qualquer decisão (e você sempre toma decisões contra seus maiores interesses), quero falar com você".

Naquele inverno, D'Annunzio não era a única voz a lhe recordar o passado. Recebeu uma carta, congratulando-a por sua volta ao palco, de Alexander Wolkoff, de Viena, e Romain Rolland, tendo lido uma reportagem na imprensa francesa acerca da reencenação de *La Città Morta* no Teatro Costanzi de Roma, escreveu-lhe de Villeneuve, recordando-lhe as férias que haviam passado juntos em Settignano, Pisa e Bocca d'Arno. Doente e desanimada, Duse ouvia aqueles ecos do passado, mas olhava tenazmente para o futuro, em vez de ficar rememorando seus dias mais felizes. Acabrunhada por dúvidas e problemas para os quais não havia solução aparente, encontrou conforto nas palavras de São Paulo: "Não apagueis o Espírito".

13. SALDANDO VELHAS DÍVIDAS, FAZENDO NOVOS PLANOS

Na velhice, há uma só coisa a lamentar: não ter dado o bastante de si.

E.D.

1923 — LONDRES

Entre os papéis da Duse existentes no Museo Civico de Asolo, há uma carta datada de 11 de janeiro de 1923 do Ministério das Relações Exteriores da Itália. Ela revela que a atriz discutira com a direção do Théâtre des Champs-Elysées a possibilidade de uma curta temporada em Paris. Uma carta escrita a Duse por Édouard Schneider naquele mesmo mês de abril confirma que ele também entrara em negociações para ela. Sua carta fala de tentativas de programar uma apresentação de gala de *La Città Morta* em Paris. Os honorários, fixados com o Ministério das Artes francês, excluíam as exigências financeiras de empresários e agentes. Mas o destino continuava a dar as cartas. Por sua saúde precária, Duse foi forçada a recusar aquela atraente oferta.

Sarah Bernhardt, que tomara à Duse o papel principal em *La Città Morta* uns doze anos antes, faleceu no dia 27 de março de 1923. A Divina Sarah tinha 78 anos e, muito embora com a saúde abalada fazia algum tempo, estivera ensaiando uma nova peça até dezembro de 1922. O costureiro Jean Worth, a quem fora confiado bom número de figurinos para as últimas produções da Duse, refere-se ao passamento de Bernhardt num tom de irreverência:

Demorei para responder sua carta, mas não pense que é porque estava fazendo uma peregrinação ao Boulevard Pereire, onde a Grande Trágica entregou sua alma a... ? Ao céu, imagino, porque Lúcifer certamente não a desejaria no inferno, onde ela poderia provocar confusão demais... Sua inveja feroz provinha da sua admiração latente por você. Mas aquele monstro de orgulho não poderia tolerar um segundo sol no firmamento.

As observações de Worth não provocaram resposta da Duse. Desde há muito ela perdoara as incautas observações de Bernhardt a seu respeito e mandara flores para a atriz francesa quando esta se apresentou no Teatro Paganini de Gênova, no ano anterior.

Bernhardt morreu bastante diminuída, mas consolada por saber que gozara de todas as honras e privilégios em sua França natal. Os tributos na imprensa enfatizavam que, embora sua conexão com a Comédie Française tenha sido relativamente breve, a "casa de Molière, de Racine e de Victor Hugo ainda ressoa com seus triunfos". Bernhardt reinara suprema nos círculos teatrais parisienses, mesmo enquanto cumpria sua carreira internacional. O tributo publicado no *Times* ressalta suas realizações singulares. O crítico teatral do jornal nota: "Houve atrizes maiores, há uma só viva hoje, mas Sarah não tinha par como grande instituição... ela tinha o toque de romantismo que a imaginação popular espera das grandes instituições". Ao morrer, Bernhardt possuía dois teatros em Paris: o Théâtre Sarah Bernhardt e o Théâtre de la Renaissance. Duse, após uma vida inteira no teatro, não podia mostrar semelhantes realizações. Agora, com sessenta e cinco anos, não possuía um teatro permanente nem uma companhia própria na Itália.

Em março de 1923, o dramaturgo italiano Dario Niccodemi publicou num jornal de Roma uma carta aberta instando a atriz a pedir a assistência do rei da Itália. A monarquia tinha autoridade para comandar a instituição de um Teatro Nacional, que poderia incorporar uma academia de arte dramática. Duse ouvia esses debates com ceticismo crescente. Sua situação financeira tornara-se quase desesperadora. Como confiou a Olga Signorelli: "Não posso vender minha mercadoria". E a Katherine Onslow chegou a expressar o temor de que seus últimos dias no palco viessem a ser frustrados pela total mediocridade: "Estamos no alto-mar... as palavras são inúteis – minha vida é extremamente cruel e amarga".

Katherine Onslow, que era completamente dedicada à atriz, fez tudo o que estava a seu alcance para ajudar. Pouco se sabe acerca dessa mulher formidável, cuja presença se tornou inestimável para a atriz durante os últimos anos da sua vida. Ela pertencia a uma família inglesa aristocrática com influentes ligações em Londres. Solteira, bem-educada e muito viajada, era a companhia perfeita para Duse. Onslow levantou um empréstimo substancial para ajudar Duse a vencer a última crise e negociava sem estardalhaço com amigos a possibilidade de um contrato em Londres. Contatou a senhora Gabrielle Enthoven, que pouco depois ligar-se-ia ao Theatre Museum do Victoria and Albert Museum; esta, por sua vez, contatou C.B. Cochran. O empresário respondeu com entusiasmo e escreveu a Duse no início de abril:

> Cara senhora Duse,
> A senhora Enthoven escreve-me que a senhora gostaria de fazer algumas apresentações em Londres durante o mês de junho. Eu ficaria muito feliz se conseguíssemos chegar a um acordo. A senhora Enthoven sugere que a senhora podia dar duas matinês por semana e apresentar três peças. Assim, penso que poderiam ser feitas ao todo seis apresentações.
> Gostaria de saber suas condições, se essa proposta lhe parecer viável.
> Seria uma grande honra para mim a senhora se apresentar sob meus cuidados.
> Atenciosamente,
> Charles B. Cochran.

Um contrato em Londres com Cochran garantiria uma administração responsável, bem como platéias e crítica de alto nível. Além do mais, seria uma satisfação pessoal reunir-se a Enrichetta e família, e a velhos amigos como Ellen Terry. O clima inglês era tolerável em junho e com um programa de apresentações mais folgado ela conservaria suas forças.

Esse compromisso revelar-se-ia providencial, pois, mal tudo foi arranjado com Cochrane, as finanças de Eleonora sofreram um novo revés. Ela pedira a Katherine Onslow que contatasse o banco Mendelssohn em Berlim, para esclarecer o resultado dos investimentos feitos por Robert Mendelssohn em seu nome antes da guerra. Duse estava ansiosa por saldar suas dívidas com Katherine e investir o restante em algum lugar. Para sua consternação, o extrato mandado pelo banco mostrava que a inflação alemã havia reduzido o valor de seus investimentos a apenas 300.000 marcos, o que equivalia, então, a três *pence* no câmbio inglês!

D'Annunzio, obviamente, estava a par de seus problemas financeiros. Em março, ele tentara tranqüilizá-la por carta: "Tudo deve e será superado"; e, lembrando-se da sua falência em 1910, pôde escrever com alguma convicção: "Eu também passei por tempos difíceis e é quase um consolo unir o sofrimento ao sofrimento e a coragem à coragem". No vocabulário de D'Annunzio, coragem costumava ser sinônimo de meios inescrupulosos. O poeta revelara-se muitas vezes capaz de recorrer a condutas equívocas para recuperar suas perdas. Já a Duse era escrupulosa nessas questões. Muito embora o banco Mendelssohn exprimisse seu desejo de lhe fazer um empréstimo, ela recusou a oferta, mais que nunca determinada a trabalhar até liquidar todos os seus débitos. Já sofrera humilhações bastantes. Um adiantamento de 30.000 liras para um contrato futuro com o Teatro Goliardico estava-lhe provocando uma ansiedade sem fim. Ninguém parecia capaz de explicar se o dinheiro era uma subvenção autorizada de fontes governamentais ou um indesejável presente do próprio D'Annunzio. O mistério permaneceu insolúvel e a atriz conseguiu apenas reprimir seus escrúpulos, convencendo-se de que faria jus ao adiantamento quando o projeto finalmente se concretizasse. Entrementes, sua desesperada situação financeira obrigava-a a usar o dinheiro para pagar sua companhia até que outros meios pudessem ser encontrados.

Chegado o momento da viagem a Londres, Duse reafirmou sua gratidão a Katherine Onslow por ter vindo em seu socorro quando não tinha ninguém mais a quem recorrer. A discreta e modesta Katie, como era conhecida de seus parentes e amigos, estava destinada a desempenhar um papel importante como confidente durante este capítulo final da vida da Duse. Dirigindo-se a ela como Santa Catarina, numa carta datada de 27 de abril, Eleonora afirma-lhe: "Conheço o BEM – que sua personalidade traz à minha vida – e estou tentando ser merecedora dele. Deus me ajudará". Algumas semanas depois, Duse manda a Onslow detalhes de sua viagem a Londres:

– Gostaria de lhe dirigir uma prece –
– Eu parto –
– *Agradeço-lhe* por toda graça recebida.
Você me consolou e me assistiu nestes últimos dias, tão difíceis – e um tanto tristes.
Parto –
Chego a Londres –
  para você
  com você
  graças a você
Sem sua ajuda
nada teria sido possível.
Agradeço-lhe de todo o meu coração.
Désirée está lhe mandando os detalhes.
Partimos dia 17
  18, 19 – Milão – Hotel Cavour
  19 – partida para Paris – Hotel Regina
  20 – Paris
  21
  22
  23 – partida para Londres
Necessito reunir-me a seu fiel coração – sua confiança me dá a coragem e o desejo de trabalhar mais uma vez.
Nada mais há a dizer.
  Obrigada.

Obrigada.
Obrigada.
– Estar em condições de partir!
Afinal –
depois destes dias de *imobilidade* de alma e espírito.
adeus
não sei mais como escrever
cartas –
mas minha pobre vida
está completamente destruída
e a coragem de trabalhar é um grande consolo.

A volta de Duse à cena londrina era um golpe de Cochran. Duse faria apresentações à tarde. Depois, à noite, haveria apresentações de uma companhia francesa liderada por Lucien e Sacha Guitry e pela mulher de Sacha, Yvonne Printemps. Após confirmar os detalhes finais das seis matinês com uma troca de telegramas, o empresário e sua mulher viajaram a Paris a fim de acompanhar a atriz a Londres. Cochran deu um comovente relato das últimas etapas da viagem, quando Duse reunia forças para enfrentar o público londrino após uma ausência de quase vinte anos. Como o empresário recorda:

A grande atriz parecia muito delicada e frágil. Quando passamos do trem para a barca, fiquei impressionado com a maneira como se esquivava da multidão. Ela tremia da cabeça aos pés. No trem, de Folkstone, como ela não podia suportar a fumaça de charutos e cigarros, sentou-se no corredor num assento improvisado com uma valise... Duse não se queixou, mas notei de novo que a presença de muita gente a afligia.

Acompanhada de Katherine Onslow, que viera encontrá-la em Paris, desembarcou na Victoria Station, onde foi recebida por um diplomata da embaixada italiana e recebeu flores de Pauline Lord, que estava estrelando uma produção de Cochran: *Anna Christie* de Eugene O'Neill no Strand Theatre. A senhorita Christopher St John também presenteou-a com um buquê enviado por Ellen Terry. Ao ouvir o nome da amiga, Duse subitamente animou-se, um largo sorriso transformando seu rosto: "Diga-lhe que me deu boa sorte, tão boa sorte! Adorável, generosa Ellen Terry!"

Estava reservada para ela uma suíte no hotel Claridge. Suas matinês no New Oxford Theatre eram espaçadas para proporcionar o máximo de repouso. O Conselho Municipal de Londres deu permissão para que um camarim especial fosse construído perto do palco, com um suprimento de oxigênio, caso a atriz se sentisse subitamente mal durante a apresentação. Todas as apresentações estavam vendidas por completo e Duse ficou profundamente comovida com os votos de sucesso e tributos florais de uma nova geração de atores e atrizes que encontrou em Londres. Fay Compton, Eva Le Galienne, Lucien e Sacha Guitry, e o jovem John Gielgud estavam entre as personalidades teatrais que acorreram ao New Oxford Theatre, para ver e aprender. Um camarote fora especialmente reservado para Ellen Terry na estréia da Duse no dia 7 de junho em *A Dama do Mar*. A atriz inglesa registrou em seu diário: "Oh! Ela estava uma perfeição!... Levei-lhe algumas flores, que ela usou durante a peça. Depois fui cumprimentá-la. Ela parece mais nobre agora do que quando jovem. Mostrou uma calorosa afeição a mim e a meu Edy".

Os críticos teatrais de todos os jornais de Londres escreveram extensamente sobre essa entusiasmante reapresentação de uma das maiores atrizes da Europa. Jean Worth lembrara Duse da importância da entrada inicial de uma atriz. O magnífico traje que ele fez para o primeiro ato e sua sugestão de empoar um pouco o cabelo para atenuar suas feições provocaram o impacto desejado. O crítico teatral do *Times* asseverou a seus leitores que Duse – "pálida e penetrante" – mudara muito pouco com a passagem do tempo; sua voz tinha "a mesma pulsação e o mesmo pranto", suas mãos e seus gestos tinham a mesma graça incomparável. Muitos críticos concordam com que Duse deu nova plausibilidade a Ibsen. Em sua interpretação, o *como* da obsessão de Ellida pelo mar se tornou muito mais importante do que o *porquê*. Algumas reservas foram feitas ao critério de encenar a peça num estilo vitoriano antigo e às perucas e figurinos dos outros membros do elenco, mas a atuação da Duse triunfou delas.

O crítico do *Manchester Guardian* também aplaudiu a milagrosa atriz, cuja presença física sugeria "um mar de calmo sofrimento". Os detalhes de sua interpretação ficaram gravados na memória. "Quando ela acena com suas flores para os enteados, capta-se um lampejo de felicidade e graça que aparece entre as nuvens de tormento, e ela diz suas falas no segundo ato como se estivesse executando uma sinfonia para a voz". O crítico conclui: "Era tudo tão extraordinariamente típico do palco e tão pouco teatral". Ellen Terry também a viu como a senhora Alving e anotou em seu diário: "*Espectros*. Uma peça horrível, mas Duse soberba".

Desmond MacCarthy, escrevendo em *The New Statesman*, viu uma "quase perversa trivialidade de atmosfera", salva apenas pelo luminoso desempenho da Duse como a senhora Alving. Maurice Baring também ficou impressionado com a originalidade da interpretação de Eleonora, que transformou "essa 'intelectualóide' norueguesa de classe média, que refletira de maneira tão penosa para si mesma sobre perturbadoras questões de conduta e moralidade, numa figura imperial".

Talvez fosse inevitável a comparação da senhora Alving de Duse com a da senhora Theodore Wright, que representara o papel na primeira apresentação londrina de *Espectros*, e com a de Janet Achurch, que alcançara um grande sucesso no papel, mas o *pathos* do segundo ato da Duse era incomparável. Resumindo suas impressões, o crítico do *Times* de 20 de junho não teve palavras para explicar os mistérios da arte de Eleonora e comentou: "Como a senhora Alving: não faz nada, não enfatiza nada, não sente nada que um leitor inteligente do texto não esteja preparado para fazê-lo. No entanto, o efeito total é de revelação e surpresa". Sua nobreza de expressão também foi enfatizada por James Agate ao fazer a crítica de *Espectros* para o *Sunday Times*. Agate tinha suas dúvidas sobre se era aquela a senhora Alving pretendida por Ibsen, mas capitulou ao apelo irresistível daquela "admirável criatura que ia de dor em dor, numa desolada sarabanda de infortúnios".

Coincidindo com o sucesso de Eleonora no New Oxford Theatre, chegaram de Paris notícias de que os trajes e adereços cênicos de Sarah Bernhardt estavam sendo leiloados. Duse deve ter refletido sobre a abrupta saída de cena de uma das maiores personalidades teatrais da Europa, quando suas próprias apresentações de despedida estavam sendo tão aclamadas.

Uma das mais lúcidas descrições da arte da Duse e de seu fascínio duradouro durante esta derradeira visita a Londres foi escrita por Arthur Symons, que fizera um estudo acurado da interpretação da atriz. Observa ele:

Para os que viram a Duse apenas através das luzes da ribalta, ela deve ser impenetrável, quase a contradição de si mesma. Quando se conversa com ela, começa-se a perceber a artista através da mulher. Há nela uma quietude sombria e hipnótica, quando ela se perde em meditações, com a bela e firme mão agarrada ao braço da cadeira sem um só movimento, mas apertando tanto que as juntas dos dedos ficam rígidas; seu corpo pende para um lado da cadeira, sua cabeça repousa na outra mão, os olhos são como uma chama letárgica; o corpo inteiro pensa. Seu rosto está entristecido com o pensamento, por ele passando todas as emoções do mundo, que ela já sentira mais de uma vez, em sua própria carne e na energia criativa de seu espírito. Sua quietude é a quietude de alguém no ato de eclodir. Não há transição da energia da fala à energia do silêncio. Quando ela fala, as palavras saltam de seus lábios, uma depois da outra, em tropel, mas sempre em roupagens coloridas e com bonitos movimentos. Quando ouve silenciosamente a música, parece recordar e beber em sustento de sua alma, como bebe avidamente o perfume das flores, como possui um livro ou um quadro, quase com violência. Nunca vi uma mulher tão devorada pela vida da alma, pela vida da mente, pela vida do corpo... O rosto de Duse é uma máscara para paixões trágicas, uma máscara que muda de momento em momento, como a alma molda o barro do corpo segundo sua própria imagem mutável.

O motivo por que Duse é a maior atriz do mundo é que ela tem uma natureza mais sutil que qualquer outra atriz e exprime sua natureza de maneira mais simples. Toda a sua interpretação parece provir de uma grande profundidade e estar contando apenas em parte segredos profundos. Nenhuma peça jamais foi profunda o bastante, e simples o bastante, para essa mulher dizer tudo o que tem a dizer. Quando faz alguém se arrepiar, ou chorar, ou exalta alguém com a beleza, sempre parece estar retendo alguma coisa mais. Sua suprema distinção vem da espécie de melancólica sabedoria que permanece em seu rosto depois das paixões o terem varrido.

Em geral, os críticos ingleses foram menos negativos com *Cosi Sia* de Tommaso Gallarati Scotti do que seus colegas italianos. Reconheceram as deficiências inerentes à peça, mas aceitaram as emoções simples e a fé inquestionável da personagem principal. Como um crítico afirmou com propriedade: "Depois de Ibsen, era como voltar da contemplação de um Manet ou de um Renoir a um Giotto". Duse representou seu papel sem nenhuma ênfase aparente, mas comunicando grande riqueza de sentimentos por meio de um súbito olhar ou um gesto repentino. Toda a ampla gama de seus poderes, entretanto, era vista muito melhor em sua interpretação de *A Dama do Mar*. Ela meditara detidamente sobre essa misteriosa heroína anos a fio, e sua afinidade com a inquieta Ellida era por demais evidente. Maurice Baring resume o impacto que ela causou sobre os que lotaram o New Oxford Theatre para ver com seus próprios olhos aquela lenda viva:

Não fazia um minuto que ela entrara no palco e todas as dúvidas eram eliminadas. Sim, ela estava mais velha, consideravelmente mais velha; seu rosto fora devastado pelo sofrimento, mas ela parecia mais bonita, não menos, e o tempo, que branqueara seus cabelos e cavara suas faces, acrescentara talvez mais mistério à profundidade de seus olhos, ampliara e enriquecera a amplitude e o tom da sua voz. Os movimentos, a graça, a sutilíssima perícia com que criava cada aspecto eram tão maravilhosos quanto sempre, e havia algo mais: maior profundidade, maior extensão, algo talvez que só a idade pode proporcionar.

Depois de a Duse estar no palco, falando e movimentando-se por alguns minutos, você já não se importa com pensar se ela é moça ou velha, como não questiona a presença da ribalta ou dos acessórios cênicos. O que ela estava fazendo era correto, inevitavelmente, e ela segurava toda a platéia na palma da mão...

Desse drama desigual, que na versão italiana ficou ainda mais desigual por ter metade da peça sido cortada, Duse talhou um poema de sonho, desejo, sofrimento e medo... Seu confronto com o estranho "Ecco-ti" [Ei-lo, enfim] foi uma peça inesquecível da mais rara arte de representar. Levava em si a marca da divina simplicidade.

Os críticos profissionais e os conhecedores da interpretação teatral estavam encantados e sentiam-se como peixe na água. Mas ainda havia vozes dissidentes entre os aficionados mais velhos e mais moços do teatro, que não corresponderam a toda essa dusemania.

Quando Kate Terry Gielgud viu Duse atuar em *Fédora* de Sardou no Lyric Theatre de Londres, em 1893, achou-a demasiado contida no papel e, embora considerasse "sua *calmerie* [compostura] admirável, delicada e fascinante", achou que seus momentos de raiva e desapontamento careciam de convicção. Agora, cerca de trinta anos depois, seu filho, sir John Gielgud, exprimia reservas de natureza diferente. Em seu livro *Early Stages*, descreve os pontos fortes e fracos de sua senhora Alving:

> Eu estava entre o público que lotava o Oxford Theatre para ver Duse em *Espectros*. Era a última vez que ela atuaria em Londres. Ela me parecia uma imperatriz espanhola romântica, com seu xale maravilhosamente jogado nos ombros e suas mãos adejantes. Sua expressão ao ouvir era maravilhosa, mas eu não conhecia direito a peça e não podia segui-la com prazer. Com certeza não havia nada de nórdico nessa senhora Alving. O que mais me impressionou foi a tremenda acolhida que o público lhe deu, seu silêncio absoluto durante a representação e o ar de majestática fadiga com que Duse parecia aceitar tudo aquilo. Havia um quê de pungente e de ascético nela quando velha e doente, bem diferente da indômita galantaria da estropiada Bernhardt e a beleza e jocosidade atemporal que Ellen Terry ainda levava consigo ao palco.

Numa carta privada, Gielgud também recordava um detalhe interessante que sugere que, embora frágil, Duse podia dominar a conduta no palco com métodos não-ortodoxos. O jovem Memo Benassi, que contracenou com ela na peça, firmara-se desde o início como um ator de extraordinária força e densidade. Duse pode tê-lo achado demasiado intenso nessa ocasião, pois Gielgud confidencia: "Tenho uma vaga idéia de que a Duse pôs suas mãos em torno do rosto de Oswald em um dos momentos mais emotivos deste, o que me chocou um pouco". Ela obviamente não esquecera como lidar com um parceiro que estivesse ameaçando sobrepujá-la. Todos os que assistiram a estas últimas apresentações da Duse em Londres ficaram maravilhados com sua fibra. A senhora Comyns Carr, uma *socialite* londrina e inveterada freqüentadora de teatros, registrou em seu diário: "Vendo-a no palco, parecia tão frágil que decidi não ir aos bastidores cumprimentá-la... Fora do palco parecia mais frágil que nunca, embora esse efeito sem dúvida se devesse, em parte, a seu curioso vestido, que mais parecia um hábito de freira".

O próprio C. B. Cochran assistiu a todas as apresentações e, no fim da temporada londrina da atriz, reconheceu que ela preenchera todas as expectativas artísticas e financeiras. Mandou uma nota cortês à senhora Enthoven, para lhe agradecer por seu valioso auxílio durante as delicadas negociações, pois todos sabiam que a atriz era capaz de mudar de idéia no último minuto. Mais tarde, Cochran observaria: "Nada em minha carreira me deu tão orgulhosa satisfação quanto essa temporada da Duse". Eleonora também tinha motivos para sentir-se satisfeita. Pois, conquanto mal cobrira suas despesas em Londres, revelara a si mesma que ainda podia cativar as platéias do exterior, como antigamente. Cumpridos seus compromissos, escreveu a Cochran, em francês, agradecendo-lhe por sua eficiência: "Agradeço-lhe do fundo do coração. Tudo correu extremamente bem e estou muito feliz por estar de volta a Londres". Esta última temporada londrina lhe dera a autoconfiança necessária para empreender uma ambiciosa turnê pelos Estados Unidos. Esgotada pela excitação e pela tensão, voltou à Itália para merecidas férias.

1923 – Viena e a Volta aos Estados Unidos

Quando voltou a Asolo, Duse estava com a cabeça muito mais tranqüila do que quando partira. Animada pela acolhida em Londres, sentia-se agora muito mais confiante quanto à sua próxima visita a Viena, antes de embarcar finalmente para uma turnê de despedida nos Estados Unidos. As negociações para essa turnê americana haviam sido prolongadas e aflitivas, mas foi por fim negociado um contrato satisfatório. Alguns amigos tentaram dissuadi-la, lembrando-lhe que o governo italiano estava preparado agora para financiar qualquer projeto que ela quisesse apresentar, mas sua cabeça estava feita e não mudaria a decisão. Respondendo a suas argumentações, ela replicou:

Preciso ir. A necessidade de sobreviver forçou-me a aceitar essa longa viagem. Sinto-me tão exausta que quase me vi tentada a aceitar o que me estava sendo oferecido aqui. Eu sei que o governo está tentando fazer alguma coisa por mim. Mas não posso viver à custa do Estado. É preciso cuidar ainda dos feridos, dos desempregados e dos órfãos de guerra. Ainda estou em condições de trabalhar. Preciso continuar. Meus ancestrais eram pobres e morreram na pobreza. É normal que acabe meus dias como eles.

Como Londres, Viena oferecia uma atmosfera adequada, e Duse tinha um carinho especial pelos vienenses. Era a cidade em que sua carreira internacional fora lançada e onde seu conceito de drama e de um teatro reformado fora melhor entendido. Contratada para interpretar três obras em Viena durante a última semana de setembro de 1923, no Neue Wiener Bühne, Duse estreou com *Così Sia*. A primeira apresentação atraiu a roda habitual de aristocratas menores e dignitários, e virtualmente todos os que eram ligados ao teatro. A imprensa austríaca deu ao acontecimento a maior publicidade, enquanto ensaios biográficos e sinopses críticas das peças do repertório de Duse foram publicadas várias semanas antes da sua chegada.

Quando fez a primeira entrada no palco, os que se lembravam da Duse das visitas anteriores ficaram chocados por sua aparência tão mudada. Era difícil acreditar que aquela frágil mulherzinha de cabelos brancos e feições marcadas ainda fosse capaz de comandar uma platéia. Depois, quando começou a falar, a audiência ouviu com atenção. Pouco a pouco, o poder e a magia de seu desempenho afloraram; no fim do espetáculo, ela demonstrara mais uma vez que o gênio não tem idade. Uma geração mais velha de críticos achou a qualidade musical da sua dicção inalterada. Aqueles olhos esplêndidos não haviam perdido nada de seu brilho e de sua incandescência, e ninguém podia deixar de ficar impressionado pela orgulhosa displicência dessa atriz que se recusava a ocultar os estragos causados pelo tempo.

Os louvores à Duse foram contrabalançados pelos impiedosos comentários sobre a peça. *Così Sia* foi rotundamente censurada pelos críticos teatrais da *Neue Freie Presse* e da *Neue Wiener Tagblatt* como insuportavelmente sentimental. Duse precisou concentrar toda a sua arte para transformar o texto de Gallarati Scotti numa interpretação convincente do sofrimento de uma mãe. O que podia soar trivial nas mãos de outra atriz adquiriu profundidade e significação interpretado pela Duse. Sua oração à Virgem Maria no primeiro ato, quando ela pedia pela vida do filho doente, foi aclamada como um *tour de force* de notável sentimento e expressão. Como um crítico vienense afirmou: "Todas as leis do teatro pareciam temporariamente revogadas para a Duse".

Sua segunda produção para Viena era *A Dama do Mar* de Ibsen. Parecendo uma duende marinha, Duse impregnava cada palavra e cada frase de nuances insuspeitas. Os intérpretes italianos de Ibsen, como Zacconi e Novelli, eram notórios por sua falta de sutileza; já a abordagem da Duse era intimista e contida. Sua inteligência da luta de Ellida com sua natureza interior era uma lição de teatro sem o menor sinal de teatralidade.

A terceira e última peça em Viena foi *La Porta Chiusa* de Marco Praga. Era mais um papel de mãe sofredora que requeria uma atriz de gênio para ajudar os defeitos da peça a passarem despercebidos. A banalidade do melodrama de Praga era transparente tanto para a crítica como para o público, mas Duse, como que consciente da estreitíssima linha que separa o sucesso do fracasso, lançou mão de todos os seus recursos para dar vida à peça. O crítico teatral do *Neue Wiener Tagblatt* observava como ela mantinha a platéia enfeitiçada – "mantendo-se ereta e orgulhosa, apesar de quebrada por dentro" –, como os maiores clichês, do tipo "*a vida é tão dura*", de repente prendiam a atenção e como aquelas pausas inesperadas "transformavam o silêncio numa nova linguagem".

Vários críticos exprimiram seu pesar de essa grande atriz ser forçada, para se despedir dos palcos, a correr o mundo mais uma vez com um repertório indigno de seu talento. No entanto, prognosticavam uma acolhida favorável nos Estados Unidos, onde a imprensa já estava se preparando para uma ampla cobertura da turnê. Também previam um futuro promissor para seu jovem ator principal, Memo Benassi – um virtuose natural com excelente dicção. Em Viena, como em Londres, os outros membros da companhia não causaram maior impressão. Olga Signorelli viajara de Roma para dar a Eleonora seu apoio moral. Mais tarde, recordou os últimos momentos que as duas passaram juntas no hotel Imperial. Duse estava examinando algumas reproduções de arte bizantina. Uma delas representava um santo; pondo a mão na testa, a atriz comentou: "Ele acredita que toda a inteligência de uma pessoa está encerrada aqui... mas só quando há um equilíbrio perfeito entre pensamento e sentimento é que se pode chegar a conhecer o mistério da existência". Na manhã seguinte, as duas mulheres se abraçaram pela última vez. Signorelli voltava à Itália; Duse estava indo para Cherburgo, onde embarcaria para Nova York.

Londres e Viena tinham dado à Duse todo o apoio e a aclamação que ela podia ter esperado e, agora, estava pronta para o assustador programa à sua frente. As ansiedades privadas e a necessidade de tranqüilizar-se constantemente revelam-se em suas notas confidenciais a Katherine Onslow durante o outono de 1923. De Viena, ela escreveu: "*Resistência*, querida Katherine – A regra de ouro é que '*tudo é necessário*'". Num telegrama subseqüente, redigiu uma breve homilia que revela a batalha cotidiana para vencer seus medos:

= Prece =
= Confiança =
A palavra de Deus é: "*confiança*".

A Olga Signorelli também confidenciou: "Preciso partir para Nova York, *preciso*, mas só Deus sabe a ansiedade que me atormenta. Talvez seja esta a última grande provação, antes de minha alma encontrar a paz – *se eu puder resistir* até o fim!"

Duse reuniu-se a Enrichetta e seu marido pela última vez em Paris. Enrichetta, mais que ninguém, temia pela saúde da mãe e, melhor que ninguém, entendeu a tensão física e emocional que aquelas extensas turnês impunham. Agora que era mãe de dois filhos, tinha responsabilidades domésticas que cerceavam sua liberdade de viajar, mas sabia que podia confiar em Désirée von Wertheimstein e Maria Avogadro para os cuidados e a vigilância necessários. Além do mais, Katherine Onslow concordara em acompanhar sua mãe na maior parte da turnê.

A declaração de Eleonora aos repórteres antes de deixar a capital francesa rumo a Cherburgo era breve e não-comprometedora. Explicava: "A vida é difícil para os artistas da minha geração, e as circunstâncias forçaram-me a empreender esta longa e árdua turnê. Lutarei até o fim". A guerra interrompera a carreira de artistas eminentes de toda a Europa e os anos do pós-guerra trouxeram mudanças tão radicais no mundo da diversão que os que não conseguiram adaptar-se viram-se logo sem trabalho.

De Viena, a atriz fora até Ouchy, perto de Lausanne, para alguns dias de paz e tranqüilidade antes de embarcar finalmente para Nova York. No dia 10 de agosto, escreveu as seguintes linhas a D'Annunzio, que lhe estivera rogando que ficasse na Itália:

> Meu filho – meus cumprimentos. Viver custa tanto quanto morrer! Estou aqui acumulando energias e armando-me de todas as minhas forças de resistência, em preparação para a viagem a Nova York. Estou aqui em Ouchy porque não tenho nem a força, nem a coragem de voltar à Itália... A lição que aprendi no ano passado foi por demais amarga. Voltar à Itália e passar o inverno errando de teatro em teatro está além da minha capacidade de resistência. Portanto, é preferível partir, sem olhar para trás. Cada manhã, cada noite, eu peço que o destino me permita cumprir minhas obrigações... Assinei um contrato para uma turnê de dez semanas nos Estados Unidos. É *essencial* que eu complete essa turnê. Minha fama é barganhada por esses velhacos que exploram os artistas e, depois, posam de patronos das artes. Como me mortifica tratar desses assuntos! Meus pensamentos estão freqüentemente com você, meu filho, e lhe desejo toda a felicidade.
> Eleonora.

De Ouchy, foi para Cherburgo, via Paris. Acompanhada de Désirée von Wertheimstein e Maria Avogadro, embarcou para Nova York no *Olympic*; alguns dias depois, os outros membros da companhia partiam de Gênova a bordo do *Giuseppe Verdi*.

Durante a viagem, mal deixou a cabine, e a sempre solícita Désirée desdobrou-se para manter sua privacidade. Quando o navio atracou no dia 16 de outubro, Duse recusou-se a falar aos repórteres e a ser fotografada. Os jornalistas italianos residentes em Nova York ficaram um tanto ofendidos com o fato de ela não ter querido tratá-los como uma exceção.

O empresário Morris Gest, que era o responsável pela turnê, subiu a bordo para dar as boas-vindas à atriz e acompanhá-la a seu hotel. Os organizadores haviam prometido guardar segredo sobre os detalhes da sua chegada até o último momento. No entanto, repórteres intrometidos haviam tratado de obter logo as informações de que necessitavam para suas colunas. Vestida de preto, com um véu cobrindo o rosto, Duse estava visivelmente nervosa ao deixar o navio para ser saudada por uma animada multidão no cais. Enquanto seu automóvel, escoltado por policiais a cavalo, seguia lentamente para o hotel Majestic, Duse pasmava-se ao ver as avenidas tomadas por fãs e admiradores, que se enfileiravam nas calçadas para proporcionar-lhe uma típica recepção nova-iorquina. Duse gostava de Morris Gest e confiava nele. Gest era um astuto e experiente administrador, que já negociara bem-sucedidos contratos para os Ballets Russes, Max Reinhardt e o Teatro de Arte de Moscou. Atribuindo as qualidades pessoais de Gest a sua formação russa, Eleonora depositara a maior confiança em seu trabalho. Não só ele estava constantemente presente para resolver qualquer problema, como conseguia manter o relacionamento com a imprensa sem alarmá-la ou indispô-la.

Os jornais estamparam abundantes reportagens sobre seus sucessos em Londres e Viena e produziram um alto grau de excitação nos círculos teatrais americanos; agora, também eles podiam ver essa lendária figura representar em carne e osso. Os artigos que cobriam a turnê dividiam-se em duas categorias distintas. De um lado, havia as costumeiras colunas de mexericos que comentavam a insipidez do guarda-roupa da Duse, seu horror à maquiagem, tanto no palco como fora deste, sua dieta e suas atividades intelectuais – todas as bagatelas inocentes para satisfazer aos curiosos. Além destas, havia o previsível punhado de traficantes de escândalos, que se consagravam a fantasiosos relatos do "temperamento delicado e instável" da atriz, de suas dívidas, de suas exigências impossíveis e seus acessos de cólera. Nunca saberemos se Duse chegou a ler algumas dessas afirmações ofensivas e irresponsáveis, mas ela não tinha ilusões sobre a ultrajosa liberdade do jornalismo americano. Quando um colunista do *Morning Telegraph*, que estava obviamente mais interessado em manchetes sensacionais do que em afirmações fatuais, assediou-a com perguntas indiscretas, ela recordou-lhe azedamente: "Já passou o tempo em que as atrizes tinham de viajar com leões e esquifes".

Felizmente, a imprensa americana tinha um lado muito mais sério.

Quando vazou pela primeira vez a informação de que Duse poderia voltar aos palcos americanos, críticos influentes como Stark Young refletiram sobre o valor potencial dessa visita. Numa carta aberta à atriz, Young exprimiu os sentimentos e as esperanças de seus contemporâneos imediatos, ao escrever:

> Madame, precisamos da senhora na América para nos recordar que, para todo homem, há apenas um tipo de verdade que acaba fazendo algum sentido para ele... sua arte é sua perpétua amplificação da realidade. A senhora não tem falsos objetivos, nunca conclui, nunca resolve, apenas cria e revela. Acima de tudo, madame, nossos jovens atores necessitam da senhora. Eles têm talento... sonhos... mas estão confusos... precisam confiar na vida, não em expedientes. Eles precisam ver que, na senhora, sempre há algo que os grandes artistas sempre precisam ter, algo que desafia, algo recusado. O que alcançamos na senhora, madame, é apenas o eco de tudo o que a senhora é. E isso lhes ensinará a vacuidade da pobre pequena mostra de si mesmos que eles realizam. A senhora

é a artista, e o desempenho é seu; mas, por trás disso tudo, do mesmo modo que o mundo natural está por trás de uma flor, está a senhora...

Madame, seu realismo não aceita a superfície das coisas e não aceita seu próprio corpo, mas força-os em direção a uma expressão mais luminosa e intricada da vida aí oculta...

Essa mensagem em nome dos aficionados americanos da arte teatral deve ter silenciado quaisquer dúvidas subsistentes, enquanto Eleonora se preparava para o teste final.

1923 – NOVA YORK, BOSTON, BALTIMORE, CHICAGO

Sob a responsabilidade de Gest, foram publicadas brochuras *souvenirs* para marcar a visita. Em acréscimo às traduções inglesas que acompanhavam o texto original de cada uma das cinco peças do repertório que Duse trazia para os Estados Unidos, as brochuras incluíam prefácios críticos destinados a explorar o tema comum da maternidade, conforme era diversamente tratado por cada dramaturgo. Oliver M. Sayler, que a editava, não procurou disfarçar os parcos méritos de *La Porta Chiusa* e de *Così Sia*, mas garantia aos aficionados que, nas mãos de Duse, aquelas obras eram enobrecidas "do mesmo modo que os mestres da arte de representar, de Garrick a Irving, transformavam em ouro as obras de autores contemporâneos bastante inferiores a Praga e Gallarati Scotti".

Para a apresentação de gala no Metropolitan Opera House, que abria a temporada nova-iorquina no dia 29 de outubro, Duse escolheu sabiamente a peça mais interessante de seu repertório atual: *A Dama do Mar* de Ibsen. O vasto teatro teve toda a sua lotação vendida com semanas de antecedência, a despeito dos preços exorbitantes cobrados. Morris Gest não poupara gastos ou esforços para promover aquele acontecimento histórico. A sociedade nova-iorquina compareceu em peso e ricos patronos das artes se acotovelavam com atores, astros e estrelas do cinema, estudantes de teatro e volúveis grupos de imigrantes italianos, que vieram render homenagem à sua distinta compatriota – uma bizarra assembléia unida pela curiosidade e excitação comuns.

O *The Times Square Daily* fala de uma bilheteria recorde para a estréia da Duse. Uma rica platéia nova-iorquina, que incluía Vanderbilts, Morgans, Rockefellers e Whitneys, ajudou a elevar a soma a cerca de 31.000 dólares, mas, como um crítico sardônico observa: "Os espectadores de pé e os grandes empresários parece terem sido os únicos a entender o texto. Eles riam ocasionalmente e disparavam a artilharia pesada dos aplausos, que era terrível". Outras celebridades na platéia: a atriz Minnie

Maddern Fiske, as sopranos Emma Calvé e Maria Jeritza e o diretor de teatro Henry Miller.

As cartas de Eleonora enviadas a Enrichetta em cada etapa da viagem destinavam-se a tranqüilizar a filha. De Nova York, escreveu no dia 25 de outubro: "Minha filha. Confiança, sim, confiança. O mar está esplêndido. Nova York é esplêndida. Minha ansiedade é grande e minhas esperanças também. O clima é bom – e o ar marinho deu-me algumas forças. – Enquanto Deus me conceder a graça de *trabalhar*!! Tive aqui a mesma acolhida excelente que em Londres." E, vários dias depois, numa nota ditada a Désirée von Wertheimstein, ela confirmava o sucesso de sua noite de estréia no Metropolitan: "Feliz, feliz, feliz de poder contar-lhe que a noite no Metropolitan foi maravilhosa... O ambiente é favorável e o teatro é bem aquecido, de modo que não haverá perigo de pegar um resfriado".

Pelos termos de seu contrato com Gest, o empresário teria um ganho muito maior do que a própria Duse. Temeroso de que a doença pudesse levá-la a suprimir algumas apresentações programadas, Gest segurou a turnê com o Lloyds de Londres por 360.000 dólares. Duse assinou um contrato que garantia um salário para toda a companhia, a despeito de qualquer cancelamento de sua parte, e os honorários negociados foram ajustados em conseqüência, para proteger os interesses da organização da turnê. Tal como esta se desenrolou, Gest teve um belo lucro e Duse honrou todas as dívidas pendentes.

As reservas de Eleonora acerca das platéias dos espetáculos de estréia foram justificadas nessa ocasião. Os que entendiam a língua não estavam preparados para apreciar a peça, e os que podiam apreciar Ibsen não compreendiam a língua. Duse conduziu o espetáculo com sua arte consumada, e o elenco foi chamado um sem-número de vezes de volta à cena. Mas não era aquele o gênero de platéia a que ela podia responder com grande entusiasmo.

O crítico Kenneth MacGowan tentou colocar em palavras as estranhas emoções que ela suscitava no espectador receptivo:

> Entra a Duse! Acho que nunca experimentei um momento mais elevado ou senti uma realização mais deleitável. Bruma cinzenta elevando-se de um mar azul; as longas linhas de neve, montanhas num biombo japonês; véus leitosos que pairam por um momento em acentuadas curvas ascendentes, depois flutuam através do indefinível em outro modelo de beleza evanescente. Tudo isso – a Dama do Mar – em expressão, em forma e em vestuário. E, acima de tudo isso, uma distinção espiritual que sorri em olhos fundos, flui de faces cavas e lampeja pelo pescoço encordoado e os cabelos brancos de uma mulher bem velha... Mas uma beleza vocal mostra-se à altura da admirável significação de expressão e movimento que essa frágil mulher de sessenta e quatro anos destila de uma vida

que parece estar passando enquanto você a vê. Duse encarnou os movimentos da heroína de Ibsen, encarnou-os lindamente, a despeito de todo o peso dos anos que carregava sobre si; ela disse as falas com uma justeza que só a morte poderia silenciar.

Por seu lado, os críticos nova-iorquinos não ficaram em geral muito impressionados com a mórbida psicologia do drama de Ibsen. Consideraram *A Dama do Mar* inferior tanto a *Rosmersholm*, que afirmavam ter mais atmosfera, como a *Hedda Gabler*, que achavam mais forte em seus personagens. Um dos principais inconvenientes daquela noite de estréia resultou de um simples erro de cálculo. A produção italiana parecia apequenada no enorme palco do Metropolitan e mesmo os críticos com poltronas perto da boca de cena tiveram dificuldade para ouvir os atores falarem. O escritor Langston Hughes, cujos magros recursos não o levaram além de um lugar de pé no fundo do auditório, ouviu menos ainda. Hughes lera uma tradução inglesa do romance *Il Fuoco* de D'Annunzio e tinha algum conhecimento da fama da Duse. Fez horas de fila para não perder aquela ocasião única, mas achou a experiência muito desapontadora. Era ainda mais difícil entender o sentido da peça de Ibsen numa língua que ele não podia nem ouvir, nem entender. Vista de longe, Duse parecia abatida e desamparada, um pontinho miúdo no meio daquele palco enorme.

Só quando *A Dama do Mar* foi repetida no Century Theatre alguns dias depois é que a crítica pôde analisar em profundidade a interpretação de Duse como Ellida. Concordaram em que a peça proporcionava o fundo perfeito para a aura de mistério da atriz italiana. O texto fora ligeiramente modificado para acomodar o estilo individual de representação da Duse naquela derradeira fase da sua carreira, e, para pelo menos um crítico, "a impressão global não foi tanto da idade, como da atemporalidade de um espírito imortal".

Tendo alcançado o objetivo de sua carta aberta, Stark Young fez novas avaliações da técnica teatral da atriz. Young também tendia a menosprezar o drama de Ibsen, com seus "giros de psicologia, biologia, romance, poesia e comédia doméstica, começando algo imponentemente, adentrando uma região com não pouco sonho e fascínio e rematando numa pobre barafunda de explanações pseudocientíficas e moralistas". Deixando essas observações negativas, passou a expor o que o poder de uma atriz como Duse podia fazer dessa "porcaria nórdica". Maravilhava-o sua habilidade em ampliar o significado e a qualidade da peça até levá-los além de tudo o que Ibsen jamais imaginara ou poderia ter imaginado. Observa ele:

> Quando a Duse entra em cena, o que captamos é uma idéia poética, algo livre e eterno em nossa mente... a verdade que Duse descobre para *A Dama do*

Mar possui a unicidade da vida em suas profundezas e em suas alturas, que a arte apenas em seus melhores momentos pode alcançar e que Ibsen, em meio à sua confusão de propósitos sérios, detalhes de prosa, simbolismos poéticos e mixórdia ética não consegue consumar.

Ludwig Lewisohn, escrevendo em *The Nation*, considerou a tradução grotesca. Achou que Memo Benassi representava mais como um tenor que podia prorromper a qualquer instante na famosa ária soluçante de *I Pagliacci* e que Alfredo Robert como Wangel parecia "obtuso, num estilo de dono de mercearia sul-europeu"; mas admitiu que "a interpretação da Duse era perfeita, como a voz de Virgílio é perfeita". Alexander Woollcott, crítico teatral do *New York Times*, fez observações semelhantes ao julgar seu desempenho como Ellida, "tão inexplicável e satisfatoriamente correta como é correta a Vitória Alada".

Ao contrário de Langston Hughes, os críticos profissionais não notaram nenhuma falta de vitalidade no desempenho da Duse. A voz era poderosa como sempre, seus movimentos revelavam a mesma agilidade. Críticos como Kenneth MacGowan e George Middleton ficaram não menos espantados com sua economia de gestos e seu tempo perfeito – "uma atriz viva em todos os nervos e células cerebrais, que podia ressumar autoridade sem deixar de ser natural".

O *Corriere d'America* cobriu, com senso de patriotismo, toda a turnê, publicando matérias diárias, e os colunistas de todos os principais jornais lançaram mão de todas as estratégias conhecidas para conseguir uma entrevista. Um dos poucos jornalistas a ter êxito nisso foi Henrietta Straus, que publicou no *New York Times Magazine* uma entrevista com a atriz. Duse sabia o que esperar dessa ocasião e, quando metralhada com perguntas indiscretas, indagou calmamente: "Você não acha que a vida privada de uma artista deveria ser sagrada?" Straus imediatamente resignou-se a uma amena troca de idéias.

O dramaturgo e crítico George Middleton adotou um procedimento mais inteligente, limitando sua discussão a problemas estritamente relacionados ao teatro. Middleton dera uma vívida descrição do impacto que ela produzia, inclusive como mulher idosa:

> Ela entrou depressa e caminhou diretamente até seu empresário, sem olhar para mim. Depois de ele a ter cumprimentado e murmurado meu nome, seus olhos voltaram-se e seus lábios moveram-se enquanto ela estendia a mão. Cumprimentei-a à moda do continente. Embora ela fosse absolutamente natural, notei a arte inconsciente do ator treinado a registrar um ponto de cada vez: a entrada, o encontro e, então, de maneira bem definida, o outro. Os três tempos não se misturaram.
>
> Fios brancos entrelaçavam-se em seus cabelos grisalhos. Seu rosto era lívido, mas, à parte o cenho, não era tão enrugado quanto eu esperava. O pescoço

32. Uma das últimas fotografias tiradas da atriz durante sua derradeira turnê norte-americana, que terminou tragicamente quando ela pegou pneumonia e ficou gravemente enferma. A foto capta a presença mística e a expressão atormentada recordada pelos que foram afortunados o bastante para testemunhar suas últimas apresentações no palco.
(Cortesia da Biblioteca do Congresso, Washington)

era um pouco descarnado; as maçãs do rosto salientes, talvez mais proeminentes do que naquele adorável desenho de Lenbach que víramos em Munique. Fora isso, parecia como naquela noite emocionante em que retornou ao Metropolitan Opera House em *A Dama do Mar* e a platéia toda se levantou à sua entrada! Seus olhos permanecem minha mais vívida impressão agora – misteriosos, mas amáveis. Eu previra uma figura mais descorada: uma mulher épica curvada por um mundo de sofrimentos.

Ela falava com grande rapidez, sem nenhuma queda em sua vitalidade verbal.

Duse mostrou-se interessada pelos textos de Middleton para o teatro e prometeu ler uma de suas peças em um ato, *The Man Masterful* [*O Déspota*], que ele trouxera consigo numa tradução francesa. Pediu desculpas pela pobre apresentação do manuscrito, com suas páginas amarfanhadas e suas anotações. Duse tranqüilizou-o rapidamente: "Oh, estou acostumada com isso. Se um manuscrito é todo bem-feitinho, fico suspeitando dele. Gosto de ver um manuscrito que foi trabalhado".

Duse e Middleton discutiram os mais recentes desenvolvimentos do teatro americano. Ela teceu comentários sobre a beleza física das atrizes que encontrara em Nova York, acrescentando apressadamente: "Isso não é uma obra da arte, mas da natureza". Mostrou-se surpreendida com a energia dos atores nova-iorquinos, que se apresentavam noite após noite, em longas temporadas, o que era desconhecido na Europa. Invejava o vigor deles e maravilhava-se com que atores que tinham trabalhado tão duro fossem capazes de "manter fresca a energia criativa". Também ficou impressionada com a avidez de aprender que eles manifestavam e se disse lisonjeada com o interesse que estavam demonstrando por suas apresentações. "Talvez eu tenha algo a lhes dar", acrescentou com óbvia satisfação. Quando a entrevista chegou ao fim, seus olhos perceberam a citação na página de rosto do manuscrito de Middleton: "*Les arbres morts restent longtemps debout*" [As árvores mortas ficam de pé por muito tempo]. "Gosto", disse... e sorriu de maneira enigmática enquanto Middleton se despedia.

A maioria dos críticos americanos achou a interpretação da Duse como a senhora Alving, em *Espectros*, inferior à sua Ellida. Stark Young suspeitava que o elenco estivesse mal-ensaiado e sentia que os atores não compreendiam direito o real significado da peça. Tecnicamente, contudo, Duse não podia ser culpada, e Young admitiu que onde "a senhora Alving de Ibsen volta e meia cai em vulgaridades, obstinada e firme, Duse transforma esses trechos no que não era vulgaridade óbvia, mas apaixonada memória". Também admirou sua capacidade de harmonizar os humores variáveis da peça. John Corbin não era o primeiro crítico a notar os efeitos que Duse obtinha por meios não-ortodoxos: por exemplo, a maneira como dominava os movimentos cênicos, mesmo quando passivamente sentada de costas para a platéia.

As reações críticas ao carisma de Duse tendiam a variar, fato parcialmente explicado pela dificuldade que os críticos experimentaram de entender seu estilo imprevisível e os perceptíveis deslocamentos de ênfase, tanto na voz como nos gestos, de uma apresentação a outra.

Kenneth MacGowan, escrevendo em *Vogue*, achou impossível aplicar os critérios costumeiros na avaliação do desempenho da Duse. Comentando sua interpretação da senhora Alving, escreveu:

Agora vi Duse num segundo papel – a mãe, em *Espectros* – e em outro teatro – o enorme, mas não totalmente impossível, Century. Um papel melhor, uma peça melhor, um teatro melhor; mais ainda sinto que assisti muito mais a uma grande mulher e a uma grande artista do que a uma personagem teatral. Há algo mais arredio na arte da Duse do que a barreira da língua poderia explicar. Talvez a idade lhe tenha trazido alguma qualidade olímpica. Ela não é diferente de um grande virtuose tocando um belíssimo e velho Stradivarius. Ela nos deixa conscientes de sua presença, de seu perfeito instrumento e de uma emoção que, como a música, cresce livre de ambos, a presença e o instrumento. Uma coisa é certa: Duse situa-se nitidamente fora das escolas de interpretação a que estamos acostumados.

A transformação física de Ellida em senhora Alving fora efetuada sem nenhuma ajuda artificial. Kenneth MacGowan observa:

No rosto da Duse em *Espectros*, vemos... o pavor obsedante de que o mundo e seu filho conheçam a verdade acerca do vil passado do venerado capitão Alving. A diferenciação que a Duse faz dos dois papéis é clara e inequívoca. Ela é a Duse – a grisalha Duse; mas é Ellida Wangel uma tarde e a senhora Alving na outra. Fisicamente, ela não vai mais longe que prender no feio coque da velhice respeitável os cabelos que correm em vagas, como o mar. A distinção é interna. Ela brilha em seu rosto, em suas mãos, em sua voz. Não parece haver nenhum esforço externo para simular uma mulher mais velha, uma mulher atormentada pelos medos mais cruéis, degradada por ignóbeis segredos; tudo isso mana com o espírito e encontra a mais fácil e mais natural das expressões. Há, talvez, dois momentos notáveis para Duse nesta peça... um na conversa da senhora Alving com o pastor Manders, quando ela diz que a gente sempre caminha com espectros, que deveres, convenções, obrigações surgem para controlar os vivos... Aquelas mãos adejantes executam uma sinfonia de temerosa resignação ao falar com Manders. O outro momento, o mais eletrizante da tarde e mais poderoso do que o clímax um tanto arrastado do primeiro ato, quando ela vê Oswald seguir o mesmo caminho da empregada do pai, é a terrível cena entre a mãe e o filho, em que ele confessa a doença mortal que o ameaça. Aqui, toda a arte da Duse conduz a um crescendo de compreensão torturada e desesperado consolo.

O crítico do *The World* foi quase o único a acreditar que *Espectros* era uma peça muito mais forte do que *A Dama do Mar*. Essa impressão era fortalecida pela tensa confrontação entre Oswald e a senhora Alving no segundo ato, em que Benassi e Duse mantiveram a platéia na beirada de suas cadeiras. A fé de Eleonora em Benassi era justificada. A crítica nova-iorquina respondeu tão favoravelmente a esse orgulhoso e jovem italiano quanto a de Londres e Viena, e os produtores e diretores de cinema americanos ficaram suficientemente impressionados para lhe propor contratos.

As três obras restantes do programa nova-iorquino eram todas italianas. A reapresentação de *La Città Morta* de D'Annunzio foi bem-recebida em geral pela crítica. O tema do incesto ainda era considerado pelos puritanos bastante repugnante, mas eles concordaram em que era uma tragédia de intenso poder emocional – extraordinariamente bela em sua linguagem e irresistível em sua atmosfera. Entre todos os papéis incluídos em seu repertório atual, destacava-se o de Anna. Sessentona, parecia adequar-se com perfeição a Duse o papel da heroína cega da peça de D'Annunzio. A atriz simulava a cegueira por meio de expressões faciais e sutis movimentos. Nada de olhar para a frente com os braços esticados, nada de se agarrar ao ar – mas sentia-se instintivamente que aquela mulher estava irremediavelmente cega.

Algumas críticas acerbas foram feitas a *Così Sia* de Gallarati Scotti – "uma peça sem nenhum personagem de destaque, sem filosofia de vida distinta ou beleza de diálogo". Mas com esse material nada promissor, Duse criou um de seus papéis mais memoráveis. Stark Young, depois de notar a impressionante austeridade da presença cênica da Duse como aquela injustiçada, avaliava o âmago da sua realização:

> Duse não exemplifica a arte de atuar tanto quanto ilustra a necessidade de uma conexão ardente, sutil e exata entre o significado do artista e sua expressão deste. Ilustra o problema universal do ritmo na arte, dos limites, da ênfase, do estado de espírito, tudo isso ritmo. Ilustra supremamente a natureza do poético, aplicado não apenas à poesia mas a qualquer arte... É bem devagar e quase sem querer que a arte da Duse proporcionará a você um deleite estilístico ou acadêmico. Não consentirá naquela separação entre a técnica e o significado; não capitulará diante das simples opções de uma sofisticação de gosto. Duse não lhe proporcionará esse tipo de apreciação... é só bem devagar que você vera quanto trabalho e quanta técnica foram necessários para realizar aquela criação da alma da Duse nas formas exteriores de uma arte... Duse sugere perpetuamente um estado de espírito – uma gradação de ênfases – requintado, impalpável, inesquecível – uma espécie de audácia espiritual intocada, átona e constante.

Como drama, *La Porta Chiusa* de Marco Praga não foi tratada de maneira muito melhor. Essa peça *estática* ou coloquial era uma reminiscência de Maeterlinck e teve pouco impacto nas platéias norte-americanas. Duse deu um retrato pungente de uma mãe induzida à vergonha e ao remorso, mas a crítica sentiu que, nessa oportunidade, a cena era roubada por Memo Benassi, como seu filho, o impetuoso Giulio Querceta.

Um dos pontos altos dessa visita a Nova York foi um encontro arranjado por Gest entre Duse e Stanislávski. Era uma oportunidade para a atriz exprimir sua gratidão pela contribuição do diretor russo às modernas técnicas de representação e montagem. A pedido de Eleonora, Gest organizou duas visitas para ver o Teatro de Arte de Moscou representar e, em ambas as ocasiões, ela insistiu em ir aos bastidores cumprimentar aquela admirável trupe, que invocava para a sua companhia como um exemplo da melhor arte teatral.

A temporada de Eleonora em Nova York terminou no dia 30 de novembro. A companhia fizera dez apresentações com salas lotadas, durante a sua estada de cinco semanas. A próxima etapa era Boston, onde a atriz, mal chegando ao hotel, foi acometida de uma violenta dor de dente. Eleonora pediu que Katherine Onslow lhe encontrasse um dentista "para reparar os *irreparáveis estragos do tempo*". Na Boston Opera House, a companhia fez uma apresentação de *Espectros* e de *Così Sia* durante a primeira semana de dezembro. A senhora Hallie Flanegan Davis, ex-chefe do Departamento de Artes Teatrais do Smith College, recordou mais tarde suas impressões da interpretação de Duse como a senhora Alving naquela cidade: "Ela estava velha, frágil e não usava nenhum tipo de maquiagem, mas criava como nenhuma outra atriz... a realidade interior da senhora Alving e a situação em que ela se encontrava. Usava muito poucos movimentos, o que fazia a expressão do seu rosto e o tom da sua voz produzirem um efeito incomum".

Eleonora escreveu de Boston para a filha: "Estou de pé trabalhando por algum milagre – agora entendo *como nunca antes* o valor e meu valor de vida". O compromisso seguinte era em Baltimore, onde a companhia estava programada para dar uma só apresentação de *Espectros*. A caminho, interromperam a viagem na Filadélfia, onde Duse redigiu outro pequeno bilhete para Enrichetta:

> Minha filha, que haja paz em seu coração e em sua casa – você escolheu um caminho difícil que eu admiro – mas sou demasiado pobre espiritualmente para poder segui-la. Aqui, tudo é uniforme. O céu é magnífico – as estrelas, as noites, o público, e sua pobre e velha mãe está grata pela *força* que a acompanha.

Duse estava se referindo aos compromissos de Enrichetta como terceira dominicana. O profundo instinto religioso que a atriz transmitira à filha na infância desenvolvera-se gradualmente numa convicta aceitação do catolicismo romano.

Depois de Baltimore, constava da programação de Duse uma apresentação em Washington no dia 20 de dezembro, mas as viagens constantes estavam começando a minar suas forças, e ela cancelou esse compromisso, com a permissão de Gest. Numa carta ao empresário, ela pedia a sua indulgência, explicando que pegara um forte resfriado num teatro que não tinha a calefação adequada e que "correr o mundo como uma prima-dona" estava se revelando o maior dos fardos.

Após várias semanas de repouso completo em Baltimore, sentiu-se capaz de prosseguir a turnê e estreou no Auditorium de Chicago no dia 31 de dezembro, onde fez quatro apresentações: duas de *Espectros*, uma de *La Città Morta* e uma de *La Porta Chiusa*. A crítica ficou nitidamente dividida nessa cidade. Alguns críticos ficaram impressionados com sua atuação; outros continuavam a ficar perplexos com o furor que ela criava.

Duse recebera 2.500 dólares por cada apresentação de Morris Gest e ambas as partes estavam satisfeitas com esses termos.

Durante sua estada em Baltimore, Duse teve a oferta de estender sua turnê, recebendo para tanto 3.000 dólares por apresentação, sendo empresada por Fortunato Gallo e os irmãos Selwyn. Depois de confirmar que os outros atores estavam preparados para renovar seus contratos, ela decidiu aceitar. Gallo e os Selwyns teriam de pagar uma indenização de 75.000 dólares para liberá-la de um contrato já assinado com o Neue Wiener Bühne de Viena. Eleonora lamentou sinceramente desapontar seus fãs vienenses, mas percebeu que aquela podia ser sua última oportunidade de amealhar algum capital para investir.

1924 – RUMANDO PARA CASA

A extensa turnê negociada por Duse deveria começar na última semana de janeiro e terminar em maio de 1924. O itinerário traçado incluía New Orleans, Havana, Los Angeles, San Francisco, Detroit, Indianapolis, Pittsburgh e Cleveland. Mal a companhia estreou em New Orleans, Duse começou a ter maus presságios. O programa a cumprir era demasiado pesado para alguém em seu precário estado de saúde, e os novos empresários estavam se mostrando menos adequados e cooperantes do que Morris Gest. Novas dúvidas e novos temores começaram a assaltá-la, e ela insistiu em que as passagens de volta à Itália fossem reservadas para a sua companhia desde o início, de modo que não houvesse delongas frustrantes fora de seu controle no último minuto. Várias missivas e notas enviadas a Katherine Onslow, que parece ter atuado como intermediária no acerto dos detalhes com Gest, salientam seus temores de que suas instruções não seriam seguidas ao pé da letra.

Fisicamente cansada e com freqüentes saudades de casa, achou que os problemas cotidianos da direção de uma companhia em ambientes estranhos estavam começando a pesar demais. Confiou suas ansiedades a Katherine Onslow, que deveria juntar-se a ela na última parte da turnê: "Querida Katherine – você protege meu trabalho – mas – é uma *força amiga* e tudo à minha volta são forças que estão longe de serem amigas". Pequenas querelas e desacordos entre os atores e os técnicos deixaram seus nervos à flor da pele e ela até sentiu-se culpada por expor a tranqüila e discreta senhorita Onslow àquela desagradável atmosfera. Num momento de desalento, observou: "Estou arrastando você a uma situação em que sua nobre alma vai sofrer".

As coloridas cenas de rua de New Orleans e Havana intrigaram-na, mas o calor era sufocante e as notícias de que Enrichetta iria ser operada de apendicite apenas aumentaram sua agitação e sua vontade de voltar à Europa o mais cedo possível. Mas, quando a companhia chegou à Califórnia em meados de fevereiro, Duse estava num estado de ânimo muito melhor. Havia notícias tranqüilizadoras de Enrichetta e sua própria saúde parecia ter melhorado. O clima temperado lhe convinha e ela começou a recobrar forças. A companhia teve uma acolhida entusiasta em Los Angeles, onde fez quatro apresentações no Philharmonic Auditorium e foi festejada pela colônia local de personalidades ligadas à indústria cinematográfica. Charles Chaplin foi reconhecido na platéia pelos repórteres e, ao lhe pedirem para dar sua opinião da lendária Eleonora Duse, respondeu: "Eleonora Duse é a maior artista que já vi... Vendo-a atuar, você sempre tem a sensação de que ela é uma psicóloga maravilhosa. Uma mulher de alma simples, infantil – mas direta e aterradora". E a exótica Nazimova declara: "Duse *é* arte. É a inspiração em pessoa".

O jovem Memo Benassi também foi tratado como uma celebridade, e John Barrymore e Rudolph Valentino estavam entre os astros de cinema que foram às coxias cumprimentá-lo e oferecer-lhe suas congratulações. O assédio da imprensa continuava o mesmo e a intransigente recusa de Eleonora a ser entrevistada ou fotografada provocou alguns comentários cheios de farpas em alguns jornais. Em sua determinação de explorar a fama da Duse, os mexeriqueiros produziam a rodo extravagantes revelações sobre a vida privada da atriz na pior tradição hollywoodiana. Reportagens sem o menor fundamento sobre turbulentos casos de amor, rixas familiares, dívidas arrasadoras, histeria e acessos de cólera, em particular e em público, compunham chamativos títulos.

A parada seguinte era San Francisco, onde a companhia estava programada para as primeiras duas semanas de março no Casino Theatre. Contemplando a magnífica baía de San Francisco de sua suíte no Fairmount Hotel, situado no alto de Nob Hill, ela tranqüilizou Enif Robert, uma das atrizes mais experientes da sua companhia, que a visitava com freqüência entre as apresentações: "Foram tomadas precauções para salvaguardar os membros da companhia, se alguma coisa acontecer comigo. Todos os assuntos importantes foram encaminhados e minha alma está em paz. Sinto-me preparada até para enfrentar a outra grande viagem". Amigas de longa data, as duas mulheres tinham um interesse comum pela literatura. Durante a turnê, Enif Robert emprestou a Duse alguns romances recentes de jovens autores italianos. Mais tarde, ao discutirem esses livros e comentarem suas reações a eles, Duse exprimiu pontos de vista firmes acerca da interpretação literária das mulheres. Ela considerava a independência da mulher algo sacrossanto e deplorava o tíbio papel atribuído às mulheres pela maioria dos romancistas contemporâneos.

Duse estava, em geral, num estado de espírito muito melhor durante a estada da companhia em San Francisco. O clima da cidade e a costa a faziam lembrar tanto da Riviera italiana que ela teria preferido ficar mais tempo nessa pitoresca cidade. Tentou persuadir os empresários a cancelarem Detroit e fazer mais quatro apresentações em San Francisco, mas eles se recusaram alegando que tudo já estava combinado. Sua relutância em partir era compartilhada pelos outros atores ao tomarem o trem para Detroit, com medo dos extremos climáticos que encontrariam no trajeto.

Entrementes, recebeu boas novas de Enrichetta. A operação fora um sucesso e sua convalescência era quase completa. Escrevendo-lhe no dia 7 de março, Duse refletia:

Minha criança – talvez eu tenha sofrido o bastante para vir a dizer que espero vê-la de novo muito em breve... É-me impossível exprimir questões materiais e espirituais numa carta... Vamos esperar. Vamos esperar até que possamos conversar. A gente de teatro é estúpida, são uns monstros cruéis – o público, em comparação, é magnífico.

Na mesma carta, ela informava a Enrichetta que já pagara totalmente o empréstimo levantado por Katherine Onslow: "Espero encontrar forças para cumprir meus compromissos – e reunir-me a você. Espero que venha ter comigo na França; então iremos juntas para Asolo!! Se Deus quiser!" Mas o destino decretaria de outro modo.

Foi uma Duse deprimida que escreveu a Katherine Onslow no dia seguinte da partida para Detroit:

Amanhã partimos daqui – e se poderia dizer que já estamos rumando de volta para a Europa – Mas, depois de partir, perceberemos quanta força dissipamos, brigando diariamente com esses *monstros do mundo do teatro* e quão pouco observamos da vida na América. Esta manhã dei com o livro *Our America* [*Nossa América*] de Waldo Frank, que havia comprado algum tempo atrás na esperança de entender a América e os americanos – pois o teatro, o cinema, as viagens e os hotéis não representam o *American way of life* (nem nenhum outro)".

Os piores momentos daquela extensão da turnê começaram com a longa viagem de trem pelo deserto do Arizona. A secura e a poeira eram tão intoleráveis que a saúde da Duse começou a ressentir-se perceptivelmente à medida que iam para o nordeste, em direção a Detroit. A viagem foi lenta e monótona. As primeiras impressões da industrial Detroit reviveram penosas lembranças da sua reação inicial aos Estados Unidos em 1893: "Nada mais que edifícios altos, tapumes, barulho e confusão... sem sequer um vestígio de alguma coisa artística em que se pudesse descansar os olhos ou a alma". Duse resumiu esse estado de espírito geral num telegrama a Katherine Onslow, enviado do hotel Statler, em Detroit. Sua sucinta mensagem dizia: "Na prisão!" Felizmente, havia apenas uma apresentação programada para o Orchestra Hall, no dia 24 de março, antes de partir para Pittsburgh e Cleveland. Para estes três últimos compromissos, fora escolhida *La Porta Chiusa*. Duse, que não estava nada bem, surpreendeu os outros atores com sua resistência. Alguns dias ela parecia tão descarnada e febril que ninguém acreditava que seria capaz de dar conta da apresentação da noite, mas uma vez no palco ela se transformava subitamente e representava seu papel com uma vitalidade e uma concentração que deixavam o resto do elenco na sombra.

Chegando a Pittsburgh no dia 3 de abril, a companhia achou a cidade depressivamente sombria e esquálida. O tempo, que era frio e úmido, minou a coragem de Eleonora. Nada podia ser mais opressivo do que a selva de arranha-céus imundos que se lhe deparavam quando ela olhava da janela do seu quarto, no hotel Schenley. Désirée von Wertheimstein e Maria Avogadro fizeram o possível para encorajá-la, recordando-lhe que o fim da turnê estava à vista. A única apresentação de *La Porta Chiusa* seria feita no dia 5 de abril na Mesquita Síria, que tinha um auditório para 3.000 espectadores sentados.

Naquele dia, Duse, como sempre, saiu cedo para o teatro num carro alugado com sua secretária Désirée. A chuva pesada tornava difícil a visibilidade no curto percurso do hotel à Mesquita próxima. O motorista deixou suas passageiras no que imaginou erroneamente ser a entrada dos artistas e arrancou em alta velocidade. Para a consternação de todos, a entrada estava trancada e levaram algum tempo até localizar um zelador. Muito perturbada e ensopada até os ossos, Duse teve virtualmente de ser guiada para contornar o edifício e ser carregada para o camarim armado ao lado do vasto palco. O camarim demasiado aquecido apenas agravou seu estado.

Parecia que a apresentação teria de ser cancelada. A atriz estava tremendo da cabeça aos pés. Enquanto um médico não era chamado, sua camareira esfregou-a com álcool para aliviar-lhe a respiração. A notícia do incidente espalhou-se de camarim a camarim e o resto do elenco preparou-se para mais um cancelamento. Mas, no último minuto, Duse decidiu que a apresentação tinha de ser feita. Quando finalmente emergiu do camarim, ninguém pôde esconder sua aflição: ela parecia desesperadamente enferma. Durante o primeiro ato da peça, os outros atores estavam tão tensos que mal podiam lembrar suas falas.

A atriz Enif Robert, que tinha um papel menor, registrou em seu diário:

> Uma platéia entusiasta dá a Duse uma ovação de pé... mas os que estamos no palco vemos que ela está no fim de seus recursos e que só sua extraordinária força de vontade capacita-a a continuar. De tempos em tempos, numa voz baixa, ela implora aos outros atores no palco: "Depressa... depressa, por favor!" Nitidamente consciente, Duse luta ao longo dos atos que faltavam e as palavras finais da peça: "Sozinha! Sozinha!" nunca soaram mais desoladas. É chamada dez vezes à cena. A platéia está perdida de admiração por aquela amável criatura que inclina sua cabeça branca em agradecimento, nunca suspeitando por um só momento quanto esforço custa a ela estar ali. Pobre Duse! Como parece cansada!

Ninguém na platéia naquela noite, ao dar vivas e aplaudir com entusiasmo, poderia suspeitar que havia assistido uma grande atriz fazer sua última apresentação. Nenhuma visita foi permitida nos bastidores depois do espetáculo, e Duse foi levada às carreiras para o hotel e posta na cama. Seu estado piorou tão rapidamente durante a noite que os médicos diagnosticaram pneumonia. A apresentação programada para Cleveland foi adiada indefinidamente. Katherina Onslow já fora chamada quando a crise se manifestou. Ela manteve Enrichetta informada do estado da mãe por telegrama. Uma pequena melhora no dia 11 de abril reavivou as esperanças de todos, mas na semana seguinte Enrichetta recebeu a notícia alarmante de uma séria recaída. Os médicos que a assistiam agora descreviam o estado da atriz como extremamente grave.

Os tristes acontecimentos daqueles dias ansiosos em Pittsburgh podem ser reconstituídos a partir do diário de Enif Robert. No dia 7 de abril, ela anota: "Suspeita de pneumonia. A segunda apresentação foi cancelada". E, três dias depois: "Sim. É pneumonia! Mas temos confiança em que Duse se recuperará. Ela possui as mais incríveis reservas de energia. Mesmo seus médicos na Itália ficaram surpresos com a inesperada capacidade de recuperação de Duse, que desafia qualquer explicação médica". Em 12 de abril, todas as visitas foram proibidas pelos médicos, mas Désirée permitiu que Enif Robert visse a paciente por alguns minutos na tarde de 14 de abril. E ela escreveu em seu diário: "Meu coração bate tão furiosamente enquanto olho para o quarto e vejo sua bela cabeça imóvel nos travesseiros! Sua imobilidade me provoca um arrepio pela espinha. Désirée, pegando-me pela mão, tenta confortar-me: 'Ela está adormecida... vai se recuperar... o pior já passou' ".

Cinco dias depois, foi relatado que havia sinais de alguma melhora, e a atriz pediu para ver todos os seus atores. Longe de sentir-se tranqüilizada, Enif Robert partiu para o hotel Schenley com seu marido, o ator Alfredo Robert. Quando estavam virando numa rua secundária, a atriz viu de repente uma carta de baralho caída no chão com a face para baixo. Ignorando os protestos do marido, virou a carta com o pé. Era o ás de espadas. Ficaram sem conseguir falar. Chegaram ao hotel por volta das seis da tarde. Duse abriu os olhos quando eles entraram no quarto e pediu-lhes que se aproximassem, pois a quinina administrada pelos médicos debilitara sua audição.

Ela lamentou a ausência de seus médicos e disse que não se sentia nada à vontade cuidada por gente completamente estranha. Os Robert tentaram confortá-la, mas ela parecia ter dificuldades para ficar acordada. De repente, seu espírito começou a vagar e ela começou a recitar alguns versos de um poema em dialeto romano: *"E dopo er serra-serra/riecche pe' terra"* [E depois da tempestade/de volta à terra]. Enif Robert, que começava a caminhar mansamente para a porta, ouviu a voz da Duse chamar: "O que vocês todos estão fazendo aqui, abandonados e sós? E é Páscoa amanhã! Fiquem juntos... Sejam pacientes comigo. Logo estarei melhor e partiremos de uma vez para a Itália. Assim que eu estiver de pé... vamos partir! Vocês vão vir comigo para Asolo..." Era a última vez que Alfredo e Enif Robert iriam vê-la viva.

Morris Gest, como tributo especial a Duse, organizara uma apresentação especial da montagem de Max Reinhardt de *O Milagre* em Nova York, no dia 18 de abril, e toda a renda seria oferecida à atriz como presente de partida. A apresentação se deu conforme o planejado, mas ela nunca iria saber desse gesto tocante.

Désirée von Westheimstein e Maria Avogadro ficaram à sua cabeceira noite e dia. Ela agradeceu àquelas duas companheiras fiéis por todos os seus cuidados e pela sua devoção e pediu-lhes que fossem dormir um pouco. Sua agonia final coincidiu com a Sexta-Feira Santa e as solenidades da Páscoa. Dizendo-se preparada para morrer, implorou à Providência para não acabar seus dias naquela cidade inóspita, tão longe de sua amada Itália. Ao cair a noite no domingo de Páscoa, as forças da Duse começaram a fraquejar. Ela despertou à uma da manhã e tentou sentar-se. Désirée trouxe um pouco de café com umas gotas de conhaque e, quando a atriz começou a tremer de frio, Maria Avogadro passou um xale em seus ombros. Eleonora pediu-lhes que abrissem as cortinas, de modo que pudesse ver o dia nascer. "Ao raiar do dia precisamos partir...", disse-lhes.

"Depressa, precisamos partir..." Sua cabeça pendeu para a frente. Aquelas foram as últimas palavras que Duse falou.

Às 2 da manhã daquela fria segunda-feira de Páscoa, 21 de abril de 1924, a atriz morreu, longe de casa, numa cidade escura e silenciosa. A notícia da sua morte chocou e enlutou não apenas sua família e seus amigos, mas também os muitos colegas que a admiravam pelo mundo afora. D'Annunzio mandou um telegrama a Mussolini no dia 22 de abril e pediu que o presidente garantisse a volta segura à Itália dos restos mortais da Duse. Sua mensagem dizia:

A vida de Eleonora Duse não podia haver terminado mais tragicamente. O mais italiano dos corações expirou longe da sua Itália natal. Peço-lhe que seu adorável corpo seja restituído à Itália à custa do Estado. Tenho a certeza de que minha dor é a dor de todos os italianos. Ouça meu pedido e dê-me sua resposta.
Abraço-o.
G.D.

Mussolini respondeu incontinenti:

A sorte de Eleonora Duse entristeceu-me muito. Somente no ano passado eu ofereci apoio financeiro para dissuadir esta grande atriz de deixar a Itália. No momento em que ouvi a notícia de sua trágica morte, telegrafei ao embaixador Caetani mandando-o ir a Pittsburgh como representante do governo italiano e providenciar o repatriamento do corpo, que será trazido de volta à Itália à custa do Estado.
Abraço-o.
Mussolini.

Ao chegar a Pittsburgh, o príncipe Gelasio Caetani assumiu pessoalmente a responsabilidade por todas as providências necessárias. O corpo permaneceu seis dias e seis noites na capela mortuária de Pittsburgh, onde os atores ficaram em vigília constante. No domingo, 27 de abril, o caixão foi transportado para Nova York e no dia 1º de maio uma solene Missa de Réquiem foi celebrada na Igreja Dominicana de St Vincent Ferrer, na esquina da rua 66 e da Lexington Avenue. A congregação incluía representantes de todos os setores da comunidade: o Players Club, a Dante League of America, a Catholic Actors Guild e o Vaudeville Artists Club. As solenidades destinadas a celebrar a morte da atriz foram organizadas em outras cidades americanas e por artistas italianos que estavam cumprindo compromissos nos Estados Unidos. Destacados cantores de ópera, como Rosa Raisa, Giovanni Martinelli e Claudia Muzio cantaram em vários serviços religiosos.

Os últimos desejos e o testamento haviam sido estabelecidos pouco antes de ela deixar a Europa e seus negócios estavam confiados ao advogado da família, Eugenio Muggiani. As instruções da atriz eram diretas. Nomeava sua filha Enrichetta como principal beneficiária. A Katherine Onslow ela legou todos os móveis de sua casa em Asolo, e deveriam ser oferecidas lembranças adequadas a Désirée von Wertheimstein e Maria Avogadro.

Os rendimentos da turnê norte-americana, que montavam a cerca de 40.000 dólares, foram isentados de impostos pelas autoridades americanas, e as formalidades restantes foram rapidamente completadas para a viagem final de volta à Itália. Após a Missa de Réquiem na igreja de St. Vincent Ferrer, o cortejo fúnebre seguiu pela rua 66 até a Quinta Avenida, daí até a rua 72, depois pelo Central Park até o Mall. O carro fúnebre, encimado por uma enorme coroa de flores mandada pelo rei Vítor Emanuel e flanqueado por policiais a cavalo, deixou o Central Park pelo Portão Oeste, passou pelo monumento a Cristóvão Colombo e procedeu direto até o cais, de onde o *Diulio* deveria partir às seis da tarde. O embaixador italiano prestou suas últimas homenagens a bordo do navio, momentos antes de o *Diulio* zarpar. Deixando o navio, ele observou aos jornalistas: "Eleonora Duse tinha um bonito sorriso no rosto – o aspecto contente de alguém que sabia que estava indo para casa".

Extensos necrológios foram publicados em jornais do mundo inteiro e a Società Italiana degli Autori ed Editori [Sociedade Italiana de Autores e Editores], de Roma, foi inundada de telegramas de personalidades do mundo do teatro, tanto italiano como estrangeiro. Muitas companhias teatrais da Itália guardaram luto, suspendendo suas apresentações por vários dias. As manchetes do mundo inteiro saudaram seu gênio, e um sentimento de perda pessoal foi expresso em Viena, Berlim e Londres, cidades em que ela tivera seus mais notáveis sucessos. Tributos em *Le Figaro, Journal des Débats* e no *Times* londrino descreveram-na como "a maior atriz de seu tempo, uma mestra da arte histriônica em sua forma mais elevada".

Escrevendo em *The Contemporary Theatre,* James Agate resumiu os sentimentos da crítica profissional da Europa e Estados Unidos:

A morte da Duse privou o mundo civilizado de um de seus mais nobres artistas e mais refinados espíritos. O pequeno mundo do teatro chora uma grande atriz... Você sentia que a mulher era maior que a atriz, que os arroubos mímicos do palco eram um reflexo pálido de um tormento mais pessoal e mais absorvente... Os técnicos sem dúvida discutirão o desempenho de suas mãos maravilhosas, que com freqüência escondiam a face e elucidavam um significado, o constante puxar da saia e do xale que atingiam a dignidade de um rito, as modulações da voz expressiva, os aspectos cambiantes das feições eloqüentes. Mas o público leigo recordará essa atriz como uma grande alma posta religiosamente a nu, como um grande espírito que faz da casa de espetáculos seu templo. O espírito da Duse era feito de material duradouro.

33. Os despojos da Duse expostos na igreja de Sant'Anna, Asolo, no dia 11 de maio de 1924. Era a igreja em que Duse orava, quando visitava a cidade.
   Seu túmulo, que se tornou local de peregrinação, está situado num canto isolado entre ciprestes no pequeno cemitério adjacente à igreja.
   (Cortesia da Fundação Giorgio Cini, Veneza)

Correu o rumor de que o governo italiano estava planejando enterrar Duse no cemitério metropolitano de Campo Verano, mas seus amigos juntaram-se a Marco Praga pedindo que fosse enterrada em Asolo. Argumentaram que era lá que a própria Duse desejaria ter sido sepultada, e nenhum lugar poderia ser mais apropriado, dada a tranqüila atmosfera de Asolo e sua proximidade de Veneza. As cidades de Chioggia, Vigevano, Florença e Veneza também expressaram sua vontade de proporcionar um túmulo: Chioggia por causa da associação da cidade com os ancestrais da Duse; Vigevano porque ela nascera lá; Florença e Veneza, porque eram as cidades preferidas da atriz, antes de ela descobrir Asolo. Enrichetta foi consultada e, a seu pedido, Asolo foi a escolha final.

O *Diulio* atracou em Nápoles no dia 10 de maio. Imediatamente, o caixão foi levado de trem para Roma, onde uma Missa de Réquiem foi celebrada em Santa Maria degli Angeli para assinalar o luto nacional. De Roma o ataúde foi transportado por ferrovia até Montebelluna, via Pádua, e o trecho final da viagem até Asolo foi por estrada. Durante dias os visitantes convergiram para a cidade. Enrichetta, acompanhada do marido e de Katherine Onslow, encabeçava o pequeno grupo de pessoas intimamente ligadas a Duse nos últimos anos. Tendo fracassado os esforços para realizar um funeral privado, era difícil manter qualquer sentido de dor íntima entre a multidão reunida na praça principal de Asolo. O teatro italiano estava bem representado, com a participação de dramaturgos como Marco Praga e Dario Niccodemi; das atrizes Tina di Lorenzo, Vera Vergani, Irma e Emma Gramatica e Dina Galli; dos atores Ermete Zacconi, Memo Benassi, Ruggero Ruggeri e Leo Orlandini. Édouard Schneider viera de Paris para representar a Sociedade de Autores Franceses, e uma coroa fora enviada pelos membros do Garrick Club de Londres.

Compareceram autoridades civis e militares de todas as províncias vizinhas e o presidente italiano fez-se representar pelo subsecretário de Estado, Lupi.

Após a Missa de Réquiem na pequena igreja de Sant'Anna, onde Duse orava com freqüência, o cortejo seguiu para o cemitério atrás da igreja. Os discursos foram feitos à beira do túmulo pelo prefeito de Asolo, por Lupi em nome do governo italiano e por Dario Niccodemi de parte dos colegas do mundo teatral. Seu corpo foi então posto a repousar num canto abrigado cercado de pinheiros. As palavras que ela mesma escolhera para sua simples pedra tumular transmitem seu legado espiritual: "*Fortunata, disperata, fidente*" [Afortunada, desesperada, confiante].

Três anos depois da sua morte, um busto de mármore da atriz, de autoria de Arrigo Minerbi, foi inaugurado no *foyer* do Teatro Manzoni em Milão. Para a cerimônia, o crítico teatral Renato Simoni fez uma palestra, resumindo a contribuição ímpar da Duse ao teatro contemporâneo. Identificou com propriedade sua busca de uma nova estética com a busca de seu próprio destino interior. E, numa conferência comemorativa alguns anos depois, Silvio d'Amico enfatizou a duradoura influência de seus ideais e concluiu sua apreciação recordando à platéia que Eleonora Duse não seria lembrada apenas como uma grande atriz: como ser humano, suas qualidades intelectuais e espirituais não foram menos notáveis.

PEÇAS CITADAS

[Os títulos assinalados com * são tradução do título original de peças não encenadas no Brasil]

A Dama do Mar
A Princesa Branca
Adrienne Lecouvreur
Agamênon
All's Well that Ends Well (Está Bem o que Bem Acaba)
Amaranta
Amore Senza Stima (Amor Sem Estima)
Anna Christie
Antígona
Antony and Cleopatra (Antônio e Cleópatra)
As Bacantes
As Três Irmãs
As You Like It (Como Quiserdes)
Brand
Burbero Benefico (O Grosseirão Benfeitor)
Carmen
Casa de Bonecas

Cavalleria Rusticana (Mascagni)
Cavalleria Rusticana (Verga) (O Código de Honra*)
Cecilia
Cenere (Cinzas*)
Coriolanus (Coriolano)
Così Sia (Assim Seja*)
Curioso Accidente (Curioso Acidente*)
Cyrano de Bergerac
Debora e Jaele (Débora e Jael*)
Demi-monde (O Mundo Equívoco)
Denise
Divorçons (Divórcio para Três)
Édipo e a Esfinge
Egmont
Electra
Espectros
Exaltation (Exaltação*)
Falstaff
Fédora (Fedora*)

Fedra
Fernande
Figlia e Madre o Le Storie Intime (*Filha e Mãe, ou As Histórias Íntimas*)
Forse che Sì Forse che No (*Talvez Sim, talvez Não*)
Francesca da Rimini (Francis Marion Crawford)
Francesca da Rimini (Gabriele D'Annunzio)
Francesca da Rimini (Silvio Pellico)
Francillon
Frou–frou
Giacinta
Hamlet
Hedda Gabler
Heimat
I Malatesti (*Os Malatesti**)
I Mariti (*Os Maridos**)
I Pagliacci
Il Filo (*O Fio**)
Il Matrimonio di Irene (*O Matrimônio de Irene*)
Il Signor Lorenzo (*O Senhor Lorenzo**)
Il Sogno d'un Mattino di Primavera (*O Sonho de uma Manhã de Primavera**)
In Portineria (*Na Portaria**)
Isola dei Morti (*A Ilha dos Mortos**)
Ivanov
John Gabriel Borkman
Julie
Kean
L'Abesse de Jouarre (*A Abadessa de Jouarre*)
L'Aveu (*A Confissão*)
L'Innamorata (*A Namorada**)
L'Isola (*A Ilha**)
La Città Morta (*A Cidade Morta**)
La Dame aux Camélias (*A Dama das Camélias*)

La Duchessa di Bracciano (*A Duquesa de Bracciano**)
La Femme de Claude (*A Mulher de Cláudio*)
La Figlia de Jefte (*A Filha de Jefté*)
La Figlia di Iorio (*A Filha de Iório**)
La Gioconda (*A Gioconda**)
La Gloria (*A Glória**)
La Locandiera (*O Inimigo das Mulheres / Mirandolina*)
La Lupa (*A Loba**)
La Moglie Ideale (*A Mulher Ideal**)
La Nave (*O Navio**)
La Piccola Lauretta (*A Pequena Lauretta**)
La Porta Chiusa (*A Porta Fechada**)
La Princesse de Bagdad (*A Princesa de Bagdá*)
La Reine Elisabeth (*A Rainha Isabel**)
La Samaritaine (*A Samaritana**)
La Sirena (*A Sereia**)
La Trovatella di Santa Maria (*A Menina Abandonada de Santa Maria**)
La Vita che ti Diedi (*A Vida que te Dei*)
La Zampa del Gatto (*A Perna do Gato*)
Lady Windermere's Fan (*O Leque de Lady Windermere**)
Le Dieu d'Argile (*O Deus de Barro*)
Le Mariage de Figaro (*As Bodas de Fígaro*)
Le Vergini (*As Virgens**)
Le Vrai Mystère de la Passion (*O Verdadeiro Mistério da Paixão*)
Les Amants (*Os Amantes**)
Les Bourgeois de Pont–Arcy (*Os Burgueses de Pont–Arcy**)
Les Fourchambault (*Os Fourchambault*)

PEÇAS CITADAS

Les Hiers Invisibles (*Os Ontens Invisíveis**)
Les Misérables (*Os Miseráveis*)
Lohengrin
Macbeth
Madame Butterfly
Magda, ver *Heimat*
Mala Vita
Maria Salvestri
Marianna
Medéia
Monna Vanna
O Inimigo do Povo
O Milagre
O Pato Selvagem
Odette
Orestes
Os Vikings
Otelo
Paolo and Francesca (*Paolo e Francesca**)
Parisina (*A Parisiense**)
Peer Gynt
Pelléas et Mélisande (*Péleas e Melisanda*)
Persefone (*Perséfone**)
Phèdre (*Fedra*)
Pia dei Tolomei
Quando Nós Mortos Despertamos
Ralé
Ressurreição
Rip van Winkle
Romeo and Juliet (*Romeu e Julieta*)
Rosmersholm
Salomé
Sei Personaggi in Cerca d'Autore (*Seis Personagens à Procura de um Autor*)
Séraphine
Sigismondo
Solness, o Construtor
The Death of Tintagiles (*A Morte de Tintagiles**)
The Duchess of Padua (*A Duquesa de Pádua**)
The Man Masterful (*O Déspota**)
The Mountebanks (*Os Mountebanks**)
The Second Mrs. Tanqueray (*A Segunda Senhora Tanqueray**)
Teresa Raquin
'Tis a Pity She's a Wore (*Pena que Ela Seja uma Puta*)
Tristi Amori (*Tristes Amores*)
Tutto per Tutto (*Tudo por Tudo**)
Twelfth Night (*Noite de Reis*)
Une Visite de Noces (*Uma Visita de Núpcias**)

FONTES

Os principais arquivos de material publicado e não publicado de Eleonora Duse são encontrados na Fondazione Giorgio Cini em Veneza, na Fondazione del Vittoriale em Gardone Riviera, no Museo del Burcardo, na Fondazione Primoli em Roma e no Museo dell'Attore em Gênova. Esses arquivos incluem importantes coleções de correspondência, textos anotados, contratos, cartazes, programas, documentos administrativos, mementos, adornos, figurinos e outros *souvenirs*. Boa parte desse material ainda está sendo classificada. Cartas escritas por Duse também são preservadas na Biblioteca Lucchesi Palli de Nápoles, na Biblioteca Federiciana de Fano e na Biblioteca Marucelliana de Florença. Algumas cartas, de interesse marginal, permanecem nas mãos de particulares e colecionadores, não estando disponíveis para consulta.

Entre outros arquivos europeus com itens importantes estão as coleções de teatro da Biblioteca Nacional de Viena, da Biblioteca Nacional de Berlim, da Biblioteca da Comédie Française, da Bibliothèque de l'Arsenal, Paris, do Victoria and Albert Museum de Londres, do Museu Stanislávski de Moscou e os arquivos Rilke em Weimar. Em Nova York, há material para pesquisa concernente às turnês da Duse nos Estados Unidos preservado na New York Public Lubrary for the Performing Arts do Lincoln Center e no Museu da Cidade de Nova York.

BIBLIOGRAFIA

(a) Correspondência Publicada

Duse, Eleonora. *Undici Lettere di Eleonora Duse e Gabriele d'Annunzio*, Gardone Riviera, *Quaderni dannunziani* X-XI, 1958.
Fiocco, Achille. "Lettere della Duse", em *Scenario*, n. 3 e 4, 1951.
Gilder, Rosamond. "La Nostalgilder, Some Letters of Eleonora Duse", in *Theatre Arts Monthly.*
Nardi, Piero (ed.). *Carteggio D'Annunzio-Duse*, Florença, Le Monnier, 1975.
Pierazzi, Rina Maria e Duse. Carlo Vittorio, *Eleonora Duse e la guerra*, Turim, Istituto Editoriale, 1927.
Radice, Raul (ed.). *Eleonora Duse-Arrigo Boito: lettere d'amore*, Milão, Il Saggiatore, 1979.
Setti, Dora, *Eleonora Duse and Antonietta Pisa. Unpublished letters*, Milão, Ceschina, 1972.

(b) Biografias e Ensaios Biográficos

Abreu, Brício de. *Eleonora Duse no Rio de Janeiro 1885-1907*, Rio de Janeiro, MEC, 1959.
Anfuso, Sciorra Bernice. *The Passing Star, Eleonora Duse in America* (tese não publicada), Los Angeles, University of California, 1956.
Antona, Traversi. Camillo, *Eleonora Duse: sua vita, sua gloria, suo martirio*, Pisa, Nistri-Lischi, 1926.
Apollonio, Mario. *La Duse*, Florença, Fussi, 1948.
Bäumer, Gertrud. *Eleonora Duse*, Tübinger, Hermann Leins, 1958.
Bolla, Nino. *Eleonora Duse nell'amore e nell'arte*, Milão, Edizioni Italia, 1954.
Bordeux, Jeanne. *Eleonora Duse: The Story of her Life*, Londres, Hutchinson, 1924.
Cimoroni, Oreste. *Eleonora Duse*, Milão, Garzanti, 1941.
Ferrugia, Gemma. *La nostra vera Duse*, Milão, Sanzogno, 1924.

FRIED, Alfred. *Führer durch das Gastspiel der Eleonora Duse*, Berlim e Leipzig, Fried, 1892.
FUSERO, Clemente. *Eleonora Duse*, Milão, dall'Oglio, 1971.
HARDING, Bertita. *Age Cannot Wither, The Story of Duse and D'Annunzio*, Londres, George G. Harrap, 1949.
HUNEKER, James. "Duse and D'Annunzio", em *Iconoclasts: a book of dramatists*, Londres, T. Werner Laurie, 1906, pp. 320-349.
KNEPLER, Henry. *The Gilded Stage: The Lives of Four Great Actresses (Rachel, Ristori, Bernhardi Duse)*, Londres, Constable, 1968.
LIBERATTI, Franco. *Eleonora Duse, Biografia aneddotica...*, Palermo, S. Biondo, s.d.
MADDALENA, Edgardo. "La Duse a Vienna" (1892-1905), em *Rivista Teatrale Italiana*, Nápoles, V. 9, Março 1905, pp. 72-83.
MANTEGARI, Pompeo (ed.). *Eleonora Duse: reliquie e memorie*, Milão, Editrice Tespi, s.d.
MARIANO, Emilio. "Il 'patto d'alleanza' tra Eleonora Duse e Gabriele d'Annunzio", em *Nuova Antologia*, Roma, Janeiro-Fevereiro 1951.
MAZZONI, Ofelia. *Con la Duse, ricordi e anedotti*, Milão, Alpes, 1927.
NICASTRO, Luciano. *Confessioni di Eleonora Duse*, 3 vols. Milão, Gentile, 1945-1946.
NIELSEN, Frederic W. *Eleonora Duse: Ein Leben für die Künst*, Freiburg, Toleranz Verlag, 1984.
PONTIERO, Giovanni. *Duse on Tour: Guido Noccioli's Diaries, 1906-1907*, Manchester, Manchester University Press, 1982.
REHM, Walther. "Rilke und die Duse", em *Symposium*, Band 1. 1949, pp. 337-406.
RHEINHARDT, E. A. *The Life of Eleonora Duse*, Londres, Martin Secker, 1930.
RIDENTI, Lucio. *La Duse mimore*, Roma, Gherardo Casini, 1966.
ROLLAND, Romain. *Gabriele d'Annunzio e la Duse*, Paris, Les Oeuvres Libres, 1947.
SCHNEIDER, Edouard, *Eleonora Duse*, Paris, Grasset, 1925.
SEGANTINI, Bianca e MENDELSSOHN, Francesco, *Eleonora Duse*, Berlim, Kaemmerer, 1926.
SERAO, Matilde. "La famiglia di Eleonora Duse", em *Nuova Antologia*, 16 Julho 1927, pp. 170-183.
SERAO, Matilde. "Perchè Eleonora Duse è morta in America", em *Il Giorno*, Nápoles, 29-30 Abril 1924.
SETTI, Dora. *La Duse com'era*, Milão, Pan, 1978.
SIGNORELLI, Olga Resnevic. *Eleonora Duse*, Roma, Gherardo Casini, 1955.
SIGNORELLI, Olga Resnevic. *Vita di Eleonora Duse*, Bolonha, Cappelli, 1962.
STUBBS, Jean. *Eleonora Duse*, Nova York, Stein and Day, 1970.
VANNUCCI, Pasquale. *Eleonora Duse*, Roma, Società Editoriale Idea, 1959.
VERGANI, Leonardo. *Eleonora Duse*, Milão, Aldo Martello, 1958.
WEAVER, Wiliam. *Duse, A Biography*, Londres, Thames and Hudson, 1984.
WINWAR, Frances. *Wingless Victory*, Nova York, Harper and Brothers, 1956.

(c) Estudos sobre o teatro de Duse

BOGLIONE, Giuseppe. *L'arte della Duse*, Roma, Tipografia Istituto Roosevelt, 1960.
CRAIG, Edward Gordon. "On Signora Eleonora Duse", in *Life and Letters*, Setembro, 1928
HOFMANNSTHAL, Hugo von, *Eleonora Duse*, Berlim, Fischer, 1930.
HOFMANNSTHAL, Hugo von. *Prosa I*, Frankfurt, M. Fisher, 1950, pp. 73-85.
LE GALLIENNE, Eva. *Eleonora Duse: The Mystic in the Theatre*, Londres, The Bodley Head, 1966.

BIBLIOGRAFIA

Lorca, Frederico García. "Teoría y juego del Duende", em *Obras Completas*, Madrid, Aguilar, 1960, pp. 36-48.
Mapes, Victor. *Duse and the French*, Nova York, Publications of the Dunlap Society, 1898.
Piccini, Giulio (Jarro). *Sul Palcoscenico e in platea*, Florença, Bemporad, 1897.
Pirandello, Luigi. "Piu chè un'attrice", in *Eleonora Duse*, por Leonardo Vergani, Milão, Aldo Martello, 1958, pp. 275-288.
Pirandello, Luigi. "Eleonora Duse", in *The Theory of the Modern Stage*, editado por Eric Bentley, Middlesex, Inglaterra, Penguin Books, 1979, pp. 158-169.
Praga, Marco. *Cronache Teatrali*, Milão, Treves, 1925.
Primoli, Joseph Napoléon. "Eleonora Duse", em *Revue de Paris*, Paris, 1897, pp. 487-532.
Rasi, Luigi. *La Duse*, Florença, R. Bemporad, 1901.
Schlentler, Paul. "Eleonora Duse", in *Deutsche Rundschau*, XIX, Berlim, 1893.
Matthews, John F. (ed.). *Shaw's Dramatic Criticism 1895-1898*, Westport, Connecticut, Greenwood Press, 1971.
Shaw, George Bernard. *Our Theatres in the Nineties*, 3 vols. Londres, Constable, 1932.
Simoni, Renato. *Teatro di ieri: ritratti e ricordi*, Milão, Treves, 1938.
Symons, Arthur.*Eleonora Duse*, Nova York e Londres, Benjamin Blom, 1969 (reimpressão da edição de 1927).
Young, Stark. *The Flower in Drama*, Nova York, Charles Scribner's Sons, 1923.
Young, Stark. *Essays on the Art of the Theatre*, Nova York e Londres, Charles Scribner's Sons, 1923.
Young, Stark. *Essay on the Art of the Theatre*, Nova York, Charles Scribner's Sons, 1925.
Young, Stark."Sense about Duse", in *Theatre Arts Monthly*, Abril 1939.
Young, Stark. *Immortal Shadows. A book of dramatic criticism*, Nova York, Charles Scribner's Sona, 1948.

(d) Estudos sobre Boito, D'Annunzio e Ibsen

(i) *Boito*
Boito, Arrigo. *Lettere di Arrigo Boito*, reunião e comentários de Raffaelo de Rensis, Roma, Novissima, 1932.
Guerrieri, Gerardo. "Sasper, Sachespar, Shakespeare ovvero l'interpretazione di Shakespeare in Italia dal '700 al 900' ", in *500 anni di teatro in Italia*, Roma, Centro di Ricerche Teatrali, Edizioni d'Arte, 1954.
Nardi, Piero. *Vita di Arrigo Boito*, Milão, Mondadori, 1942.
Renzis, Raffaello de. *Arrigo Boito: capitoli biografici*, Florença, G. C. Sansoni, 1942.
Ricci, Corrado. *Arrigo Boito*, Milão, Treves, 1924.

(ii) *D'Annunzio*
Antongini, Tom. *Vita segreta di Gabriele d'Annunzio*, Milão, Mondadori, 1938.
Bianchetti, Enrico e Forcella, Roberto (eds.). *Gabriele d'Annunzio, Taccuini*, Milão, Mondadori, 1965.
Borgese, Giuseppe Antonio. *Gabriele d'Annunzio*, Milão, Bompiani, 1932.
Corsi, Mario. *Le prime rappresentazioni dannunziane*, Milão, Treves, 1928.
Damerini, Gino. *D'Annunzio a Venezia*, Milão, Mondadori, 1943.

D'ANNUNZIO, Gabriele. *Il fuoco*, editado por Giansiro Ferrata, Milão, Mondadori, 1979.
GATTI, Guglielmo. *Le donne nella vita e nell'arte di Gabriele d'Annunzio*, Modena, Guanda, 1951.
GATTI, Guglielmo. *Vita di Gabriele d'Annunzio*, Florença, Sansoni, 1956.
GERMAIN, André. *La Vie amoureuse de Gabriele d'Annunzio*, Paris, Fayard, 1954.
GULLACE, Giovanni. *Gabriele d'Annunzio in France: A Study in Cultural Relations*, Syracuse, Nova York, Syracuse University Press, 1966.
JULLIAN, Philippe. *D'Annunzio*, Londres, Pall Mall, 1972.
MARIANO, Emilio. *Sentimento del vivere ouvero Gabriele d'Annunzio*, Milão, Mondadori, 1962.
MAZZALI, Ettore. *D'Annunzio*, Milão, Nuova Accademia, 1963.
PALMERIO, Benigno. *Con D'Annunzio alla Capponcina*, Florença, Vallechi, 1938.
RHODES, Anthony. *The Poet as Superman. A life os Gabriele d'Annunzio*, Londres, Weidenfeld & Nicolson, 1959.
SOZZI, Giuseppe. *Gabriele d'Annunzio nella vita e nell'arte*, Florença, La Nuova Italia, 1964.

(iii) *Ibsen*

BOETTCHER, Friederike, *La Femme dans le théâtre d'Ibsen*, Paris, Felix Alcan, 1912.
GREGERSEN, Halfdan. *Ibsen and Spain. A study in comparative drama*, Cambridge, Mass. Harvard Studies in Romance Languages, 1936.
KOHT, Halvdan. *Life of ibsen*, Traduzido e editado por E. Haugen e A. E. Santaniello, Nova York, Benjamin Blom, 1971.
LUGNÉ-POE, Aurélien François Marie. *Ibsen*, Paris, Rieder, 1936.
MEYER, Michael. *Henrik Ibsen, 1883-1906*, 3 vols, Londres, Rupert Hart-Davis, 1971.
SHAW, George Bernard. *The Quintessence of Ibsenism*, Londres, Constable, 1932.
TENNANT, P. F. D. *Ibsen's Dramatic Technique*, Atlantic Highlands, New Jersey, Humanities Press, 1965.

(e) Memórias e Estudos de Amigos e Colegas de Duse

BANTI, Anna. *Matilde Serao*, Turim, Unione Tipografico, 1965.
BENASSI, Memo. *L'ultimo viaggio di Eleonora Duse*, editado por G. A. Cibotto, Venice, Neri Pozza, 1970.
BERNHARDT, Sarah. *My Double Life*, Londres, Owen, 1977.
BERNHARDT, Sarah. *The Art of Theatre*, traduzido por H. J. Stenning, Londres, Goeffrey Bles, s.d.
BUTLER, E. M.*Rainer Maria Rilke*, Cambridge, Cambridge University Press, 1941.
BUZZI, Giancarlo. *Matilde Serao*, Milão, Mursia, 1981.
CALVÉ, Emma. *My Life*, traduzido por Rosamond Gilder, Nova York e Londres, D. Appleton & Co., 1922.
CATTANEO, Giulio. *Giovanni Verga*, Turim, Unione Tipografico, 1963.
COCHRAN, Charles B. *Secrets of a Showman*, Londres, Heinemann, 1929.
CRAIG, Edith e ST. JOHN, Christopher (eds.). *Ellen Terry's Memoirs*, Londres, Victor Gollancz, 1933.
CRAIG, Edward Gordon. *Index to the Story of my Days*, Londres, Hulton Press, 1957 (reimpresso em 1981).
CRAIG, Edward Gordon. "A Note on *Rosmersholm*", reproduzido no programa da estréia no Teatro della Pergola, Florença, em 5 de Dezembro de 1906. Há uma cópia na Biblioteca Britânica, Londres.
DE CARO, Giovanni. *Matilde Serao anedottica*, Nápoles, Arturo Berisio, 1977.

DE OSMA, Guilhermo. *Mariano Fortuny: His Life and Work*, Londres, Aurum, 1980.
DUNCAN, Isadora. *Ma vie*, Paris, Gallimard, 1928.
DUNCAN, Isadora. *My Life*, Londres, Victor Gollancz, 1928.
GUILBERT, Yvette. *La chanson de ma vie*, Paris, Grasset, 1927.
GUILBERT, Yvette. *Struggles and Victories*, Londres, Mills and Boon, 1910.
GUILBERT, Yvette. *The Song of My Life. My Memories*, traduzido por Béatrice de Holthoir, Londres, G. G. Harrap & Co., 1929.
HATTINGBERG, Magda von. *Rilke and Benvenuta...a book of thanks*, traduzido por C. Brooks, Londres, Heinemann, 1949.
INFUSINO, G. (ed.). *Matilde Serao tra giornalismo e letteratura*, Nápoles, Guida, 1981.
LEBLANC, Georgette. "Mes Conversations avec La Duse", em *Les Oeuvres Libres*, Paris, 1926. pp. 305-324.
LOPEZ, Sabatino. *Dal carteggio di Virgilio Talli*, Milão, Treves, 1931.
LUGNÉ-POE, Aurélien François Marie, *Sous les étoiles: Souvenirs de théâtre, 1902-1912*, Arthème Fayard, 1932.
LUGNÉ-POE, Aurelién François Marie. "Avec Eleonora Duse", em *Les Oeuvres Libres*, Paris, 1932, pp. 5-96.
MANVELL, Roger. *Ellen Terry*, Londres, Heinemann, 1968.
MENICHELLI, Gian Carlo. "Lettere inedite di Emile Zola ai Conti Primoli in Studi Francesci", Turim, 1958, pp. 426-428.
NAVARRIA, Aurelio. *Annotazioni verghiane e pagine staccate*, Caltonissetta, Sciascia, 1976.
NOBLE, Iris. *Great Lady of the Theatre, Sarah Bernhardt*, Nova York, Julian Messner, 1960.
PARDIERI, Giuseppe. *Ermete Zacconi*, Bolonha, Cappelli, 1960.
PRIMOLI, Joseph Napoléon. *Pages Inédites*, editado por Marcello Spaziani, Roma, Storia e letteratura, 1959.
RAYA, Gino. *Giovanni Verga. Lettere a Dina*, Roma, Civanna, 1962.
RICHARDSON, Joanna. *Sarah Bernhardt and her World*, Londres, Weidenfeld and Nicolson, 1977.
SCHURMANN, Joseph J. *Les Étoiles en voyage*, Paris, Tresse et Stock, 1893.
SCHURMANN, Joseph J. *Secrets de coulisses*, Paris, M. Bauche, 1911.
SOREL, Cécile. *An Autobiography*, traduzido por Philip John Steat, Londres, Staples Press, 1953.
SPAZIANI, Marcello. *Con Gégé Primoli nella Roma bizantina*, Roma, Storia e Letteratura, 1962.
STEEGMULLER, Francis (ed.). "Your Isadora", *The Love Story of Isadora Duncan and Gordon Craig*, Nova York, Random House e New York Public Library, 1974.
TALLI, Virgilio. *La mia vita di teatro*, Milão, Treves, 1927.
TERRY, Dame Ellen. *The Story of My Life*, Londres, Hutchinson, 1908.
ZACCONI, Ermete. *Ricordi e hattaglie*, Milão, Garzanti, 1946.
WOLKOFF-MOUROMTZOFF, Alexander. *Memoirs*, traduzido por Mrs. Huth Jackson, Londres, John Murray, 1928.
WYDENBRUCK, Nora. *Rilke, man and poet: a biographical study*, Londres, Lehman, 1949.
WYDENBRUCK, Nora (ed.). *The Letters of Rainer Maria Rilke and Princess Marie von Thurn und Taxis*, Londres, Hogarth Press, 1958.

(f) Memórias e Estudos de Contemporâneos de Duse

ADAM, Eve (ed.). *Mrs. J. Comyns Carr's Reminiscences*, Londres, Hutchinson & Co., 1925.

CATHER, Willa. *The Kingdom of Art*, Lincoln, University of Nebraska Press, 1966.
CHAMOT, Mary. *Gontcharova*, Paris, La Bibliothéque des arts, 1972.
CHARTERIS, E. E.. *John Sargent*, Londres, Wiliiam Heinemann, 1927.
DRAPER, Ruth. "The Letters of Ruth Draper, 1920-1956". *A Self-Portrait of a Great Artist*, Prefácio de Sir John Gielgud, editado com notas explicativas de Neilla Warren, Nova York, Charles Scribner's Sons, 1979.
ELLMANN, Richard. *James Joyce*, Nova York, Oxford University Press, 1959.
GIELGUD, John. *Early Stages*, Londres, Macmillan, 1939.
GIELGUD, Kate Terry. *A Victorian Playgoer*, Londres, Heinemann, 1979.
HANSSON, Laura Mohr. *Six Modern Women, Psychological Sketches*, traduzido por Hermione Ramsden, Boston, Roberts Brothers, 1896, pp. 95-125.
HART-DAVIS, Rupert (ed.). *The Letters of Oscar Wilde*, Londres, Rupert Hart-Davis, 1962.
LAWRENCE, Dan H. (ed.). *Bernard Shaw. Collected Letters, 1874-1897*, Londres, Max Reinhardt, 1965.
MIDDLETON, George. *These Things Are Mine: The Autobiography of a Journeyman Playwright*, Nova York, Macmillan, 1947.
MODJESKA, Helena. *Memories and Impressions*, Nova York, Macmillan, 1910.
MOORE, H. T. (ed.). *The Collected Letters of D. H. Lawrence*, Londres, Heinemann, 1962.
NEMIROVICH-DANCHENKO, Vladimir. *My Life in the Russian Theatre*, traduzido por J. Cournos, Londres, Geoffrey Bles, 1968.
SARFATTI, Margherita. *Acqua passata*, Bolonha, Cappelli, 1955.
STANISLAVSKY, Konstantin. *My Life in Art*, traduzido por J. Robins, Nova York, Geoffrey Bles, 1962.
STANISLAVSKY, Konstantin. *An Actor Prepares*, traduzido por E. R. Hapgood, Nova York, Geoffrey Bles, 1964.
STANISLAVSKY, Konstantin. *Konstantin Stanislavsky 1863-1963: man and actor. Stanislavsky and the world theare, Stanislavsky's letters*, traduzido por Victor Schneierson, Moscou, Progress Press, 1965.

(g) Bibliografia Seleta Cobrindo o Contexto Histórico e Cultural

AGATE, James. *The Contemporary Theatre*, Londres, Chapman and Hall, 1924-1926.
AGATE, James. *More First Nights*, Nova York, Victor Gollancz, 1969 (reimpressão da edição de 1937)
AGATE, James. *Red Letter Nights: A Survey of the Post-Elizabethan Drama in Actual Performance on the London Stage, 1921-1943*, Nova York, Benjamim Blom, 1969 (reimpressão da edição de 1944).
ALBERTINI, Luigui. *Venti anni di vita politica*, Bolonha, Zanichelli, 1950-1953.
ANTOINE, André. *Memories of the Théâtre-Libre*, traduzido por Martin A. Carlson, editado por H. D. Albright, Coral Gables, Florida, University of Miami Press, 1964.
BAB, Julius. *Das Theater der Gegenwart*, Leipzig, Oesterheld, 1928.
BARDÈCHE, Maurice e BRASILLACH, Robert. *History of the Film*, traduzido e editado por Iris Barry, Londres, G. Allen e Unwin, 1938.
BEERBOHM, Max. *Around Theatres*, Nova York, Alfred A. Knoft, 1930.

BIBLIOGRAFIA

BELLONCI, Goffredo et al., *Cinquenta anni di teatro in Italia*, Roma, Centro di Ricerche Teatrali Edizioni d'Arte, 1954.

BERENGUER CARISOMO, Arturo. *Las ideas estéticas en el teatro argentino*, Buenos Aires, Instituto Nacional de Estudios de Teatro, 1947.

BRACCO, Roberto. *Nell'arte e nella vita*, Lanciano, Gino Carabba, 1941.

BROWN, Ivor. *Marques and Phases*, Londres, Richard Cobden-Sanderson, 1926.

CAMILLERI, Andrea. *I teatri stabili in Italia, 1898-1918*, Bolonha, Cappelli, 1959.

COLE, Toby e CHINOY, Helen Krich (eds.). *Actors on Acting* – The theories, techniques, and practices of the great actors of all times as told in their own words, Nova York, Crown Publishers, 1949.

CRAIG, Edward Gordon. *On the Art of the Theatre*, Londres, William Heinemann, 1911.

D'AMICO, Silvio. *Tramonto del grande attore*, Milão, Mondadori, 1929.

FIALHO D'ALMEIDA, José Valentim. *Actores e autores (impressões de teatro)*, Lisboa, A. H. Teixeira & Ca., 1925.

FIOCCO, Achille. *Teatro Italiano di ieri e di oggi*, Bolonha, Cappelli, 1958.

FROMM, Harold. *Bernard Shaw and the Theatre in the Nineties*, Lawrence, University of Kansas Press, 1967.

GANDOLFO, Luigui. *L'Arte drammatica in Germantis e la critica*, Milão, Milesi, 1933.

HAMBURGER, Michael. "The Figures of The Actor and The Dancer in the works of Hugo von Hofmannsthal", in *Arts as Second Nature*, Manchester, Carcanet New Press, 1975.

JACOBBI, Ruggero. *Teatro in Brasile*, Bolonha, Cappelli, 1961.

JAMES, Henry. *The Scenic Art*, editado com Introdução e notas de Allan Wade, New Brunswick, N. J., Rutgers University Press, 1948.

KNAPP, Bettina. *Maurice Maeterlinck*, Indiana, Twayne Publishers, 1975.

LANZA, Domenico. *Mezzo secolo di teatro*, editado por A Blandi, Turim, 1970.

LYONNET, Henry. *Le Théâtre en Italie*, Paris, Paul Ollendorff, 1900.

MAGARSHAK, David (ed.). *Stanislavsky on the Art of the Stage*, Londres, Faber, 1961.

MARTINEZ SIERRA, Gregorio. *Un teatro de arte en España, 1917-1925*, Madrid, Esfinge, 1926.

MAZA, Luis Reyes de la. *El teatro en México*, Mexico, Imprenta Universitaria, 1958-1968.

MORALES, Ernesto. *Historia del teatro argentino*, Buenos Aires, Lautaro, 1944.

NATHANSON, Richard H. *Schauspieler und Theater im heutigen Italien*, Berlim, H. Steinitz, 1893.

OJETTI, Ugo. *Cose viste*, Florença, Sansoni, 1938.

ORDAZ, Luis. *El teatro en el Rio de la Plata*, Buenos Aires, Leviatan, 1957.

PANDOLFI, Vito. *Antologia del grande attore*, Bari, Laterza, 1954.

PARDIERI, Giuseppe. *Il teatro italiano e la sua tradizione*, Matera, Basilicata, 1967.

PEARSON, Hesketh. *Bernard Shaw. His Life and Personality*, Londres, Collins, 1942.

PROCACCI, Giuliano. *History of the Italian People*, traduzido por Anthony Paul, Londres, Weidenfeld e Nicolson, 1970.

PULLINI, Giorgio. *Teatro italiano del novecento*, Bolonha, Cappelli, 1971.

RASI, Luigui. *I comici italiani*, Florença, Bocca, 1897.

ROBICHEZ, Jacques. *Le Symbolisme au théâtre. Lugné-Poe et les débuts de l'oeuvre*, Paris, L'Arche, 1957.

SAND, George. *Histoire de ma vie*, Paris, M. Lévy Frères, 1856.

SARCEY, Francisque. *Quarant ans de théâtre*, Paris, Bibliothèque des Annalles, 1900-1902, 8 vols.

SILVEIRA, Miroel. *A Contribuição Italiana ao Teatro Brasileiro*, São Paulo, Quíron/MEC, 1976.

SMITH, Denis Mack. *The Making of Italy, 1706-1870*, Londres, Macmillan, 1968.

WAXMAN, Samuel Montefiore. *Antoine and the Théâtre-Libre*, Cambridge, Mass. Harvard University Press, 1926.
WHYTE, Artur James. *The Evolution of Modern Italy*, Oxford, Oxford University Press, 1950.
ZABEL, Eugen. *Die italinische Schauspielkunst in Deutschland*, Berlim, E. Rentzel, 1893.

(h) Catálogos, Jornais e Revistas

Catálogos:

Eleonora Duse, álbum de fotografias com legendas traduzidas por Isabel Quigly, Londres, Thames and Hudson, 1959.

Exposição Eleonora Duse, montada por Gerardo Guerrieri e Piero Nardi nas Sale Apollinee do Teatro La Fenice, Veneza, 23 de setembro-13 de outubro de 1969. Catálogo editado por Gerardo Guerrieri, Veneza, 1969.

GUERRIERI, Gerardo. *Eleonora Duse e il suo tempo, 1858-1924*, Treviso, Canova, 1974. Catálogo da Exposição Eleonora Duse montada em Treviso para marcar o 15º aniversário da morte da atriz.

GUERRIERI, Gerardo. *Eleonora Duse. Tra Storia e Leggenda* (Mostra dedicata dall'Ente Festival di Asolo a Eleonora Duse), Asolo, La Tipografia Asolana, 1985.

Os jornais e revistas consultados incluem:

Arte Muta, Capitan Fracassa, Comoedia, Don Chisciotte, Fanfulla, L'Arte Drammatica, L'Illustrazione Italiana, Nuova Antologia, Opinione, Rivista Bianco e Nero, Rivista Cinema, Rivista Italiana del Dramma, Rivista Teatrale Italiana e *Scenario*.

IMPRESSÃO:
BARTIRA GRÁFICA E EDITORA S/A
(011) 458 - 0255